U0438786

商周服制与早期国家管理模式

张利军 著

上海古籍出版社

图书在版编目(CIP)数据

商周服制与早期国家管理模式 / 张利军著. ——上海：上海古籍出版社，2020.7
ISBN 978-7-5325-9679-9

Ⅰ.①商… Ⅱ.①张… Ⅲ.①政治制度-研究-中国-商周时代 Ⅳ.①D691.21

中国版本图书馆 CIP 数据核字(2020)第 111614 号

商周服制与早期国家管理模式
张利军　著
上海古籍出版社出版发行
(上海瑞金二路 272 号　邮政编码 200020)
　(1) 网址：www.guji.com.cn
　(2) E-mail：guji1@guji.com.cn
　(3) 易文网网址：www.ewen.co
常熟新骅印刷有限公司印刷
开本 787×1092　1/16　印张 26.25　插页 5　字数 370,000
2020 年 7 月第 1 版　2020 年 7 月第 1 次印刷
印数：1—1,300
ISBN 978-7-5325-9679-9
K·2870　定价：128.00 元
如有质量问题，请与承印公司联系

序

人类社会甫一出现就会有"服"的关系存在。进入文明时代以后,这种关系逐渐演化为制度。从施治者一方说,"服"是管理,是征服;从受治者一方说,"服"是服从。随着国家的发展,地域的扩大,"服"的制度逐渐进步和细化。统治者将对于不同地区或是不同部族的管理分门别类,"服"在不同的时代也就有了不同的称谓,在中国古史上也就有了商代的内服与外服,周代的畿服与九服。

在早期国家的发展中,古代中国以其独具之特色而自立于世界民族之林,秀出于世界范围内的众多早期国家。就国家管理模式来说,商周时代的服制,可以说是中国早期国家的一个重大的制度创新。服制的具体内容,服制的渊源流变,服制对于古代社会的适应性,服制所反映的对于社会管理的合理性,都是我们研究早期国家的重要课题。

张利军同志大学毕业于东北师范大学历史系,后在北京师范大学历史学院攻读硕士和博士学位。他的每一个学习阶段,皆以刻苦努力、品学兼优而得到称许。《商周服制与早期国家管理模式》一书是在其博士学位论文《商周服制研究》的基础上增补修订完成的。和学位论文相比,对于服制有了更深入的研究和思考,视域更为广阔,由对服制问题的研究扩展至对中国早期国家结构与管理模式的思考与研究,并对文献和出土资料的解读更为细致。愚谨向学界郑重推荐,希望得到大家的关注和批评。

前辈专家对于服制研究,做了许多基础性的精到研究。张利军同志此书从早期国家管理模式的角度进行思考,具有一定的新意,对于材料的研析亦每有独到的可以成立的见解。张利军同志正值年富力强之际,辅之以厚重的品性和不断努力的精神,以后定会有更多的成就贡献给先秦史的研究。

谨序于北京师范大学历史学院中国古代史研究中心

2014 年 12 月 7 日

目　　录

序 …………………………………… 晁福林　001

凡例 ……………………………………………… 001
服制：有中国特色的早期国家结构与管理模式（代前言）…… 001

第一章　商周时期的服制形态 ………………………… 001
第一节　补释甲骨金文"𠬝"字义——兼论商代的内外服制 …… 001
一、制服：𠬝的造字之意 …………………………… 002
二、上古时代处置俘虏的方式：祭牲与服役 ………… 004
三、服政事之义与服制 ……………………………… 009
四、甲骨文所见商代内外服系统 …………………… 015
第二节　西周金文所见周代服制系统 ………………… 018
一、西周金文"服"字形义分析 ……………………… 019
二、周代文献所载服制 ……………………………… 022
三、周代的服制系统 ………………………………… 027
本章小结 ……………………………………………… 031

第二章　商代内外服制的建立及其发展演变 ………… 033
第一节　"殷革夏命"与商代内外服制度的建立 ……… 033
一、"殷革夏命"的历史记载 ………………………… 034

二、夏商变革的原因：夏的内乱与方国联盟的解体 ………… 037
　　三、商汤重建社会秩序与内外服制度的建立 ………………… 044
第二节　商代前期内外服制的发展 ……………………………………… 052
　　一、太甲时期的内外服制的巩固 ……………………………… 052
　　二、沃丁、大庚时期的内外服概况 …………………………… 055
　　三、小甲、大戊、雍己时期的内外服 ………………………… 056
第三节　商代中期内外服的中衰 ………………………………………… 059
　　一、中丁、外壬、河亶甲王位之争与内外服势力的损耗 …… 060
　　二、祖乙、祖辛、沃甲时期的内外服 ………………………… 063
　　三、祖丁、南庚、阳甲时期的内外服 ………………………… 065
第四节　商代后期内外服的演变 ………………………………………… 067
　　一、盘庚、小辛、小乙时期的内外服 ………………………… 067
　　二、武丁时期的内外服 ………………………………………… 070
　　三、祖庚、祖甲时期的内外服 ………………………………… 073
　　四、廪辛、康丁时期的内外服 ………………………………… 075
　　五、武乙、文丁时期的内外服 ………………………………… 078
　　六、帝乙、帝辛时期的内外服 ………………………………… 082
本章小结 …………………………………………………………………… 086

第三章　殷礼所见商王与外服关系 ………………………………… 088

第一节　朝聘礼所见外服对商王朝的臣属关系 ………………………… 089
　　一、商代朝觐礼中的商王与外服 ……………………………… 089
　　二、商王与外服间的聘礼往来 ………………………………… 105
第二节　飨礼所见商王与外服间的尊卑秩序 …………………………… 114

一、商代飨礼考 ··· 115
　　二、商代飨礼所见外服对商王朝的臣服 ····················· 120
第三节　射礼所见商王与外服的关系 ····························· 121
　　一、补论商代射礼 ··· 121
　　二、射礼的政治功用 ·· 123
第四节　婚媾亲附外服 ·· 127
　　一、商代贵族的政治婚姻 ···································· 127
　　二、商代婚姻凝聚外服的作用 ······························· 128
第五节　军礼所见外服与商王朝的臣属关系 ···················· 131
　　一、商王田猎与大蒐之礼 ···································· 131
　　二、省、循与巡守之礼 ······································· 136
　　三、商王朝与外服的军事关系 ······························· 141
本章小结 ··· 143

第四章　商代内服臣正考 ·· 146

第一节　商代内服的来源 ·· 146
　　一、商汤建国与内服制的建构 ······························ 146
　　二、外服入商为官构成内服的考察 ························ 149
第二节　商代内服族属的居处与内部构成 ······················· 154
　　一、内服的主要居处——大邑商 ··························· 155
　　二、内服的族氏结构 ·· 156
第三节　商王与内服的政治关系 ··································· 158
　　一、商汤时期内服贤臣 ······································· 159
　　二、甲骨文中其他著名内服旧臣 ··························· 162

三、商代后期内服制的改革与王权的强化 …… 165

第四节 《尚书·盘庚》、殷墟卜辞所见商王与内服宗教祭祀关系 …… 167

一、商王祭祖、内服祖先配享 …… 168

二、商王祭祖禳灾祈福 …… 170

三、商王祭祀内服祖先 …… 174

四、内服祭祀商先王及祖先 …… 177

第五节 商王与内服的军事关系 …… 181

一、自卫与保卫：内服宗族武装的性质 …… 181

二、内服族众武装是商王朝军队的重要兵源 …… 184

本章小结 …… 185

第五章 商末周初服制的变革 …… 187

第一节 晚商内外服制的演变 …… 187

一、商代后期王权的强化与内服制的瓦解 …… 187

二、从商周关系的渐变看商代外服制的破坏 …… 190

三、周文王治理西土构建新的外服方国联盟 …… 194

四、周武王克商由伯而王 …… 201

第二节 周初周王朝对殷商内外服的统治政策 …… 205

一、周对商内服的措置方式与周初服制 …… 205

二、周对商外服的政策与周初服制 …… 214

第三节 周初周王朝对社会治理方式的艰辛探索 …… 217

一、监国之制是对外服制的补充 …… 218

二、宗法分封制对殷商服制的改造 …… 221

第四节　周初金文所见周王朝对内外服的管理方法……………231
　　一、保卣中及字之义与王命之事……………………231
　　二、殷见之礼——王团结诸侯的策略………………234
　　三、蔑历赐物——劝勉内服以尽臣礼………………240
本章小结……………………………………………………242

第六章　周代服制的建立、发展、演变及其历史影响………244

第一节　西周早期服制的建立与完善………………………244
　　一、周成王时期分封诸侯建立外服制系统……………245
　　二、周成王册命王臣建立内服制………………………259
　　三、周成王时期征服四夷制定朝贡服制………………261
　　四、周康王强化对内外服的管理………………………274
　　五、周康王徙封外服与加强对东南、西北边疆的经营…………278
　　六、周昭王南征与巩固朝贡服制………………………284

第二节　西周中期礼制的完备与服制………………………288
　　一、周穆王时期的内外服………………………………288
　　二、周穆王西巡狩与改革荒服…………………………293
　　三、周穆王伐反夷维护要服……………………………294
　　四、周共王时期的服制变化……………………………296
　　五、周懿王时期王室衰微与加强对内外服的管理…………303
　　六、周孝王时期强化服制的举措………………………308
　　七、周夷王时期服制的衰落……………………………311

第三节　西周后期的社会变革与服制的衰落………………314
　　一、周厉王时期的社会变革与服制演变………………315

二、"共和行政"与社会观念变革 ………………………………… 318
三、周宣王整顿内服重构王权 …………………………………… 323
四、周宣王征伐猃狁、淮夷巩固朝贡服制 ……………………… 326
五、周幽王乱政与"二王并立" …………………………………… 334

第四节 东周时期的服制 …………………………………………… 340
一、周平王东迁与东周社会秩序重构 …………………………… 340
二、春秋时期周王朝内外服演变 ………………………………… 344
三、战国学者对天下秩序的重构及其影响 ……………………… 352

本章小结 …………………………………………………………… 357

结语 …………………………………………………………… 359

主要参考文献 ………………………………………………… 372
后记 …………………………………………………………… 383

凡　例

释文

1. 本书引用文献时,释文中□表示此处本缺一个字,☑表示缺少字数未知。字外加[ ]者,表示拟补的字。

2. 本书引用《甲骨文合集》中卜辞的分组分类主要依据杨郁彦《甲骨文合集分组分类总表》一书。引用其他书中辞例时的分期依据原书分期,遇有争议者则特别标出。引用青铜器铭文时,铜器大致时代依据《殷周金文集成》(修订增补本)一书,具体到某一王的断代,行文中有具体说明。

3. 引用卜辞多只是与本课题密切相关者而并非全版卜辞,引用完整卜辞辞条时的序号根据需要或以(1)(2)(3)序号标示,或不标出。引用卜辞大意时,直接在其后括注出处。

4. 本书引用甲骨文、金文尽量采用宽式释文。对于一些争议不大的常见字词直接写出通用字,不再特别说明。

著录

所引用甲骨文、金文、简牍著录书,首次引用时用全称,其后无特殊情况,一般用简称。

郭沫若：《甲骨文合集》,简称《合集》。

中国社会科学院考古研究所：《小屯南地甲骨》,简称《屯南》。

李学勤：《英国所藏甲骨集》,简称《英藏》。

许进雄：《怀特氏等收藏甲骨文集》，简称《怀特》。

彭邦炯、谢济、马季凡：《甲骨文合集补编》，简称《合补》。

中国社会科学院考古研究所：《殷墟花园庄东地甲骨》，简称《花东》。

段振美等：《殷墟甲骨辑佚：安阳民间藏甲骨》，简称《辑佚》。

中国社会科学院考古研究所：《殷墟小屯村中村南甲骨》，简称《村中南》。

中国社会科学院考古研究所：《殷周金文集成》（修订增补本），简称《集成》。

刘雨、卢岩：《近出殷周金文集录》，简称《近出》。

马承源：《商周青铜器铭文选》，简称《铭文选》。

吴镇烽：《商周青铜器铭文暨图像集成》，简称《铭图》。

马承源：《上海博物馆藏战国楚竹书》，简称上博简。

李学勤：《清华大学藏战国竹简》，简称清华简。

服制：有中国特色的早期国家结构与管理模式（代前言）

近半个世纪以来，在国际和国内学术界研究人类早期政治组织问题时，早期国家的理论越来越受到重视，并且将早期国家作为专门的课题进行研究，产生了很多重要的成果。国内学者由最初的介绍国际上关于早期国家的研究成果，并以之作为理论指导进行中国早期国家的研究，到逐渐探索有中国特色的早期国家理论。国际学术界在使用"早期国家"概念时，"只是在早期国家是人类历史上第一批出现的国家，是一个民族或地区最早出现的国家，并且这种国家的性质不同于以后的成熟国家这几个基本点上达成了共识，具体到早期国家的定义、早期国家适应的范畴、早期国家的社会结构与其政治经济特征，似乎都还没有取得较为一致的认识"。① 近年关于中国早期国家的专题研究，取得了很多重要的成果。② 虽然国内学术界对早期国家的理解和界定仍存在较大分歧，但古代中国的夏商周三代应属于早期国家的范畴，应是可以达成的共识。

国家结构是现代政治学常使用的一个概念，它是指一个国家内构成国家的各部分之间权利与义务关系所采取的制度形式，具体就是国家的各个部分以何种方式整合为国家的问题。国家结构主要分为单一制国家和复合制国家两种，也有主张分为单一制和联邦制

---

① 沈长云、张渭莲：《中国古代国家起源与形成研究》，北京：人民出版社，2009年，第115页。
② 近年比较有代表性的著作如：谢维扬：《中国早期国家》，杭州：浙江人民出版社，1995年；李学勤主编：《中国古代文明与国家形成研究》，昆明：云南人民出版社，1997年；梁颖、李庭华：《中国早期国家形成的道路与形态研究》，桂林：广西师范大学出版社，1998年；李峰著、徐峰译、汤惠生校：《西周的灭亡：中国早期国家的地理和政治危机》，上海：上海古籍出版社，2007年；沈长云、张渭莲：《中国古代国家起源与形成研究》，北京：人民出版社，2009年；李峰：《西周的政体：中国早期的官僚制度和国家》，北京：生活·读书·新知三联书店，2010年；王震中：《中国古代国家的起源与王权的形成》，北京：中国社会科学出版社，2013年；杜勇：《中国早期国家的形成与国家结构》，北京：中国社会科学出版社，2013年。

两种类型的。① 恩格斯在《家庭、私有制和国家的起源》一书中,以古代希腊、雅典、罗马和日耳曼的社会发展情况为据,揭示了这些地区的国家起源道路是社会分化为阶级,阶级彻底摧毁氏族制度,并在氏族制度的"废墟"上建立起国家。但是恩格斯并没有说这是世界上所有地区古代国家形成的唯一道路,至少没有提及古代中国的国家形成道路。现在,中国学者多已认识到中国古代国家起源的道路与希腊、雅典、罗马等不同,并没有摧毁氏族制度,而是在氏族组织普遍存在的基础上建构了国家。

国家的功能主要表现在镇压和管理两个方面。恩格斯指出:

> 国家是社会在一定发展阶段上的产物;国家是承认:这个社会陷入了不可解决的自我矛盾,分裂为不可调和的对立面而又无力摆脱这些对立面。而为了使这些对立面,这些经济利益互相冲突的阶级,不致在无谓的斗争中把自己和社会消灭,就需要有一种表面上驾于社会之上的力量,这种力量应当缓和冲突,把冲突保持在"秩序"的范围内;这种从社会中产生但又自居于社会之上并且日益同社会相异化的力量,就是国家。②

恩格斯认为国家力量的出现是社会发展达到一定阶段的产物,国家出现的目的是"缓和冲突,把冲突保持在'秩序'的范围内",国家的缓和冲突的功能不是靠镇压以暴制暴方式实现的,而是靠其管理功能实现的。摩尔根《古代社会》中对文明时代评断,论及国家管理功能"政治上的民主、社会中的博爱、权利的平等和普及的教育,将揭开社会的下一个更高的阶段,经验、理智和知识正在不断向这个阶段努力。这将是古代氏族的自由、平等和博爱的复活,但却是在更高级形式上的复活"。③ 国家的管理功能所追求的终极目标是社会各阶级、各阶层的和平共处。古代中国早期国家的起源、形成和初步发展的阶段,走的

---

① 童之伟:《国家结构形式论》,武汉大学出版社,1997年,第128页。
② 恩格斯:《家庭、私有制和国家的起源》,《马克思恩格斯选集》卷四,北京:人民出版社,2012年,第86—87页。
③ 摩尔根:《古代社会》,北京:商务印书馆,1977年,第556页。

服制：有中国特色的早期国家结构与管理模式（代前言）

正是一条各部落、各氏族相对和平共处的道路。各部落、各氏族如何和平共处使得早期国家得以形成和初步发展，对此晁福林先生指出如下关键之处：依靠固有的血缘亲情，加强氏族、部落间的亲密联合，礼是氏族、部落内部及相互间关系的准则，礼对粘合氏族、部落关系起到了重要的作用。在处理氏族、部落与部落联盟外部关系时，虽有战争与杀戮，但联盟与联姻方式是主要的手段。古代中国的早期国家形成是由于社会管理的需要而促成的。部落联盟领导权的禅让制是古代中国早期国家构建的重要标识。[1]此外，服制的建立，明确了构成国家各部分的权利与义务关系并成为相互间关系的准则，可能也是促使古代中国早期国家以和平共处方式形成与初步发展的重要原因。

古代中国的夏商周时期，是早期国家的形成和发展时期，服制是处理国家各组成部分之间权利与义务分配的主要制度形式，即服制是夏商周时期特有的国家结构形式，同时也是夏商周统治者对一切服从于王朝者的管理方式。这种国家结构与国家管理模式既不见于后世古代王朝也与世界其他地区古代国家结构与管理模式相异，可谓具有中国特色的早期国家结构与国家管理模式。故探讨夏商周服制问题可以认清早期国家建构和管理模式，可以说是研究早期国家建构和管理模式最为基础性的工作，对于探讨中国国家起源与国家构成、国家管理功能等问题具有重大学术意义。

对夏代服制的研究牵涉到服制的起源、中国国家起源等重大理论问题，相关研究争议较多。而商周时代的甲骨文、金文材料及文明遗址的大量发现，加之可靠的文献记载，对商周服制系统讨论是可行的。限于个人学养不足和问题的繁难程度，对于服制的起源及夏代服制问题，留待日后进一步研究。本书基于中国早期国家的结构与管理模式这一视角，主要将出土文献与传世文献、考古材料相结合，对商周服制问题作出较为系统的研究。这里所说的商周是历史学上的时段，从时

---

[1] 晁福林：《关于中国早期国家形成的一个理论思考》，《历史研究》2010 年第 6 期。

间上讲自商汤灭夏至于战国。对商周服制的研究，或可追溯到汉代以来的经学研究成果，汉唐学者对《尚书》《诗经》《周礼》《礼记》《左传》《逸周书》等先秦典籍所作注解，为今天理解先秦古籍所载商周服制的相关内容提供了重要的参考。若缺失了古代学者注解经典的成果，恐怕我们难于读懂古文献，亦无从提取研究服制的素材和展开对商周服制问题的研究。到了清代，学者对唐宋学者注解经典有不满意处，他们重新注解经典，亦有高于唐宋学者的真知灼见。但是从汉代到清代学者们的共同缺陷是，研究的资料多限于先秦典籍特别是侧重对经书的注解，考证之详密多有之，却多限于经学研究的范畴，与近代以来的史学研究还有一定的差距。甲骨文的发现与研究和近代考古学、人类学、社会学方法的引入，尤以王国维发表《殷周制度论》开启了商周比较研究的一个新时代，其文对于后来中国上古史研究具有极大的启发性，王国维提出的"二重证据法"直至今日亦为古史研究者所遵循。在这样的学术基础上，学界对商周服制问题的研究取得了不少成果，以下按问题的形式，对商周服制方面已有的研究成果作以概述，作为本书研究的学术基础。

一、服制的界定

服在古代字书和文献旧诂中多训为用，为事。① 论及服制的学者亦多从此释，如杨向奎先生云："服"即"服牛乘马"之服，言服于王事。② 杨树达先生以"事"义过多，而以职释服。③ 唐兰先生考释青铜器铭文，释服为职事，后又解为贡赋。④ 董珊先生综合唐兰先生两释，

---

① 《说文·舟部》："服，用也。"《尔雅·释诂上》："服，事也。"《尔雅·释言》："服，整也。"即整治之义。《诗经·大雅·荡》"曾是在服"，毛传："服，服政事也。"
② 杨向奎：《宗周社会与礼乐文明》（修订本），北京：人民出版社，1997年，第136页。
③ 杨树达：《积微居小学述林·释服》，北京：中华书局，1983年，第78—79页。
④ 唐兰：《论昭王时代的青铜器铭刻》，《古文字研究》第二辑，北京：中华书局，1981年，第55页；《用青铜器铭文来研究西周史——综论宝鸡市近年发现的一批青铜器的重要历史价值》注释23，《文物》1976年第6期。后来在其《西周青铜器铭文分代史征》中解释作册䰜卣铭中"服"字兼有职事与贡赋两义。

认为士山盘、驹父盨盖及文献所载服制之服皆应指职事和贡赋,即包括事务性的服和实物性的服。① 服的事义用在国家事务上,则称"服政事",在商周时期服政事主要表现为尽职和纳贡两个方面。

《尚书·酒诰》载,商代的国家结构为内外服:"越在外服,侯、甸、男、卫、邦伯;越在内服,百僚、庶尹、惟亚、惟服、宗工,越百姓、里居(君②)。"目前所见材料商人自己并没有明确的内服、外服的提法,在殷墟甲骨文中有"入"字借用为"内","卜"表示"外"字的情况,③也有"服"的称呼,多为战俘和祭祀的牺牲。④ 还有将寮属为王朝做事称为"服"的情况(《合集》36909)。内外服之称可能是周公根据所见商代典册文献对商代国家结构的概括。

周代的服有"畿服"和"内外服"异称。顾颉刚先生把周代服制称为"畿服",他认为古代王者的本土谓之"畿",附属之地因其远近而殊其控制之术,名之曰"服",以《国语·周语上》载,祭公谋父所言服制系统近于周代实际,指出甸服、侯服、要服为古代实有,宾服、荒服为文家析出。⑤ 王冠英先生辨析周代不存在"邦畿千里",也不存在畿服制度,周代服制亦称"内外"。⑥ 李零先生则把周代官制分为内服与外服。⑦ 赵伯雄先生认为周代不存在畿内诸侯和王畿,所谓的周代畿内诸侯不属周邦,乃庶邦之一,"畿内诸侯"之说在先秦文献中一点踪迹

---

① 董珊:《谈士山盘铭文的"服"字义》,《故宫博物院院刊》2004年第1期。
② 居乃君之讹,见杨筠如《尚书核诂》(陕西人民出版社,2005年,第284页)称引王国维说,并举史颂簋铭文为证。又令方彝铭文亦可证此。
③ 如商先王外丙、外任在甲骨文中作卜丙(见郭沫若主编、胡厚宣总编辑:《甲骨文合集》,北京:中华书局,1979—1982年,第940正、8969正、35545片,以下简称《合集》)、卜任(《合集》22875,《合集》35636)即是卜表示为外的证据,卜与外在甲骨文中是同形异字;甲骨文中多有表示贡纳龟甲的记事刻辞,其言"入",即为"内",也即后来文献的"纳"。
④ 甲骨文中的𠬝字,学者多以为服的初文,其在甲骨文中作为动词时确实可以理解为制服义,见《合集》第20532、20533片。
⑤ 顾颉刚:《史林杂识初编·畿服》,北京:中华书局,1963年。
⑥ 王冠英:《殷周的外服及其演变》,《历史研究》1984年第5期。
⑦ 李零:《西周金文中的职官系统》,《李零自选集》,桂林:广西师范大学出版社,1998年,第112—123页。

也找不到,王畿本指王室附近之地,王畿概念内涵的变化,完全是战国至秦汉间儒者不断加工的结果。西周时期不存在畿内诸侯与畿外诸侯的分别。① 关于周代服制,论者或以内外称之,《尚书·酒诰》全篇都存在着内外的划分,内外并举频见,这一点杨树达先生早已经指出。② 从学者对令方彝铭文的解释亦能见到此种取向。周初称内外服是符合周初实际的,但分封诸侯之后,诸侯亦为王臣,诸侯与方国又被纳入朝贡服制系统。称"畿服"者把青铜器铭文中所载的朝臣的情况舍弃了,这就不是完整的服制内容。

  关于服的性质,学者多从各自研究问题的角度出发考虑问题,研究官制者视内外服为内外之官,说外服是商代地方长官。③ 研究贡赋的学者认为商代外服是一种"指定服役制"。④ 研究外服制的学者径称外服为殷的邦君诸侯,即将外服等同于诸侯。⑤ 王玉哲先生在论述周代分封诸侯的等级问题时说,"服制是诸侯为周室服务的方式和内容的不同规定,而不是地位等第之差异"。⑥ 宋镇豪先生认为"外服制当指畿外'四土'、'四方'政治疆域内的王权驾驭力度"。⑦ 金景芳先生认为"服,实际上是关于地方政权与中央政权关系的一种规定"。⑧ 服制反映的是作为国家组成各部分与作为国家代表的王之间的权利与义务关系,以及国家行政运行的方式,即服制的性质大体可以确认是虞夏商周时期国家的结构与管理模式。

---

① 赵伯雄:《周代国家形态研究》,长沙:湖南教育出版社,1990年,第39—40页。
② 杨树达:《积微居读书记》,北京:中华书局,1962年,第25页。
③ 王贵民:《商朝官制及其历史特点》,《历史研究》1986年第4期。按此说实本杨筠如《尚书核诂》对《酒诰》的注解。
④ 徐中舒、唐嘉弘:《论殷周的外服制——关于中国奴隶制和封建制的分期问题》,《人文杂志》1982年增刊。赵世超:《指定服役制度略述》,《陕西师范大学学报》1999年第3期。
⑤ 王冠英:《殷周的外服及其演变》,《历史研究》1984年第5期。
⑥ 王玉哲:《中华远古史》,上海:上海人民出版社,2000年,第588页。
⑦ 宋镇豪:《论商代的政治地理架构》,《中国社会科学院历史研究所学刊》(第一集),北京:社会科学文献出版社,2001年,第23页。
⑧ 金景芳:《中国奴隶社会史》,上海:上海人民出版社,1983年,第123—124页。

服制：有中国特色的早期国家结构与管理模式（代前言）

二、商代内外服的研究

《尚书·酒诰》称商代内服：百僚、庶尹、惟亚、惟服、宗工与百姓、里君。探讨官制的学者多认为内服是一类官制。在甲骨文发现之初，罗振玉即已注意到甲骨文中有反映商代职官的内容，其《殷虚书契考释》中就列出商代之"卿事"、"大史"、"方"、"小臣"、"竖"、"埽臣"等。① 王国维提出"百官名多从史出"的认识，举出甲骨刻辞中的"卿史"、"御史"为官吏，地位较高。② 当然甲骨文中的"卿事"并非周代的卿事含义，而是动词。陈梦家则对商代职官进行系统研究，专列"百官"一章，将内服诸官分为：臣正、武官、史官三类。③ 日本学者岛邦男则以"多某"的用例来作为研究商代官制的线索，在内服职官系统方面，考察了"多亚"为将帅，"多臣"、"多君"、"多尹"、"多裸尹"是亚下的裨将；"王族、小王族、三族、五族、多子族"是一些军事组织；"多射"是一支战车队伍；"多马"、"多羌"为将官；"多犬"是担任营田之官；"多奠"等于"多田"，为诸侯；"多媰"大概是"多妇"的假借；"多老"可能是担任祭祀之职。④ 20世纪70年代岛邦男《殷墟卜辞综类》的出版和80年代《甲骨文合集》的出版大大便利了学者的研究。学者既有对商代官制的系统研究，如王贵民先生将商代内服诸官分成：最高政务官、一般政务官、宗教文化官、生产经济部门职官、军事职官五个部分。又把族尹划为地方基层官吏。指出商代官制具有原始性，职务不固定，职人同职事不一致；带有浓重的宗族血缘性质；臣仆用事现象严重等特点。⑤ 张亚初先生分析65种职官名号，揭示商代官制的特点为：主要职官为商王

---

① 罗振玉：《增订殷虚书契考释》卷下，《罗振玉学术论著集》第一集，上海：上海古籍出版社，2010年，第426—428页。
② 王国维：《释史》，《观堂集林》卷六，北京：中华书局，1959年，第269—270页。
③ 陈梦家：《殷虚卜辞综述》第15章"百官"，北京：中华书局，1988年，第503页。
④ （日）岛邦男：《殷墟卜辞研究》第二篇之第四章"殷官职"，上海：上海古籍出版社，2006年。
⑤ 王贵民：《商朝官制及其历史特点》，《历史研究》1986年第4期。

的同姓贵族,中央的职官就是地方族氏的领导。指出商代有世官世禄、职官、职司相对的现象,并把商周职官作了比较。① 也有学者进行具体某官的释名和职能考证的研究。② 从学者的研究状况看,无论是对商代官制的系统研究,还是具体职官的释名与职能考证,都以甲骨文与文献记载相结合,取得的成绩值得肯定,对商代职官的特点有了较客观的整体把握,对于一些具体职官、职能的考证也多有可取之处。但是对于这些内服官员的身份来源,及他们与商王的关系讨论的还不多。有一个问题值得重视,商王朝的内服官有的来自地方邦国部族的首领,他们属于内服还是外服? 这就提出了判断内服的标准问题,惜学者未有深入研究。对内服是否可以理解为官制,内服由哪些势力构成,③恐怕还有待进一步的研究证实。

《尚书·酒诰》记载商代外服为"侯甸男卫邦伯",关于外服"侯甸男卫邦伯",古来有不同的句读和理解,伪孔传注解此云:"于在外国,侯服、甸服、男服、卫服、国伯,诸侯之长。"④ 知伪孔传断句为"侯、甸、男、卫、邦伯",理解为五个部分。唐代孔颖达等撰《尚书正义》云:"于是在外之服,侯、甸、男、卫,国君之长",是以侯、甸、男、卫为四类国君之长。清代学者孙星衍据《康诰》"侯、甸、男、采、卫",认为《酒诰》此处省"采"字,"邦伯盖即方伯也"。⑤ 陈抗、盛冬铃两位先生点校《尚书今

---

① 张亚初:《商代职官研究》,《古文字研究》第十三辑,北京:中华书局,1986年,第82—116页。
② 肖楠:《试论卜辞中的"工"与"百工"》,《考古》1981年第3期。王贵民:《说御史》,《甲骨探史录》,北京:三联书店,1982年;王贵民《就殷墟甲骨文所见试说"司马"职名的起源》,张永山《殷契小臣辨正》,俱出自胡厚宣主编《甲骨文与商殷史》,上海:上海古籍出版社,1983年。胡厚宣:《殷代的史为武官说》,《全国商史学术讨论会论文集》(《殷都学刊》增刊),1985年。
③ 有论者认为商代内服包括王族、子族、多生,参见沈丽霞《夏商周内外服制度研究》(硕士论文),河北师范大学,2006年。这个说法直接受殷墟卜辞相关记载的影响,非常具有启发性,或可以说内服主要来自王族、子族、多生。
④ 孔颖达:《尚书正义》卷一四,《十三经注疏》,北京:中华书局,1980年影印本,第207页。
⑤ 孙星衍:《尚书今古文注疏》卷一六,中华书局,2004年第2版,第379—380页。

服制：有中国特色的早期国家结构与管理模式（代前言）

古文注疏》及《今文尚书考证》时，于《酒诰》此处句读为"侯、甸、男、卫、邦伯"。曾运乾先生的《尚书正读》、杨筠如先生的《尚书核诂》于此未作句读。此处断句的差异直接影响了对商代外服构成的理解。外服的构成问题较为复杂，学者从甲骨文相关记载入手做了一些探讨，如董作宾先生在《五等爵在殷商》文中，指出甲骨文中有侯、伯、子、男为爵称；① 胡厚宣先生认为"诸妇"、"诸子"也受封成为诸侯；② 日本学者岛邦男则将"妇"直接列为封爵之名，称侯、伯、子、妇；③ 张秉权先生在此基础上又加上"贞人"之号，认为贞人乃"通晓巫术的官吏，他们的身份可能比一般史官更为尊贵，也可能是一方之雄的方国首领，服务于中央朝廷者。"④

从服制角度考虑的学者亦对外服的构成有不同意见，郭沫若先生认为《尚书·酒诰》所载商代外服为侯、甸、男、卫；⑤ 王冠英先生认为外服是侯、甸、男起藩卫作用的邦伯，认为甲骨文中不存在方伯。⑥ 这一说法有周初令方彝铭文"侯田（甸）男舍四方令"（《集成》9901）的支持，是极富启发的意见，把外服构成问题、方伯问题的研究引向深入。另有把外服理解为服名，认为外服包括侯服、甸服⑦ 两类。晁福林先生将《酒诰》"侯甸男卫邦伯"视为诸侯名称，认为外服是指侯、

---

① 董作宾：《五等爵在殷商》，《"中研院"历史语言研究所集刊》，第六本三分，1936年。
② 胡厚宣：《殷代封建制度考》，《甲骨学商史论丛初集》，石家庄：河北教育出版社，2002年。
③ 见（日）岛邦男著，濮茅左、顾伟良译：《殷墟卜辞研究》第二编第三章"殷封建"，上海：上海古籍出版社，2006年。
④ 张秉权：《甲骨文与甲骨学》，台北：国立编译馆，1988年，第424—439页。
⑤ 郭沫若：《金文所无考》，《郭沫若全集·考古编》5，北京：科学出版社，2002年，第101页。但其以畿服制为儒家之虚造，非为商周所实有。
⑥ 王冠英：《殷周的外服及其演变》，《历史研究》1984年第5期。丁山先生亦主三服说，但易为田、亚、任，见其著《甲骨文所见氏族及其制度》，北京：中华书局，1988年，第44—54页。
⑦ 束世澂：《畿服辨》，《史学季刊》1940年第1卷第1期，第22—27页。王玉哲：《中华远古史》，上海：上海人民出版社，2000年，第588页。其认为西周的服制很可能只有内外二服，即王畿内之诸侯距王都近者为"甸服"，王畿以外之领土分封侯、伯等诸侯，为"侯服"。两者所说为周代服制对于商代外服研究有重要的参考价值。

甸、男、卫、邦伯。① 这一说法遵从《尚书》孔氏传的理解,也有甲骨文中"侯"、"田"、"男"、"卫"、"伯"等相关材料支持,最近湖北随州叶家山西周墓地出土一件青铜鼎有铭文"多邦伯",② 表明邦伯之称为商周时所实有,故本研究取外服是指侯、甸、男、卫、邦伯说。

旧注对"侯甸男卫"的意义解释以《逸周书·职方》孔晁注较为集中、简明,其云:"侯,为王斥候也。服,言服王事也。甸,田也,治田入谷也。男,任也,任王事。……卫,为王捍卫也。"③ 近现代以来商周甲骨文、青铜器的出土推进了学界对外服称号原有意义的认识,杨树达先生在考释令方彝铭文中"诸侯:侯、田(甸)、男"时,以侯、甸、男所从事之事为外服之起源,谓"善射者谓之侯,善狩猎者谓之田,善耕作者谓之男"。④ 此说符合历史发展的一般规律,只是这里说的更多的是造字的起源,而不似侯、甸、男职事的起源。裘锡圭先生根据甲骨卜辞和晋孔晁注《逸周书·职方》的说法,认为"侯、甸、男、卫"这几种诸侯名称,都是由商王派驻外地的职官名称演变而来的。侯的本职是为王斥候,甸的本职是为王治田,卫的本职是为王捍卫,"男"本作"任",其本职是为王任事,卫的职务范围大概不如其余三者明确。第一批具有诸侯性质的侯、甸、男、卫是分别由相应的职官经历了一个发展过程而形成的。中央王朝应该是在承认了这种由职官发展而成的诸侯以后,才开始用侯、甸、男、卫等称号来封建诸侯,并把这些称号授予某些臣属方国的君主的。⑤ 裘先生对侯、甸、男职事起源的论述有重要的意义,他以"在某田"、"在某犬"、"在某牧"诸条卜辞用语推测田、犬、牧为

---

① 晁福林:《夏商西周的社会变迁》,北京:北京师范大学出版社,1996年,第328—330页。
② 湖北省文物考古研究所、随州市博物馆:《湖北随州叶家山西周墓地发掘简报》,《文物》2011年第11期,第17页图二一。
③ 《逸周书·职方》孔晁注,参见朱右曾《逸周书集训校释》,商务印书馆,1937年,第136页。
④ 杨树达:《积微居金文说》(增订本),北京:中华书局,1997年,第8页。
⑤ 裘锡圭:《甲骨卜辞中所见的"田""牧""卫"等职官的研究(兼论"侯""甸""男""卫"等几种诸侯的起源)》,《文史》第十九辑,北京:中华书局,1983年。

服制：有中国特色的早期国家结构与管理模式（代前言）

商王派到外地的职事。值得注意的是，商代外服的形成是否皆由职事演变而来。王冠英先生则认为殷商的外服诸侯大都是被殷征服的外族方国，他们在殷商武力镇慑之下，和殷建立一定的隶属关系，服一定的职贡，即被称作侯、甸、任。① 杨升南先生把商代外服诸侯产生的途径概括为裂土分封子弟功臣和征而服之的部族方国首领受封为诸侯。② 总之，前辈学人对外服诸侯起源的论说存有分歧，其实商王朝主动建立外服与征服方国授予外服名号这两种外服形成的途径终有商一代一直并存，可能不同历史时期的侧重有所不同。

学界对商代外服侯、甸、男、卫、邦伯各自的数量进行过统计研究，但由于学者所处时代不同，据有的甲骨文材料多寡有别，对相关甲骨文的理解和解释有分歧等因素，所以统计的数字颇有出入。具体如下：

（1）侯，据王宇信、杨升南主编《甲骨学一百年》称，董作宾列举 24 位，陈梦家列举 25 位，胡厚宣列举 29 位，岛邦男列举 35 位，张秉权列举 41 位，而是书统计称"侯某"者 18 位，称"某侯"的 31 位，以"侯田"、"侯任"、"侯侯"为侯爵名，应排除，共有 46 位侯。③ 但 𢓜侯（东京 B.0559b）、╡侯（《合集》36348）、𗥧侯（《合集》3326）、𗥦侯（《合集》3335）皆残辞过甚，不明辞意，是否确定为外服侯的证据并不充分。

（2）伯，学者多以伯为爵称，据《甲骨学一百年》称，董作宾统计有 12 位，胡厚宣列举 19 位，陈梦家列举 26 位，岛邦男列举 40 位，是书的统计称"伯某"的 12 位，称"某伯"的 33 位，共计 45 位。

（3）男与任，对于甲骨文中"男"是否爵称，学者间尚有争议。董作宾、胡厚宣、杨升南等先生认为是爵称，④陈梦家、岛邦男、裘锡圭、林

---

① 王冠英：《殷周的外服及其演变》，《历史研究》1984 年第 5 期。
② 杨升南：《卜辞所见诸侯对商王室的臣属关系》，《甲骨文与殷商史》，上海：上海古籍出版社，1983 年。
③ 王宇信、杨升南主编：《甲骨学一百年》第 11 章，北京：社会科学文献出版社，1999 年。以下所说最近的统计数字无特别说明都出自此书。
④ 董作宾、胡厚宣两位前辈的文章已见上文，杨升南意见见于其文《甲骨文中的"男"为爵称说》，《纪念殷墟甲骨文发现一百周年国际学术研讨会论文集》，北京：社会（转下页）

沄、姚孝遂等先生认为男为爵称的证据不足。①男与任同义,在文献、甲骨文中皆有证据。《甲骨学一百年》中统计甲骨文中"任"的名号有15位。但卯任并不见于《甲骨学一百年》所标示的《合集》25255片,当是误记。

(4)田,裘锡圭先生指出卜辞中的田,最初是"被商王派驻在商都以外某地从事农垦的职官",这种职官以其族人长期固定在一个地方进行农垦,在世官制的情况下,拥有族众和武装的"田",就发展成了诸侯。在商代晚期商王可能已经在主动建立称为田的诸侯了。②"多田"在历组卜辞中已经见到,有贞问多田无灾、以多田征伐的辞例。多田则见其与亚、任等一起执行王命。多田是多个田的集合称谓,从这一称谓看,外服田是存在的。王贵民先生认为甸服是王室甸地之区,甸服诸侯多半是甸地职官发展为诸侯的,甸服导源于籍田制。③

(5)关于卫是否为诸侯称号尚有争议。陈梦家先生认为卫在卜辞中是边地的一种官名。④ 王贵民先生认为卫是诸侯名号,起源于保卫王都的职事。⑤ 在周人口中称"卫"为诸侯名号,是周代诸侯的名号,卫在商代是否已经为诸侯名号,还有待全面搜集、分析相关卜辞材料作进一步的研究。但卫作为外服应该是存在的,如《合集》555、556正反、7565正诸片都有关于商王命令卫做事和致送祭祀所用的牺牲。

需要说明的是,《尚书·酒诰》所谈到的侯、甸、男、卫、邦伯为外服称号,在商代是否皆已发展为诸侯,有待对外服的建立、发展、演变问题的研究作出进一步的论证。外服诸称号与《尚书·禹贡》诸书所说

(接上页)科学文献出版社,2003年,第433—438页。

① 陈梦家、岛邦男、裘锡圭意见俱见于前引文。林沄意见参见其著《甲骨文中的方国联盟》,《古文字研究》第六辑,北京:中华书局,1981年。姚孝遂意见见于《甲骨文字诂林》,北京:中华书局,1996年,第2132页,"男"字条下按语。

② 裘锡圭:《甲骨卜辞中所见的"田""牧""卫"等职官的研究——兼论"侯""甸""男""卫"等几种诸侯的起源》,《文史》第十九辑,中华书局,1983年。

③ 王贵民:《商周制度考信》,台北:明文书局,1989年,第365页。

④ 陈梦家:《殷虚卜辞综述》,第512页。其又说卫可能是位于边域上的小诸侯。

⑤ 王贵民:《商周制度考信》,第141页。

服制：有中国特色的早期国家结构与管理模式（代前言）

的服名——侯服、甸服等是不同的。

商王与外服是否为君臣关系，学界存有争议。以往研究较多的是商王与诸侯的关系，这同商王与外服关系是不同的问题。王国维说商代之前包括商代，天子与诸侯之间君臣之分未定，商王为诸侯之长。① 林沄先生指出商代存在着方国间的军事联盟，商王与诸侯、方国组成了军事联盟，而商王是方国联盟的盟主。② 王冠英先生认为殷与外服诸侯形成一种不平等的方国联盟关系，这种关系主要表现在政治和军事上。诸侯对殷的贡纳是诸侯政治上臣服的象征，而诸侯在军事活动中，以殷为统帅，相互配合，相互救援，则是他们关系中最广泛、最基本的内容。③ 联盟说的症结在于将商代的外服皆视为诸侯，没有关注商代外服构成的变化。杨升南先生指出甲骨文中侯、伯、男（任）、田、卫与商王朝中央政府的关系，是上下级的"臣属"关系。④ 李伯谦先生通过对族徽铭文的研究，以器物出土地为线索，勾勒出各族氏的地域范围，进而推论商王朝的统辖范围，讨论商王管辖各部族的措施。他认为商代已经跨过了各部族方国处于大体平等地位的方国联盟时代，肯定其为以军权为后盾，军权、王权及宗教祭祀神权相结合的王权国家。⑤ 商代为王权国家是值得肯定的，陈梦家先生以为外服侯、伯对于殷王国有贡纳农作物和为王征伐的义务，而殷王国从诸侯出征，也是殷王国对于所臣服的侯、伯尽保护的义务。⑥ 甲骨文反映外服对以商王为代表的商王朝的职贡有：参与征伐、贡献牲畜、奉献战俘、开采矿石、田猎放牧，其中最主要的是参与征伐和奉献战俘两项。商代外

---

① 王国维：《殷周制度论》，《观堂集林》卷一〇，北京：中华书局，1959年，第466页。
② 林沄：《甲骨文中的商代方国联盟》，《古文字研究》第六辑，北京：中华书局，1981年。
③ 王冠英：《殷周的外服及其演变》，《历史研究》1984年第5期。
④ 杨升南：《卜辞所见诸侯对商王室的臣属关系》，《甲骨文与殷商史》，上海：上海古籍出版社，1983年，第128—172页。
⑤ 参见李伯谦《从殷墟青铜器族徽所代表的族氏的地理分布看商王朝的统辖范围与统辖措施》，《考古学研究》（六），北京：科学出版社，2006年。
⑥ 陈梦家：《殷虚卜辞综述》，第332页。

服的构成应是有其历史变化的,在商汤灭夏后建立的外服制中主体可能是拥护商汤的诸侯,也存在于战略要地设置的外服的情况,随着商王朝历史的发展,商王朝根据需要主动建立的外服呈逐渐增多的趋势,这与商王权力的增强相适应。今后探讨商王与外服关系,需要以系统地梳理外服全部资料作为基础。从学者对商王与外服关系的研究看,学者间存在分歧的根源是对商代社会性质和商代国家结构的认识不同:商代是专制统一的集权国家还是方国联盟性质的国家。这两种不同结论是通过商王与诸侯关系的考察中得出的,将外服等同于诸侯是不全面的认识,外服中包括学者所称的诸侯。这使得探讨商王与外服关系具有着非常重要的学术意义。如果从商代国家结构和国家管理模式的角度考虑,或许可以为进一步讨论商王与内外服关系提供新的思路。

商王与内服的关系,即商王与商王朝直辖区域内为王做事的族属的关系,朱凤瀚先生认为商王的同姓宗族都是一个个独立的政治、经济实体,并且拥有自己的武装。商王通过与他们共同的宗教、经济、政治、军事活动,保持其宗族关系的有机血缘共同体。诸宗族以族的形式为商王担负各种军事、经济义务,成为商王朝存立的主要社会支柱。① 晁福林先生指出内服势力通过贡献龟甲骨版的形式参与商王的占卜和决策的政治活动。② 这些都是极有意义的探讨,对于认识商王与内服族氏关系具有重要启发。甲骨文中记载的诸妇、诸子等向商王朝有所贡献和接受商王命令践行王事者,可以补充《酒诰》所载晚商内服系统的不足,通过考察这些践行王事者,对于认识商王与内服关系也同样具有重要意义。

商代内外服的组织结构尚无直接的研究成果,朱凤瀚先生讨论"商人家族的亲属组织结构"问题时,所得结论对于认识商代内外服的

---

① 朱凤瀚:《商周家族形态研究》(增订本)第一章第五节"商人诸宗族与商王朝的关系",天津:天津古籍出版社,2004年。
② 晁福林:《夏商西周的社会变迁》,第342—344页。

服制：有中国特色的早期国家结构与管理模式（代前言）

组织结构无疑具有指导意义。如子姓商族在商代晚期已经分化为若干个大的宗族，宗族下又包括若干分族，可视为小宗。小宗之下又有分支，"由包括两三代人的几个有血缘近亲关系的核心家族结合而形成的"。① 即商代以族组织为基本的社会单位，族组织结构分为姓族——宗族——小宗——家族四级结构。商代的内外服也是以族的形式存在，内服处在大邑商内，受到商王朝的保护，有较好的发展空间，其族组织分化出较为高级的形态。外服处在大邑商外缘，多数位于商王朝与敌对方国接触地区，经常受到方国的骚扰以及商王朝的限制，其族组织形态发展较为迟缓。

内外服的分布涉及商代的政治地理问题，外服的势力范围就是殷商政治控制的最大范围，而内服势力则是商直辖的政治区域。由于在盘庚迁殷之前殷都屡迁，随之内外服的范围也在不断变化。学者讨论这一问题时，多据盘庚迁殷之后的情况为说。陈梦家先生据甲骨文所载，谓殷之区域"北约在纬度40°以南易水流域及其周围平原；南约在纬度33°以北淮水流域与淮阳山脉；西不过经度112°在太行山脉与伏牛山脉之东；东至黄海、渤海。这个区域相当于今天行政区域的山东、河北、河南三省和安徽、江苏两省的北部，而以河南、山东两省为主要部分"。② 岛邦男在《殷墟卜辞研究》第二篇第一章"殷区域"对此问题亦有很好的研究，尤其是以田猎卜辞之地名关系勾勒出商王驰骋区域的全貌。对于商史研究贡献不小，其结论亦未出陈梦家先生的论断。李学勤先生进一步研究认为内服所在的区域天邑商即商王畿，其西南界是沁水，西界北段为太行山，南界在宋即今商丘以北，东界在曲阜以西。外服在武丁时期服属于商的地区已西至山西中南部及晋、陕交界，并越黄河以西。祖甲时期可能在西方失去若干地方，后来在廪辛、武乙、文丁手上逐渐夺回，商的南土在武丁时即达汉水流域。③

---

① 朱凤瀚：《商周家族形态研究》（增订本），第117页。
② 陈梦家：《殷虚卜辞综述》，第311页。
③ 李学勤：《殷代地理简论》，北京：科学出版社，1959年，第95—96页。

三、商末周初服制的研究

商朝末年服制系统逐渐遭到破坏,一方面表现在商王与外服关系的演变中,学者对商周关系研究较多,对其他外服关注不够。在传世文献《尚书》《诗经》中表现出的商周关系,将周与殷以及和其他诸侯间的关系表述为邦与邦的关系,周承认曾经臣属于商。而到了春秋时期,人们对商末商周关系有了不同的认识,这就为后世学者的研讨留下了空间。《史记·殷本纪》与《史记·周本纪》对于殷周关系就有了不同的记载。秦汉及其以后君主专制制度确立后,殷周关系更难于解释。20世纪初随着出土资料与文献资料相结合的研究方法的运用,殷周关系问题探讨逐渐深入。首先是文王受命称王问题。王国维《古诸侯称王说》中说"世疑文王受命称王,不知古诸侯于境内称王与称君、称公无异"。① 此说明诸侯在境内称王在古时是常有之事,故文王称王并不足怪也。20世纪70年代,周原出土甲骨文有若干片上有"王"字,据王宇信的研究此中存有文王时期甲骨,如H11:136云:"今秋王斯克往密"中之王,一般认为是伐密的文王。文王生称王就不成为问题了。关于文王受命之事,近年上海博物馆藏战国楚竹书的刊布使得此问题得到进一步的解决,其第一册中《孔子诗论》第七简云:"又(有)命自天,命此文王,城(诚)命之也,信矣。孔子曰:此命也夫,文王惟谷(欲)也,得乎?此命也。"晁福林先生据此与文献及天亡簋铭文相互证明,进一步论证文王受命确有其事。② 其次是殷周间是否有君臣关系。殷墟甲骨中有若干片涉及"周"的卜辞,主要见于武丁时期,学者有据以研究殷周关系问题已有不少成果。③ 先周和殷商是两个独立

---

① 王国维:《观堂别集》卷一,《观堂集林》(附别集),第1152页。
② 晁福林:《从上博简〈诗论〉看文王"受命"及孔子的天道观》,《北京师范大学学报》2006年第2期。
③ 陈梦家:《殷虚卜辞综述》第八章;(日)岛邦男:《殷墟卜辞研究》第二章;胡厚宣:《殷代封建制度考》;宫长为、孙力楠:《论西周初年的商周关系》,《东北师大学报》(哲社版)2000年第6期;田昌五:《周原出土甲骨中反映的商周关系》,《文物》1989年第10(转下页)

的部族和国家,在不同的地区内平行发展。武丁时期征伐周之后,周一直臣属于商,成为殷商的外服侯国;文丁杀季历之后,商周关系恶化。但学者对殷墟甲骨文中"周"的理解有异:不少学者认为殷墟甲骨文中的"周"即是姬周之周,进而说周有对商的纳贡"古王事"等义务,两者是臣属关系。也有学者认为殷墟甲骨文中"周"不能确指为姬周族的周,"周"乃琱字初文,商代称孔雀石和其他铜矿石为"周"。姬周在古公亶父迁岐前的国号乃为"邠",也就是殷墟卜辞中的汾方、侯汾。古公亶父迁岐之后才称为"周",周原甲骨的发现为商周关系的研究提供了新的材料,对周原甲骨性质的判定,以及对几片记载商周关系的甲骨刻辞理解的差异也影响了商周关系的研究。大致有两种意见,一说以辞中"王"指文王,而"周方伯"也指文王;另一说以此"王"指商王,而"周方伯"指文王。目前看来,第一说较欠周全,第二说相对合理。但如刘家和先生指出"殷周间的君臣关系只有在名义上才具有它的全部价值,在实际上这种君臣关系既不可能是完全的,也不可能是一成不变的"。①这个论断很有启发性,或可以用来讨论商王朝与部分外服及方国的关系。商末服制的破坏另一表现是内服势力叛离商王朝。内服势力叛离商王朝的事例见载于《论语》的乐官、师官,史墙盘铭文中的史官等。

葛志毅先生认为殷代外服制在周初曾有延续,周曾为殷商的外服诸侯,如《论语·泰伯》说周文王"三分天下有其二,以服事殷"。周武王克商后曾试图以外服制来控制原来殷商的外服,对殷商外服给予承认并保持其原有的称号,如周公营建洛邑就有原殷商外服参加,这在

(接上页)期;宋新潮:《再论灭商前的商周关系》,《西北大学学报》(哲社版)1988年第3期。徐锡台:《商周关系的探讨》,《考古与文物丛刊》1983年第3号。范毓周:《试论灭商以前的商周关系》,《史学月刊》1981年第1期;杨升南:《卜辞所见诸侯对商王室的臣属关系》;李仲立:《周人未臣服于商一辨》,孟世凯:《甲骨文中所见商周关系再探讨》,两文俱见《西周史研究》(《人文杂志丛刊》第二辑),1984年。

① 刘家和:《关于殷周的关系》,《史学、经学与思想——在世界史背景下对于中国古代历史文化的思考》,北京:北京师范大学出版社,2005年,第287页。

《召诰》《洛诰》中有明确的记载。多数外服在殷商亡国前后都转而臣属于周,则殷商外服制确在周初有延续。这可以周康王时期的《康王之诰》"庶邦侯、甸、男、卫,惟予一人钊报诰",小盂鼎、令方彝之"侯、田(甸)、男"的称谓为证。① 杨向奎先生认为周取代殷商旧制未变,内服为百僚,外服有侯、甸、男、采、卫,内外服俱职官即中央官与地方官。五等爵、五服说即是由内外服诸职演变而来。② 其说内服为职官是较可取的意见,但是外服却不能以官概之,因为那样就忽视了诸侯的实体存在。王冠英先生认为周初在周公大封建诸侯之前,周与诸侯关系仍是不平等的方国联盟。③ 周初在承袭商代外服制基础上,还设置了监国。周初对曾附属于商而宣布臣服于周的诸侯、方国部族给予承认,同时亦在军事要地设立监国,如"三监"之设。伍仕谦先生认为周初之监,地位应与周初侯、甸、男、卫四服相当。指出周初分封的诸侯,看来只是一些监国者。④ 孙作云先生认为酅地曾设军监。⑤ 任伟先生探讨应国始封问题时,论述了西周时期的监国制度及其特点,认为监国应该是监之于外。⑥ 监国之制或许正是周代对服制社会治理方法的补充与初步的改造。

四、周代宗法封建制下服制的研究

关于西周服制的内容,主要见于《尚书》《国语》《周礼》及其历代注解中。《尚书·禹贡》把禹时天下按照每五百里的距离分成五个区域,按各区交纳贡赋,是为五服。《国语·周语》说周代有五服之制,《周

---

① 参考葛志毅:《周代分封制度研究》(修订本),哈尔滨:黑龙江人民出版社,2005年,第58—59页。
② 杨向奎:《宗周社会与礼乐文明》(修订本),第133—141页。
③ 王冠英:《殷周的外服及其演变》,《历史研究》1984年第5期。
④ 伍仕谦:《论西周初年的监国制度》,《西周史研究》(《人文杂志》丛刊第二辑),1984年,第120—130页。
⑤ 孙作云遗作:《说酅在西周时代为北方军事重镇——兼论军监》,《河南师范大学学报》1983年第1期。
⑥ 任伟:《西周封国考疑》,北京:社会科学文献出版社,2004年,第272—281页。

礼·职方氏》把天下以道里分成九服,按照各服向王朝纳贡。诸书所载五服说、九服说的整齐化互有不同,以及五等爵说法的混入,致使有学者认为畿服之说乃儒家的虚造。① 周代实行宗法分封制后,爵制渐兴,服与爵的称号又出现混同的迹象。出于以上原因,学者对周代服制的研究曾一度陷入困境。但也出现一些可喜的研究成果,以愚见所及王冠英先生对周代外服做了较好的探讨,指出周代宗法制实行后,侯、甸、男外服宗法化,变周为以周王为宗主的宗族诸侯联盟的王朝。外服名号由原来的职事渐变为辨别等级的称谓。② 葛志毅先生认为周代分封制和五服制是对殷商外服制的继承与发展。他指出周代服制的形成与经营洛邑有直接关系,因为周人营建洛邑于天下之中,而重新制定有异于商代的服制。周代服制的根本作用在于,用这种形式把诸侯统一编制起来,其目的主要为了使诸侯恪尽朝王纳贡的义务。③ 对于周代的内服,学者以官制视之,近年以张亚初、刘雨两位先生结合金文讨论周代官制取得较大成绩。④ 还有许多学者研究王畿问题,把周代服制称为畿服制。⑤ 但"王畿"问题本不是问题反而成为相关研究中的问题,⑥"王畿"语词出现较晚,也确曾存在,本书的讨论仍以"内服"称之,遵循前引金景芳先生意见以王畿为界划分内外服。

2002年西周共王时代士山盘铭文的刊布,引起了学界的热烈讨论,学者们对铭文中"服"字的理解争议较大,晁福林先生根据士山盘铭文并结合文献探讨周代服制问题,如周王如何征验诸侯的服,对于不执行服的规定的惩罚措施等,其所论鄀、荆、方可能即是周代甸服,

---

① 郭沫若:《金文所无考》,《郭沫若全集·考古编》5,北京:科学出版社,2002年。
② 王冠英:《殷周的外服及其演变》,《历史研究》1984年第5期。
③ 葛志毅:《周代分封制度研究》(修订本),第60—61页。
④ 张亚初、刘雨:《西周金文官制研究》,北京:中华书局,1987年。
⑤ 顾颉刚:《史林杂识初编·畿服》,北京:中华书局,1963年。
⑥ 关于王畿问题的讨论可参考王健《西周政治地理结构研究》,郑州:中州古籍出版社,2002年,其第三章"西周王畿考辨"对诸说有详细介绍,且有其一家之言,认为畿内不存在封国,若称王畿,则是指剔除了封国的王直接控制区域。

周代政治中周王通过诸侯管理方国的三级管理模式等,①对于讨论周代服制都具有极大的启发性和指导性。董珊先生从解释士山盘铭文中"服"字义出发,对周代服的内容做了很好的探讨,包括事务性的服和实物性的服,如朝见、述职、接受任务、征役,外服诸侯出仕王朝卿士,外服诸侯对王室的贡赋;内服臣工泛称其职事或职务为"服"等,②促进了学界关于周代服制问题的研究。黄爱梅先生则认为士山盘铭文中"服"指的是非常具体的役事及贡物。③ 这些意见都是进行周代服制研究的重要参考。士山盘铭文"服"字的意义,以董珊先生释为职事与贡赋之义较为合适。

春秋时代,王纲解纽,诸侯往往借助替东周王朝维护服制,来为其建立霸权增加政治影响力,边裔夷戎更可以随意称王,于是旧制紊乱,时人对服制已经不是很清楚。"公、侯、伯、子、男五等爵称,遂代外服诸职称,而侯、甸、男、采、卫原外服职变为五服,服与爵混,爵与职合,于是治丝愈棼,而莫知究竟矣"。④ 这一分析的逻辑思路对后来研究者很有启发,揭示了外服职号、服名与爵称相混淆的事实,具有重要学术意义,但服制与爵制的混淆是否在春秋时期尚待进一步考察。1978年宝鸡市太公庙出土的秦公钟铭文有关于春秋时期服制的记载,⑤其铭文有云:"盗(羑)百蛮俱即其服"(《集成》262—263),百蛮系秦国对于周围的族氏的称呼。即,就也。秦国周围族氏都就其职事与献贡物于秦国。这里虽有秦公夸饰祖先功德之虚,但仍可视为服制在春秋社会的影响。春秋时期,称霸的诸侯在尊王的旗号下,仍以西周时代的朝贡服制体系管理诸侯。《左传》中记载了多处诸侯据其在西周时期应尽的"服",争辩其应向大国献贡尽"服"的情况。

综上,学者对商周服制的研究已经取得了不小的成绩,在很多方

---

① 晁福林:《从士山盘看周代"服"制》,《中国历史文物》2004年第6期。
② 董珊:《谈士山盘铭文的"服"字义》,《故宫博物院院刊》2004年第1期。
③ 黄爱梅:《士山盘铭文补义》,《中国历史文物》2006年第6期。
④ 杨向奎:《宗周社会与礼乐文明》(修订本),第141页。
⑤ 吴镇烽:《新出秦公钟铭考释与有关问题》,《考古与文物》1980年第1期。

面取得了相当大的进展,如把服制之服解释为职贡,是可取的。在先秦文献和金文中服有很多义项,服之本义当是服从,引申出以做事情和交纳贡赋的方式表示服从的义项,又以朝见述职接受任务表示对王朝的臣服。学者对内外服与商王朝的关系,皆依据个人对史料的理解作出了不同的解释,这些见解都是进一步研究的基础和重要参考。对商末周初商周关系演变研究的结论对于讨论商与其他外服诸侯的关系具有启发性。认为外服制在周初封建之前曾有延续,亦是可取的意见。对于周代服制的存在性学者曾有不同认识,近年的研究趋向肯定意见,这是值得重视的。讨论周代服制的学者多探讨外服,而对于内服的讨论则变为对官制的研究。对春秋时期服名、爵名、诸侯名号相混的现象有较为深入的认识。这些学术研究成果是本书进一步研究的学术基础。

五、本书的研究方法

本书的研究在前人时贤相关研究成果的基础上进行。本书的研究以考察商周服制的形态为立论的基础,讨论商周服制的建立、发展、演变,商周王朝与内外服的关系,由此上升到探讨商周国家的结构与管理模式问题。本书的研究方法遵循王国维在《古史新证》中提出的"二重证据法",①将出土材料与传世文献互相结合,并注意吸收其他学科与本论题相关的新的研究成果,较为系统地讨论商周服制相关问题。

20世纪法国年鉴学派的代表人物费尔南·布罗代尔提出的历史时段理论影响甚大,其理论着眼于探讨影响历史发展的多重因素,并将历史时间分为"长时段"、"中时段"和"短时段",提出与这三种时段相适应的概念,分别称为"结构"、"局势"、"事件"。所谓"结构",是指长期不变或者变化极慢的,但在历史上起经常、深刻的作用的一些因

---

① 王国维:《古史新证》,北京:清华大学出版社,1994年,第2页。

素,如地理、气候、生态环境、社会组织、思想传统等;所谓"局势",是指在较短时期(十年、二十年、五十年以至一二百年)内起伏兴衰、形成周期和节奏的一些对历史起重要作用的现象,如人口消长、物价升降、生产增减、工资变化等;所谓"事件",是指一些突发的事变,如革命、条约、地震等,这些"事件"只是"闪光的尘埃",转瞬即逝,对整个历史进程只起到微小的作用。① 布罗代尔的历史时间理论中对于历史发展影响最大的是"结构",包括地理、生态环境、社会组织、思想传统等,亦即"长时段"。长时段实际是对历史发展起着决定作用的、长时期有影响的因素。长时段理论对于中国早期国家结构和国家管理模式的研究具有重要参考价值。可以说在早期国家的长时段内(五帝时代、夏商周),政治制度变迁对于社会演进有一定影响,而社会生产方式和社会结构变化不大,夏商周之间的区别如同礼制损益一样,应是同大于异。族是早期国家阶段社会组织的基本单位,在国家建构过程中主要是以族为单位进行权利与义务的分配,所以决定了虞夏商周时期服制是主要的国家结构和国家管理模式。早期国家起源、形成和初步发展的不同时期对于服制进行了一些调整,主要基于社会结构族群的重组,但并没有从根本上改变以族为社会基本组织单位的特点,故早期国家时期的国家的结构形式和管理模式——服制没有发生根本性的改变。

---

① 参考(法)费尔南·布罗代尔著,刘北成、周立红译:《论历史》,北京:北京大学出版社,2008年。张芝联:《费尔南·布罗代尔的史学方法》;费尔南·布罗代尔著,顾良、施康强译:《15至18世纪的物质文明、经济和资本主义》第1卷,北京:三联书店,2002年,第7页。

第一章　商周时期的服制形态

商周之际周人对夏、商、周的政治制度、社会治理经验、社会观念进行了深刻的总结，并提升为可资借鉴的政治理论，为周王朝构建社会秩序服务。而商代实行了内外服的制度，也主要有赖于周人的转述，周人转语中最直接清楚地说明商代存在内外服政治制度的文献莫过于《尚书·酒诰》。《尚书·酒诰》载周公语及商代政治制度"内外服"，使后人得知商代的政治结构作内外服的划分。关于周代的服制，古文献有不少记载而互有差异，并且带有理想化的色彩，近代学者多疑之，现代学界多认为周代有服制，对其具体形态有争议，而系统研究不足。本章以甲骨文、金文、传世文献的相关记载，进一步论证周公所言商代内外服制的可信性。以周代金文相关记载，与传世文献所载周代服制相结合，进一步勾勒周代服制的具体形态。

第一节　补释甲骨金文"𠬝"字义——
兼论商代的内外服制

甲骨文中𠬝字习见，为"服"之初文，学者多隶写作𠬝字，这是有道理的。《说文》训𠬝为治，据此来解释甲骨文𠬝字的造字之意，尚有难通之处。试在前贤讨论此字成果基础上，结合甲骨文、金文及商代历史来讨论其造字之意及与商代服制的关系问题。

一、制服：⿱字的造字之意

⿱字之释，前贤多从字形入手，罗振玉先生曾说："此象从又（手）按跽人，与印从爪从卪同意。"① 说此字象以手按跽人之形，是没有大的问题的，若说与印同意，则失于考察。印字作⿱，手在跪跽之人头上方，与⿱字形有别。郭沫若先生说此字"即服字所从，义同俘"。② 郭说甚确，甲骨文俘字作⿱，③ 与⿱形区别明矣，服与孚古音双声叠韵，音训可通。吴其昌先生曾论此字"象人既已跪伏，而仍以手撅抑其头项之状，故此字亦实即'抑'字之初文也。头项被抑而迫受跪伏，是'服'谊矣。既'服'斯可以治之矣"。④ 吴先生所说字形值得肯定，但以为"抑"字初文，恐有不妥之处。如商承祚先生曾说"⿱与抑字形虽略近，义则不同。抑乃强按，故爪在其上，所谓以力服人，非心服也"。两字虽皆由手形与卪构成，但手形所处位置不同，含义亦判然相别。商先生释⿱为顺从，"从手抚其背，所谓中心悦而诚服也"。⑤ 心悦诚服的情况在商代也是存在的，但与⿱的造字之意不同。

前辈专家判断此字是由一跪伏之人形与一手形构成，这是正确的意见。对于手形置于何处，有置于头部⑥、项部、背部三种意见。跪伏之人是自愿的还是以手按之迫使其跪伏呢？显然应是后一种情况。若是自愿跪伏，又置一手形，似索然无味，不明何意。以手抚其背似难以使人跪伏，即便是用力按背部恐怕也难以做到。若是按住头的后方或是项部是能够使人跪伏的。仔细观察甲骨文中此字形体，唯以手置于项部说符合实情。

---

① 罗振玉：《殷虚书契考释三种》，北京：中华书局，2006年，第502页。
② 郭沫若：《卜辞通纂》，《郭沫若全集·考古编》2，北京：科学出版社，2002年，第538页。
③ 同②，第513片。
④ 吴其昌：《殷虚书契解诂》，武汉：武汉大学出版社，2008年，第360—361页。
⑤ 商承祚：《福氏所藏甲骨文字》，金陵大学中国文化研究所丛刊甲种，1933年，第8页。
⑥ 此处有置于头上方和后方的不同说法，置于头上方的说法将此字与抑字相混淆了。

第一章 商周时期的服制形态

甲骨文🔲字确系由一跪伏之人与一手形构成,以手按人项部迫使跪伏,恐其起来反抗,而仍以手按诸项部,会制服之意无疑。这种形象于殷末周初铜器铭文、周代甲骨刻辞及商、西周墓葬出土实物亦可得到证明。殷末周初旁父乙鼎铭文有更加形象的🔲(《殷周金文集成》①2009),跪伏人形有头状且手形置于项部清晰明白。周原甲骨刻辞 H11:1 和 H11:114 都有与🔲字形相同的字,其用法与殷墟甲骨文相近。从考古实物来看也能更好说明此字构形,殷墟妇好墓中有跪坐的玉人、石人雕刻像,最为常见的是上身直挺,双腿跪曲,股部下坐,双脚置于股部两侧或一侧,脚面着地,双手抚膝或曲臂双手置于胸前颔下。这种跪坐姿势乃古人之生活习惯写照,古时人们生活方式是席地而坐,②双膝并拢向下着地,而臀部随之下落于足跟,形成此种跪坐之姿。跪坐累了有几可以凭靠,但以跪坐为主要居处方式。从甲骨文字形体上看,因犯是跪着的,接受命令的人是跪着的,从女之字也呈跪坐形,祭祀祖妣、宴飨宾客也都跪坐。据李济先生研究跪坐是尚鬼的商朝统治阶级的起居法,并演习成了一种供奉祖先、祭祀天神以及招待宾客的礼貌。③ 而墓葬中跪坐的玉人、石人有的是用来为墓主人服务的,如无衣饰者,其用意似如后世的俑。有些是主人生前生活方式的反映,如刻有一定衣饰、纹饰者。甲骨文🔲字所从即为跪而不坐的形状,但增饰一手形则赋予了新的意义,更加凸显此是被制服者,强调另外一只手的作用,突出了人的主观性,此乃造字之意与社会生活实际的细微分别。其造字实源于商人跪坐的生活习惯,而有所增饰,表制服之形象,是制服的服字初文,应是在上古时代俘虏形象的直观表达。

🔲字的小篆字形作🔲,由一人形和一手形构成,④甲骨文中人形为跪坐,篆文为俯首,手形所放位置稍异。篆文与甲骨文字形相合尚有金文字

---

① 中国社会科学院考古研究所编:《殷周金文集成》(修订增补本),北京:中华书局,2007 年。下文简称《集成》。
② 参见《合集》975 反,1601,1779 正,9112 反,《英藏》1561 等片有席地而跪坐字形。
③ 李济:《跪坐蹲居与箕踞(殷虚石刻研究之一)》,《"中研院"历史语言研究所集刊》第 24 辑,1953 年,第 298 页。
④ 见《说文解字·又部》:"🔲,治也。从又从卩。卩,事之节也。"实则当从俯首的人形与手形。

形作为中间过渡环节的证据,从西周至春秋时期服字字形有变化,西周早期作🅐(见井侯簋),人形作跪而不坐状,与甲骨文同。西周中期作🅑(见《集成》4341 班簋),晚期作🅒、🅓(见《集成》10175 毛公鼎、《集成》260 宗周钟),春秋时期作🅔(见《集成》263 秦公钟),仍从人形、手形,但人形不是跪伏而是俯首,手形位置也发生了变化,由项部下移至腿部。西周晚期及春秋时期服字形体已与《说文》字形相同,亦从人形、手形。由此似可以认为《说文》𦨶即从金文🅓字形演化而来,而金文🅓字又由甲骨文🅐字演化而来,𦨶又隶变为服,此字形体演化轨迹似可如右:🅐→🅓→𦨶→服。为行文方便,以下径写作服。

二、上古时代处置俘虏的方式:祭牲与服役

从甲骨文服字使用辞例来看,有名词、动词两种用法。作为名词时多受祭祀动词或表示用牲方法的动词支配,是以俘虏为祭祀的牺牲;作为动词乃有制服之意。当作为名词使用时,甲骨文有这样一些记载:

(1) 册服一人。册服二人。三人。(《合集》32172)
(2) 贞御妇好于父乙,饪①宰又🅧,册十宰、十服、🅧十。(《合集》702 正)
(3) 贞于母庚侑服。(《合集》729)
(4) 有服妣己敗。(《合集》11484 正)

册为用牲之法,如于省吾先生谓"册以删声,古读册如删,与刊音近字通,俗作砍"。② 辞例中御乃被除灾害的祭祀。侑,祭祀名,求福之祭。敗是祭祀名,见于甲骨文和周初金文,具体何义不明。卜辞说"册服一人",则服必为人,又与羊、🅧(毂)等物牲并列,那么服为人牲无疑。(1)是选择性贞问砍杀服一人,二人,还是三人祭祀。(2)中"父乙"即武丁之父小乙。卜

---

① 字本作🅨形,为饪字初文,在这条卜辞中表示祭祀用牲的方法名称。是将牺牲煮熟之后置于食器之内用于祭祀。参见晁福林《先秦社会形态研究》,北京:北京师范大学出版社,2003 年,第 348 页。

② 于省吾:《甲骨文字释林》,北京:中华书局,1979 年,第 174 页。

第一章 商周时期的服制形态

辞贞问煮圈养的羊和豰各一头,砍杀十头圈养的羊、十个服,十头⽛来御祭父乙,袚除妇好的灾祸。以砍断人牲和物牲的肢体来祭祀祖先。(3)是用服牲于武丁之母亲"母庚"。(4)是贞问用服牲𥙊祭妣己。有学者据以服为牺牲的辞例,认为服为奴隶,①更有甚者以𠬝字为奴字,说卜辞所见均当作奴役解。②后一说法看似新颖,然𠬝与奴字形判然有别,况其未能举出有力证据证明两者相通,故其说尚欠妥当。也有学者认为"𠬝应是奴隶的总名,就是奴隶主掠夺俘虏之后,用暴力镇压,迫使驯服,成为奴隶"。③以服为奴隶或奴隶之总名的提法有其时代的局限,服与奴隶当有别。活着的俘虏,被强迫从事某种劳役的时候,才能够称其为奴隶。而服是俘虏没有取得奴隶身份之前就被当作祭祀牺牲杀掉了。④服主要来源于俘虏。

从这些辞例看,所用服数量不等,可能尚无一定礼规。卜辞记载用服牲的祭祀对象有:先祖,如祖戊(大戊)、祖辛、祖丁、南庚、阳甲(或羌甲)、小辛、小乙、孝己、祖庚、祖甲等;先妣,如娥,武乙时称高妣丙、高妣己(大乙配偶妣丙、妣己),武丁时期卜辞所祭对象可能为祖丁配偶的妣甲、妣己、妣庚、妣癸,武丁祭祀母丙、母庚(小乙配偶妣庚);父、母,所祭祀父、母未详具体何人。尚有已故重臣,如"贞:服于黄"(《合集》748),"☐咸妻有服"(《合集》727 正),"黄"很可能是它辞被祭祀的黄尹,咸妻为咸戊的配偶。卜辞中祭祀用服的情况,多见于武丁时期。这种情况正可以从侧面说明服来源于被征服者,武丁时期多次大规模地对外征服,征服诸方所获必然很多,故反映到甲骨刻辞中,用服的记载于此期也是最多的。

从下列用服的辞例中也可大略见其来源:

---

① 王承祒:《试论殷代的"奚""妾""𠬝"的社会身份》,《北京大学学报》(人文科学版)1955 年第 1 期。
② 朱歧祥认为字"象手从后执人,人膝跪从之。字与后之𠬝字无涉,宜隶为奴。字从卩女可通"。参《周原甲骨研究》第九章《释奴》,台北:台湾学生书局,1997 年,第 134 页。
③ 沈文倬:《𠬝与藉》,《考古》1977 年第 5 期。
④ 姚孝遂:《商代的俘虏》,《古文字研究》第一辑,北京:中华书局,1979 年,第 389 页。

(5) □□卜,王,余囗⊠⊠服。(《合集》758)

(6) 贞燎于高妣己侑⊠、册三服⊠、卯宰。(《合集》710)

(7) 己巳卜,王,⊠(侑)服司(后)以⊠。(《合集》19777)

(8) 壬寅卜,余⊠省,于父辛、丁服,以戈。(《合集》22048)

上引辞例皆为武丁时期,辞(7)属于自组卜辞,一般认为属于武丁早期。(8)辞属于午组,乃非王卜辞,据黄天树先生研究,午组卜辞时代上限大致在武丁早中期之交,下限可延伸到武丁晚期之初。① 这些祭祀卜辞用服牲时都标明了来源。⊠为外服⊠侯国名,⊠为外服侯国之名。⊠、⊠、戈并为商代邦伯名,曾一度与商王朝为敌,在商王武丁时期被征服,命为外服伯。上引(5)中"王"后省略"贞"字,商王亲自贞问来自⊠邦的⊠为牲。(6)贞问用毁并砍杀三个来自垂侯之服、卯杀圈养的羊御祭高妣己。(7)中"司"应读为后,②是祭祀对象,卜问王用⊠邦之服侑祭后。(8)中"⊠",黄天树先生读为"审",当慎重、谨慎讲。③ 卜辞卜问慎重地省察戈族为牺牲祭祀父辛、父丁所献的服。④ 表明商王朝不仅王室祭祀以服为牺牲,与武丁有血缘关系的商人大家族也以服为祭祀牺牲。上举卜辞中所彰示服的来源,或可有两种理解:一种是这些方国或部族主动地献上的战俘,另一种是商与之战争或商田猎所获的战俘。从甲骨刻辞记载看这两种情况都存在。以武丁时期的赫赫武功,其所获俘虏必然很多,所见有"⊠"的甲骨文多为祭祀刻辞,服为牺牲应无疑义。外服征伐所得俘虏献于商王朝用于祭祀,也是外服应尽的职事之一。祭祀用服作为处理俘虏的一种方法,在武丁时期是常见的。其后却逐渐减少,这种情况可能表明处理俘虏的方式发生了改变。

---

① 黄天树:《午组卜辞研究》,《黄天树古文字论集》,北京:学苑出版社,2006 年,第 148 页。

② 朱凤瀚:《论卜辞与商金文中的"后"》,《古文字研究》第十九辑,北京:中华书局,1992 年。

③ 同①,第 139 页。

④ 这属于陈梦家所说的午组卜辞,时代为武丁时期,父辛丁即父辛、父丁,可能是午组特有的祭祀对象。午组卜辞所属的家族是与商王武丁有血缘关系又相对独立的大家族。参考黄天树《午组卜辞研究》,《黄天树古文字论集》,北京:学苑出版社,2006 年,第 137 页。

第一章 商周时期的服制形态

从祭祀用牲的对象、数量、来源等方面看，牲与商人的生活密切相关。商人对牲也特别的重视，还省察牲的状况。"丁丑卜，余㞢省牲。"(《小屯南地甲骨》2240①)这是武丁时期的一条午组卜辞，即丁丑日慎重地省察牲的状况。大概即卜问用哪一类牲，如上文所举的几个来源，还可能包括省察他们是否符合用牲的条件。从宗教角度讲，表现商人对祖先的敬畏，恐所用牺牲不符合祭祀用牲的条件，如《左传·成公七年》记载的郊牛之角被鼠咬伤而更卜它牛一样。商人祭祀祖先神使用的牺牲，希望祖先能够享用，并降下福佑给他们，保佑他们治下年丰无祸及身体平安。所用物牲尚可食用享用，人牲恐不能食用，只能享用，如何享用呢？从商人墓葬所见人殉、人祭多为制服之人，俯首屈肢，与前文所揭示的玉、石人形象皆是制服状态的人，这样方能易于祖先神驱使。

在殷墟甲骨文中牲常为制服形象的牺牲，然周原甲骨刻辞中有"服二女"之辞，专家争议较大。此问题的解决也有助于对又字义的理解。周原甲骨H11:1有辞云："癸巳，彝文武帝乙宗，贞：王其邵祓成汤𩰫禦，服二女。其彝血牡三，豚三，囟又(有)正。"②彝当为居处之意，③文武帝乙即帝辛之父帝乙。祓成汤有向成汤献祭之意。④禦为御字。本辞之"服二女"是否如殷墟卜辞之用二女为牲(牺牲)，学者间尚有较大分歧。陈全方先生认为"用被俘的二女为牲"，⑤徐中舒先生释又为服，女为母，谓"二母，乃成汤的两个配偶"。⑥ 也有学者认为"又二女"是"以二女奴为牲"。⑦ 李学勤先生称"又二女"是祀仪的一部分，举我方鼎铭文"二母咸毁"与"又二女"是同义，毁与又是繁简体的关系，指出"又二母"不是女俘，

---

① 中国社会科学院考古研究所：《小屯南地甲骨》上册，北京：中华书局，1980年。书名后的阿拉伯数字为是书著录拓片编号，以下引用此书材料简称《屯南》。
② 本片文字据曹玮编著《周原甲骨文》一书的照片隶写如上。
③ 李学勤、王宇信：《周原卜辞选释》，《古文字研究》第四辑，北京：中华书局，1980年，第246页。
④ 同③。
⑤ 《陕西岐山凤雏村西周甲骨文概论》，《古文字研究论文集》(《四川大学学报》丛刊第十辑)，1981年，第309页。
⑥ 同⑤，第5页。
⑦ 陕西周原考古队：《陕西岐山凤雏村发现周初甲骨文》，《文物》1979年第10期。

也没有人祭的迹象。认为叝应读为服,训为用、事。"服二女"即御祭时,由二女执事。推断二女即纣之妻妲己等人。① 相较之下以被俘的二女为牲和读叝为服,训为用、事之说较有启发。"服二女"为祭祀之人牲是有根据的。见以下辞例:

(9) □□卜,争,子妭于母[ ](饩)彘、小牢,㞢(用)服一女。(《合集》728)

(10) 戊辰卜,㞢(用)服妣己一女,妣庚一女。(《合集》32176)

(9)为武丁时期卜辞,(10)为历组二类卜辞,当于祖庚时期。(9)中子妭为人名,子妭饩小猪、小牛,用一个女性服牲祭祀其母。(10)中"㞢"乃"用"之义。② 祖庚分别用一个女性服牲祭祀妣己和妣庚。叝可能已是一种用牲方式,即以制服形式的一女为牺牲,制服、驯服才更加便于先妣等使唤。"㞢服一女"与此周原甲骨刻辞"服二女"当属同义,即祭祀时以制服的女性为牲以事祖先。服既可以用来表示祭祀的牺牲也可以表示一种祭祀方式,具有动名词的性质。这在甲骨文中不乏其例,如岁、蠱等既可表示祭祀所献的物品,又可以指献祭这种祭品的祭典。③

商人除祭祀事神外,还要生产生活,战争俘获之人与方国进献之人,并没有全部用于祭祀,也有部分经过驯服而使之从事各种杂役,为商人生产生活服务。服就有了制服、驯服、服事诸动词义项。《殷契粹编》第1288片云:"贯其𢦏亡。"第1289片云:"贯其服亡。"两条卜辞所卜同一件事,贯即商代外服侯贯,亡为方国之名。𢦏与服意义应相近,𢦏读为捷,训为胜也、克也、获也。④ 服亦应表征服、捕获之义。又《合集》20532云:"庚戌卜,王,贞伯丙允其服角。"《合集》20533云:"庚戌卜,王,贞伯丙允其叝(服)角。"这是两条自组卜辞,时代为武丁早期,伯丙为商

---

① 李学勤、王宇信:《周原卜辞选释》,《古文字研究》第四辑,第246页。
② 吴其昌:《殷虚书契解诂》,第8页。
③ 常弘:《释蠱和橐》,《甲骨文与殷商史》,第258页。
④ 李学勤:《再谈甲骨金文中的"𢦏"字》,《三代文明研究》,北京:商务印书馆,2011年,第70—72页。

王朝外服,服为制服、迫使服从之义,其辞是说外服伯丙是否能顺利制服角族。

商人的生产生活中以制服的外邦人从事各种劳役,即在生产、生活中用事。从制服到驯服要有一个过程,甲骨刻辞中常见到以戈击人或以戈贯其头,以器物截人肢体的形象,可视为国家产生初期对待异族的一般手段,在这样残酷的手段下不服从似乎不可能。后来文明渐趋发展,用事之义逐渐掩盖了服刑之残酷,用事本身似皆为自愿的行为,然究其源实不若此。从制服到用事之服的变化,正是社会生产生活改变了其原有的观念。《尚书·吕刑》中训服为刑,服之服从、用、事之义,盖源于服刑的迫使其用事、驯服。卜辞所见商王朝的内外服皆有俘获羌人贡献于王朝的义务,如"乙酉卜,㱿,贞射甾获羌"(《合集》165),"光不其获羌"(《合集》184),商王关心内服射甾、外服侯光是否能俘获羌人。俘获的羌人有的被用于祭祀,有的则用于服劳役。如"贞旨[来]羌用自成、大丁、[大]甲、大庚、下乙"(《合集》231),用臣子旨所献羌俘祭祀商汤、大丁、大甲、大庚、祖乙五位先王。"辛卯卜,㱿,贞呼多羌逐兔,[获]"(《合集》154),多羌是多个羌俘组成的集团组织,卜辞意是以驯服的羌俘进行田猎,命令他们追逐兔,卜问多羌是否获兔。由此条卜辞可知,贞问"多羌获"是问以多羌田猎是否捕获猎物,而不是捕获多羌。从商王朝对羌俘的处置情况看,商代俘虏既有被杀死祭祀的,更有驯服为商人服役的。

三、服政事之义与服制

甲骨文中有■字,左侧所从为凡(或舟),右侧即㞋。与金文中服字作■形、■形者相同,当为服字。《合集》36924 有云"□卜在服□",惜辞残,不明卜在服何事。① 殷墟甲骨文中已有表示服政事的■字,见于《合集》第 36909 片,分类为无名组黄组之间,时代在武乙,文丁之世。该片卜辞早年著录于郭沫若先生所著《殷契余论》缀合例第六,是将《卜辞通纂》

---

① 据卜辞文例,卜前所缺当为干支,"在服"之服有可能是地名、族名或某一区域。

第757片与《殷虚书契续编》3·28·7片相缀合,共有三条卜辞。① 释文如下:"丁亥卜,在⬛陈,贞韦师寮眛[爽]有⬛,王其令⬛,不每(悔)。克甾王[令]。弜改,呼⬛。韦师寮亡⬛,王其示京师,有册。若。"郭沫若先生云:宧当是从宀及声之字,疑是服字之异。姚孝遂先生以宧为及的繁体,王贵民先生认为是服字初文。② 实际上宧字象在屋下服事的被制服之人形象,乃及字异文,在此条卜辞中当以郭沫若先生的理解为确,"韦师寮眛有宧"与大盂鼎"汝妹辰有大服"(《集成》2837)例相近,宧为动词"事"义,商王命令韦师寮服政事也。郭沫若先生理解此版卜辞大意:下段是说"韦师寮眛爽之前有(职)事,王令从事,不悔,克行王令"。中段是说"弗改,仍令从事"。上段是说"不令韦师寮从事,王用典册告于京师,事情照此办理"。③ 这版卜辞显示,商王就是否任命韦师寮践行某项王事而占卜,三占而从最后一次占卜结果,商王不命令韦师寮践行王事,商王以典册形式告于京师,是否任命韦师寮行王事照此办理。这条卜辞中所记载的"韦师寮"非常可贵,为我们提供了商王朝内服存在僚属组织的实例,若联系周代中央政权内服组织之一的卿士寮,则似可以说明商王朝内服已经成为有系统的僚属组织,韦师寮只是众多僚属组织之一,这与《尚书·酒诰》所载商代内服"百寮"正相符合。这版卜辞说明最迟在商王文丁时期,已经存在将王朝臣子的职事称作

《合集》36909

---

① 按《殷契余论》所收拓片并不完整,似经过剪裁,《合集》所收是完整拓片。
② 姚孝遂意见见于《甲骨文字诂林》第2034页按语;王贵民意见见于《商周制度考信》,第133页。
③ 见郭沫若《殷契余论》,《郭沫若全集·考古编》1,北京:科学出版社,2002年,第368页。

"服"的事实。传世文献中除《尚书·酒诰》提到商代内外服外,尚有其他述及商代服政事的情况,如《尚书·盘庚》云"先王有服",即先王有事,"由乃在位,以常旧服",意为"正其在位,用任旧职"。① 此与内外服之服训为职事义同。《诗经·大雅·荡》篇"曾是在位,曾是在服"。毛传训为"服政事也"。② 马瑞辰《毛诗传笺通释》谓"在服,犹云在职,在任,在官"。③ 这些文献上的例子表明,商周时期将臣子的职事称为"服",即服有职事之义。从事某项活动的人群逐渐固定,形成固定从事某事的群体和固定的事项,就产生了"事"义的"服"。商周时人也把臣服的势力及为王朝服务称为"服"。④ 商代的服属者也不皆是经过暴力手段实现的,商王室宗族和内服臣子对商王的服从,多是在商族发展历史上逐渐形成的对以商先公、先王为核心王族的认同。商汤正是以这些王室宗族及内服族属的势力为基础,实现了"殷革夏命",如《逸周书·度邑》所载周武王追述商汤灭夏时有三百六十族的势力支持,这些族属在商王朝发展历史进程中一直存在着,直到商末其家族势力依然很强大。这些与商王室关系密切的族属,虽有个别叛乱者,但大部分族属对于商王朝可谓心悦诚服。

经由前文的讨论可知,服的治义由上古时代制服俘虏之意发展而来;服的事义大概由两方面引申发展而成,一方面有上古时代制服的敌人——俘虏的处理方式驯服、服役的古义。另一方面也来源于前国家和早期国家时期从事某项活动的人群逐渐固定,形成固定从事某事的群体和固定的事项。而服的右侧所从即殳,左侧所从为凡即古盘字,⑤象人临盘服事之意,⑥则兼具服字制服与服事两者之意。商代存在"服"的观念

---

① 王引之据《方言》训由为正,详《经义述闻》卷三"由乃在位"条,江苏古籍出版社,1985年,第80页。于省吾先生读常为当,训为任,"以常旧服,以任旧事也"。详《双剑誃尚书新证》卷一,上海:上海书店,1999年,第74页。
② 《毛诗正义》卷一八,《十三经注疏》,第553页。
③ 马瑞辰:《毛诗传笺通释》卷二六,北京:中华书局,1989年,第937页。
④ 《尚书·酒诰》中周公把商代为王服务的职官和诸侯都称为"服",把卫康叔的职事也称作"服"。
⑤ 郭沫若:《卜辞通纂》,《郭沫若全集·考古编》2,第750片考释,第538页。
⑥ 周法高:《金文诂林》第10册,第5361页,香港中文大学出版社,1975年。也有学者以左侧所从为干肉形,说此字象以手按跽人于肉前,其本义当为服事,及亦兼声。(转下页)

与职事之"服"。《尚书·酒诰》记载周公告诫康叔要吸取殷商灭亡的教训，以文王和殷贤王的"德"政为榜样，说商王从成汤到帝乙"越在外服，侯、甸、男、卫、邦伯，越在内服，百僚、庶尹、惟亚、惟服、宗工，越百姓、里居（君），罔敢湎于酒"。这条材料为研究商代官制的学者频繁引用，用来与甲骨文对照讨论商代的官制问题，取得了一定的成绩。研究中学者存在把服等同于官的不全面的认识，外服恐怕不能一概地称为官，应该有一个演变的过程，据裘锡圭先生研究：外服的职事或名号起源于商代早期派到外地的官员的职事名号，但后来已经发展为商的诸侯，并且商王也在有意识地将一些征服的部族、方国、侯国等授予一定的称号。①此处服当作职事理解，即在外的职事有"侯甸男卫邦伯"。此处句读古来有不同的理解，伪孔传注解此云："于在外国，侯服、甸服、男服、卫服、国伯，诸侯之长。"②知伪孔传断句为"侯、甸、男、卫、邦伯"，理解为五个部分。孔颖达《尚书正义》云："于是在外之服，侯、甸、男、卫，国君之长"，是以侯、甸、男、卫为国君之长。清孙星衍据《康诰》"侯、甸、男、采、卫"说《酒诰》此处省"采"字，"邦伯盖即方伯也"。③ 陈抗、盛冬铃两位先生点校《尚书今古文注疏》及《今文尚书考证》时，于《酒诰》此处句读为"侯、甸、男、卫、邦伯"。曾运乾先生著《尚书正读》、杨筠如先生著《尚书核诂》于此未作句读。学界对外服的构成有不同意见，如把《酒诰》"侯甸男卫邦伯"视为诸侯名称，说外服是指侯、甸、男、卫、邦伯。④ 这一说法遵从伪孔传的理解，也有甲骨文中"侯"、"田"、"男"、"卫"、"邦伯"的相关材料支持，故本文取此说。郭沫若先生曾读为侯、甸、男、卫，⑤与前举孔颖达理解相近。王冠英先生

（接上页）参陈初生等：《商周古文字读本》，北京：语文出版社，1996年，第385页。

① 裘锡圭：《甲骨卜辞所见的"田""牧""卫"等职官的研究（兼论"侯""甸""男""卫"等几种诸侯的起源)》，《文史》第十九辑。外服在汤时已经出现，开始是商王派出的职事名号，还是对服从商的族氏的承认，或者两者兼而有之，外服职事名号是否起源于商代早期派出外地职官名号，这需要以后深入的研究才能明确。

② 孔颖达：《尚书正义》卷一四，《十三经注疏》，第207页。

③ 孙星衍：《尚书今古文注疏》卷一六，第379—380页。

④ 晁福林：《夏商西周的社会变迁》，第328—330页。

⑤ 郭沫若：《金文所无考》，《郭沫若全集·考古编》5，第101页。但其以畿服制为儒家的虚造，非为商周所实有。

读为侯、甸、男起藩卫作用的邦伯,认为甲骨文中不存在方伯。① 这一说法有周初青铜器令方彝铭"侯田(甸)男舍四方令"的支持,是极富启发的意见,把外服构成问题、方伯问题的研究引向深入。伯者,长也。周人把商代在王都以外的职事名号理解为一邦之长。

《尚书·酒诰》所载商代内外服是周公听闻的话,并且说自成汤至帝乙都存在"内外服",那么这一说法可能会更早。周公生活在商末亲见和亲闻商代的政治状况,其言是可信的,这是周公向后世转述的商代制度。从《酒诰》的文诰性质来看,周公所言都应为可信度高说服教育力强的实例,否则就不会被列入诰命中,则周公听闻之语为周公所信据,且与史实接近。研究中将其视为可信材料使用也就有了根据。那么商人是否已有"内外服"的称法呢?从现有的史料看,商人已经有内外的称法,甲骨文中的"入"与"卜"就有借为内、外字的用法,②从甲骨文中所见,"内"系指大邑商范围,"外"系指大邑商外的四土、四方。卜辞有商与四土、商与四方受年的记载,同时也把大邑商用"我"来指称,商居天下之中称"中商"。③商人尚无自称"内外服"的迹象,但由前文所论可知商人已有服政事的观念和服制的事实。

《酒诰》所列"内外服"的具体状况,可视为现存关于商代内外服的珍贵史料。内、外乃是相对商王畿而言。《酒诰》中举外服包括"侯、甸、男、卫、邦伯",《酒诰》已经清楚明白地说"越在外服,侯、甸、男、卫、邦伯",为什么对外服的理解还会有差异呢?恐怕存在这样的一种倾向,即把周人转述的商代制度与周人称呼殷遗民及周人所说自己的制度相混同了。《酒诰》中既说到外服,也有对克商后归附于周的殷人的称呼,如"汝劼毖殷献

---

① 王冠英:《殷周的外服及其演变》,《历史研究》1984年第5期。丁山亦主三服说,但易为田、亚、任,见其著《甲骨文所见氏族及其制度》,北京:中华书局,1988年,第44—54页。

② 如商先王外丙、外任在甲骨文中作卜丙(郭沫若:《郭沫若全集·考古编》3,北京:科学出版社,2002年,第179、180、181片),卜任即是卜借用为外的证据;甲骨文中多有表示贡纳龟甲的记事刻辞,其言"入",可以理解为"内",也就是纳。以卜表"外"还见于《合集》28003"出于卜燎",《屯南》550"甲寅贞,在卜有祸,雨"。以入表"内"还见于《屯南》附第12片"辛酉卜,在入戍有祸"。

③ 《合集》36975、《屯南》423、《合集》33244、《合集》20650。

臣：侯、甸、男、卫"。于《召诰》中称殷遗民为"命庶殷：侯、甸、男、邦伯"。周人说到自己的制度如《康诰》："周公初基,作新大邑于东国洛,四方民大和会。侯、甸、男、邦、采、卫、百工、播民和(会)见,士(事)于周。"《顾命》："王若曰：庶邦侯、甸、男、卫,惟予一人钊报诰。"这三种情况区别明显,而论者却用彼处不同的材料来解读《酒诰》可信的记载,致使分歧层出。这里所举侯、甸、男、卫、邦伯都是职事名号,当与后世文献所说的五服、九服的服区名区别开来,也要和"公、侯、伯、子、男"所谓的五等爵相区别开来,只有这样才能正确理解《酒诰》所载外服的含义。通过某种方式授予一定称号的形式与周代的分封诸侯是不同的,授予名号一部分可能是商王朝有意识地建立外服,另一部分只是承认某地原生势力对商王朝的服属,是商王朝对外服合法性的肯定。商代前期外服的主体是册命原生部族势力；商王武丁及其以后,原生部族多被征服,不少已经纳入商王朝直接控制区域,经商王朝主动建立的外服逐渐超过原生部族的数量,到商代晚期伯是由商王朝征服的方国首领而受命为外服,侯、甸、男、卫皆由商王直接任命臣属势力构成。

《酒诰》中所举内服为：百僚、庶尹、惟亚、惟服、宗工与百姓、里居(君),这里列举的都是表职事的集合名词,百僚,伪孔传解为"治事百官",①庶尹,众官之长。② 亚在商代多为王征伐田猎,当是低于尹的官职。服,可能是一般的官员。宗工,孙星衍释为宗人,③应指王室之官。"越百姓里居"与百僚并列,越,与也。百姓即百族,应是百族之长。里居为里君之误,王国维已言之。里君,伪孔传理解为卿大夫致仕居田里者,言其实而未言其名,里君者,一里之长。百姓与里君可能有所交叉,在族众密集分布的地区既有族长又有里长作为基层的管理者,而在族众稀疏之地真正起到基层管理者的是族长。商王朝内服包括朝臣职事、王家职事和地方基层的管理者。他们所负职事不同,可能已存在等级差别。

---

① 伪孔说本于《尔雅·释诂》"僚,官也"。
② 《尔雅·释言》"尹,长也"。
③ 孙星衍：《尚书今古文注疏》卷一六,第380页。

四、甲骨文所见商代内外服系统

验诸卜辞,《尚书·酒诰》所说的外服"侯、甸、男、卫、邦伯",内服"百僚、庶尹、惟亚、惟服、宗工,越百姓、里居(君)"皆有明证。甲骨文中的外服侯有单称"侯"(《合集》6842、《英藏》189),"多侯"(《屯南》3396 正、《屯南》3397 反、《殷墟甲骨辑佚》①690＋《合集》36182)乃多个外服侯之称。卜辞中最常见的是"某侯"、"侯某",某一般是地名、族名、人名的合一,如"攸侯"(《合集》5760 正、9511、32982、36484,《英藏》188),据最新统计成果,外服侯有 46 个之多。

甲骨文中的外服"田"多见,裘锡圭先生释为"甸",揭示卜辞中"在某田"是外服田的重要称谓方式。② 这是可取的意见。卜辞有单称外服"田"的情况,如《合集》21099"癸卯卜,丘,令田征𠦪,戈"。据同版卜辞知𠦪为方国名,卜辞贞问命令外服田征讨𠦪方。卜辞有"多田"之称,是多个外服田的称谓,见于历组和黄组卜辞。历组卜辞中,商王为"多田"的安危担忧(《合集》27892),率领多个外服田的军队以及外服任、亚侯的军事力量讨伐反叛的𡕥方(《合集》27893、《屯南》1460)。黄组卜辞中,商王率领外服多个田与多个伯共讨曾受封而反叛的盂方伯(《合集》36181、36511、36513、36521)。甲骨文中相对较多的是"在某田"即在某地之田,亦可如外服侯之称名方法称之为"某田"。田是商王朝重要的职事称谓,那么这里的田是否就是文献中的"甸"呢?《逸周书·职方》孔晁注云:甸者,"治田入谷也"。而甲骨文中的田却都与武事相关,参与征伐类军事行动。问题出在文献旧注上,甲骨文的田与文献的甸实为一字,令方彝铭文有"侯田男",大盂鼎铭文有"侯田",即是文献常见的"侯甸男"、"侯甸"。只是田之本义并非耕田,田即陈,田的主要目的是习兵事,而捕禽兽则是

---

① 焦智勤、段振美、党相魁:《殷墟甲骨辑佚:安阳民间藏甲骨》,北京:文物出版社,2008 年。
② 裘锡圭:《甲骨卜辞中所见的"田"、"牧"、"卫"等职官的研究——兼论"侯""甸""男""卫"等几种诸侯的起源》,《文史》第十九辑,北京:中华书局,1983 年。

次要任务。①《说文》云:"田,陈也。"段玉裁注:"陈者,列也。田与陈古皆音陈,故以叠韵为训,取其陈列之整齐谓之田。凡言田田者,即陈陈相因也。陈陈当作陈陈。陈敬仲之后为田氏,田即陈字。假田为陈也。"②《广雅·释诂二》:"田,陈也。"即古代的田实际上主要与训练军队有关,而卜辞中作为职事的田也是来源于陈列队伍之田,故多见其从事军事征伐。田猎行为与垦田开荒有一定的联系,古时以田猎方式焚烧或砍伐树木形成可耕之地,而地力用尽就暂时荒弃用于田猎,田猎与耕田并不矛盾。从这一意义上讲,田猎为了"治田入谷"也是讲得通的,但对问题的理解不能只看到一个方面,文献旧注看重的是田的一个方面。

甲骨文中"男"字是否是诸侯名号尚存争议,男与任通假,③在甲骨文中有"多任"(《合集》19034)即多个外服任,外服任还与多田、多亚并称(《合集》32992),卜辞中多见的是"某任"之称。目前所见甲骨文中"任"有15位,相关卜辞记载表明其有为商王朝做事的义务(《合集》32992),男、任为商代外服确定无疑。裘锡圭先生指出甲骨文中"在某卫"是外服卫的主要称名方式,按照这一原则,"在某卫"者都应归为外服卫之列。此外,甲骨文中单称"卫"也应是外服卫。如,《合集》7565 正:"贞呼卫从闪北。贞勿呼卫。"《合集》555 正:"甲寅卜,永,贞卫致仆,率用。贞卫致仆,勿率用。贞卫致仆,率用。"《合集》556 正:"贞卫致仆。"《合集》556 反:"壬申卜,古,贞卫弗其致仆。"后几条卜辞反复卜问是否用外服卫向商王朝致送仆为祭祀牺牲。卜辞还有"多某卫"的称呼,一般理解为由多某组成的卫队,或命令多个某进行保卫行动。如,《合集》5746:"☐令郭以多射卫示呼🜚。六月。"5748:"癸亥卜,贞呼多射卫。"9575:"癸酉卜,争,贞令多射卫。"《合集》5711:"庚戌卜,古,贞令多马卫,亡勹(害)。贞令多马卫于北。"5712:"勹(害)卜,宾,贞☐遘以多马卫🜚。"《合集》5665:"己酉卜,亘,贞

---

① 杨升南:《殷契卜辞"田"字说》,《徐中舒先生九十寿辰纪念文集》,成都:巴蜀书社,1990年。
② 段玉裁:《说文解字注》,上海:上海古籍出版社,1980年,第694页。
③ 《逸周书·职方》孔晁注"男,任也,任王事"。《白虎通·爵》引《尚书》文"男"作"任"。甲骨文中有"雀男"又有"雀任",是男、任相通之证。

呼多犬卫。"但据《合集》5666 正"□戌卜,永,贞令旨以多犬卫比多蠢羊☒比□"则知,多犬卫是被支配的对象,多犬卫是一种复合称谓,辞意为命令名旨的臣子率领多犬卫联合多某作王事。那么以上卜辞中的多射卫、多马卫、多犬卫可以理解为多个射手队、多个马队、多个犬组成的复合职事卫。甲骨文中未见有"邦伯"之称,仅有"某伯"、"伯某"或"某方伯"、"多伯"(《合集》36510、36511、36513,《英藏》199 正)。伯在甲骨文中有对方国首领之称和表示商王朝外服名号两种情况。伯表示外服名号的情况,据《甲骨学一百年》一书的统计分析尚有 45 位。①

《酒诰》所载内服于殷墟甲骨文中亦有证,百僚只是周人语言的概括之词,与商代实际情况有一定的出入,《酒诰》中述及商代内服多总概其名,甲骨文中内服有某寮、某尹、多尹、亚某、工、百工、多生等,总名与分称俱见。如,《尚书·酒诰》称"百僚",说明僚是商代的一级行政机构,甲骨文有"韦师寮(僚)"(《合集》36909);《酒诰》称"庶尹",甲骨文则有总名"多尹"(《合集》5611、5612),分称为"某尹"。文献称"宗工"者,卜辞称"尹工"、"宗工"、"多工"。② 文献作"百姓",甲骨文称"多生"③即"多姓"。文献上的"里君",或即卜辞所说的"多君"。"里"确定为周人之基层组织见于令方彝铭文、宜侯矢簋铭文。"里君"即里长。从考古发掘遗址看,内外服也是确实存在的,如 1958—1961 年殷墟发掘的大面积成组族葬,就是内服势力存在的极好明证。④ 外服侯伯的都邑遗址亦有不少发现,如湖北黄陂的盘龙城、江西清江吴城城址、陕西西安老牛坡、四川广汉的三星堆遗址等。当然内外服只是相对而言,内外服是商王朝对不同职事的称谓。从周公所言在商代成汤到帝乙这一长时段内都存在内外服,并且帝辛时期也应该存在内外服,《酒诰》所载只是说帝辛之前内外服不酗酒之事。

---

① 王宇信、杨升南主编:《甲骨学一百年》,北京:社会科学文献出版社,1999 年,第 464 页。
② 分见于《合集》5628、19433、11484,《屯南》2525。关于多工、百工的身份和地位还需进一步的考察。
③ 见《合集》19、20、5623—5627、19433—19435、11484 正诸片。
④ 详见中国社会科学院考古研究所编著:《殷墟发掘报告》(1958—1961),北京:文物出版社,1987 年。

可以说从成汤到帝辛的整个商王朝都存在内外服的政治结构,并且由甲骨文中相关记载表明,内外服都为商王朝尽一定的职事和承担一定的贡赋。

总之,从服字造字之意和在商周语言中的使用义,都反映了商人已经有服从、制服、服事的观念,商人已经有把职事称"服"的事实。周人追述的商代内外服制就是这种观念与事实的反映,这些都可以证明商代存在着内外服的制度。从周人追述商代内外服国家结构在一个很长历史时期都存在的事实,可以将内外服视为商代的一种制度。《尚书·酒诰》所载内外服都应是商王朝的职事称谓,前人多把它与官名或诸侯相混,证诸甲骨文、金文相关记载可知周公所言商代内外服制是可信的,为进一步探讨商代内外服制度奠定了基础。孔子叹言"周监于二代,郁郁乎文哉!"①信矣。

第二节 西周金文所见周代服制系统

服字于古代字书和文献旧注多释为用、事,然"事"义过繁,每使人不能明确"服"在具体文例中的意义。杨树达先生有鉴于此,综合彝铭、《诗》《书》以"职"训事、训服。② 于金文中服字义,单一名词"职"义尚不能囊括,学者已有注意,如葛志毅先生在《周代分封制度研究》中指出服与官、事义近,服应指服任官事。③ 晁福林先生、董珊先生就士山盘铭文"服"字义,而谈到部分涉及周代服制的青铜器铭文中"服"字义,盖有职事和贡赋两种,指出其与文献所载周代"服"有关,并对周代服制的内容做出概括。④ 但仍有进一步探讨的余地,如金文之"服"如何能与文献记载的"服制"联系起来? 金文中的"服"是否都与周代服制有关? 以往研究对周代

---

① 见《论语·八佾》。
② 杨树达:《积微居小学述林》,第78—79页。
③ 葛志毅:《周代分封制度研究》(修订本),第147页。
④ 参晁福林《从士山盘看周代"服"制》,《中国历史文物》2004年第6期;董珊《谈士山盘铭文的"服"字义》,《故宫博物院院刊》2004年第1期。

服制的存在性及具体形态论证不足。本节旨在前辈研究成果的基础上，对西周金文中"服"字义作一综合考察，兼申其与文献所载周代服制的关系，进一步探讨周代服制的大致形态。

一、西周金文"服"字形义分析

西周金文中"服"字大体有左半部分从日作 ▨ 与从舟作 ▨ 两种构型，而右侧大体上由一俯首人形与一手形构成，可以隶定为"𠬝"，并以之为服字初文。日，学者有认为是凡字与盘通假，有认为是肉（月）与今服字所从相同；从舟形，多以之与《说文解字》服字篆文从舟相合。

观金文服字形体，虽左侧所从有不同写法，右侧亦稍有变化，但大体右侧可隶定为"𠬝"，与甲骨文中 ▨ 字相同，其在甲骨文例中为祭祀的人牲形象，其义在于以制服、服从的人为牺牲，以服事于祖先神，即制服、服从字的初文。其后文明渐化而增饰字符 日，以盘前服事为意。故服字以"𠬝"为义符，其本质在于服从。在西周金文中尚保留有此义项，如1959年6月在陕西省蓝田城南寺坡村北沟道中出土的询簋①载王命师询"啻官：司邑人、先虎臣后庸、西门夷、秦夷、京夷……成周走亚、戍秦人、降人、服夷"。（《集成》4321）服夷，即被制服的夷人，属于师询掌管的"庸"之列。

由服从出发，被制服者或心悦诚服者为表示服从，需要提供各种服务和实物，行之既久，这些服务和实物也被称为"服"了。从西周金文记载看，周王把其臣下的职事称为"服"，如周康王时期的大盂鼎载康王谓盂"汝妹辰有大服"（《集成》2837），即汝早年有大的职事②。周穆王时期的覭簋记载王命作册尹重申册命覭"更乃祖服，作冢（冢）司马"③，懿王时期

---

① 参郭沫若《弭叔簋及询簋考释》，《文物》1960年第2期；段绍嘉：《陕西蓝田县出土弭叔等彝器简介》，《文物》1960第2期。
② "妹辰"的解释有很多种，此处取陈梦家先生的解释，见《西周铜器断代》，北京：中华书局，2004年，第103页。
③ 王冠英：《覭簋考释》；李学勤：《论覭簋的年代》；夏含夷：《从覭簋看周穆王的在位年数及年代问题》；张永山：《覭簋作者的年代》，《中国历史文物》2006年第3期。

的趞尊载王呼内史册令趞:"更厥祖考服"(《集成》6516),王命令内史册命趞继承其祖考的职事,但未言何职事。夷王时期的宰兽簋记王重申先王命宰兽"更乃祖考事,缵司康宫王家臣妾、仆庸,外内毋敢无闻知"(《商周青铜器铭文暨图像集成》5376①),"更乃祖考事"与"更厥祖考服"一义也,正说明服为职事。又西周中期共、懿时代的吕服余盘载王命吕服余"更乃祖考事,胥备仲司六师服"(《集成》10169),即继承祖考的职事,辅助备仲掌管六师的职事。② 宣王时期的毛公鼎亦载宣王告诫毛公"毋敢坠在乃服"(《集成》2841),即不要坠弃你的职事。西周时期周王将臣下职事称为"服"多见于册命铭文,命某继承其祖考的职事。周王朝的臣子也自称其职事为"服",如西周早期铜器高卣载"尹其亘万年受厥永鲁,亡竞在服"(《集成》5431),这是作器者高对赏赐他的长官尹的颂扬之辞,称长官尹万年永受福禄,没有人能超越他的职事。大克鼎③载师克言天子"勋(擢)克王服,出入王命"(《集成》2836),克因为祖先师华父的余荫而得到了周王的重用,被擢为王职,负责"出入(纳)王命"。2003年陕西省眉县杨家村发现的逨盘载作器者逨称其皇高祖零伯"粦(隣)明厥心不遂(坠)服,用辟龚(恭)王、懿王"④,即不失去其职事,臣事周恭王、周懿王。西周金文中,周王把诸侯的职事也称为"服"。班簋载"唯八月初吉,在宗周,甲戌,王令毛伯更虢城公服,屏王位,作四方亟(极)"(《集成》4341),周王命令毛伯继承(接替)虢城公的职事,屏王位,使周王为天下四方的最高君主即天子。⑤ 井侯簋载"唯三月王令荣及内史曰:'匄井侯服,赐臣三品:州人、熏

---

① 吴镇烽编著:《商周青铜器铭文暨图像集成》,上海:上海古籍出版社,2012年。以下简称《铭图》。
② 王慎行:《吕服余盘铭考释及其相关问题》,《文物》1986年第4期。
③ 关于大克鼎时代有不同意见,郭沫若列为厉王时期,陈梦家列为夷王时期,马承源列为孝王时期。勋字,郭沫若先生认为是《广雅·释诂三》"踊,拔也"之踊字。见郭沫若《两周金文辞大系考释》,《郭沫若全集·考古编》8,北京:科学出版社,2002年,第261页。另据班簋"陞于大服",番生簋"勋于大服",勋又有陞、陞之义,与《方言》"踊,登也"相合。
④ 陕西省考古研究所、宝鸡市考古工作队、眉县文化馆杨家村联合考古队:《陕西眉县杨家村西周青铜器窖藏发掘简报》,《文物》2003年第6期。
⑤ 关于"亟"有不同的解释,此取唐兰先生释为极的本字,"作四方极"与《诗·殷武》"商邑翼翼,四方之极"义同,是说毛伯夹辅王位,使王为四方之极。(《西周青铜器(转下页)

人、墉人。'"(《集成》4241),周王把井侯的职事称作"服",只是没有具体说职事是什么。

西周金文中,诸侯、方国的贡赋也被称作"服"。驹父盨盖载"唯王十又八年正月,南仲邦父命驹父即南诸侯。率高父视南淮夷,厥取厥服。堇夷俗,遂不敢不敬畏王命,逆见我,厥献厥服。我乃至于淮,小大邦无敢不述(坠),俱逆王命"(《集成》4464),其中"厥取厥服"、"厥献厥服"的服字,黄盛璋先生认为即《周礼·大行人》的"服物",即布帛之类。① 唐兰先生谓"服,贡赋"。② 掇之铭文,当以理解为贡赋近之。士山盘载王命令士山"于入中侯,出,徵鄀、荆、方服,暨大藉服、履服、六孳服。中侯、鄀、方宾贝金"。③ 此铭中服字,专家有不同理解。服字属前读者,有以制服意解之;有以职事意解之,理解为士山的职事。服字属后读者,理解为职贡,是士山征取鄀、荆、方等诸侯对周王朝的职贡。专家理解的分歧并不妨碍得出周人把诸侯的职事、贡赋称为"服"的结论。

西周金文又载把朝见于王称为"见服"、"见事"。作册麒卣载"唯公太史见服于宗周年,在二月既望乙亥,公太史咸见服于辟王,辨(遍)于多正"(《集成》5432),公太史以政事朝觐周王及朝中执政者。匽侯旨鼎"匽侯旨初见事于宗周"(《集成》2628),匽侯旨首次以其政事朝觐周王于宗周。这种情况和乖伯簋载眉敖被益公召集而来觐(朝见)(《集成》4331),宗周钟所载周厉王征服侵犯周土的南国服子,结果南夷、东夷俱来朝见者二十又

(接上页)铭文分代史征》,北京:中华书局,1986年,第350页)对于"四方之极"经学史上有不同解释,郑玄释极为中,解为四方之中正。韩《诗》、齐《诗》作"京邑翼翼,四方之则"。宋朱熹训极为表(《诗集传》卷二十,上海:上海古籍出版社,1980年新版,第247页)。清儒马瑞辰认为极与则音近义同通用,训为法。(《毛诗传笺通释》卷三二,第1188页)极训表,训法,意义接近表率、效法,皆受齐《诗》、韩《诗》的影响。按唐兰先生释极有最高的意思,四方之极即四方之最高处,引申之意为使周王成为天下四方的最高统治者即天子。

① 黄盛璋:《驹父盨盖铭研究》,《考古与文物》1983年第4期。
② 唐兰:《用青铜器铭文来研究西周史——综论宝鸡市近年发现的一批青铜器的重要历史价值》,《文物》1976年第6期,注释23。
③ 关于士山盘铭文参考朱凤瀚《士山盘铭文初释》,《中国历史文物》2002年第1期;黄锡全《士山盘铭文别议》,《中国历史文物》2003年第2期;董珊《谈士山盘铭文的"服"字义》,《故宫博物院院刊》2004年第1期;晁福林《从士山盘看周代"服"制》,《中国历史文物》2004年第6期。

六邦(《集成》260)的情况相近,皆为朝见。只不过前者是履行职事而来朝王,后者是原来服从当有朝贡义务,因叛被征服而来朝贡。

西周金文中服字尚有表示"事"意,但又不属于"职"义的范围。如小盂鼎铭文中"三左三右多君入服酒"、"三周入服酒"(《集成》2839)之"入服酒",郭沫若先生云"当即'归而饮至'之礼"①,事酒、饮酒之意。"征邦宾尊其旅服",应为邦君、嘉宾依序就其服位。② 这里的旅服表示朝觐周王时所排的位次,也被称作"周班",亦与周代服制有关。

西周金文中还有以"服"表示一种官职名的情况,如静簋记载王在莽京,令静司射学宫,有小子、服、小臣、尸(夷)仆学射(《集成》4273)。服即《尚书·酒诰》"惟亚惟服"之服。匍亚罍角铭之"匍(服)亚",其字似箭囊,与甲骨文中"多匍"同,实为箙字,表示一种与射箭有关的官职。

由上文分析,西周金文中"服"字有服从和事义,有把臣下和诸侯的职事称为"服"者,亦有将诸侯所纳贡赋称为"服"者,还有把朝觐于王称作"见服"的情况。这些义项皆由服从的意思引申而来,服从者为表示其服从而为统治者做一定的事情,于是有职事之义;除职事外还要交纳一定的物品以示其政治上的服从,于是就有了贡赋之义。至于"见服"则是表明服从的一种政治仪式。以上就是目前所见西周金文中"服"字使用的概况,其与周代服制的关系,还需要做进一步的深入分析。

二、周代文献所载服制

关于周代的服制,中国古代文献有不同的记载,如《国语·周语上》所载五服为甸服、侯服、宾服、荒服、要服,将周邦内即后世所称的"王畿"视为甸服,即五服中包括周邦。《周礼·夏官·职方氏》则载王畿之外有九服:侯服、甸服、男服、采服、卫服、蛮服、夷服、镇服、蕃服。《周礼·夏官·大司马》与此近同,仅将服换成畿,即以国畿之外又有九畿的区划。《周礼·秋官·大行人》则载邦畿之外有七服:侯服、甸服、男服、采服、卫服、

---

① 郭沫若:《郭沫若全集·考古编》8,北京:科学出版社,2002年,第91页。
② 马承源:《商周青铜器铭文选》(三),北京:文物出版社,1988年,第42页。

要服、蕃国。古代经学家囿于经典的权威,从未怀疑经书里所记周代服制的可靠性,并且在注解经典时,弥合不同的记载,强为之说。直至1932年郭沫若先生研究金文的力作《金文丛考》出版,其中有《金文所无考》一篇,方指出畿服之分是春秋时人的纸上规划,古代并没有这种制度。畿服的名号本于《尚书》诸篇及金文中对殷商诸侯的异称,"畿服之制乃后人所伪托,金文无畿字,服字多见,与《酒诰》义同,并非地域之区划也"。[①] 1934年王树民先生发表《畿服说成变考》一文,指出畿服说出于战国时人的政治设想。[②] 不久,束世澂先生作《畿服辨》以甲骨文、金文考察记载畿服说的传世文献,他认为殷周时期确有畿服制度,但只有侯服、甸服,侯服在外,甸服在内。[③] 20世纪40年代后期,顾颉刚先生的读书笔记《浪口村随笔》油印出版,其中有"畿服"一篇,认为畿服制中的甸服、侯服、要服为古代所实有,宾服、荒服乃文家从侯服、要服中析出。[④] 至60年代《史林杂识初编》出版时亦收此文,主要观点没有大的变化,增补了不少金文材料,以金文考察记载畿服制的传世文献,做出了很多有意义的探讨。20世纪70年代以来亦有不少专家直接探讨周代服制或探讨其他问题时涉及周代服制,大多肯定周代确曾施行过服制,但围绕周代服制的形式探讨,主要有内外服和五服制两种不同意见。内外服之说主要是受《尚书·酒诰》所载商代内外服制度的影响,或以周邦划分为内外服,[⑤]或认为周代的服是官制的表现形式,周代官制分为内服与外服。[⑥] 或以王畿为界分为内外服。[⑦] 而近年的研究趋向于否定王畿的存在,畿内诸侯、畿外诸侯的提

[①] 郭沫若:《郭沫若全集·考古编》5,北京:科学出版社,2002年,第101页。
[②] 王树民:《畿服说成变考》,北京大学潜社编《史学论丛》第1册,1934年5月。
[③] 束世澂:《畿服辨》,《史学季刊》第一卷第1期,1940年,第22—27页。
[④] 顾颉刚:《浪口村随笔》卷二,沈阳:辽宁教育出版社,1998年,第37页。
[⑤] （日）贝塚茂树:《中国古代の社会制度》,《贝塚茂树著作集》第二卷,中央公论社,1978年,第179页、第188页。王冠英:《殷周的外服及其演变》,《历史研究》1984年第5期。刘源:《"五等爵"制与殷周贵族政治体系》,《历史研究》2014年第1期。
[⑥] 李零:《西周金文中的职官系统》,《李零自选集》,广西师范大学出版社,1998年,第112—123页。
[⑦] 王玉哲先生亦主内外二服说,只是他以王畿为界分为内外,见《中华远古史》,上海:上海人民出版社,2000年,第588页。

法更是遭到了批判。① 五服制基本依据是《国语·周语上》祭公谋父所言先王服制,如王树民先生指出畿服说出于战国时人的设想,主要依附于周初制定的五服制以及散见于古文献中的侯、甸、男、采、卫等资料,并考察了几种形式的畿服说。② 王先生肯定《国语·周语上》所载五服制为周初实有制度,对于推进周代服制的研究有重要意义。罗志田先生亦肯定五服制为周代所确有,并指出殷周间服制存在继承、发展、衍化问题。③ 研究周代五等爵制的学者,认为五服制为周代实有制度并与五等爵制关系密切,都是周代分封制下的产物。④ 周代服制的研究在甲骨文、金文等新材料、新观念的启发下取得了丰硕的成果,对记载周代服制的文献材料进行了充分的梳理,分析批判"王畿"说,肯定周代确曾施行过服制,且以《国语·周语上》所载先王服制为周初所定"五服制"。

《国语·周语上》载祭公谋父劝谏周穆王征犬戎云:

> 夫先王之制:邦内甸服,邦外侯服,侯、卫宾服,蛮、夷要服,戎、狄荒服。甸服者祭,侯服者祀,宾服者享,要服者贡,荒服者王。日祭、月祀、时享、岁贡、终王,先王之训也。有不祭则修意,有不祀则修言,有不享则修文,有不贡则修名,有不王则修德,序成而有不至则修刑。于是乎有刑不祭,伐不祀,征不享,让不贡,告不王。于是乎有刑罚之辟,有攻伐之兵,有征讨之备,有威让之令,有文告之辞。布令陈辞而又不至,则增修于德而无勤民于远,是以近无不听,远无不服。

祭公谋父说甸服、侯服、宾服、要服、荒服是周先王时的制度,具体可能是

---

① 详细参见赵伯雄《周代国家形态研究》第一章第三节"周邦、王畿异同辨"(湖南教育出版社,1990年)以及王健《西周政治地理结构研究》第三章"西周'王畿'考辨"(中州古籍出版社,2004年)。

② 王树民:《畿服说考略》,上官鸿南、朱世光主编:《史念海先生八十寿辰学术文集》,西安:陕西师范大学出版社,1996年,又载《文史》第四十四辑,1998年,还收入其著《曙庵文史杂著》,北京:中华书局,1997年,第60—76页。

③ 详参罗志田《先秦的五服制与古代的天下中国观》,陈平原、王守堂、汪晖主编《学人》第十辑,南京:江苏文艺出版社,1996年,第367—400页。

④ 陈恩林:《先秦两汉文献中所见周代诸侯五等爵》,《历史研究》1994年第6期;张铮:《论周代五等爵制与五服制》,《求索》2007年第12期。

周成王时期确立的朝贡服制。① 这则材料中"服"为"事"义,包含职事和贡赋两层含义。②"甸服"、"侯服"、"宾服"、"要服"、"荒服"是周成王时期确定的朝贡服制的服名,与商代和周初"侯、甸、男、卫、邦伯"为外服诸侯名号是不同的。要之,五种服表明西周王朝对地方宗族、诸侯、方国的治理方法,即将不同地域、不同层次的诸侯、方国纳入到周王朝的朝贡体系之中,使其更好地为周王朝服务。此五服实际确立的是"周人对华夏族和四夷分别治之的国家管理制度"。③ 五服制具体内容是:邦内的宗族为甸服,向周王朝履行每日助祭祀的义务。邦外且为周王朝按照宗法关系分封的外服诸侯属于侯服,起到藩屏周邦的作用,向周王朝履行每月助祭祀的义务。侯、卫是臣服于周的原殷商外服诸侯侯、甸、男、卫、邦伯的省称,属于宾服,向周王朝履行四时以服贡宾见的义务。"东南只有要服而无荒服,西北只有荒服而无要服。这个说法就当时四裔民族来考察,是合适的。周秦以来西北是游牧之族,是行国,故说他是恍惚不定,是荒服;而东南则是农耕之族,可以要约羁縻,是要服"。④ 东部、南部的蛮夷被周王朝征服,纳入要服,向周王朝履行每年来朝贡的义务。西部、北部的戎狄属于荒服,向周王朝履行朝见嗣王及己即位来朝贡的义务。按照五服制规定把外服诸侯与方国纳入到五服之中,所尽职责皆与周代国家祭祀密切相关,⑤外服与方国朝王而参与国家祭祀,使得外服诸侯与方国成为周代国家的重要组成部分。周成王成周会盟天下四方诸侯、方国还确立了保障服制落实的措施,若邦内不执行甸服,那么周王朝先修志意自责。邦外

---

① 金景芳:《中国奴隶社会史》,上海:上海人民出版社,1983年,第124页。
② 关于周代文献、金文中的服有职事、贡赋两层含义,参考晁福林《从士山盘看周代"服"制》,《中国历史文物》2004年第6期;董珊《谈士山盘铭文的"服"字义》,《故宫博物院院刊》2004年第1期。
③ 谢乃和:《古代社会与政治——周代的政体及其变迁》,哈尔滨:黑龙江人民出版社,2011年,第298页。
④ 蒙文通:《略论〈山海经〉的写作时代与产生地域》,《古学甄微》,成都:巴蜀书社,1987年,第64页。
⑤ 要服、荒服所献也与周代国家祭祀有关,如《左传·僖公四年》所述要服之列的荆楚有向周王朝献祭祀时缩酒用的菁茅的职贡,《国语·周语上》、伯唐父鼎铭文载荒服犬戎有贡献白鹿、白狼的义务,被用于周穆王祭祀的牺牲。

诸侯不执行侯服,周王朝就修改对其的号令。外服侯、卫诸侯不执行宾服,周王朝就修改典法。蛮夷方国不纳贡,周王朝先修尊卑职贡的名号。戎狄方国不执行荒服,周王朝则修文德使之归服。若周王朝如是做了之后,外服诸侯、边远方国仍不履行职责,那么周王朝将采取刑、伐、征、让(言语谴责)、告(通告天下)等措施对不执行服的诸侯、方国加以制裁,但在采取惩罚措施之前要"布令陈辞"以示警告,再不执行"服",则落实惩罚措施。

西周金文中"服"与文献所说的周代服制有一定的联系。《尚书·酒诰》中记载:周公曾说商代有"内外服",谈到周代的制度时也是以内外为据划分,内外并举频见。王冠英先生认为周代的服以周邦来划分亦称内外,周分封的作为外服的诸侯,迳称"诸侯"、"邦君诸侯"或"四方";内服则称"百辟"、"三事"或"三事大夫",①从金文、文献关于"服"的意义来讨论,可以补证周代存在内外服的观点。金文材料中得见周人把臣工的职事、官位和履行官位职事的活动等事务性的服务称为"服"。周代文献所载,周人亦将职事称为"服"。如《尚书·康诰》载周公告诫康叔"乃服惟弘王应保殷民,亦惟助王宅天命,作新民"。康叔的职事有三:弘王应保殷民一事也;助王宅天命二事也;助王作新民三事也。②弘与助相对成文,当与助义近。应保即膺保,义犹受保,言受而保之也。③ 宅者,度也。④《康诰》云:"惟命不于常,汝念哉!无我殄,享明乃服命,高乃听,用康乂民。"天命不常,告诫康叔不要断绝祭祀,要勉力于职事。可信的周代文献中明确谈到周代服制的情况是邦内甸服即朝臣职事,相当于内服;邦外侯服即是周王朝根据宗法原则分封建立起来的诸侯的职贡;侯、卫宾服即臣服于周的原商代外服侯、甸、男、卫、邦伯等名号的诸侯应尽的职贡;⑤蛮夷要

---

① 王冠英:《殷周的外服及其演变》,《历史研究》1984年第5期。
② 王国维:《古史新证》,北京:清华大学出版社,1996年,第274—275页。
③ 王引之:《经义述闻》,南京:江苏古籍出版社,2000年,第93页。
④ 孙星衍认为宅通度(《尚书今古文注疏》卷一五,第363页),杨筠如"宅,谓度也"。(《尚书核诂》,第262页)
⑤ 葛志毅先生认为"侯、卫应指侯、甸、男、采、卫等故殷诸侯转归周者",参见《周代分封制度研究》(修订本),黑龙江人民出版社,2005年,第145页。

服即东部、南部臣服于周的方国应尽职贡;戎狄荒服即西北部臣服于周的方国应尽职贡。

西周的服制并不在于地域的区划,而在于诸侯、方国、朝臣对以周王为代表的周王朝的服从、服务,包括尽职事等事务性义务和纳贡物的实物性义务,服区域的出现是服制落实的表现。《尚书·禹贡》之"五服",《周礼·职方氏》之"九服"所列按照不同里数规定服制,确为理想中物,实际上是不可能出现的,但其所述为王朝纳贡、尽职确是本诸文献和金文中周王把臣下和诸侯的职事称为"服",把纳贡也称为"服",且其臣工也自称职事为"服"这样的事实。由此事实出发把纳贡尽职的势力称为"服"也是可能的。但不能因其形式具有严整的规划的表象,就一概否认服制确曾存在过的事实。

三、周代的服制系统

金文中服的记载与文献中服制相结合,可以大体考见周代服制的系统。由西周金文看,向周王朝尽服的大致有三部分人群:一是周王朝大臣,称自己的职事为"服",周王也将王朝大臣的职事称为"服";二是受封的诸侯,周王称他们的职事为"服";三是蛮夷、戎狄方国,周王朝称他们应尽的贡赋为"服"。如果从称服的事类来看,包括职事、贡赋称服,朝觐的活动称见服,朝觐的位次亦称旅服。据此结合文献记载,周代的服制也可分为三个系统:一是周王朝的朝臣系统,他们大多居于邦畿之内各自的采邑内;二是诸侯系统,大致可分为两种类型,一类是周王朝按照血缘亲疏分封的兄弟子侄与姻亲之国,一类是夏商以来延续下来臣服于周的异姓诸侯,对于周王朝来说属于客的范围。三是方国系统,东南蛮夷与西北戎狄。《国语·周语上》所载只是提到对不执行服的朝臣、诸侯、方国的制裁措施,并未言及周王朝如何检查服的执行情况。而金文中的材料恰好弥补了文献的不足,西周早期铜器井侯簋载"王令(命)荣暨内史曰'菁井(邢)侯服,易臣三品:州人、重人、庸人。'"(《集成》4241)菁,前辈专家或以为假借为"更",意与班簋"更虢城公服"相同。① 或以为介字,假介为

---

① 郭沫若:《郭沫若全集·考古编》5,第95页。

匄,训予也,服为命服。① 或以为当读为匄,训作与,谓与邢侯以职事。②或以为读害若割,训为分。③ 这些意见都有一定的根据,如果最直接的理解接近合理,就不需要借助假借音韵的转训。该字在此铭为动词,晁福林先生认为于此铭读为匄,据朱骏声《说文通训定声》训为求。"菁(匄)井(邢)侯服",即求井(邢)侯之"服"的情况,意即检查核实邢侯履行其"服"的情况。④ 西周中期铜器士山盘载周王命令士山"于入中侯,出,徵鄀、荆、方服,暨大藉服、履服、六孳服"。此段铭文非常重要,专家断句和理解分歧较大,专家或理解为惩治鄀、荆、方,将服字属后读。⑤ 或释为征验,服字属前读,理解为服制之服,职事也。⑥ 此铭第一个服字当为广义的服制之"服",王命士山所征验的服应包括职事性与事务性两种。具体内容包括后边三个服,应是三种具体的职事或贡物。据专家研究大藉服是庶民耕种藉田的义务;履服,即勘定鄀、荆、方三国所种藉田的位置、地界和数量,也就是检查三国对所种藉田的管理情况。六孳服就是诸国向周王朝进献六种谷物以助祭的任务。⑦ 西周晚期铜器驹父盨盖载"南仲邦父命驹父即南诸侯。率高父视南淮夷,厥取厥服。堇夷俗,遂不敢不敬畏王命,逆见我,厥献厥服。我乃至于淮,小大邦无敢不述(坠),俱逆王命"。(《集成》4464)名驹父者遵照南仲邦父之命到达南方的诸侯国,然后会同南诸侯国的头目名高父者视察淮夷诸国首领,征取他们应尽之服。他们都恭敬地整饬其俗,皆敬畏王命,迎见驹父并献其服贡。驹父到达淮夷之时,大小方国没有不恭敬于王命的。这是周王派重臣前往诸侯之地检查和征验诸侯、方国"服"的情况。

　　西周金文证实文献所载周王对不执行服的诸侯、方国进行惩罚乃确有其事。宗周钟记载周厉王在巡狩中发现"南国服子敢陷处我土",于是

---

① 陈梦家:《西周铜器断代》,第82页。
② 杨树达:《积微居金文说》(增订本),第89页。
③ 马承源:《商周青铜器铭文选》(三),第45页。
④ 晁福林:《从士山盘看周代"服"制》,《中国历史文物》2004年第6期。
⑤ 朱凤瀚:《士山盘铭文初释》,《中国历史文物》2002年第1期。
⑥ 同④。
⑦ 同⑤。

第一章　商周时期的服制形态

驹父盨盖铭文拓片　　　　　士山盘铭文拓片

王"敦伐其至，翦伐厥都"，最后"服子乃遣间来逆昭王，南尸（夷）、东尸（夷）俱见二十又六邦"。（《集成》260）"服子"是周王朝对臣服的南部方国的称呼，而不是具体的一个方国，据铭文应包括南夷、东夷二十六邦。由近年新见伯㦰父簋铭文知服子之中有鄡、桐、潏方国，①据兮甲盘（《集成》10174）载周王朝称淮夷为周的帛贿人，即有献贡赋的义务，是属于周要服之列的。此铭中服子不但不来见王还侵陷王朝田土，周厉王亲帅师讨伐之，服子再次表示服属周王朝，其表现为朝觐纳贡于周王朝。西周金文还载有周王对内服朝臣职事的考核措施，臣子践行职事好的受到奖励，践行的不好要受到惩罚。静簋（《集成》4273）记载小臣静的职事是在天子学宫教贵族子弟习射。到了秋天周王与师氏、小子在辟雍行射礼，以此来检查静教射的情况，也就是检核静所尽服的情况，结果静教射无过而受到周王

---

① 李学勤：《谈西周厉王时器伯㦰父簋》，《安作璋先生史学研究六十周年纪念文集》，济南：齐鲁书社，2007年，第86—89页。

静簋铭文拓片

的奖赏。对内服职事的检核不限于周王对臣子的考核,也见于上级官员对下级官员履行职事的检查,近见闻尊铭文提供了检核职事方面的信息,其铭有云:"师多父令闻于周,曰:'余学(效)事,女(汝)毋(无)不善,肙(胥)朕采达田外(设)臣仆,女(汝)毋(无)又(有)一不(否)。'"① 学读为效,意思是"考效","效事"犹"考效事功"。铭文是说:师多父考核检查事功,闻无一不善;闻佐助师多父管理采地达田、臣仆,这两件事闻没有一个过失,即两事无一不善。② 师多父经过检查得知闻工作尽职、效果良好,故"师多父令(命)闻于周"论功行赏。铭文记录了周王朝师官对其属官检核职事后的嘉奖赏赐。新见叀器铭文载鲁侯对其臣子叀教诲鲁人、整顿曲阜地区的社会秩序的职事进行检查,"余既省,余既处,亡(无)不好,不处于朕诲"。结果没有不好的,没有不顺从鲁侯的教诲的。于是鲁侯对臣子叀进行赏赐。③ 上举几例或可说明,西周时期上级对于下级执行服的考核是普遍存在的,是督促臣子恪尽职守的重要举措。上级对下级未能履行"服"会有惩罚措施,如西周早期师旂鼎(《集成》

---

① 张光裕:《新见乐从堂鋞尊铭文试释》,《古文字学论稿》,合肥:安徽大学出版社,2008年,第5—10页。
② 参见童珊《读闻尊铭》,复旦大学出土文献与古文字研究中心网站,http://www.gwz.fudan.edu.cn,2008年4月26日。
③ 朱凤瀚:《叀器与鲁国早期历史》,《新出金文与西周历史》,上海:上海古籍出版社,2011年。

2809)铭文载有师旂的众仆不从王征伐于方雷,于是师旂派他的僚属弘把此事告知长官伯懋父。伯懋父本来要惩罚师旂价值相当于三百孚的财产,还要流放师旂的众仆,后来因为众仆又回归于师旂麾下管理,于是伯懋父没有流放众仆,也撤销了对师旂罚金的命令。

学者所说周代服制为内外服与《国语·周语上》所载"五服"说并不矛盾,恰恰反映了周代服制的发展演变情况。周初于继承商代内外服制基础上而有所变革,最初仍称内外服,包括臣子的职事即内服,诸侯的职事及贡赋即外服,以及周边臣服方国的朝贡之服。周公、周成王平定天下,"制礼作乐"建立宗法封建制度后,周成王以会盟诸侯的方式确定了如《国语·周语上》所载五服制的朝贡制度,五服中的后四服大体相当于商代的外服。《国语·周语上》所述五服制系统完整地反映了周代的社会结构、国家形态以及国家管理模式。

综上,西周金文中"服"字之义由服从的本义引申出"事"义,并用来记录臣下和诸侯的职事,诸侯、方国所纳贡赋,还有把朝见于王称作"见服"。西周金文中关于"服"的记载补充了传世文献所载服制的不足,肯定周代确曾实行"服"的制度,并大体勾勒出西周服制的基本内容。由《诗经》《尚书》及西周金文所载,得知西周服制应包括内服朝臣及其政事,外服诸侯及其职事和贡赋,方国的朝贡,以及臣工与诸侯、方国对王的朝见活动,王对诸侯、臣工履行职事的检查和奖惩措施等。西周的服制形态宜如《国语·周语上》所述的五服制,即包括内服朝臣的甸服、外服诸侯的侯服、宾服与方国的要服、荒服。西周时期五服制的服制形态,建构了周代国家的基本结构和国家管理的模式。

本 章 小 结

目前所见史料中商人并没有自称"内外服",商代内外服制是周初周人亲身经历或亲见商代史籍所载而对商代制度的概括和追述。但殷墟甲骨文证实商代已经存在将内服臣子践行王事称"服",即已有服政事的事实与观念。从商人以制服异族之人的形象作为祭祀诸祖、诸妣、诸父、诸母、诸兄的牺牲来看，商人已经有"服从"的观念。这种服从直接而鲜明的表现就是，服从者以商代固有的生活习惯——跪坐之姿，来服务于商人。商代社会服从的表现具体有二：一为做事即所说的职事，如甲骨文反映商王已将朝臣的职事称"服"；一为交纳物品即后世的贡赋。甲骨文中亦有将交纳的物品称贡的记载。《尚书·酒诰》载周公说商代从成汤到帝乙时段内，内外服都不敢沉湎于酒，可见内外服存在时间久远，可以制度称之。由甲骨文、金文所载商代内外服的具体名号皆有与《尚书·酒诰》所载内外服系统相互印证者，可知内外服制为商代固有的政治制度无疑。商代的国家结构是以商王为首，内外服服政事而组成的国家结构，商王朝通过内外服制的运行实现国家的管理功能。

  关于周代服制，过去的研究者曾认为《周礼·职方氏》所述"九服"、《尚书·禹贡》之"五服"皆为后世儒家的虚造，进而否认周代存在"服"制，这影响了学者对青铜器铭文中有关"服"的记载以及文献中有关"服"的记述的理解。近年随着新材料的出现和解读的深入，学界大体承认周代有服制，但对服制具体形态的理解仍处于若明若暗状态。通过本章由金文中"服"字使用义的考察可知，"服"表现为诸臣与诸侯的职事称谓，表现为对诸侯、方国的贡纳称谓，表现为朝臣、诸侯尽职的一切活动，方国朝王纳贡的活动，周王朝维护服制系统的政治活动。文献与金文俱载有对"服"的征验，对履行服者的奖赏，对不履行"服"的惩罚措施。周初服制继承商代内外服制统治模式，亦称内外服，方国的朝贡列入外服"伯"之列。而至周公、成王平定四方后，通过王命形式建立内服臣僚系统，册命周王的兄弟子侄与姻亲者为诸侯，册命承认夏商延续下来的诸侯地位，建立外服体系。将周初征服的周边部族势力纳入朝王纳贡的要服、荒服系统。周代的服制似确如《国语·周语上》所述的甸服、侯服、宾服、要服、荒服，方能准确地解释周代的国家结构和国家管理模式。

第二章　商代内外服制的建立及其发展演变

夏商之际的社会秩序发生了重大变化,夏桀的昏乱,引起了夏民众的不满,朝臣与诸侯都产生了离心倾向。商汤抓住了有利时机,积极准备,最终灭夏,重新构建了社会秩序,其中一项重要举措即是建立了内外服制度。本章主要探讨商代内外服制度的建立及其在商王朝发展过程中的演变情况,将商代分为前期、中期、后期三个阶段,即前期从商汤至大戊,中期从中丁至阳甲,后期从盘庚至帝辛。以下从这三个时段来探讨商代内外服的建立、发展演变情况。

第一节　"殷革夏命"与商代内外服制度的建立

史学大师王国维在《殷周制度论》中指出夏商间的政治变革不如殷周间变革剧烈,[1]其文主要探讨殷周之际的政治文化变革,而对夏商之际的政治制度、社会秩序的变化谈之甚少,后来的学者对此问题也鲜有探讨。武王克商后,周人对于夏、商、周的政权转移进行了深刻的反思和历史经验的总结,其中有一些谈到夏商关系的史料。这些史

---

[1] 王国维:《殷周制度论》,《观堂集林》卷十,北京:中华书局,1959年,第453页。

料对认识夏商关系以及夏商之际社会变革有着重要的参考价值。《尚书·洪范》记载,周武王曾就克商后严峻的政治形势垂询殷商遗老箕子,二人谈话提及"彝伦攸叙"和"彝伦攸斁"两种社会秩序。彝伦表示社会之常理、秩序、规律、法则等。按照社会各阶层多数人所认可的准则办事、次序不乱,就是"彝伦攸叙",反之就会"彝伦攸斁"。① 从周人对夏商政治经验的总结看,夏末商初实际上经历了由"彝伦攸斁"到"彝伦攸叙"的转变,在此过程中,商汤建构了包括内外服制在内的新的社会秩序。

一、"殷革夏命"的历史记载

"殷革夏命"是夏商之际最大的社会变革,周初政治家周公旦将夏商政权的更替,用"殷革夏命"进行了解释。《尚书·多士》记载周公于平定武庚之乱后,迁殷遗民于新建洛邑时,对殷商遗民说:"惟尔知,惟殷先人有册有典,殷革夏命。"意思是,你们知道的,你们的先王早有记载史实的典籍,记载了殷人推翻夏朝的过程。周公言此的本意是说武王克商如同商汤灭夏一样,具有合理性。但却告知我们,商汤灭夏的历史被商人历史典籍所记载。周公把夏、商、周政权的转移赋予天命,论证周取代商的合理性,他认为夏、商、周政权的转移就是天命的转移。《尚书·多方》记载了夏末商初的政治形势,夏桀的残暴统治,引起上帝的不满,上帝另求民之君主,转移了夏桀的国命给成汤。

> 洪惟图天之命,弗永寅念于祀。惟帝降格于夏,有夏诞厥逸,不肯慼言于民,乃大淫昏,不克终日劝于帝之迪,乃尔攸闻。厥图帝之命,不克开于民之丽,乃大降罚,崇乱有夏。因甲于内乱,不克灵承于旅。罔丕惟进之恭,洪舒于民。亦惟有夏之民叨懫日钦,劓割夏邑。天惟时求民主,乃大降显休命于成汤:刑殄有夏。

---

① 关于彝伦的解释参考晁福林《说彝伦——殷周之际社会秩序的重构》,《历史研究》2009 年第 4 期,第 8 页。

第二章 商代内外服制的建立及其发展演变

夏桀鄙弃天命，①不能长久虔敬地关心祭祀。当上帝降临到人间，夏桀大纵逸乐，不愿忧戚其民，且更加昏乱，不能终一日勤勉于上帝的"道"。夏桀鄙弃上帝所降的命令，又不能放开对民众的罗网，还大降刑罚，使夏国大乱。夏王朝的官员借着内乱而聚敛钱财，②甚至荼毒百姓。③ 因此夏民贪财风气日盛，残害了夏国。天因此寻求人民的君主，于是大降光明美好的天命给成汤，命其刑绝夏桀。

夏代失去帝命，商汤得帝命的关键在于统治者是否"克庸帝"，是否用帝命，是否信仰上帝。《尚书·多士》载：

> 我闻曰："上帝引逸。"有夏不适逸则，惟帝降格向于时。夏弗克庸帝，大淫泆有辞。惟时天罔念闻，厥惟废元命，降致罚，乃命尔先祖成汤：革夏，俊民甸四方。

上帝即殷墟甲骨文中的"帝"，"上帝引逸"，"言上帝不纵人逸乐，有逸乐者则收引之勿使大过也"。④ 夏桀不自节其逸乐，⑤天以祸福升降善恶，向于是，冀其省改。⑥ 夏桀不能用帝教令，大游乐且有罪辞。于是天不念不闻，废黜夏桀享国之大命，降下最大的惩罚。帝命令成汤革掉夏的天命，正民治理四方。⑦ 故而商汤据其多士"简代夏作民主"（《多方》）。商汤能任用多士，大代夏作民之君主。

《尚书·多方》记载，周公对多方的诰命时谈到天转移夏、商末代君主

---

① "图天之命"，古今注解解释纷纭，大致有图谋天命、闭塞天之命、败坏天命、鄙弃天命、偏重天命五说，本文取于省吾鄙弃天命之说，参见《双剑誃尚书新证》，《双剑誃群经新证》，上海书店，1999年，第114—115页。
② 孙星衍以此处近为赍，乃财义。恭与共通，《尔雅·释诂》"具也"。参《尚书今古文注疏》，第462页。
③ 杨筠如：《尚书核诂》，第383页。
④ 俞樾：《群经平议》卷六，王先谦编《清经解续编》，南京：凤凰出版社，2005年，第6837页。
⑤ 俞樾认为适与节同义，参《群经平议》卷六，《清经解续编》，第6837页。
⑥ 孙星衍：《尚书今古文注疏》，第426页。
⑦ 一说释俊为贤，以贤民治四方，但"革夏命"、"俊民甸四方"的主动者是成汤，是天命成汤的内容，疑"俊民"为西周时期"畯正乃民"（《大盂鼎》）的省语。

035

的大命,并不是因为天厌弃夏,①也并非天厌弃殷,而是夏、商的末代之君桀、纣与多方的君主鄙弃天命,并且有罪。夏桀败坏其政,不就享天命,天降此丧,于是商取代了夏。但上帝并非立刻就转移了夏、殷的天命。《尚书·多方》云:

> 天惟五年须夏汤之子孙,②诞作民主,罔可念听。天惟(乃)求尔多方,大动以威,开厥顾天;惟尔多方,罔堪顾之。惟我周王灵承于旅,克堪用德,惟典神天;天惟式教我用休,简畀殷命,尹尔多方。

天用五年时间等待商的子孙大作民主,但没有可以顾念听命的。天于时又求于多方,大动天威,明其须顾念于天③,但多方也不能胜任上天的眷顾。独有周王善受嘉休④,能胜用德,能主神天之祀;天于是教我周王用嘉休,大予殷命(给我周)⑤,并治理多方。此处反映出周王承认上天降予周的命本属于殷商,上帝将殷商国命转予给了周。商汤征伐夏桀时,誓师辞中也宣称是受天命所为,"有夏多罪,天命殛之","予畏上帝,不敢不征"。⑥ 商汤得天命而讨伐夏桀的历史记忆,在商族后裔中一直保存着,春秋晚期仕于齐国的商族后裔宋国公族叔夷尚能追述祖先商汤事迹,叔夷钟铭文载:"夷典其先旧,及其高祖,赫赫成唐(汤),有严在帝所,尃受天

---

① 于省吾:《双剑誃尚书新证》,《双剑誃群经新证双剑誃诸子新证》,第108页释"释"为致,厌也。整句为"非天用厌有夏也"。伪孔传以弃训释。合两说为"非天厌弃有夏也"。

② "天惟五年须暇之子孙",伪孔传:"天以汤故,五年须暇汤之子孙。"《诗·周颂·式》孔疏引《多士》作"天惟五年须暇汤之子孙",知经文本作"汤之子孙"。又《诗·大雅·皇矣》孔疏引郑注:"夏之言假。天觊纣能改,故待暇其终至五年,欲使复传子孙。"则郑玄注本《尚书》作"天惟五年须夏之子孙",郑玄改释夏为暇。合两处经文当作"天惟五年须夏汤之子孙"。

③ 于省吾先生读开为闿,训为明,参《双剑誃尚书新证》卷四,《双剑誃群经新证双剑誃诸子新证》,第115页。

④ 于省吾:《双剑誃尚书新证》卷四,训灵为善,训旅为嘉休,见《双剑誃群经新证双剑誃诸子新证》,第115页。

⑤ 《尔雅·释诂》:"简,大也。"《说文》:"畀,相付与之约在阁上也。"段玉裁注:"疑此有夺文,当云相付与也。付与之物在阁上,从丌。"(《说文解字注》第200页)畀当训为付与、赐予之义。《尔雅·释诂》:"畀,予也。"《尚书·洪范》"不畀洪范九畴",传云:"畀,与。"《顾命》"付畀四方",传云:"付与四方之国。"(《说文解字义证》第403页关于畀训为与、予的材料)

⑥ 《尚书·汤誓》。

命,䍐伐夏后,败厥灵师。伊小臣惟辅,咸有九州,处禹之堵。"(《集成》275、276)典,稽考之意,所谓数典不忘祖也。① 叔夷稽考、追述祖先事迹,至高祖成汤在上帝左右,大受天命,"䍐(䍐)伐夏后,②败厥灵师"。征伐夏后,打败夏的军队,在小臣伊尹的辅佐下,尽有天下九州,占据了大禹治水开辟的疆土。近出清华大学藏战国竹简《尹诰》第一简载"尹念天之败西邑夏",③亦把夏的灭亡归于天命的转移,说明成汤受天命讨伐夏桀的历史记忆与历史记载影响深远,至战国时期作为一种历史文本仍流传于楚地。

二、夏商变革的原因:夏的内乱与方国联盟的解体

从周公总结的历史经验来看,在宗教神权方面讲,夏商政权的转移都是天命转移的结果。但从根本上讲,夏桀的失败灭国与其破坏了国家政治结构密切相关,夏商时期都以血缘族属作为国家统治的基础,这些族属成为王朝内政的重要支柱。夏商的君主多重视团结这些族属的力量,同时又团结和拉拢周围的多方力量,形成以君王为核心的内外服国家结构。夏商的末代君主在对待血缘族属上都存在着忽视旧人任用新人,造成与王朝统治支柱的血缘家族的决裂。同时还任用多方的逃犯为政,导致民怨沸腾,这就是所谓的"内乱"。夏国的内乱表现是多方面的,《尚书·立政》记载:

> 桀德惟乃弗作往任,是惟暴德罔后。

伪孔传解此作:桀之为德,惟乃不为其先王之法,往所委任是惟暴德之人,故绝世无后。④ 作,《说文》:"起也。"《尔雅·释言》:"为也。"任,孙星衍指出:"任,韦昭注《周语》云:'职也。'暴者,《说文》:'疾也。'罔,无也。

---

① 郭沫若:《郭沫若全集·考古编》8,北京:科学出版社,2002年,第438页。
② 䍐,过去曾有多种解释,孙诒让释为"尅",吴闿生释作"删",马承源主编《商周青铜器铭文选》释作"扃",因为是宋代的摹本,字形摹写失真,实应与兮甲盘、禹鼎、胡钟中曾被释为"撲伐"的撲字字形相同,最近刘钊据郭店楚简释读此字为"䍐",䍐伐"带有斩尽杀绝的意味"。见刘钊:《利用郭店楚简字形考释金文一例》,《古文字研究》第二十四辑,中华书局,2002年,第280页。
③ 李学勤主编:《清华大学藏战国竹简》(壹),上海:中西书局,2011年,第41页。
④ 孔颖达:《尚书正义》卷一七,《十三经注疏》,第230页。

桀之为德,惟乃弗为往昔先王任人之道,是惟暴虐为德,不顾其后。"①杨筠如云:"《燕礼》《聘礼》《乡射礼》注并云'使也'。任即下文任人,如牧夫亦单言牧也。往任,谓往日之老臣。罔后,谓绝其世也。"②"作往任"即任用旧家大族为臣,这应该是夏商周用人的重要政治传统,若《尚书·盘庚上》迟任说"人惟求旧",《尚书·牧誓》载周武王誓师数纣王罪行重要的一条就是纣王"昏弃厥遗王父母弟不迪",而以四方的犯罪者为大夫卿士。夏桀不能继续用旧人即血缘家族的势力巩固统治,违背先王任人政策的传统,导致王朝赖以统治的政治基础被破坏了,夏族的政治血缘共同体瓦解了。这表现在夏的臣子弃夏奔商,夏的百姓亲附商汤。《吕氏春秋·先识》:"夏太史令终古,出其图法,执而泣之,夏桀迷惑暴乱愈甚,太史令终古乃出奔如商。"《淮南子·氾论训》《今本竹书纪年》皆载夏的太史令终古出奔商。《史记·秦本纪》载:"费昌当夏桀之时,去夏归商,为汤御,以败桀于鸣条。"《今本竹书纪年》亦载费伯昌出奔商。可见,在夏商鼎革之际,确有不少夏的臣子弃夏奔商。

新近公布的《清华大学藏战国竹简·尹至》记载夏的民众对夏桀的厌恶和对汤的亲附,补充了以往所见材料的不足,丰富了对相关问题的认识。《尹至》载伊尹从夏来到汤都亳,把夏国内的情况,尤其是夏众对夏桀的不满情绪告知商汤:

> 惟尹自夏蘧白(亳)至于汤。汤曰:"各,女(汝)其有吉志。"尹曰:"后,我来越今旬日。余微(闻)③其有夏众□吉好,其又(有)后厥志亓(其)倉(爽),④龙(宠)二玉,弗悤(虞)其有众。民沇曰:'余迓(及)

---

① 孙星衍:《尚书今古文注疏》卷二四,中华书局,2004年,第471页。
② 杨筠如:《尚书核诂》,第398页。
③ 整理者认为微为明母微部字,与明母文部的闻字对转。见李学勤主编《清华大学藏战国竹简》(壹),上海:中西书局,2010年,第129页注释六。沈建华先生读为闻,吉字前所缺文疑为言字,参《清华楚简〈尹至〉释文试释》,《中国史研究》2011年第1期。"有夏众言吉好"是指简文中夏民对夏桀的怨恨之语对商汤来说是善好。
④ 整理者认为仓为清母阳部字,疑读为心母阳部之爽字。《尔雅·释言》:"爽,差也。"又"忒也"。参李学勤主编《清华大学藏战国竹简》(壹),第129页。沈建华先生据《国语·周语》"晋侯爽二"韦昭注"爽当读丧"及《山海经·南山经》郭璞注"爽一作丧"而读爽为丧。参《清华楚简〈尹至〉释文试释》,《中国史研究》2011年第1期。

第二章　商代内外服制的建立及其发展演变

《清华大学藏战国竹简·尹至》

女(汝)皆(偕)亡。'隹(惟)哉(灾):虐悳(德)、暴瘧、亡箕(典)。夏又(有)恙(祥),在西在東,見章于天。其又(有)民銜(率)曰:'隹(惟)我棘(速)褐(祸)。'咸曰:'憙(胡)今東恙(祥)不章?'今其女(如)紒(台)?"汤曰:"女(汝)告我夏隐,率若寺(时)?"①尹曰:"若寺(时)。"汤盟誓汲(及)尹,兹乃柔大縈。汤往征弗服。挚宅,挚悳(德)不僭。自西捷西邑,夲(裁)其又(有)夏。夏播民内(入)于水曰戦。帝曰:"一勿遗。"

越,犹及也。②宠二玉,整理者据《太平御览》卷一三五引《竹书纪年》载夏桀伐岷山氏得二女曰琬、瑛。③"弗悉(虞)其有众",《吕氏春秋·慎大》载桀"不恤其众",恤者,忧也。整理者读悉为虞,训为忧。沇,整理者读为噂,《说文》:"噂,聚语也。"④"余汲(及)女(汝)皆(偕)亡。"《尚书·汤誓》作"时日曷丧,予及汝皆亡"。"隹(惟)哉(灾):虐悳(德)、暴瘧、亡箕(典)",⑤惟,为也。⑥夏桀为祸之事表现为虐悳(德)、暴瘧、亡箕(典)。虐悳,整理者将端母职部的悳读为群母职部的"极",训为暴病。⑦与夏桀为祸之事不协,故不取此说。《清华简〈尹至〉〈尹诰〉研读札记》认为"虐德"大概是指残虐于德。⑧暴瘧,整理者读为瘅,《说文》:"胫气足肿,……《诗》曰'既微且瘅。'"字或读为腫,《说文》:"痛也。"亡箕,《清华简〈尹至〉〈尹诰〉研读札记》认为疑指散亡典常、典法。亡不仅有丧亡、无等意义,还有丧失的意义。丧失典法,即不守典法。恙,整理者读为祥,《左传·昭公十八年》注:"变异之气。"《国语·楚语上》注:"吉气为祥。"棘(速)褐(祸),

---

① 寺,原书释文读为时,应解释为是。
② 王引之:《经传释词》卷二,第29页。
③ 见李学勤主编:《清华大学藏战国竹简》(壹)第129页,注释八。
④ 李学勤主编:《清华大学藏战国竹简》(壹),第129页。
⑤ 此种句读参见复旦大学出土文献与古文字研究中心研究生读书会《清华简〈尹至〉、〈尹诰〉研读札记(附:〈尹至〉、〈尹诰〉〈程寤〉释文)》,复旦大学出土文献与古文字研究中心网站,2011年1月5日。
⑥ 王引之:《经传释词》卷三,第56页。
⑦ 见李学勤主编:《清华大学藏战国竹简》(壹),第129页,注释十二。
⑧ 同⑤。

整理者读为速祸,训为召祸之意。"惟我速祸",乃我召祸之意。夏民以天空东西出现的祥为变异之气,所以有召我祸的愿望,即恨不得夏桀早亡。"今其女(如)夠(台)"是尹问商汤的话,于此语境最为相近的是《尚书·西伯戡黎》"今王其如台",意为现在王该怎么办呢。

　　隐,整理者训为痛。由《吕氏春秋·慎大》所载商汤派伊尹到夏邑为间谍,了解夏邑的情况。《说文》:"隐,蔽也。"知夏隐即夏邑的隐情。率若寺(时),皆如是之意。兹乃见于《尚书·酒诰》《立政》。兹,《尔雅·释诂》"此也"。柔,《尔雅·释诂》"安也"。縈,整理者读为"倾",据《国语·晋语三》韦昭注训为"危也"。① 挚悳(德)不僭,《诗·大雅·抑》"不僭不贼",毛传:"僭,差也。"不僭又见于《诗·鼓钟》《殷武》及《尚书·大诰》。番生簋铭文有"溥求不僭德"(《集成》4326)。播民,《国语·晋语二》注:"散也。"《尚书·大诰》"于伐殷甫播臣",孔疏:"谓播荡逃亡之意。"曰,以也。"一勿遗",皆勿遗,类似的话见于禹鼎"勿遗寿幼"(《集成》2834)。

　　伊尹打探到夏众的言论对汤极为有利,夏桀宠爱岷山氏二女琬、璜,不体恤夏众。民聚出怨言,恨不得与桀同归于尽。称桀之为祸:虐德、暴痛、亡典。当夏东西天空出现变异之气,夏民希望"速祸我",盼望东方的吉气彰显,即盼望汤来解救。这当是《尚书·汤誓》中商汤誓师时,提到夏桀暴政,使得夏众处于水深火热状态的史源。汤确定伊尹所述属实,而与伊尹盟誓,以示必灭夏。从《尹至》看,商汤敢于征伐夏桀,是得到了伊尹告之的夏国内隐情,即夏民众对夏桀统治的不满情绪,和对商师的期盼。夏的内乱还表现于夏桀专宠岷山氏二女而北迁都城安邑,弃其元妃妹喜于洛。② 民众怨恨夏桀主要是因为夏桀大兴土木,征发徭役尽竭民力"作倾宫,饰瑶台,作琼室,立玉门"。③ 于是汤与尹盟誓,汤征伐不服从的诸侯,伊尹出谋划策,伊尹德无差错。自西战胜西邑,勘灭有夏。商汤追击夏的败退残余势力,他们败退于水以战,帝汤说:"一个不留。"

---

　　① 李学勤主编:《清华大学藏战国竹简·尹至》注释二十一,第130页。
　　② 参考《太平御览》卷一三五皇亲部引《竹书纪年》及《上海博物馆藏战国楚竹书·容成氏》简三八。
　　③ 同②。

《尚书·多方》记载夏桀的灭亡与夏的外服诸侯不尽治理地方的职责、内服臣子不尽职密切相关,"乃惟以尔多方之义民不克永于多享。惟夏之恭多士大不克明保享于民,乃胥惟虐于民,至于百为,大不克开"。外服诸侯不能长久地享国,即不善治理邦国。内服大臣不但不能勉励安养其民,还相为暴虐于民,甚至无恶不作,不能导民向善。夏桀为加强对外服诸侯的控制,征讨不服诸侯,结果招致了外服诸侯的众叛亲离。如夏桀征讨喜姓的有施国,"有施人以妹喜女焉"①,实则有施氏以妹喜间夏,妹喜被夏桀抛弃后曾与间夏的伊尹联合共同灭夏。夏桀在仍地会盟诸侯,有缗在会盟时反叛夏桀,夏桀讨伐有缗虽然胜利,但夏桀失去了诸外服部族的支持,最终走向了灭亡。② 夏桀时期,发生了夏众对夏桀暴虐统治的不满与怨恨,夏的臣子弃夏奔商,与夏桀联盟的外服诸侯部族也纷纷叛离的诸种现象,表明夏末主流社会观念已经不再认同夏桀的权威。"从禹启时代开始,历经少康中兴和夏代中、后期诸王的统治,刚刚登上历史舞台的王权虽然初试锋芒,显示了其威力,但是王权的专制和暴力、强逼与欺压,毕竟引起了人们普遍的心灵震颤。对原始民主的留恋、对部落联盟制度下的自由与平等的怀念,形成了夏商之际社会思潮的主流"。③ 而商汤顺应了这样的社会思潮采取了相应的措施,社会认同逐渐转向了成汤。可以说夏末以夏桀为代表的夏王朝发生了国家认同的危机,在这种社会观念推动下,夏王朝走向了灭亡。

  与夏桀相反,成汤打着尊重传统的大旗,内修德政,逐渐取得了社会的普遍认同。汤修德主要表现为,商汤于其封国内制定礼制,确立等级秩序,招揽贤才,并以刑法约束社会各阶层的行为,稳固了国内的统治。王应麟《困学纪闻》卷二:"《殷传》有《帝告篇》引《书》曰:施章乃服,明上下。"宋刘恕《资治通鉴外纪》卷二引《尚书大传》:"汤令未命为士者,车不得朱轩及有飞铃,不得乘饰车骈马,衣文绣。命,然后得,以顺有德。"郑樵

---

① 《国语·晋语一》。
② 《左传·昭公四年》"夏桀为仍之会,有缗叛之"。《昭公十一年》"桀克有缗,以丧其国"。
③ 晁福林:《天玄地黄——中国上古文化溯源》,成都:巴蜀书社,1990年,第203—204页。

《通志·器服略》:"汤令未命之士,不得朱轩及飞铃,不得饰车骈马,衣纹绣。既命,然后得,以旌有德。"①商汤制定服饰、车舆制度,旨在建立等级礼仪,使社会各阶层之士依照礼仪规范行事。商汤根据民有触犯政令的情况,制定了法典。《左传·昭公六年》载"商有乱政,而作汤刑"。由《史记·殷本纪》知商汤也非常重视招揽人才,正是在伊尹、奚仲、女鸠、女房、义伯、仲伯、仲虺、咎单等贤臣的辅佐下,商汤最终取代夏成为天下共主。

成汤联合反对夏桀的诸侯,按照原始民主、平等的原则组成反对夏王朝的方国联盟强大势力。《史记·夏本纪》云:"汤修德,诸侯皆归商。"汤示德于诸侯,争取诸侯的支持。《史记·殷本纪》载汤去掉张网之三面,只留一面网,亲自祝祷:"欲左,左;欲右,右。不用命,乃入吾网。"诸侯听说后认为"汤德至矣,及禽兽"。成汤借助德及于禽兽的行为,喻指成汤与诸侯方国的关系。"欲左,左。欲右,右"反映的原始民主、平等原则,较之夏桀加强王权的统治具有更大的吸引力。有夏的诸侯纷纷服膺商汤,《帝王世纪》称:"诸侯由是咸叛桀附汤,同日供职者五百国。"②于是夏桀赖以统治的诸侯联盟被瓦解了。

商汤借助夏方伯的身份征讨不服从的诸侯。③ 首先征服了自己的邻居葛伯,理由是葛伯没有供给夏王朝的祭祀之物,不能敬夏王之命。④ 其后成汤又讨伐了有罪的洛和荆伯,《逸周书·史记》载:"昔者,有洛氏宫室无常,池囿广大,工功日进,以后更前,民不得休,农失其时,饥馑无食,成商伐之。有洛以亡。"《越绝书·吴内传》:"汤献牛荆之伯。之伯者,荆州之君也。汤行仁义,敬鬼神,天下皆一心归之,当是时,荆伯未从也。汤于是乃饰牺牛以事,荆伯乃愧然曰:'失事圣人礼。'乃委其诚心。此谓汤献牛荆之伯也。"⑤《今本竹书纪年》称:"(帝癸)二十一年,商师征有洛,克

---

① 以上三条材料转见陈寿祺辑校《尚书大传》,北京:中华书局,1985年,第43页。
② 徐宗元辑:《帝王世纪辑存》,北京:中华书局,1964年,第64页。
③ 《史记集解》引孔安国曰:"(汤)为夏方伯,得专征伐。"见《史记》卷三《殷本纪》,北京:中华书局,1982年,第94页。
④ 《史记·殷本纪》作"葛伯不祀",这与《左传·僖公四年》上说"尔贡苞茅不入,王祭不共,无以缩酒"相类。
⑤ 李步嘉:《越绝书校释》,武汉:武汉大学出版社,1992年,第74—75页。

之。遂征荆,荆降。"洛与荆皆夏的臣属国,被商汤征伐的原因是其君不敬鬼神,贪图安逸享乐而失去民心。成汤修仁义又讨伐不义之君,与夏桀的残暴贪婪形成鲜明的对比,汤在夏诸侯中的威信日高,势力逐渐强大,开始翦伐夏国。《今本竹书纪年》载:"二十六年,商灭温。二十八年,昆吾氏伐商。商会诸侯于景亳,遂征韦,商师取韦,遂征顾。""二十九年,商师取顾。"《诗经·商颂·长发》载"韦顾既伐,昆吾夏桀"。商汤征服豕韦、顾国之后,最后征服昆吾国和夏桀。① 商汤讨伐夏桀之前作了誓师的准备,对于不支持战争的臣子进行劝告,言:"有夏多罪,天命殛之。今尔有众,汝曰:'我后不恤我众,舍我穑事而割(曷)正(征)夏?'予惟闻汝众言夏氏有罪;予畏上帝,不敢不正。"于是臣众又询问夏桀的罪状,商汤举到"夏王率遏众力,率割夏邑,有众率怠弗协,曰'时日曷丧?予及汝皆亡。'夏德若兹,今朕必往。尔尚辅予一人,致天之罚。予其大赉汝!尔无不信,朕不食言。尔不从誓言,予则孥戮汝,罔有攸赦"。② 为了说服族众,争取民心,成汤反复指责夏桀多罪,打着天命的旗号,表明征伐夏桀是正义之举,并提出奖惩措施。这样稳定士众后,商汤开始讨伐夏桀。近年公布的《上海博物馆藏战国楚竹书》(二)中有《容成氏》载商汤打败夏桀的经过,商汤从武遂③进攻住在安邑的夏桀,夏桀逃往历山氏,商汤趁势追击,败夏桀于鸣条,夏桀逃往南巢氏。汤继续追击,夏桀逃往苍梧之野。于是商汤征召天下九州军队,四海之内征讨,于是夏桀残存势力皆服。汤得众而有天下。④

三、商汤重建社会秩序与内外服制度的建立

商汤代夏,革夏之天命后,开始重构社会秩序。他注重改革夏桀弊

---

① "韦顾既伐,昆吾夏桀",郑玄笺:"三国党于桀恶,汤先伐韦、顾,克之。昆吾、夏桀则同时诛也。"参见孔颖达《毛诗正义》卷二〇,《十三经注疏》,第627页。
② 《尚书·汤誓》。
③ 武遂,据整理者释出,称在今山西垣曲东南临黄河处。可能相当于《尚书·汤誓序》的"陑"。参马承源:《上海博物馆藏战国楚竹书》(二),上海:上海古籍出版社,2002年,第281页。
④ 《上海博物馆藏战国楚竹书·容成氏》简三九至四二,第280—283页。商汤败夏桀于鸣条与《尚书·汤誓序》所载相合,夏桀逃往南巢氏与《太平御览》卷八二"皇王部"所引《竹书纪年》相合,见《太平御览》,第385页。

政,实行"明德慎罚"的政治策略。新近公布的《清华大学藏战国竹简·尹诰》记载了伊尹向商汤告诫应吸取夏灭亡的教训,表现了商汤"明德"的举措。简文有云:

> 惟尹既及汤咸有一德,尹念天之败西邑夏。曰:"夏自绝厥有民亦惟厥众。非民亡(无)与守邑,厥辟作怨于民,民复之用丽(离)心,我捷灭夏。今后胡不监?"挚告汤曰:"我克协我友,今惟民远邦归志。"汤曰:"呜呼,吾可(何)乍(祚)于民,卑(俾)我众勿违朕言?"挚曰:"后其赉之,其有夏之[金]玉日(实)邑,舍之吉言。"乃至(致)众于白(亳)中邑。

此段简文大意为,伊尹说:"夏自绝弃其民与其众,①并非民不为夏桀守城,而是其君引起民众的怨恨,民报之以离心,故我能够迅疾灭掉夏。现在王何不以夏桀灭亡为鉴。"挚告知汤说:"我能和我友,今民去其家邦者有回归之志。"汤说:"呜呼,我如何赐福于民,可使我众不违我命?"挚说:"王若赏赐民众,②以夏的金玉充实都邑,③并赐予美言。④"于是商汤召集众于商邑。伊尹建议汤赏赐夏的金玉以充实邑,并赐族众美言,以此招揽族众之心。

《尚书·多方》记载商汤代夏作民之君主后,还实施了一些慎罚的举措,主要表现为"劝民":

> 慎厥丽,乃劝厥民。刑,用劝。以至于帝乙,罔不明德慎罚,亦克用劝。要囚,殄戮多罪,亦克用劝。开释无辜,亦克用劝。

丽,孙星衍认为"丽于狱也。"⑤杨筠如认为:"丽,谓刑律。"⑥慎厥丽即慎其

---

① 惟,与也。参王引之:《经传释词》卷三,第56页。
② 其,若也。参王引之:《经传释词》卷五,第110页。
③ 其,犹以也。参裴学海:《古书虚字集释》,中华书局,1954年,第397页。《释名·释天》:"日,实也。"
④ 在西周金文中"舍命"、舍某人物品的用法习见,为赐予之意,"舍之吉言",意为赐予美言。
⑤ 孙星衍:《尚书今古文注疏》卷二三,第461页。
⑥ 杨筠如:《尚书核诂》,第385页。

商周服制与早期国家管理模式

《清华大学藏战国竹简·尹诰》

第二章 商代内外服制的建立及其发展演变

刑罚的意思。此处一连用了几个劝字尤其应该注意,劝字之义为勉。《说文·力部》:"劝,勉也。"段玉裁注:"《广韵》曰:'奖,勉也。'按勉之而悦从亦曰劝。"①《说文·力部》:"勉,勥也。"段注:"凡言勉者皆相迫之意,自勉者,自迫也。勉人者,迫人也。"②段注的根据是《说文·力部》:"勥,迫也。"《广雅·释诂》:"劝,教也。"上举劝字之义更多的有勉之使悦从或带点强迫义。这里的"劝"已然成为一种政治思想、政治谋略。成汤至于帝乙的商代先王们都能够"明德慎罚",能够用"劝"。在处理幽囚之罪、处死罪犯时也能够用劝。昭明无辜③者也能够用劝。"明德慎罚"政治理念的提出,为成汤争取了大量的支持者,对于那些亡国的夏族子孙和民众也是一种安慰。

夏商制度因袭多于变革,商汤也效仿夏代立政的经验,并吸取了夏桀用人政策失误的教训,建立了内服制度。《尚书·立政》记载:

> 古之人迪惟有夏乃有室大竞籥,俊尊上帝,迪知忱恂于九德之行。乃敢告教厥后曰:拜手稽首后矣。曰:宅乃事,宅乃牧,宅乃准,兹惟(为)后矣。谋面用丕训德,则乃宅人,兹乃三宅无义民。

迪惟,发语词。有夏乃有室,指夏的卿大夫。④ 杨筠如说"竞,疑当为兢之讹"。⑤《说文》:"兢,競也。……一曰兢,敬也。"籥,《小尔雅·广言》:"和也。"夏的卿大夫大敬和、大尊奉上帝,蹈知诚信于九德之行⑥。然后告教夏王说"拜手稽首后矣",考虑任用⑦好事官、牧官、准官,你才成为君主。

---

① 段玉裁:《说文解字注》,第699页。
② 同①。
③ 于省吾:《双剑誃群经新证双剑誃诸子新证》,第115页。
④ 孙星衍:《尚书今古文注疏》卷二四,第470页。"有室,犹云有家,谓卿大夫也"。
⑤ 杨筠如:《尚书覈诂》,第396页。
⑥ 迪,《尔雅·释诂》:"道(导)也。"忱,《诗·大雅·大明》"天难忱斯,不易为王",毛传:"信也。"《尔雅·释诂》:"恂,信也。"九德之行,《尚书·皋陶谟》有"亦行有九德",即以九德检核行为。
⑦ 宅,《尔雅·释言》"居也"。孙星衍谓"亦与度通"。参《尚书今古文注疏》卷二四,第470页。

黾勉地以顺德标准择用这三种官①,那么此三种官就没有邪民②。但是到了夏桀时期则"桀德惟乃弗作往任,是惟暴德罔后"。夏桀不用先王的任用贤人的政策,而任以暴德之人,是以绝后。成汤代夏之后,也着手立政之事:"丕釐上帝之耿命,乃用三有宅,克即宅;曰三有俊,克即俊。严惟丕式克用三宅三俊,其在商邑,用协于厥邑;其在四方,用丕式见德。"成汤的善于立官长,乃是吸取夏代先王的政治经验,其立政主要表现在善于用人为官治理朝政。商汤能敕理天之光命,乃用事、牧、准三宅之官,能就其所居之位,言称职。举三德之俊,能就其俊德。言不失实。惟严以用人,能用三宅三俊。其在京邑,以和于其邑;其在四方以能用人见其德。③ 如在举任伊尹的问题上,《史记·殷本纪》记述了商汤举用伊尹的经过,从殷墟甲骨文中对于伊尹的祭祀情况看,伊尹在商代夏过程中以及商王朝早期的发展中一定起到了重大的作用,而前引《清华大学藏战国竹简》中《尹至》《尹诰》篇也恰好说明了这一点,所以伊尹一直受到商族的祭奠。

  商汤还重用了夏的多士,让他们在商王朝中做了大官,以争取夏代遗老的支持。《尚书·多士》载殷遗多士所说:"夏迪简在王庭,有服在百僚。"伪孔传:"简,大也。今汝又曰夏之众士蹈道者,大在殷王庭有服职在百官,言见任用。"④蔡沈《书集传》谓商革夏命之初,凡夏之士,皆启迪简拔在商王之庭,有服列于百僚之间。⑤孙星衍说:"迪者,《释诂》云'近也。'简者,《诗》笺云:'择也。'《释诂》云:'服,事也。''寮,官也。'僚与寮同。言

---

① 于省吾《双剑誃尚书新证》谓"谋面"即《尔雅·释诂》之"亹没",《诗·小雅·十月之交》之黾勉,《汉书·刘向传》之"密勿",皆同声假字也。汉石经"谋面"上有"乱"字,凡《尚书》乱字多为率字之讹,与丕并为语词。谋面用丕训德者,黾勉用以顺德也。参于省吾《双剑誃群经新证双剑誃诸子新证》,第119页。
② 义民,王念孙释为邪民,此句言夏先王谋勉用大顺之德,然后居贤人于官而任之,则三宅皆无倾邪之民也。参王引之《经义述闻》卷四,江苏古籍出版社,1985年,第101页。孙星衍取"邪民"说,释上段材料"言既诚信所知之人有九德之行,乃敢拜手稽首以告其君曰:居дь职事之人,居乃作牧之人,居乃平法之人,兹乃在我后矣。察其言,观其色,用大顺德之人,乃以官居人,此乃职事、作牧、平法之人皆无邪民矣"。(《尚书今古文注疏》卷二四,第471页。)
③ 孙星衍:《尚书今古文注疏》卷二四,第471页。
④ 孔颖达:《尚书正义》卷一六,《十三经注疏》,第220页。
⑤ 蔡沈:《书集传》卷五,中国书店,1994年,第158页。

惟汝知殷先人有典册记载革夏命之事,今汝又曰:夏进用在王庭者,有殷之众士,治事在百官。怨周之不用殷士。"①王先谦云:"殷革夏命时,夏之人有进择在王庭而大用者,有服事在百官而小用者;举前事以形周之不用殷士。"②于省吾云:"迪,应依王引之训用。'简在王庭'与《论语·尧曰》引《汤誓》'简在帝心'同一语例。《周礼》遂大夫'简稼器'注:'简,阅也。'《吕氏春秋·期贤篇》高注:'于,犹在也。'是'于'、'在'同训。言用简阅于王庭也。"③诸家解释虽有差别,但主要意思都表达出来了,即殷士说商革夏命时,任用了夏的臣子在朝中,有职位在百官之中。

　　商汤的得胜得益于其血缘族属的支持。《逸周书·度邑》篇记载周武王说商汤代夏时"维天建殷,厥征天民名三百六十夫。弗顾亦不宾威,用戾于今。"朱右曾云:"天民,贤者也。三百六十,言众也。宾,摈同。威,灭。戾,至也。天建殷邦,其登用天民,若伊、莱、甘、巫可指名者甚众,故其后嗣虽不顾天,天亦不即摈灭,延六十年之久而至于今也。"④《史记·周本纪》作"维天建殷,其登名民三百六十夫,不显亦不宾灭,以至今"。《史记集解》徐广曰:"一云'不顾亦不宾成',一又云'不顾亦不恤'也。"《史记索隐》"言天初建殷国,亦登进民贤之人三百六十夫,既无非大贤,未能兴化致理,故殷家不大光昭,亦不即摈灭,以至于今也。亦见《周书》及《随巢子》,颇复脱错。"《随巢子》曰'天鬼不顾亦不宾灭',天鬼即天神也"。⑤陈逢衡据《史记索隐》引《随巢子》之文,认为"夫"为"天"之讹。刘师培据《史记索隐》所说"名贤",认为"民名"为"名民"倒文。唐大沛云:"征,登进也。天民名,天民中名贤也。三百六十,盖亦殷官制。或三百是二百之误,与《礼记》'殷二百,周三百'合。夫,男丁通称。"丁宗洛:"天民,指伊、傅、甘、巫之流。""宾成",卢文弨校改为"宾滅"。惠定宇作"威",庄述祖训为滅。⑥

---

① 孙星衍:《尚书今古文注疏》卷二〇,第429页。
② 王先谦撰、何晋点校:《尚书孔传参正》,北京:中华书局,2011年,第759页。
③ 于省吾:《双剑誃尚书新证》,《双剑誃群经新证双剑誃诸子新证》,第104页。
④ 朱右曾:《逸周书集训校释》,第71页。
⑤ 《史记集解》、《史记索隐》之说俱见《史记》卷四《周本纪》,第130页。
⑥ 陈逢衡等人的观点参黄怀信等《逸周书汇校集注》(修订本),第470页。

"弗顾"《史记·周本纪》作"弗显"当是形近致误。这里所说天登进三百六十天民就是商汤的族属,是商汤代夏时商族的基本力量,于是商汤根据这三百六十个族属的力量建立了内服制度,此后商代的内服主要的来源于这三百六十个族属之中。《尚书·酒诰》记载,周公说到商代从成汤开始就有了内服的设置,内服包括百寮、庶尹、惟亚、惟服、宗工与百姓、里君。商汤建立内服制度是吸取了夏代贤王立政策略,借鉴了夏桀"弗作往任"用人政策教训之后,对社会秩序的调整。

　　夏、商政权转移的真正原因是多方力量的转移,也就是方国联盟首领的转移。商汤经过频繁征伐及至灭夏,①在打败夏桀之后,占领了原来夏人统治地区,出现了可供支配的大面积土地和大量人口及权力真空地带。此时商汤对与之联合的众多邦国的关系做些调整,商汤建立了统一诸侯体系的外服制。《尚书·酒诰》载周公语及商代外服始自成汤,成汤建立的外服有侯、甸、男、卫、邦、伯。商汤所建立的外服制可能只是初具规模,这些诸侯多半是早已存在的部族势力,经过商汤以政治册命的形式加以承认和接受。仅有一小部分可能是商汤将"商人各武装宗族安置在夏人居地,建立武装据点,拥有独立的军政大权,形成防卫力量,能够有效地控制被征服地区"。② 其性质是分封的授民授疆土的诸侯。商汤将夏的贵族和夏民以册命分封外服诸侯的形式,迁徙至杞,以夏法进行治理。③ 商汤试图迁移夏王朝存在的标志性建筑——夏社,但考虑没有可以代替之者,遂作罢,作《夏社》说明不迁移夏社的原因。又根据礼制丧国之社不能接受天阳之气④,于是在夏社上盖屋。⑤ 由重臣伊尹报白此事于天下,示意

---

① 关于商汤的征伐古籍所载有不同说法,《太平御览》卷八三引古本《竹书纪年》说"九征",《孟子·滕文公下》"十一征",《太平御览》卷八三引《帝王世纪》云"二十七征",实际上反映了商汤是经过了频繁的征伐才达到"诸侯毕服"的效果。

② 王宇信、徐义华《商代国家与社会》,北京:中国社会科学出版社,2011年,第316页。

③ 《史记·夏本纪》:"汤乃践天子位,代夏朝天下,汤封夏之后。"《史记·留侯世家》:"昔汤伐桀,封其后于杞。"

④ 《礼记·郊特牲》。

⑤ 《今本竹书纪年》:"(成汤)十八年,始屋夏社。"

尊奉夏社又守礼制。实际上商汤要迁移夏社，又宣布不迁移夏社的用意在于稳定夏的遗民和诸侯方国。"于是诸侯毕服，汤乃践天子位，平定海内"。① 诸侯服的标志就是朝王纳贡。商汤以法令的形式制定了四方诸侯朝王纳贡之"服"，成为此后商代的重要政治制度。《逸周书·王会》所附《商书·伊尹朝献》记载了商汤命令伊尹制定四方朝王纳贡的《四方令》，并以法令形式颁布于四方诸侯，其文云：

> 汤问伊尹曰：诸侯来献，或无马牛之所生，而献远方之物，事实相反，不利，今吾欲因其地势所有献之，必易得而不贵，其为"四方献令"。伊尹受命，于是为《四方令》。

这里的"四方令"，乃商汤命令伊尹向四方诸侯即外服颁布的命令，命令的内容是关于以各地所产而贡献于王朝的规定。② 四方令以四方诸侯为接受命令的对象，孔晁注"为献令，制其品服之令"。说明商汤时制定了外服向商王朝应尽的"服"。《诗·殷武》云："昔有成汤，自彼氐羌。莫敢不来享，莫敢不来王，曰商是常。"郑笺："氐羌，夷狄国在西方者也。享，献也。""成汤之时，乃氐羌远夷之国来献、来见，曰商王是吾常君也。"③此诗反映了成汤时期诸侯朝王纳贡的事实。

《史记·殷本纪》载商汤在亳都东郊殷见前来朝见的诸侯，作《汤诰》，诰教对象是"诸侯群后"，规定了外服诸侯的职事，汤要求诸侯群后"有功于民，勤力乃事"，否则将"大罚殛汝"。诸侯群后所勤力之事主要是要有功于其治下的民，这是他们最为重要的"服"。诸侯有功于民，即帮助商汤治理天下，这是诸侯群后服从汤的象征之一。商汤又告诫诸侯群后，"不道，毋之在国"，若诸侯无道，商汤就不会让他在君位。由上面的论述可知商代的外服对于商王朝主要有两个重要的服：朝王纳贡；守土，即帮助商

---

① 《史记》卷三《殷本纪》，第96页。
② 这种记载应是可信的，商代甲骨文中所记各部族方国贡献商王，也是以各地所产或离某物产较近之地而贡纳之。其以四方令诰命诸侯的形式在周初《令方彝》中亦有体现，器铭载作器者明保把王令其"尹三事四方，受卿士寮"的职事诰令于四方诸侯。四方献令的具体内容未必是其原貌，更多的是东周以后的地理与各地物产的反映，只备参考。
③ 孔颖达：《毛诗正义》卷二〇，《十三经注疏》，第627页。

王治理好一方。商汤所建内外服制只是初始形态,初步建构了商王朝的国家体制,随着商王朝势力的发展,内外服制也不断得到发展完善。

第二节 商代前期内外服制的发展

商汤灭夏后,在伊尹等贤臣辅佐下,逐步建立了包括内外服制度在内的新的国家制度,商王朝作为新的王朝初步稳固了天下局势。后历经太甲、大庚有作为的商王的经营,使得商代前期国势强盛,内外服制度逐步完善。至大庚三子小甲、大戊、雍己相继为王的王位之争引发了内服势力的分裂,外服亦不稳定,尤其是外服中的邦方势力有叛离商王朝的情况出现,商王朝出现了建国以来的首次衰败迹象。

一、太甲时期的内外服制的巩固

商汤为天子十二年而崩①,由谁来继承的王位,历来颇有争议。主要集中在外丙和太甲身上,这主要是不同的文献记载造成的。以下文献称太子太丁死于商汤之前,商汤故去后,由太丁之弟外丙即位:

《孟子·万章上》:"伊尹相汤以王于天下。汤崩,大丁未立,外丙二年,仲任四年,大甲颠覆汤之典刑,伊尹放之于桐。"
《太平御览》卷八三引《古本竹书纪年》称:"外丙胜居亳。"②
《史记·殷本纪》称:"太子太丁未立而卒,于是乃立太丁之弟外丙,是为帝外丙。帝外丙即位三年,崩。立外丙之弟中壬,是为帝中壬。帝中壬即位四年,崩。伊尹乃立太子之子太甲。"

但张守节《史记正义》云:"《尚书孔子序》云'成汤既没,太甲元年',不言有外丙、仲壬,而太史公采《世本》,有外丙、仲壬,二书不同,当是信则传信,

---

① 此据《今本竹书纪年》,另有《太平御览》卷八三引《韩诗内传》称"汤为天子十三年,年百岁而崩。"见《太平御览》,第389页。
② 李昉等:《太平御览》,北京:中华书局,1960年,第390页。

第二章　商代内外服制的建立及其发展演变

疑则传疑。"①所谓《尚书孔子序》即《尚书·伊训序》："成汤既没,太甲元年,伊尹作《伊训》、《肆命》、《徂后》。"若据《尚书·伊训序》成汤崩后由太甲即位。后世学者探讨商代继承制度为"兄终弟及制"或"嫡长子继承制"皆受以上不同的记载影响。商汤去世后即位的是太甲,已经得到甲骨文周祭研究成果的支持,商代周祭祀谱以即位先后顺序为受祭次序,甲骨文中周祭次序是太甲先于外丙,则说明太甲先于外丙即位。甲骨文中不见仲壬,仲壬可能并没有继承商王位。又如《卜辞通纂》第 227 片："甲申卜,贞王宾大甲福,亡[尤]？乙酉卜,贞王宾外丙彡夕,亡尤？"甲申、乙酉在同一旬的先后两日,则祭祀太甲在前,祭祀外丙在后。那么上举文献的纷繁复杂甚至矛盾的记载又如何理解呢？《史记·殷本纪》对太甲的记述为我们提供了新的思路,《殷本纪》称："帝太甲元年,伊尹作《伊训》,作《肆命》,作《徂后》。帝太甲既立三年,不明,暴虐,不遵汤法,乱德,于是伊尹放之于桐宫。三年,伊尹摄行政当国,以朝诸侯。帝太甲居桐宫三年,悔过自责,反善,于是伊尹乃迎帝太甲而授之政。帝太甲修德,诸侯咸归殷,百姓以宁。伊尹嘉之,乃作《太甲训》三篇,褒帝太甲,称太宗。"根据甲骨文中对先王的祭祀次序,可以推断,商汤去世后,由于太子太丁先于汤故去,而由太丁之子太甲即位。太甲即位之后,卿士伊尹作《伊训》、《肆命》、《徂后》,以教导、告诫太甲。② 但是伊尹的教导告诫似乎没有起到作用,太甲即位三年仍暴虐、乱德、不遵汤法、不明朝政,这就使刚刚稳定的商王朝处于倾覆的危险之中。于是伊尹放逐太甲于商汤所葬之地桐宫。此时王位空缺,《古本竹书纪年》称伊尹自立为王,而《殷本纪》称伊尹摄政,伊尹实际上掌控了商王朝的政权。常玉芝先生从甲骨文所载后世商王对伊尹的隆重祭祀辨析《古本竹书纪年》太甲杀伊尹之说不足信,又从太甲被放逐的年限、外丙即位的年数和世次上找到了问题的突破口。太甲被放逐三年,外丙即位三年,"有理由说在太甲被放逐期间,伊尹是暂让太丁之弟、

---

① 《史记》卷三《殷本纪》,第 99 页。
② 《尚书》孔氏传："《伊训》,作训以教导太甲。""《肆命》,陈天命以戒太甲。""《徂后》,陈往古明君以戒。"《史记集解》引郑玄曰："《肆命》者,陈政教所当为也。《徂后》者,言汤之法度也。"见《史记》卷三《殷本纪》,第 99 页。

太甲之叔外丙代立为王,治理朝政的,而自己则相之,这也正应了《左传》'伊尹放太甲而相之'的说法。这就是外丙不但为王,而且世次在太甲之后的真正原因"。① 太甲在桐宫三年,学习商汤法度,听伊尹之训,悔过、反善、自责、归贤,伊尹乃迎立太甲而授归国政。《古本竹书纪年》所载"于太甲七年"太甲复位,亦给我们提供了信息,即伊尹虽立外丙即位,但并没有改元,伊尹复迎立太甲发生在太甲七年,正合于太甲即位三年而被放逐,居桐宫三年后而复位的时间。

从商汤故去至太甲的即位、放逐,外丙的即位,以及太甲复立,像王位继承这样的大事,都是内服重臣伊尹等在其中起决定作用。说明在商开国初期,内服臣子在国家政权建设与巩固、王位继承等重大事件上具有着决定王朝命运的重要作用。而此时的外服诸侯,因中央政权的稳固,而没有发生叛乱的情况。商汤故去,太甲即位后暴虐,伊尹采取果断措施放逐太甲而拥立其叔外丙为王,自己则摄政,对内团结内服势力,对外拉拢诸侯,以礼朝见诸侯,使得刚刚建立不久的王朝免于倾覆。太甲悔过后,伊尹复位于太甲而尽心辅佐,太甲修德,殷道中兴,国家安宁,政治稳定,诸侯皆归附商,百官也无僭越之心。天下安宁,太甲行大事于宗庙。《今本竹书纪年》:"(太甲)十年,大飨于太庙,初祀方明。"清代学者雷学淇《竹书纪年义证》云:"大飨者,禘祭也。太庙,契庙也。《礼·祭法》曰:'殷人禘喾而郊冥,祖契而宗汤。'《尔雅·释天》曰:'禘,大祭也。'盖王者宗庙之飨莫大于禘……五年之大禘及终王之吉禘始及其祖之所自出,而非天子不得行也。《(礼记)大传》曰:'礼,不王不禘',故曰大飨也。《商颂·长发》之诗,殷大禘之乐歌也。曰'相土烈烈',又曰'实维阿衡',是禘及毁庙之主并及功臣,故《盘庚》曰'兹予大享于先王,尔祖其从与享之。'"②也就是说太甲十年,于太庙广泛地祭祀了祖先并兼及故去的功臣,意在拉拢各类祖先的后裔以及功臣的后代,这些祖先和功臣的后代就是商王朝内服的主要组成

---

① 常玉芝:《太甲、外丙的即位纠纷与商代王位继承制》,《殷墟博物苑苑刊》,北京:中国社会科学出版社,1989年,第37页。
② 雷学淇:《竹书纪年义证》,台北:艺文印书馆,1977年,第146页。

部分,祭祀祖先实为团结内服朝臣的重要宗教活动。"初祀方明"者,《仪礼·觐礼》有云:"诸侯觐于天子,为宫,方三百步,四门。坛十有二寻,深四尺,加方明于其上。方明者,木也,方四尺,设六色:东方青,南方赤,西方白,北方黑,上玄,下黄。"郑玄注:"四时朝觐,受之于庙,此谓时会殷同也。""方明者,上下四方神明之象也。"方明,应读作方盟也。《太平御览》卷四八〇引《三礼图》曰:"方盟木,方四尺,设六色,东青,西白,南赤,北黑,上玄,下黄。设六玉:上圭,下璧,南方璋,西方琥,北方璜,东方圭。"清孙星衍谓:"方明者,上下四方之神明,天之司盟也。"① 太甲于其即位十年首次举行了祭祀上下四方神明的大典。按照《仪礼·觐礼》所载,太甲实际上举行了殷见四方诸侯的会同大典。在此大的典礼中立四方神之位,祭祀上下四方神,这又是太甲与四方诸侯在天地四方神面前的一次盟誓。

如上所述,太甲十年举行的两次大的宗教活动,实质上都是为了稳固国家的统治。大禴于太庙,祭祀自己血缘远近不等的各类祖先及故去的功臣,使得更多的祖先后裔即同族团结在商王周围,功臣的后裔也多在朝中供职,祭祀故去的功臣使得这些功臣后裔对太甲更加忠心与拥戴,从而努力为王朝办事。初祀方明,实际上是殷见四方诸侯,检验他们的"服",同时在祭祀天地四方神灵的典礼中进一步巩固商王与外服的关系。

二、沃丁、大庚时期的内外服概况

太甲在位十二年而崩,《史记·殷本纪》称"子沃丁立。帝沃丁之时,伊尹卒。既葬伊尹于亳,咎单遂训伊尹事,作《沃丁》"。《太平御览》卷八三引《竹书纪年》:"沃丁绚即位,居亳。"《今本竹书纪年》:"命卿士咎单。""八年,祠保衡。"《尚书序》:"沃丁既葬伊尹于亳,咎单遂训伊尹事,作《沃丁》。"《初学记》卷二引《帝王世纪》:"沃丁八年,伊尹卒,年百有余岁,大雾三日。沃丁葬以天子之礼,祀以太牢,亲自临丧三年,以报大德。"《今本竹书纪年》称沃丁在位十九年而陟。今所见甲骨文中未见沃丁被周祭的情况,研究周祭的学者判定沃丁不曾即位。现有材料记载关于沃丁时期比

---

① 孙星衍:《尚书今古文注疏》卷三〇,第573页。

较重要的事件是,命咎单作王朝卿士辅政,对故去的内服重臣伊尹举行隆重的葬礼和祭礼,以拉拢更多的内服臣子为商王朝尽心职守。

沃丁崩,弟大庚立。古本、今本《竹书纪年》皆以大庚为小庚。日本高山寺藏古钞本《殷本纪》、甲骨文皆作大庚,当以大庚为是。《今本竹书纪年》称大庚在位五年,《太平御览》卷八三引《史记》称大庚在位二十五年,史料匮乏未知孰是。关于大庚时期内外服的情况,相关史籍没有留下什么信息,大庚在位时应该是较有作为的商王,为商王朝早期的发展做出过重要贡献。所以后世商王将其与其他先王一起或单独进行隆重地祭祀,祭祀大庚的卜辞多达100余版,并且大庚有专门的祭祀日,卜辞称"大庚日"(《合集》27166、32488)。

三、小甲、大戊、雍己时期的内外服

大庚有三子相继为王,即小甲、大戊、雍己。《史记·殷本纪》称:"帝太庚崩,子帝小甲立。"《史记·三代世表》则称小甲为太庚弟。《太平御览》卷八三引《纪年》云"小甲高即位,居亳"。引《史记》称"帝小甲在位十七年,崩,弟雍己立"。帝小甲时期,商王朝出现了建国以来首次衰败景象,"殷道衰,诸侯或不至"。① 商汤时期所建立的部分外服诸侯,在小甲时期由于王个人能力不足以及中央王朝政治的衰落而脱离商王朝的管辖,不来朝见商王。

小甲之后,《史记·殷本纪》称由弟雍己即位。但研究甲骨文周祭制度的学者根据周祭制度先即位为王先受祭的原则,以及周祭卜辞中雍己在大戊之后受到祭祀的情况,确认大戊先于雍己即位。《合集》35618有云:

《合集》35618

---

① 《史记》卷三《殷本纪》,第100页。

戊辰[卜],[贞]王宾[大戊肜]日,亡[尤]。
己巳卜,贞王宾雍己肜日,亡尤。

常玉芝先生根据五种周祭卜辞中不同的祀典绝不出现在同版上的原则,以及五种周祭卜辞中祭日必与受祭先王日名相一致的原则,对上举卜辞的残缺部分进行互补,可知戊辰日肜祭的先王日名一定为"戊",而商代以戊为日名的商王只有大戊一人,所以此条卜辞所祭先王必为大戊。戊辰与己巳在同旬中,戊辰日在前,己巳日在后,故大戊先于雍己而在同旬内被祭祀。① 所以大戊应先于雍己即位。大戊即位后,整顿内服制度,册命伊陟、臣扈为卿士,辅佐大戊治理国家,《史记·殷本纪》称:"帝太戊立伊陟为相。"《今本竹书纪年》称:"元年丙戌,王即位居亳,命卿士伊陟、臣扈。"《尚书·君奭》称"在大戊时则有若伊陟、臣扈,格于上帝,巫咸乂王家"。在商王大戊统治时期,先后册命伊陟、臣扈、巫咸为王朝卿士,统领内服群臣,辅佐商王大戊治理国家,使得商王朝出现建国以来空前强盛的局面。史载大戊时期出现灾异现象,《尚书序》称:"伊陟相大戊,亳有祥,桑、穀共生于朝。"《史记·殷本纪》所载稍详,"帝太戊立伊陟为相,亳有祥,桑、穀共生于朝,一暮大拱。帝太戊惧,问伊陟。伊陟曰:'臣闻妖不胜德,帝之政其有阙与? 帝其修德。'太戊从之,而祥桑枯死而去"。《史记集解》:"孔安国曰:'祥,妖怪也。二木合生,不恭之罚。'郑玄曰:'两手搤之曰拱。'"《史记索隐》:"此云'一暮大拱',《尚书大传》作'七日大拱',与此不同。"商王大戊时出现灾异,所谓的"不恭之罚",有学者认为可能是因为大戊以弟及方式即位改变了长子继承的传统的继承制度。②"祥桑枯死而去",泷川资言《史记会注考证》认为"祥疑当作穀,而去二字疑衍。桑穀之祥,《吕氏春秋》、《韩诗外传》为汤时,《书大传》、《汉书·五行志》为武丁时,此据《书序》。崔述曰:'此必一事而传之者异,成汤圣敬日跻,遂有天下。岂待为天子,然后惧而修德。《尚书》称武丁亮阴三年不言,其惟不言,

---

① 参常玉芝《商代周祭制度》(增订本),北京:线装书局,2009 年,第 51 页。
② 参韩江苏、江林昌《〈殷本纪〉订补与商史人物征》,中国社会科学出版社,2010 年,第 132 页。

言乃雍。则亦非因灾而后自警也。惟太戊,《尚书》称其严恭寅畏,治民祗惧,则《史记》以此为太戊时者,近是。'"①大戊从灾异及内服臣子伊陟的谏言中受到警示,侧身修行,发扬商汤明德传统,挽回了小甲以来殷道衰微、外服诸侯或不朝王的衰败局面。《尚书·无逸》载"昔在殷王中宗,严恭寅畏,天命自度,治民祗惧,不敢荒宁,肆中宗之享国,七十有五年"。中宗大戊时,庄重严肃,以自助取得天命,治理民事敬而谨慎,不敢懈怠,所以他的国祚有七十五年。而《今本竹书纪年》称"太戊遇祥桑,侧身修行。三年之后,远方慕明德,重译而至者七十六国,商道复兴,庙为中宗"。太戊在内服臣子辅佐下治理国家,明德传布,外服诸侯、方国闻之,都来朝见臣服。《史记·殷本纪》谓"殷复兴,诸侯归之",《今本竹书纪年》称"二十六年,西戎来宾,王使王孟聘西戎"。"六十一年,东九夷来宾"。雷学淇谓"西戎者,西方裔国之大名,其族类不一"。"此之西戎未详何氏来宾者"。②徐文靖谓"西戎,西方之戎,《禹贡》'西戎'即叙是也"。此西戎即来宾之诸侯。③东九夷,《礼记·王制》"东方曰夷",《后汉书·东夷传》:"夷有九种,曰畎夷、于夷、方夷、黄夷、白夷、赤夷、玄夷、风夷、阳夷。"

那么,大戊具体采取了哪些措施,使得呈现衰势的商王朝又强盛起来呢?《今本竹书纪年》的几处记载为我们提供了一些信息。除上文所举大戊修德外,尚有整顿内服任用贤能作朝臣,加强宗教统治功能,重视农业生产和加强军事力量等措施。《今本竹书纪年》称:"十一年,命巫咸祷于山川。"祭祀国内山川,祈求神灵祐助国家。"三十一年,命费侯中衍为车正"。"三十五年,作寅车"。费侯中衍为秦之先,太戊以其善御,而命其作车正之官。《史记·秦本纪》称大费之子"大廉玄孙曰孟戏、中衍,[中衍]④鸟身人言。帝太戊闻而卜之使御,吉,遂致使御而妻之。自太戊以下,中衍之

---

① (日)泷川资言考证、水泽利忠校补:《史记会注考证附校补》,上海古籍出版社,1986年,第62页。
② 雷学淇:《竹书纪年义证》,第153页。
③ 徐文靖:《竹书纪年统笺》卷五,《二十二子》,上海古籍出版社,1986年,第1064页。
④ 梁玉绳云:"鸟身上似脱'中衍'二字。"见《史记志疑》,中华书局,1981年,第120页。据此而补"中衍"二字,方文从字顺。

后,遂世有功,以佐殷国,故嬴姓多显,遂为诸侯。"寅车,《诗·小雅·六月》:"元戎十乘,以先启行。"毛传:"夏后氏曰钩车,先正也。殷曰寅车,先疾也。周曰元戎,先良也。"郑笺:"钩,钩磬,行曲直有正也。寅,进也。二者及元戎皆可以先前启突敌阵之前行。"①则大戊任命善御的中衍为车正,改进和制造战车,增强了国家的军事力量,所以才有西戎、东九夷等方国的归附朝贡。"四十六年,大有年"。这一年商王朝经营的土地获得大丰收,说明商王朝对农事加强了管理,从商代中后期甲骨文中关于经营农业的一些记载来看,商王经常占卜王朝的土地是否获得大丰收,还派专人负责经营管理国家的土地。据此推测,大戊时期也应设置有专门负责农业生产的内服官员,才会有粮食的丰收。《今本竹书纪年》称大戊"五十八年,城蒲姑"。大戊时期随着军事力量的增强,将其势力向东方扩展,"蒲姑"在殷末仍是商朝重要的势力范围,曾经参与武庚叛周,周公东征时才彻底平定。大戊时期,建城于蒲姑之地,奠定了后世商王朝在东方经营的基础。

　　大戊之后,王位由其弟雍己继承。雍己时期,商王朝经历了建国以来的第二次衰落,所谓"殷道衰,诸侯或不至"。② 随着商王朝中央统治力量的衰弱,原来归附的部分外服诸侯逐渐摆脱中央王朝的控制,不再朝王纳贡。《太平御览》卷八三引《史记》称"帝雍己在位十二年崩"。雍己之后,大戊的儿子中丁继承了王位。从商汤建国到雍己时,商王朝共经历了五世八位商王先后继承王位,前四世中只有外丙即位是伊尹放太甲特殊历史情况造成的,其余皆为长子继承商王位。商朝前期这五世商王大多能够在内服臣子辅佐下,治理国家,团结和拉拢外服甚或方国臣服于商王朝,维系商王朝政权的稳固。但大庚三子的相继为王,开启了商朝中期王位争夺的序幕。

第三节　商代中期内外服的中衰

　　商朝中期自商王中丁始,至阳甲止。中丁为大戊之子,其王位很可能

---

① 毛传、郑笺俱见于《十三经注疏》,第425页。
② 《史记》卷三《殷本纪》,第100页。

是从其叔雍己手中夺取而来。开启了商王朝中期的王位争夺战，消耗了王朝政治支柱内服的势力，造成了商王朝国势大大削弱，以至于频繁迁都的结果。

一、中丁、外壬、河亶甲王位之争与内外服势力的损耗

中丁为大戊子，①大戊上有兄小甲，下有弟雍己，雍己之后传王位当为小甲之子或雍己之子，大戊之子中丁应无王位继承权。但大戊在位时间很长，又是商代盛君，大戊一支在商王室中有着强大的政治、经济、军事实力，支持大戊一支的内服势力当占多数。这为大戊之子中丁夺取王位创造了条件。中丁即位后，把国都从居于天下之中的亳迁到隞。②关于隞地所在，古今有三说：一是郑州荥阳的敖山或敖仓城或敖山南的隞地，《史记正义》："《括地志》云：'荥阳故城在郑州荥泽县西南十七里，殷时敖地也。'"《史记集解》引皇甫谧《帝王世纪》说在河南敖仓城。一是陈留浚仪县，孔颖达《尚书正义》引东晋李颙的说法。③其地在今河南开封。一是山东蒙阴西北的敖山。④三说中以郑州荥阳隞地说最有根据，而《帝王世纪》的河南敖仓城，据《水经注·济水注》知，实为秦时于敖山上所筑屯粮之城。《括地志》所说的郑州荥阳县西南十七里的地方为殷时敖地，此敖地应是一个较为广泛的范围，应包括敖山及其以南的地方。"郑州商城以及郑州商城西北20公里处的石佛乡小双桥发现的大型中商初期遗址，都在敖地的范围内，将两地的考古发现与上述隞都的地望相联系，荥阳隞都说应该可以成立"。⑤郑州商城二里岗上层第一期遗址当是中丁所居之隞都。⑥中丁

---

① 《汉书·古今人表》称"仲丁，大戊弟"。对此王国维《殷卜辞所见先公先王续考·商先王世数》已辨其误，参王国维《观堂集林》卷九，第447页。
② 《史记·殷本纪》称"隞"，《尚书·仲丁序》、《帝王世纪》、《今本竹书纪年》皆称"嚣"。《史记集解》："孔安国曰：'地名。皇甫谧曰：'或云河南敖仓是也。'"《史记索隐》："隞亦作'嚣'，并音敖字。"（《史记·殷本纪》，第101页。)
③ 孔颖达：《尚书正义》卷八，《十三经注疏》，第166页。
④ 丁山：《商周史料考证》，第29—30页。
⑤ 王震中：《商代都邑》，北京：中国社会科学出版社，2010年，第205页。
⑥ 参考李锋《试论偃师商城商汤亳都和二里岗上层一期郑州商城仲丁隞都》，《河南文物考古论集》，河南人民出版社，1996年，第250—256页。

第二章　商代内外服制的建立及其发展演变

迁都于隞,很可能是为了削弱反对势力的影响,以求保住王位。① 由于王位的争夺斗争削弱了以商王室为核心的中央王朝的势力,边境上的原臣服纳贡的外服方国开始叛乱,如《后汉书·东夷传》:"至于仲丁,蓝夷作寇,自是或服或畔,三百余年。"李贤注:"《竹书纪年》曰:'仲丁即位,征于蓝夷'也。"②《古本竹书纪年》认为仲丁即位,而征伐蓝夷。对此《今本竹书纪年》称:"六年,征蓝夷。"两者虽时间有别,但都说仲丁时期曾征讨蓝夷,此事当可信。蓝夷不属于《后汉书·东夷传》所举"九夷"之列,当属于东夷别种,其族、地不明。

中丁在位九年或十一年而故去,③其弟外壬即位。外壬甲骨文作"卜壬"(《合集》22875、35636 片)。外壬的王位是从其兄中丁手中夺取而来抑或平稳过渡,已经不可考。外壬即位后,仍都隞。但曾于距离隞都不远的小双桥建立离宫别馆。④ 外壬即位后,商王朝的外服诸侯发生叛乱,《今本竹书纪年》称外壬时"邳人、姺人叛"。《左传·昭公元年》云"商有姺、邳",杜预注:"二国,商诸侯。邳,今下邳县。"杨伯峻注:"姺亦作侁,即《吕氏春秋·本味篇》之有侁氏,高诱注,'姺读曰莘',《文选·辨命论》李善注即引作有莘氏。《僖二十八年传》'晋侯登有莘之虚'即此。其地相传即今山东曹县北之莘冢集。邳亦古国,据杜注,即今江苏之邳县旧治邳城镇。"⑤按姺人当即甲骨文中所习见的"先侯"之国,为商代外服之一,邳人即甲骨文中的"不伯"之国(《合集》3410),亦为商代外服之一。

河亶甲即位元年迁都于相,其王位有可能是争夺而来。⑥ 关于相地,《史记集解》:"孔安国曰:'地名,在河北。'"《史记正义》引《括地志》云:"故殷城在相州内黄县东南十三里,即河亶甲所筑都之,故名殷城也。"⑦《通

---

① 关于中丁继承商王位是争夺斗争的结果,参韩江苏、江林昌《〈殷本纪〉订补与商史人物征》,第 136 页。
② 《后汉书》,北京:中华书局,1965 年,第 2808 页。
③ 《今本竹书纪年》称:"(仲丁)九年,陟。"《太平御览》卷八三引《史记》:"帝仲丁在位十一年。"见《太平御览》,第 391 页。
④ 小双桥遗址为商王外壬所建的离宫别馆的意见,参王震中《商代都邑》,第 263 页。
⑤ 杨伯峻:《春秋左传注》(修订本),北京:中华书局,1990 年,第 1207 页。
⑥ 韩江苏、江林昌:《〈殷本纪〉订补与商史人物征》,第 138 页。
⑦ 《集解》、《正义》并见《史记》卷三《殷本纪》,第 101 页。

典》卷一七八云:"相州(今理安阳县),殷王河亶甲居相,即其地。"①清孙星衍《尚书今古文注疏》卷三〇于《尚书序》"河亶甲居相"下注云:"相者,《地理志》相县属沛郡。"②综合上述记载,相地概有河北相州内黄,相州安阳,安徽沛郡相县三说。关于相州安阳说,罗振玉已辨其非③,今人一般已不取此说。关于安徽沛郡相县说,邹衡先生推测可能是因为符离县有相山而附会。④曲英杰先生指出"沛郡相县说,除地名相同外,似别无所据。此相地近淮水,商时为东夷和淮夷所居,由晚商'纣克东夷',商代中期前段不可能把自己的都城迁到自己势力范围的边缘地带,故河亶甲之都不可能在此"。⑤而支持内黄说的学者最多,胡渭《禹贡锥指》引《书序》"河亶甲居相"时谓"相城在安阳、内黄二县界",⑥王震中先生受此影响,提出引发思考的意见,"即河亶甲所居之相,本来即在内黄与安阳之间或接壤地带,或者说在内黄之西、安阳之东,因而产生了内黄与安阳相邻的两说。在商代时,黄河是穿越安阳与内黄之间,由南向北流过的,如果说《吕氏春秋·音初》所载'殷整甲徙宅西河'尚有参考价值的话,从内黄的角度来看,此西河即穿越于内黄与安阳之间的黄河,它位于内黄之西。此外,河亶甲冠以'河'字,是否即因其都城紧邻于大河(即黄河)的缘故,似也应作为一种考虑"。⑦

河亶甲迁都很大程度上是为削弱商王室及内服臣子中反对者的势力,这样导致商王朝统治核心再次分裂,国力削弱,《史记·殷本纪》称"河亶甲时,殷复衰"。中央政权衰落的同时,边境外服诸侯和方国时常叛乱内侵,故河亶甲时期不断对外用兵。《今本竹书纪年》云:"三年,彭伯克邳。"此处彭伯当为商代外服邦伯,据《国语·郑语》"大彭、豕韦为商伯

---

① 杜佑撰著,王文锦等点校:《通典》,北京:中华书局,1988年,第4696页。
② 孙星衍:《尚书今古文注疏》卷三〇,第577页。
③ 罗振玉:《殷商贞卜文字考》,玉简斋1910年石印本,收入《甲骨文献集成》第7册,四川大学出版社,2001年,第2页。
④ 邹衡:《夏商周考古学论文集》,北京:科学出版社,2001年第2版,第191页。
⑤ 曲英杰:《先秦都城复原研究》,哈尔滨:黑龙江人民出版社,1991年,第76页。
⑥ 胡渭:《禹贡锥指》,上海:上海古籍出版社,2006年。
⑦ 王震中:《商代都邑》,第208页。

矣"。彭伯克邳,就是外服彭伯攻伐反叛的邳。《今本竹书纪年》载:"四年,征蓝夷。""五年,侁人入于班方。彭伯、韦伯伐班方,侁人来宾。"《太平御览》卷八三引《纪年》称:"(河亶甲)征蓝夷,再征班方。"蓝夷当属东夷别种,趁商王朝中央衰落而内侵。侁人即前文所述的商代外服先侯,也趁机反叛投靠了班方国,商王河亶甲派外服彭伯、韦伯讨伐班方,班方战败,侁人失去依靠,再次臣服商王朝并朝王纳贡。《太平御览》卷八三引《史记》:"河亶甲在位九年。"河亶甲后由中丁之子祖乙即位。

二、祖乙、祖辛、沃甲时期的内外服

《史记·殷本纪》称:"河亶甲崩,子帝祖乙立。帝祖乙立,殷复兴。巫贤任职。"则祖乙为河亶甲子,但从甲骨文所载对商先王的祭祀世系来看,祖乙当为中丁之子。王国维云:"今此片(《殷墟书契后编》上五,即《合集》32385 片)中有中丁而无河亶甲,则祖乙当为中丁子,《史记》盖误也。"① 祖乙的王位有可能从其叔河亶甲一系夺取而来,是以即位后"迁于邢"。② 而《尚书序》称:"祖乙圮于耿,作《祖乙》。"《太平御览》卷八三引《纪年》:"祖乙胜即位,是为中宗,居庇。"《今本竹书纪年》:"元年己巳,王即位,自相迁于耿。""(二年)自耿迁于庇。"则祖乙所迁都之地,在文献上有不同说法。又《史记索隐》称:"邢音耿。近代本亦作'耿'。今河东皮氏县有耿乡。"耿、邢古音相通,同为耕部字,见、匣旁纽。徐文靖《竹书纪年统笺》:"邢与庇当是一地。……则《史记》谓祖乙迁邢者,当即为《竹书》所云迁庇者也。"③ 那么,邢、耿、庇其实是同一个地方。丁山先生谓邢当是耿的音讹,邢亦为庇字形讹。所谓迁耿与迁庇当为一事。④ 王震中先生则认为庇为邢字形讹,邢、耿、庇三者为一地,即邢地。⑤ 祖乙即位后任命巫贤为

---

① 王国维:《殷卜辞中所见先公先王续考·商先王世数》,《观堂集林》卷九,中华书局,1959 年,第 446—447 页。
② 《史记》卷三《殷本纪》,第 100 页。
③ 徐文靖:《竹书纪年统笺》卷五,《二十二子》,第 1065 页。
④ 丁山:《商周史料考证》,第 33 页。
⑤ 王震中:《商代都邑》,第 209 页。

卿士，统领内服群臣辅佐祖乙治理国家。《尚书·君奭》称："在祖乙时，则有若巫贤。"《今本竹书纪年》称："三年，命卿士巫贤。"巫贤为大戊时期治国良佐巫咸的儿子，可以说祖乙是争取了以巫贤为首的内服旧贵族的支持，使得自中丁以来因王位纷争而日益衰落的中央政权逐渐稳固，国力逐渐增强，居住在都城中的内服家族增多，于是祖乙有扩建都城之举。《今本竹书纪年》："（祖乙）八年，城庇。"祖乙除团结拉拢内服臣子以巩固其王位及统治外，还加强对外服的管理，加强对边疆的经略。《今本竹书纪年》记载祖乙即位后任命了外服诸侯彭伯、韦伯，彭伯、韦伯在河亶甲时期曾克邳、伐侁尽了外服职责，雷学淇称"此赏克邳、伐姺之功也。《郑语》曰：'大彭、豕韦为商伯矣。'《白虎通》曰：'大彭氏、豕韦氏，霸于殷者也。'霸者，伯也。行方伯之职，会诸侯朝天子，不失人臣之义。故圣人与之。盖二国于此时始受命也"。① 按祖乙命彭伯、韦伯为外服"伯"，并不像雷学淇所说是始受命为伯，彭伯、韦伯在河亶甲时期已经称外服伯，祖乙即位后的任命是对先王命他们为外服"伯"的再次认可，即新王对外服彭伯、韦伯地位的认可。通过商王命令的形式，拉近外服与商王的关系，笼络更多的外服诸侯拱卫商王朝的统治地位。《今本竹书纪年》称："十五年，命邠侯高圉。"邠侯于此前的商王世未见，由于祖乙在位时期，商王朝势力向西发展，与周族发生联系，命周族首领为侯，这应是始命其为外服侯。雷学淇云："邠，地名，即豳。《孟子》《尔雅》俱作邠，《说文》引《尔雅》作汃，汃即汾之省文，故《经典释文》引作汾，古文邠、汾通，故《周书》'登汾之阜'，《史记·周本纪》作'登豳之阜'。盖邑名、山名、水名之异也。……《诗》曰：'笃公刘，于豳斯馆。'毛传曰：'公刘居于邰，遭夏人乱，迫逐公刘，公刘乃避中国之难，遂平西戎而迁其邑于豳，盖诸侯之从（者）十有八国焉。'娄敬说汉高帝亦云：'周之先世自后稷尧封之邰，积德累善十余世，公刘避桀居豳。'二说皆谓公刘自邰迁邠。《史记·周本纪》据《国语》谓不窋自邰窜居戎翟之间，公刘居戎翟始荒度豳居，子庆节遂国于豳。……《说文》引《尔雅》所谓西至于汃国也。盖邑因山水得名，自公刘迁居于此，故子孙皆曰邠侯。高圉

---

① 雷学淇：《竹书纪年义证》卷一二，第160页。

第二章　商代内外服制的建立及其发展演变

即公刘之裔孙也。"①祖乙时期国势强盛向西开疆拓土,与自公刘时期就已迁居于邰地的周族发生冲突,结果邰人被征服而列为商王朝的外服,祖乙命邰侯高圉正是任命周族首领高圉为外服侯之事。

祖乙在位十九年而崩,被商人尊为中宗。如甲骨文中有中宗祖乙(《合集》26991、27239),中宗祖乙之后,商王位由其子祖辛继承。《史记·殷本纪》称:"祖乙崩,子帝祖辛立。"《今本竹书纪年》称:"元年戊子,王即位居邢。十四年陟。"祖辛即位亦都邢,在位十四年。祖辛死后有专门的宗庙,称祖辛宗(《合集》38224)祖辛在位时,可能很有作为,对商王朝的发展做出较大贡献,故后世商王对他进行隆重的祭祀,关于祖辛的卜辞达430多条。《殷本纪》载:"帝祖辛崩,弟沃甲立,是为帝沃甲。"《世本》、古本与今本《竹书纪年》俱作开甲。甲骨文中无沃甲、开甲,有羌甲,关于祭祀羌甲的卜辞有160条左右。郭沫若先生以羌与沃音不可通,而转释为甲,以音相通而读为沃甲。② 后来的研究证实为羌字已确定无疑,于省吾先生认为"羌与沃音既不可通,当是形讹。凡文字之形讹者,只能据地下资料而改地上文献,不可执于已讹之文献而改地下文献以牵合之。故甲骨文之羌甲《殷本纪》作沃甲者,沃乃羌字之形讹也"。③羌甲以弟及即位,未迁都仍居邢,可能得到内服臣子的拥护,其王位是和平手段获取。祖辛、沃甲时期,由于材料限制,对于内外服的情况无从考察,暂阙。

三、祖丁、南庚、阳甲时期的内外服

商王沃甲之后,立沃甲兄祖辛之子祖丁为商王,都于庇。《太平御览》卷八三引《纪年》:"祖丁即位,居庇。"《太平御览》卷八三引《史记》"祖丁在位三十二年"。祖丁被后世商王祭祀,见于甲骨文称作"祖丁"或"四祖丁"。祖丁崩后,王位由其叔沃甲之子南庚继承,南庚即位,都于庇。三年后迁都于奄。《今本竹书纪年》称:"元年丙辰,王即位,居庇。三年,迁于奄。"对此《太平御览》卷八三引《纪年》有云:"南庚自庇迁于奄。"吴其昌先

---

① 雷学淇:《竹书纪年义证》卷一二,第162页。
② 郭沫若:《郭沫若全集·考古编》2,第282—283页。
③ 于省吾:《释羌甲》,《甲骨文字释林》,第43—44页。

生认为:"自中宗(祖乙)居庇以后,四世皆居于北地,至五传之帝以庚日生而名庚者,始迁居于奄;奄地较南,此名庚之帝,首实都南,故即以'南庚'名之,以别于先王大庚焉。"①则南庚由北部的庇迁都到南部的奄,是后世商人称之为南庚的重要原因。南庚的迁都也可能与王室纷争有关,迁都以削弱王室及内服中反对势力的力量。南庚崩后,商王位由其兄祖丁之子阳甲继承。《史记·殷本纪》称:"帝南庚崩,立帝祖丁之子阳甲,是为帝阳甲。"殷墟卜辞亦载阳甲在南庚之后受到后世商王祭祀,如《合集》27207"□□卜,其奉祖乙、南庚、阳甲"。说明阳甲在南庚之后继承商王位。《史记·殷本纪》称:"帝阳甲之时,殷衰。自中丁以来,废嫡而更立诸弟子,弟子或争相代立,比九世乱,于是诸侯莫朝。"阳甲即位后都奄,《今本竹书纪年》称:"元年壬戌,王即位居奄。"帝阳甲的王位也是从其叔南庚一系夺取而来,阳甲夺权造成商王室又一次的大分裂、大衰败,内服势力在商王室王位争夺过程中损耗巨大,外服诸侯见中央王朝衰落,或叛离或内侵。《今本竹书纪年》称:"三年,西征丹山戎。"雷学淇谓:"《大荒北经》曰有始州之国有丹山,郭注云:'此山纯出丹朱也。《竹书》曰和甲西征得一丹山。今所在亦有丹山,丹出土穴中。'"②丹山之戎,或为臣服于商王朝的方国,因其地有丹朱矿,盛产丹朱,据商汤时期所定服制,丹朱戎当向商王朝进贡丹朱。因商王朝陷于王位纷争,王室及内服势力都受到很大损耗。随着中央王朝的衰落,这些原来臣服的外服邦国也开始叛离,不再朝王纳贡。所以有阳甲时期征伐丹朱戎方国之事发生。《今本竹书纪年》称阳甲在位四年而崩。

综上,商代中期共有九位商王先后即位,自前期大庚之子小甲、大戊、雍己兄弟三人相继为王后,为后世子孙争夺王位,提供了机会和理由。大戊为商王朝盛君,深得内服臣子与外服诸侯的拥护,这为其子中丁从雍己手中夺得王位打下很好的政治基础。中丁从其叔手中夺得王位,开启了商朝中期争夺王位的先河。商代中期九世之中,王位不仅在亲兄弟间传

---

① 吴其昌:《殷虚书契解诂》,第183—184页。
② 雷学淇:《竹书纪年义证》,第165—166页。

承,而且发展到在从兄弟及叔侄间传承。由于王位的纷争,出现王都的频繁迁徙,导致商王室几经分裂,内服朝臣的宗族势力也随着王位纷争而受到极大损耗,商王朝赖以统治的基础内服势力被削弱了。本为商王朝统治重要依靠力量和屏障的外服诸侯趁机脱离商王朝或内侵,这又加剧了商王朝的衰落。

第四节 商代后期内外服的演变

商代后期始于商王盘庚,至于帝辛。盘庚迁殷,扭转了中商时期王位纷争造成的九世之乱的衰亡局面,到武丁时期商王朝发展到鼎盛阶段,祖甲以后由盛转衰。至于纣王,因其恃才傲物丧失民心,内外服都有异志。而位于商西部的周族逐渐发展壮大,经过三代人的经营,终于在牧野一战大败商军,占据了商的国都,取代了商王朝。

一、盘庚、小辛、小乙时期的内外服

盘庚继其兄阳甲之后为王,盘庚即位时都于奄,《今本竹书纪年》称"元年丙寅,王即位,居奄"。由于王位纷争,取得王位者都要维护其支持者即内服势力的权益,使得内服权臣势力膨胀,王权被削弱。在这种情形下,盘庚无法施展其治国才能。于是,盘庚决定自奄迁于殷。从《尚书·盘庚》可以得知盘庚迁殷时的形势:政治上,自商汤以来的内服家族势力强大,"古我先王亦惟图任旧人共政",依据传统他们有被任命官职的特权。在经济上,这些内服大家族有着独立的封邑和族众,都"具乃贝玉",贪图财物。军事上,内服各大家族依靠族众拥有着自己的武装。这些内服群臣无视新即位的盘庚,有着轻慢的态度,所以盘庚之诰文有"无傲从康",即告诫内服臣子不可傲上而怀安。内服旧贵族不但不向百姓宣布盘庚之政,反而"胥动以浮言,恐沈于众",即以浮言煽动,恐吓扰惑于百姓。在这种情势下,盘庚为了巩固王权,决定迁都,以此来削弱内服大家族的势力。

盘庚迁殷遭到内服权臣的反对，《尚书·盘庚》载："盘庚迁于殷,民不适有居,率吁众戚出矢言。"盘庚迁殷,民不往居,相率呼贵戚大臣出誓言而抵制迁都。《史记·殷本纪》载："殷民咨胥皆怨,不欲徙。盘庚乃告谕诸侯大臣曰：'昔高后成汤与尔之先祖俱定天下,法则可修,舍而弗勉,何以成德！'"盘庚对不听命的内服权贵发出警告："自今至于后日,各恭尔事,齐乃位,度乃口,罚及尔身弗可悔。"从今往后,各自敬承你们的职事,整饬自己的职位,谨慎自己的言语。否则,惩罚到你们可别懊悔。盘庚在新邑实施新政,后世追称盘庚之政。《史记·殷本纪》把盘庚之政称为"行汤之政","乃遂涉河南,治亳,行汤之政,然后百姓由宁,殷道复兴。诸侯来朝,以其遵成汤之德也"。经过盘庚之政,商王室更加团结,内服百官安宁,商王朝赖以统治的基础稳固下来。随着中央王朝统治力量的增强,原有的外服逐渐归附商王朝统治之下,朝王纳贡,以复成汤时期内外服制度,故有"遵成汤之德"的论赞。《今本竹书纪年》称："七年,应侯来朝。"方诗铭、王修龄编《古本竹书纪年辑证》所辑几处引用《汲郡古文》"殷时已有应国",更似注文,而此处《今本竹书纪年》应是本文。可以肯定盘庚时期随着盘庚之政的实施,越来越多的诸侯国都又归附商王朝,应侯来朝王只是众多诸侯朝王事件中的一个例子。随着诸侯来朝局面的形成,有着更多的外服诸侯势力的支持,盘庚加强经略边疆,其中以向西开拓边疆最为显著,册命西部边境的周族首领亚圉为邠侯,《今本竹书纪年》称："十九年,命邠侯亚圉。"盘庚在位二十八年而崩①,被后世称为天下贤君。盘庚迁殷即盘庚之政的实施,为武丁时期商国家的强盛奠定了基础。

《史记·殷本纪》称："帝盘庚崩,弟小辛立,是为帝小辛。"《太平御览》卷八三引《纪年》称："小辛颂位,居殷。"《汉书·古今人表》谓小辛为盘庚子。王国维据《殷墟书契后编》卷上第二十五页(即《合集》2131片)武丁时期的宾组卜辞"父甲一牡,父庚一牡,父辛一牡",判定父甲为阳甲,父庚为盘庚,父辛为小辛,皆为武丁之诸父。而《人表》以小辛为盘庚子者,非矣。② 确证

---

① 《太平御览》卷八三引《史记》"盘庚在位十八年"。见《太平御览》,第391页。
② 王国维：《殷卜辞中所见先公先王续考·商先王世数》,《观堂集林》卷九,第447页。

第二章　商代内外服制的建立及其发展演变

小辛为阳甲、盘庚之弟。小辛时期,商王朝国势复衰,《史记·殷本纪》称:"帝小辛立,殷复衰,百姓思盘庚,乃作《盘庚》三篇。"小辛在位时,商王朝的衰落大致表现在如下两个方面,一是以商王室及内服势力为基础的中央统治力的衰退,另一方面是服属于商王朝的外服诸侯的叛离与内侵。小辛崩后,其弟小乙继承商王位。

小乙即位,都于殷。小乙时期为了解决王位纷争问题,在位时就已经确定其子武丁为王位继承人,小乙特别注意对世子武丁的教育和社会锻炼:一方面任命贤臣甘盘作世子武丁的老师,学习从政理论知识。《今本竹书纪年》称:"六年,命世子武丁居于河,学于甘盘。"雷学淇云:"河,河洲。甘,地名。盘,臣名也。……盖武丁居河州之地学于甘盘,又往居亳土,勤劳于外也。"①《路史·国名纪》:"甘盘,小乙臣。高宗学焉,后受遗有大功。""君子观于辛、乙之世汤室寖衰,至武丁而王道复振,大抵得于师傅之力为多"。② 另一方面,让世子武丁作基层的工作,学习政治、社会经验,在社会实践中得到锻炼。《尚书·无逸》云:"其在高宗,时旧(久)劳于外,爰暨小人。"郑玄曰:"武丁为太子时,殷道衰,为其父小乙将师役于外与小人之故,言知其忧乐也。"③郑玄的说法非常具有启发意义,作为世子的武丁久劳于外正是受其父命将师于外也。《国语·楚语》:"昔殷武丁能耸其德,至于神明,以入于河,自河徂亳。"韦昭注:"迁于河内,从河内往都亳也。"④《国语》及韦昭注认为此为武丁即位以后事,联系《今本竹书纪年》及《尚书·无逸》知此为武丁为世子时事。世子武丁将师于外的路线是从安阳出发到达河内即今郑州一带,此地是商王朝早期的都城之一,然后前往亳地即商汤所都西亳,在今河南偃师。从武丁将师所走路线看,"商王朝自小乙时期,已经做好了对西方、西北方经营的准备,武丁受小乙之命,行役于外,有可能就是为了加强商王朝军事防御和进攻力量"。⑤

---

① 雷学淇:《竹书纪年义证》,第172页。
② 陈逢衡:《竹书纪年集证》卷一八,《续修四库全书》第335册,第222页。
③ 《诗·商颂谱·正义》引,《十三经注疏》,第620页。
④ 《国语》,上海:上海古籍出版社,1998年,第554页。
⑤ 韩江苏、江林昌:《〈殷本纪〉订补与商史人物征》,第154页。

069

小乙时期注意立嗣及对嗣子的教育培养,结束了困扰商王朝已久的王位纷争,为武丁时期商王朝发展到鼎盛阶段奠定了基础。

小乙在位十年而崩,其子武丁继承商王之位。

二、武丁时期的内外服

武丁即位之后,改革内服制度,整顿内服秩序。武丁首先任命内服旧贵族——小乙朝臣的代表即自己的老师甘盘为卿士,统领王朝内服群臣。《尚书·君奭》称:"在武丁时,则有若甘盘。"伪孔传曰:"高宗即位,甘盘佐之。"《史记·殷本纪》曰:"武丁即位思复兴殷而未得其佐,三年不言,政事决定于冢宰,以观国风。"雷学淇《竹书纪年义证》认为此冢宰即甘盘。① 显然复兴殷商,甘盘未堪其任。于是武丁不囿于以往的用人政策"人惟求旧"即内服贵族的后代,而任用有才能的傅说。武丁并没有直接破坏传统的立官长的制度,而是借助当时的宗教观念,采取了占梦的神秘方式。《史记·殷本纪》载:"武丁夜梦得圣人,名曰说。以梦所见视群臣百吏,皆非也。于是乃使百工营求之野,得说于傅险中。是时说为胥靡,筑于傅险。见于武丁,武丁曰是也。得而与之语,果圣人,举以为相,殷国大治。故遂以傅险姓之,号曰傅说。"《尚书序》:"高宗梦得说。"《殷本纪》材料取自《国语·楚语上》,《楚语上》有云"如是而又使以象梦求四方之贤圣,得傅说以来,升以为公,而使朝夕规谏,曰:'若金,用女作砺。若津水,用女作舟。若大旱,用女作霖雨。启乃心,沃朕心。若药不瞑眩,厥疾不瘳。若跣不视地,厥足用伤。'"②武丁以梦圣人的宗教形式,起用身份低微的傅说,避免了内服旧贵族对任用傅说的阻挠。这几处记载都说得傅说之后即命为上公或卿相,而《今本竹书纪年》:"六年,命卿士傅说。"对此雷学淇认为:"三载考绩,说有成功,故命为卿士,立以作相犹尧之试舜三载底绩,乃授之政也。《尚书·说命》三篇即命说之语,犹《吕命》、《文侯之命》,止载王之

---

① 雷学淇:《竹书纪年义证》,第173页。
② 《国语》,第554页。

命词也。"①按雷学淇说，武丁似初得傅说时，只是立为上公，以备咨询问政、规谏。三年有成后，方命为卿士总领内服群臣。②

武丁还强化对王子、内服群臣子弟的教育，以及对内服长者的尊重，行养老之礼。《今本竹书纪年》云："（六年）视学养老。"雷学淇云："学，大学也。……殷礼每岁天子三视矣。"③雷学淇据礼书考证，殷商时每年商王三次视学。商王武丁视学，反映他对贵族子弟教育的关心。甲骨文中载有武丁对贵族子弟教育之事的关心，《合集》3250"丙子卜，贞多子其延学疾，不遘大雨"，武丁贞问多子去疾邑就学，是否会遇大雨。《屯南》60"于大学寻"，占问是否于大学举行寻祭。《屯南》662"丁酉卜，今旦万其学。于来丁乃学。于右㐃学。若冏于学"。丁酉日占卜今早学万舞，还是下旬丁日学。于右㐃之地学。在学宫举行若祭、冏祭。这版卜辞占卜了学万舞的时间、地点，以及在学宫学万舞时进行的祭祀。从这些记载来看，武丁时期特别注意到王子及贵族子弟的教育问题，通过在祭祀等社会活动中学习，以便培养适应商王朝政治文化需要的接班人。

《礼记·文王世子》曰："凡大合乐必遂养老。"《王制》曰："殷人养国老于右学，养庶老于左学。"郑玄注："右学，大学也，在西郊下庠。左学，小学也，在国中王宫之东。"《王制》曰："殷人冔而祭缟衣而养老。"又曰："凡养老……殷人以食礼。"又曰："五十养于乡，六十养于国，七十养于学，达于诸侯。""纪（引者按：指《竹书纪年》）文系视学养老于命傅说后者，必是时说年已老，故王尊之为三老或五更，合群老于大学，行养老礼且乞言也"。④商王武丁将内服朝臣中的致仕者安置在大学，以养老之礼待之，备于时王咨询政事；同时又使这些政治经验丰富的老臣担任内服臣子子弟的教师，为商王朝培养政治接班人。

---

① 雷学淇：《竹书纪年义证》，第174页。
② 商王武丁册命傅说为卿士的具体内容，见载于近年公布的《清华大学藏战国竹简》（叁）中的《傅说之命》。
③ 雷学淇：《竹书纪年义证》，第174—175页。
④ 雷学淇：《竹书纪年义证》，第175页。

武丁时期还加强宗教神权的力量,拉拢团结内服臣子。《今本竹书纪年》:"十二年报祀上甲微。"《国语·鲁语》有曰:"上甲微能帅契者也,商人报焉。"报,报德之祭也。韦昭注:"上甲微契后八世,汤之先也。"《孔丛子·论书》云:"《书》曰:'维高宗报上甲微。'定公问曰:'此何谓也?'孔子对曰:'此谓亲尽庙毁,有功而不及祖,有德而不及宗,故于每岁之大尝而报祭焉,所以昭其功德也。'"甲骨文材料显示,武丁时期对先公、先王进行了广泛的祭祀,以期团结更多的先公先王后裔,增强商王室的凝聚。此处所载对功德不及其他祖先的上甲微进行报祭,也是出于这样的目的。商人故有观念为"兹予大享于先王,尔祖其从与享之",①即商王祭祀祖先,内服臣子的祖先也受到了祭祀。《孔丛子·论书》载季桓子针对《盘庚》这句话向孔子提出疑问,孔子曰:"古之王者,臣有大功,死则必祀之于庙,所以殊有绩、劝忠勤也。盘庚举其事以厉其世臣,故称焉。"②武丁时期卜辞记载,商王武丁对故去的内服旧臣的祭祀,称"我家旧老臣亡害我"(《合集》3522正),希望旧臣在天上保佑商王朝。报祭上甲微、旧老臣也使得那些功德相较祖宗来说不太卓著的内服先人受到了祭祀,这是在更加广泛的范围内团结商王室及内服势力的举措。

　　武丁还调整与外服的关系,加强对外服的管理。《今本竹书纪年》称:"三十二年伐鬼方,次于荆。三十四年,王师克鬼方,氐羌来宾。四十三年,王师灭大彭。五十年,征豕韦,克之。"雷学淇云:"鬼方即狄羌系,见成汤纪,盖乞姓之羌,初居陇氐,后转徙而南在鬼方也。今贵州思南酉阳以西当即其地。若仍在陇氐不得云次于荆矣。……按下纪云'王师克鬼方,氐羌来宾',则鬼方即氐羌无疑。"③武丁亦征伐荆楚,《诗·殷武》"挞彼殷武,奋伐荆楚"。《国语·郑语》有云:"彭姓:彭祖、豕韦、诸稽,则商灭之矣。"甲骨文记载了武丁时期对叛离的外服及方国的征伐,据初略统计达81个。④武丁时期对被征服的外服或方国也采取一定的措施,或迁于他

---

① 《尚书·盘庚》。
② 傅亚庶:《孔丛子校释》,北京:中华书局,2011年,第19页。
③ 雷学淇:《竹书纪年义证》,第177页。
④ 参见王宇信、杨升南主编:《甲骨学一百年》,第498—499页。

地或就地安抚,予以册命,承认其为商王朝外服。同时加以约束,要求其为商王朝守土、出兵、纳贡、朝王等。武丁时期还通过与邦方联姻、让外服参加殷礼等方式,巩固外服与商王朝的关系。

武丁在位五十九年而崩,《尚书·无逸》称:"其在高宗,时旧劳于外,爰暨小人。作其即位,乃或亮阴,三年不言,其惟不言,言乃雍,不敢荒宁,嘉靖殷邦。至于小大,无时或怨。肆高宗之享国五十有九年。"由于王子孝己早卒,由武丁次子祖庚继承商王位。

三、祖庚、祖甲时期的内外服

《太平御览》卷八三引《纪年》称:"祖庚曜居殷。"而《史记·殷本纪》称:"祖己嘉武丁之以祥雉为德,立其庙为高宗,遂作《高宗肜日》及《训》。"雷学淇云:"盖雉升鼎耳事在高宗之时,而《肜日》及《训实》因祖庚时尊武丁之庙为高宗,祖己乃追述其事,作此二篇也。"①《太平御览》卷八三引《史记》曰:"帝祖庚在位七年,崩。弟祖甲立。"对于祖甲历史上褒贬不一,《史记·殷本纪》曰:"帝祖甲淫乱,殷复衰。"此从《国语·周语》"玄王勤商,十有四世而兴。帝甲乱之,七世而殒"。而《尚书·无逸》则称:"其在祖甲,不义惟王,旧为小人。作其即位,爰知小人之依,能保惠于庶民,不敢侮鳏寡,肆祖甲之享国三十有三年。"据《无逸》载周公将中宗大戊、高宗武丁、祖甲与周文王并举,列为贤王。孔安国、王肃认为祖甲是汤孙太甲,马融、郑玄认为:"祖甲,武丁子帝甲也。"《史记索隐》称:"《纪年》太甲唯得十二年,此云祖甲享国三十三年,知祖甲是帝甲明矣。"②为什么历史上会对武丁子祖甲褒贬不一呢?马融、郑玄注解《无逸》或许对这一问题的解决有所帮助,马融曰:"祖甲有兄祖庚而祖甲贤,武丁欲立之,祖甲以王废长立少不义,逃亡民间,故曰'不义惟王,久为小人'也。武丁死祖庚立,祖庚死祖甲立。"③郑玄曰:"有兄祖庚贤,武丁欲废兄立弟,祖甲以此为不

---

① 雷学淇:《竹书纪年义证》,第179页。
② 孔安国、王肃、马融、郑玄之说见《史记集解》引,《史记》卷三三《鲁周公世家》,第1521页。
③ 《史记集解》引,见《史记》卷三三《鲁周公世家》,第1522页。

义,逃于人间,故云'久为小人'。"①两说虽以祖甲贤或祖庚贤而不同,实则都说武丁欲废长立少,而导致祖甲逃亡民间,"久为小人"。但最后祖甲仍是以弟继兄之后为王,后世有称祖甲淫乱或以为祖甲改革了商代的一些制度,从而导致商王朝由盛转衰。后世有认为祖甲是有作为的王者,或许是因为祖甲在位时期,确曾有不凡的施政措施。董作宾在《殷代的革命政治家》一文中对祖甲改制有专门讨论②,要之"祖甲即位,即推行新政,其一,为改革历法。易年终置闰十三月,为年中置闰于无节之月。在月名上加'在'字。其二,为改革祀典。取消武丁、祖庚时代之多种祀典,简化为彡、翌、祭、壹、叠五种有组织之祀典,遍祭自上甲以下之先祖,连续循环行之。其三,为考验太卜,常以卜而不贞之方式,对付欲问之政事"。③

经过祖甲改制,商王朝势力强盛。祖甲时期曾经营西土边境,《今本竹书纪年》称:"(祖甲)十二年,征西戎。冬,王返自西戎。"徐文靖《竹书纪年统笺》曰:"按武丁之世,其地西不过氐羌,则祖甲西征,当亦在陇西左右,故即于十年冬而返也。"④"十三年,西戎来宾。命邠侯组绀。"徐文靖云:"殷太戊二十六年西戎来宾,距祖甲十三年凡二百五十八年,始因祖甲亲征而来宾。邠侯组绀为周之先公,《史记·周本纪》称"亚圉卒,子公叔祖类立",《史记索隐》:"《系本》云:'太公组绀诸盩。'《三代世表》称叔类,凡四名。皇甫谧云'公祖一名组绀诸盩,字叔类,号曰太公'也。"⑤祖甲时期商朝国势强盛,曾向西经略边疆,迫使西戎方国继大戊之后二百五十八年再次归附商王朝,朝王纳贡。祖甲册命周族首领太公组绀为新一代邠侯,是继武丁、祖庚之后,对周族首领为外服侯的再次确认。《今本竹书纪年》谓祖甲"二十四年,重作汤刑"。"繁刑以携远,殷道复衰"。对此《左传·昭公五年》称:"商有乱政,而作汤刑。"祖甲末年刑罚繁重,且远征边地方国,损耗国力,商王朝呈现衰势。

---

① 孔颖达:《尚书正义》卷一六,《十三经注疏》,第 221 页。
② 董作宾:《殷代的革命政治家》,《董作宾先生全集乙编》第三册,台北:艺文印书馆,1977 年。
③ 严一萍:《殷商史记》上册,台北:艺文印书馆,1991 年,第 180 页。
④ 徐文靖:《竹书纪年统笺》卷六,《二十二子》,第 1067 页。
⑤ 《史记》卷四《周本纪》,第 114 页。

四、廪辛、康丁时期的内外服

《史记·殷本纪》、《今本竹书纪年》称商王祖甲之后,祖甲子廪辛即位为王,四年而崩。研究甲骨文周祭的学者认为,廪辛不见于周祭祀谱,武乙、文丁时期卜辞中不见对父辛的祭祀,故对廪辛即位持怀疑态度。推断祖甲崩后,由其子康丁即位。但是现存的历、无名间类,无名类,何类王卜辞中有亲称"兄辛"、"父辛"、"三祖辛",应为廪辛。相关卜辞如下:

  彡祖丁、父甲。☐☐以兄辛。(《合集》27364 历、无名间)
  庚子卜,有岁☐兄辛☐。兹[用]。(《合集》27623 历、无名间)
  叀岁。其又兄辛叀牛,王受又。其牢,王受又。(《合集》27622 无名)
  王其有岁于兄辛☐。(《合集》27624 历、无名间)
  兄辛岁叀郊,各于日饮。(《合集》27625 历、无名间)
  己丑卜,兄辛岁☐(《合集》27626 历、无名间)
  于之日迺改兄辛岁。叀牝。(《合集》27627 历、无名间)
  辛卯卜,叀今日其夕有岁兄辛,王受[又]。(《屯南》2996 康丁)
  其 兄辛,叀又车,用,又正。(《合集》27628 无名)
  ☐祝至兄辛。(《合集》27629 历、无名间)
  ☐㕣兄辛,又正。(《合集》27630 无名)
  甲寅卜,其登彡于祖乙、小乙眔。弜眔。祖乙卯牢。牢又一牛。二牢。小乙其眔一牛。庚午卜,兄辛彡,延于宗。兹用。(《屯南》657 康丁)

第一条卜辞中被时王称为"祖丁、父甲"者,分别指商王武丁和武丁之子祖甲,则占卜时王为祖甲之子。"兄辛"则是康丁称其兄廪辛。那么此条卜辞时代为康丁。第二条卜辞中亦有"兄辛",且与第一条为同一组类,时代也应为康丁时期。其后几条都是岁祭兄辛,且与第二条岁祭兄辛事类相同、组类时代相近,可以确定为康丁时期卜辞,兄辛为康丁之兄廪辛。最后一条卜辞中有商王祖乙、小乙,则兄辛也应为一代商王,兄辛为廪辛的可能性很大。而下列两版卜辞中的"父辛"对于认识廪辛也有重要意义。

□戌卜,彭,贞其祷于河眔上甲,在十月又二,小臣☒。
□□[卜],[彭],[贞]☒祷☒眔覞☒父辛。(《合集》32663何一)
□辰卜,翌日其彭,其祝自中宗、祖丁、祖甲☒父辛。(《屯南》2281)

第一版据黄天树先生为何组一类卜辞,按照五期分法应为三四期,"父辛"在商王的世系中只有武乙称其父廪辛合适,而第二版"中宗"是中宗祖乙的省称,"祖丁"即商王祖丁,祖丁之后称"甲"者只有阳甲和武丁之子祖甲,而阳甲在甲骨文中只作"象甲",故此"祖甲"是时王的祖父名甲者,只有武丁之子祖甲可以当之。"父辛"自然是武乙称其父廪辛。卜辞尚有"三祖辛"之称,"辛亥卜,其有岁于三祖辛"。(《合集》32658)此版见于《殷契粹编》第341片,"准'四祖丁'为祖丁之例,此'三祖辛'当是廪辛。其前有祖辛、小辛,此居第三位也"。① 准此,此片卜辞为文丁时期所卜。从以上所举辞例看,廪辛见于甲骨文,且受到后代商王祭祀。廪辛即位短祚,由其弟康丁即位。

康丁在位期间,加强对内外服的经营管理。康丁时期卜辞内容多为祭祀与战争,康丁通过祭祀以及飨礼团结内服群臣:

贞惟多子飨于厅。(《合集》27647)

惟多子飨。(《合集》27648)

甲寅卜,彭,贞其飨多子。(《合集》27649)

惟多生飨;惟多子[飨]。(《合集》27650)

弜不飨;惟多尹飨。元簋,惟多尹飨。(《合集》27894)

大乙事,王飨于厅。弜飨于之若。(《合集》27124)

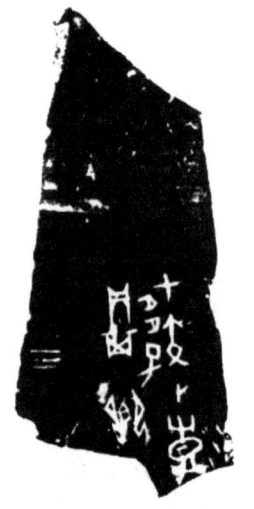

《合集》27649

---

① 郭沫若:《殷契粹编》,《郭沫若全集·考古编》3,北京:科学出版社,2002年,第458页。

第一、三条为何组、其他为无名组,占卜事类相近,何组与无名组时代相近,可视为康丁时期卜辞。"多子"是商王对内服群臣的称谓,可能是寮属内服。多尹也是内服的集合称谓,相当于《尚书·酒诰》所称内服"庶尹","大乙事"即有事于大乙,祭祀商开国之君大乙,之后商王康丁宴飨王朝大臣。康丁时期通过征讨共同的敌人以及在作战中的相互配合,来巩固商王朝与内外服的关系,康丁时期曾征伐方国达17国之多。如"□丑卜,五族戍弗雉王[众]。戍屰弗雉王众。戍带弗雉王众。戍骨弗雉王众。戍逐弗雉王众。戍何弗雉王众"(《合补》8982),占卜戍守边境的五族与敌方作战不损失王朝的军队。又如戍遲奉命征伐羌方(《合集》26895),内服裵与祕受命战胜羌人(《合集》26896),戍春接受任命讨伐廪土人和劦人(《合集》26898)。《合集》27974、27975 载戍征伐羌方,《合集》27995、27996、27997 载戍伐敱方,《合集》28000 载戍伐邲方,显然康丁时期,戍及其武装为商王朝征伐敌方的主力。战胜羌方后,商王康丁命令将俘获的羌方二首领杀死,用于祭祀其祖武丁和其父祖甲。"□亥卜,羌二方伯,其用于祖丁、父甲。"(《合集》26925)商王康丁用内服亚旁俘获的羌人进行御祭。"乙巳卜,何,贞亚旁以羌其御用"。(《合补》9681)康丁时期可能也打败了卢方,如"甲戌卜,翌日乙王其寻卢伯澿,不雨"(《合集》27041),占卜以卢伯澿举行寻祭,不会降雨。康丁时期似乎已经设立监督机制,如"癸丑卜,叀瞽般监凡。叀瞽、髟令监凡"。(《合集》27740)"叀瞽、□令监凡。叀瞽□令。丁卯卜,叀瞽、般□。叀瞽、须令监凡"。(《合集》27742)这是两版无名组卜辞,瞽字由裘锡圭先生释出,①商王卜问命令般或髟配合瞽去监凡。康丁时期近侍小臣用事增多,如:

    癸亥卜,彭,贞其又于日妣己,在十又二月。小臣囗立。(《合集》27875)

    乙丑卜,壴,贞其又于河遘报乙翌日,小臣🐾飨。(《合集》27877

---

① 裘锡圭:《关于殷墟卜辞的"瞽"》,《2004年安阳殷商文明国际学术研讨会论文集》,北京:社会科学文献出版社,2004年,第4页;又收入《裘锡圭学术文集》1,上海:复旦大学出版社,2012年,第514页。

乙巳卜，叀小臣沓克有伐，永囗。(《合集》27878)

叀小臣沓翌日克有伐，叀小臣沓王。四[月]。(《合集》27879)

丙辰卜，叀马小臣囗。(《合集》27881)

来告大方出伐我师，叀马小臣令囗。(《合集》27882)

癸巳卜，囗，贞其令小臣罤(陷)。(《合集》27883)

丁巳卜，叀小臣剌以匄于中室。丁巳卜，叀小臣口以匄于中室。兹用。(《合集》27884)

庚午卜，王，贞其乎小臣剌比，在曾。(《合集》27885 正)

囗小臣墙有来告。(《合集》27886)

叀小臣墙令乎比，王受又。(《合集》27888)

叀马󰀀。叀小臣口。叀小臣歔。(《合集》27889)

叀小臣妥𪊨，不作皇。兹用(《合集》27890)

小臣参与祭祀、战争、管理马队、田猎设置陷阱、向商王汇报军情，管理农事等。康丁时期以田猎为名进行的军事巡视地方活动较多，因此犬官频见卜辞，多为王比对象，如王比"兟犬陳"(《合集》27898)、王比皣犬(《合集》27899)、在淒犬告(《合集》27901)、在淒犬中告麋(《合集》27902)、"叀宕犬󰀁比，亡戈"(《合集》27903)、"叀变犬󰀁比田殺，亡。罕"(《合集》27905)、"王其比盂犬󰀂田歔，亡[戈]"(《合集》27907)、"叀成犬󰀃比"(《合集》27914)、"王其田，叀犬师比，罕，亡戈。王其田，叀成犬比，罕，亡戈"(《合集》27915)，主要卜问的是这些犬官与商王配合田猎，侦查和汇报猎物踪迹，是否有所捕获。随着商王康丁田猎活动增多，武官亚也频见于卜辞，如《合集》27930 载商王关心亚去往宫地，沿途往来不会遇到灾祸。命亚出使(《合集》27932)，亚般朝见商王(《合集》27938)，令亚与马共同践行王事(《合集》27939、27940)，此时期马队为田猎、征伐的先遣，如《合集》27945—27957 诸片。

五、武乙、文丁时期的内外服

商王康丁崩后，商王位由其子武乙继承。武乙在位时期，商王朝的外服发生较大变化，对商王朝后来的发展产生重大影响。《今本竹书纪年》

第二章　商代内外服制的建立及其发展演变

称:"(元年)邠迁于岐周。"《孟子·梁惠王下》:"(太王)去邠,逾梁山,邑于岐山之下居焉。"《后汉书·西羌传》云:"武乙暴虐,犬戎寇边,周古公逾梁山而避于岐下。"由于武乙无道,犬戎内侵,作为商王朝西部边境的守卫者周族被迫迁徙,周族迁居岐山周原后,势力逐渐壮大。武乙"(三年)命周公亶父,赐以岐邑"。① 商王武乙册命周族首领古公亶父为公,以岐邑为其领地,承认周族作为独立邦伯的地位及新的领地的合法性。周族以周原为基地,以商王朝册命外服邦伯的名号,征讨周围不服从的小国,逐渐扩大了属地和影响。《今本竹书纪年》称武乙"二十四年,周师伐程,战于毕,克之"。关于程,《逸周书·史记解》载:"爵重禄轻,比[民]不成者亡。昔有毕程氏,损禄增爵,群臣貌匮,比而戾民,毕程氏以亡。"阙文处孔晁认为是"名",丁宗洛认为是"民",浮山认为是"多"。毕程之地,潘振云:"毕程,即今陕西西安府咸阳县地。《世纪》云:'王季徙于程。'在今咸阳,南与毕陌接。所谓毕程,盖毕程亡而王季徙都之也。"② 周师伐程的原因是毕程氏损禄增爵,群臣外有体貌,内实穷匮,比党横征厚敛,以虐其民,民心已散。此时周族首领已经是古公亶父之子王季。《今本竹书纪年》载"三十年,周师伐义渠,乃获其君以归"。关于义渠,《逸周书·史记解》:"嬖子两重者亡。昔者义渠氏有两子,异母,皆重。君疾,大臣分党而争,义渠以亡。"潘振云:"义渠,国名,即邠州地,见《九域志》。邠州,后魏置,今宁州,属甘肃庆阳府,古豳邑。"③ 义渠的国君爱子而不别长庶,崇秩相同,国君死,群臣各有所事而争立,义渠内部分裂,周师乘机讨伐,灭其国俘获其国君。由于王季作为商王朝的外服邦伯征讨不服从的邦国有大功,商王武乙诏其来朝,厚予赏赐。《太平御览》卷八三引《纪年》"(武乙)三十四年,周王季历来朝,武乙赐地三十里,玉十縠,马十匹"。武乙赏赐给王季三十个里的土地和土地上的人口,玉十縠,马十匹。王季继续以商王朝外服伯的身份征讨不服者,《后汉书·西羌传》注引《纪年》:"武乙三十五年,周王季

---

① 《今本竹书纪年》。
② 孔晁、丁宗洛、浮山、潘振之说见黄怀信等撰《逸周书汇校集注》(修订本),第962页。
③ 潘振说见黄怀信等撰《逸周书汇校集注》(修订本),第953页。

伐西落鬼戎，俘二十翟王。"西落鬼戎是相类族系的统称，实际上有很多部族组成，王季讨伐西落鬼戎，俘获了二十个部族首领。季历以义行师，深得诸侯拥护，《史记·周本纪》称："公季修古公遗道，笃于行义，诸侯顺之。"

相比之下，商王"武乙无道，为偶人，谓之天神。与之博，令人为行。天神不胜，乃僇辱之。为革囊，盛血，卬而射之，命曰'射天'"。① 武乙用土木做了一个人偶当做是天神，令人持"天神"与武乙搏斗，结果"天神"败了，于是武乙侮辱天神，做了一个革囊盛上血，用箭射之，谓之射天。这里反映了武乙不信仰天神，但并不是说武乙否认天命的存在，恰恰反映了天命的存在，武乙之用意在于破除天命的阻碍，想更多地发挥其作为商王的权力。但是这与商代主流的宗教观念相悖，被视为无道之举。《史记·殷本纪》载武乙田猎于河渭之间，被暴雷震死。

武乙崩后，由其子文丁继承商王位。文丁时期，周族继续以商王朝外服身份征讨周围不服者，日益壮大。《后汉书·西羌传》注引《纪年》："太丁二年，周人伐燕京之戎，周师大败。"燕京，地名源于燕京山。关于燕京之戎，《史记·匈奴列传》曰"燕北有东胡山戎"，《史记索隐》称："在匈奴东。"《淮南子·墬形训》曰"汾出燕京"，高诱注："燕京，山名。在太原汾阳，汾水所出。"《水经·汾水》："汾水出太原汾县北管涔山。"郦道元注："《十三州志》曰（汾水）出武州之燕京山，亦管涔之异名也。"②据此燕京山又名管涔山，位于山西太原汾县北，汾水源于此山。在殷商后期，由于商王朝政教衰微，此地为戎所据，周族的迅速发展与燕京之戎发生冲突，季历此次师师并未取胜。《后汉书·西羌传》注引《纪年》"太丁四年，周人伐余无之戎，克之，周王季命为殷牧师也"。雷学淇云："余无之戎，地系未详。命为牧师者，《周官·宗伯》曰'八命作牧'，郑注云：'谓侯、伯有功德者加命得专征伐于诸侯。'《曲礼》曰：'九州之长，入于天子之国曰牧。'此言牧师者，师，长也。《春秋》昭公元年《左传》曰'为元冥师'，服注、杜注皆训师为长。

---

① 《史记》卷三《殷本纪》，第104页。
② 郦道元著，陈桥驿校证：《水经注校证》，北京：中华书局，2007年，第156页。

第二章 商代内外服制的建立及其发展演变

盖犹周宣王之命鲁孝于夷宫使导诸侯也。故曰师。"①据此可以说周季历讨伐了商西部和西北的对于商王朝有威胁的戎，来朝见商王文丁，而获得册命为牧，即原为外服诸侯因有大功而加命得专征伐。牧师之称，则是这两个职能的混称，师训为长是对的，牧长或可以说王季以殷牧的身份做了诸侯之长，帅诸侯觐王。周季历得专征伐诸侯权力后，加快了征讨周围不服之戎的步伐，《后汉书·西羌传》曰："太丁命季历为牧师，自是之后，更伐始呼、翳徒之戎，皆克之。"李贤注引《纪年》："太丁七年，周人伐始呼之戎，克之。十一年，周人伐翳徒之戎，捷其三大夫也。"《今本竹书纪年》称："十一年，周公季历伐翳徒之戎，获其三大夫，来献捷。"雷学淇："始乎、翳徒皆戎名，地系未详。来献捷者，《春秋》庄公三十一年'六月齐侯来献捷'，《左传》曰：'凡诸侯有四夷之功，则献捷于王，以警于夷，中国则否。'杜注曰：'捷，获也。献，奉上之词。'然则季之献捷于王即献其所获之三大夫矣。季为牧师，翳徒又四夷之国，故献捷。"②周季历献捷于商王，表明臣子之忠心，但结果却遭到文丁的杀害，其间详情史书缺载，只能通过后人追记得到一些蛛丝马迹，《今本竹书纪年》称："王杀季历。"沈约注："王嘉季历之功，锡之圭瓒、秬鬯，九命为伯，既而执诸塞库，季历困而死，因谓文丁杀季历。"文丁使季历困而死之说，见于《吕氏春秋·首时》："王季历困而死，文王苦之。"季历为商王文丁困而死，文王哀思苦痛。

文丁杀季历应有其因，一方面来自商王朝内部，文丁时期有大旱灾发生，《太平御览》卷八三引《纪年》称"太丁三年，洹水一日三绝"。洹水从殷墟北、东面流过，《水经·洹水》："洹水出上党泫氏县，东过隆虑县北。又东北出山，过邺县南。又东过内黄县北，东入于白沟。"郦道元注："洹水出山，东径殷墟北。""洹水自邺，东径安阳县故城北。"③洹水断流盖由于旱灾，这影响了殷都的正常生活，同时也给社会带来恐慌。雷学淇《竹书纪年义证》曰："一日三绝者，京房《易传》云：'君臣相背，厥异水绝。'"④如果

---

① 雷学淇：《竹书纪年义证》卷一四，第189页。
② 雷学淇：《竹书纪年义证》卷一四，第190页。
③ 郦道元著，陈桥驿校证：《水经注校证》，第245—246页。
④ 同①。

当时流行这种观念的话,势必影响社会的安定。另一方面是周族的强大,季历作为与殷商西部毗邻的新迁来的小部族,却在两代时间里讨伐了周围众多戎族,占领的地域和族众以及拥护的诸侯逐渐增多。加之商王朝为了拉拢而赐予其合法的外服邦伯身份,使其得以在商王朝授权的情况下,以讨伐不服为名号,加大扩张的步伐。随着周族势力的发展壮大,还营造程邑,将其势力向东推进。周族逐渐成为西部强大诸侯,这使得商王文丁感到恐慌。故有文丁名义上赏赐季历而又执诸塞库,困而死之的事件发生。文丁杀季历事件的发生,使得商周关系一度恶化。但是周王季历被杀,并不能阻止周人的发展壮大。

六、帝乙、帝辛时期的内外服

帝乙即位,商王朝更加衰微。《史记·殷本纪》称:"帝乙立,殷益衰。"商王朝出现外服叛离、四夷交困的局面。《太平御览》卷八三引《纪年》曰:"帝乙处殷。二年,周人伐商。"周人伐商为报文丁杀季历之仇。《今本竹书纪年》载:"三年,王命南仲,西拘昆夷,城朔方。"雷学淇云:"南,国名,姒姓,周之属国。仲,南君之名字也。《世本》曰:'姒姓有南氏。'(《夏本纪索隐》)韩婴《诗序》曰'南在南阳南郡之间'(《水经注》),《逸书·史记篇》曰:'昔有南氏有二臣,贵宠力钧势敌,竞觊争权下争朋党,君弗能禁,南氏以分。'盖即此南氏矣。国分之后子孙或为周太师,《诗》所谓'皇父'者是也。"①昆夷,西戎国名。《诗·采薇·序》云:"文王之时,西有昆夷之患,北有猃狁之难,以天子之命,命将率,遣戍役,以守卫中国。故歌《采薇》以遣之,《出车》以劳还,《杕杜》以勤归也。"②《诗·小雅·出车》三章有云:"王命南仲,往城于方。出车彭彭,旂旐央央。天子命我,城彼朔方。赫赫南仲,猃狁于襄。"毛传:"王,殷王也。南仲,文王之属。方,朔方,近猃狁之国也。"郑笺云:"王使南仲为将率,往筑城于朔方,为军垒以御北狄之难。"《出车》第五章有云:"喓喓草虫,趯趯阜螽。未见君子,忧心忡忡。既见君

---

① 雷学淇:《竹书纪年义证》,第 192 页。
② 《十三经注疏》,第 412—413 页。

子,我心则降。赫赫南仲,薄伐西戎。"郑笺云:"草虫鸣,阜螽跃而从之,天性也。喻近西戎之诸侯,闻南仲既征玁狁,将伐西戎之命,则跳跃而乡望之,如阜螽之闻草虫鸣焉。"卒章曰:"赫赫南仲,玁狁于夷。"毛传:"夷,平也。"郑笺曰:"平者,平之于王也。此时亦伐西戎,独言平玁狁者,玁狁大,故以为始,以为终。"①《诗·小雅·出车》所载命南仲伐西戎、玁狁,城朔方之事,当与《纪年》所载命南仲拘昆夷,城朔方为一事。南仲既为周文王之属臣,故《出车》中的王命只能是周文王之命。实际上当是商王帝乙命周讨伐昆夷,城朔方,而具体执行者则是周之属国南仲为之。

帝乙时期,不仅边境不宁,内政也出现了严重的问题,直接影响到商王朝的灭国。帝乙在立王位继承人时,废长贤而立少嫡,为帝辛亡国埋下了隐患。《史记·殷本纪》曰:"帝乙长子曰微子启,启母贱,不得嗣。少子辛,辛母正后,辛为嗣。帝乙崩,子辛立,是为帝辛,天下谓之纣。"此以微子启与纣为异母,《吕氏春秋·当务篇》以为同母,言母当生启时,犹未正立,及生纣时,始正为妃,故启大而庶,纣小而嫡。这两说相同之处都说启长而庶,纣少而嫡。这就造成了帝辛之时,微子启与帝辛的政见不和以至于分裂内服朝臣,纣众叛亲离而亡国的恶果。

帝辛即位,有旷世之才。《史记·殷本纪》云:"帝纣资辨捷疾,闻见甚敏;材力过人,手格猛兽;知足以距谏,言足以饰非;矜人臣以能,高天下以声,以为皆出己之下。"帝纣才思敏捷,善辩,有勇力,这些作为一国之君是难得的本领,但是嫉贤妒能,刚愎自用,不听忠臣之谏言,倒行逆施,恃才而昏乱暴虐,最终导致内服朝臣的怨恨逃亡,外服诸侯的叛离,以至于身死国灭的下场。

帝纣之时,内服朝臣发生了分裂,大大削弱了商王朝赖以统治的政治基础。帝纣改革了传统的任用贵族旧臣的用人政策,而是任用小人、四方诸侯的罪人。《尚书·牧誓》载周武王称纣王"昏弃厥遗王父母弟不迪"。而"惟四方之多罪逋逃,是崇是长,是信是使,是以为大夫卿士,俾暴虐于百姓,以奸宄于商邑"。贤臣微子、箕子、比干、三公等不但不被重用,反而

---

① 《小雅·出车》之毛传、郑笺俱见《十三经注疏》,第416页。

被杀或囚禁或逃亡。"而用费中为政,费中善谀好利,殷人弗亲。纣又用恶来,恶来善毁谗,诸侯以此益疏"。① 帝纣改革内服朝臣的任职政策,使得在其统治时期,商王朝的内服朝臣分为两派:一派以微子、箕子、比干、胶鬲、三公为代表,严格遵守国家法典,被后世称为贤人、圣人。他们作为商王朝的辅佐之臣,忠于商王朝,对于纣王的暴行进行激烈的斗争,但未能阻止纣王的恶行。另一派以纣王为首,如费中、恶来、崇侯虎等,他们助纣为虐,更加助长了纣王奢侈腐化的生活及政治的腐败。纣王的任人不当,使得商王朝内外服都出现了叛离的情形。《史记·周本纪》云:"太颠、闳夭、散宜生、鬻子、辛甲大夫之徒皆往归之。"《史记集解》引刘向《别录》:"鬻子名熊,封于楚。辛甲,故殷之臣,事纣。盖七十五谏而不听,去至周,召公与语,贤之,告文王,文王亲自迎之,以为公卿,封长子。长子,今上党所治县是也。"②《史记·周本纪》云:"太师疵、少师强抱其乐器而奔周。"《殷本纪》作:"殷之大师、少师乃持其祭乐器奔周。"王叔岷云:"参枫、三本及《艺文类聚》所引,此文盖本作'大师疵、少师强、微子抱其祭、乐器而奔周'。抱乐器者大师疵、少师强也。抱祭器者,微子也。"③殷商末年如贵族微子、掌管礼乐的大师、少师这样的职官畏于商纣王的残暴统治,而去商奔周的内服臣僚一定不少。近年在周原附近出土了很多殷遗家族的铜器群,这些器主在周都作了大官,据他们自己的追述,本来是殷商的臣僚或服属国。

帝纣的残暴统治也迫使外服诸侯的叛离。据《史记·殷本纪》的相关记载透露了商末外服体制的演变,纣王"以西伯昌、九侯、鄂侯为三公。九侯有好女,入之纣。九侯女不喜淫,纣怒,杀之,而醢九侯。鄂侯争之强,辨之疾,并脯鄂侯。西伯昌闻之窃叹,崇侯虎知之,以告纣。纣囚西伯羑里。西伯之臣闳夭之徒求美女、奇物、善马以献纣。纣乃赦西伯。西伯出而献洛西之地,以请除炮格之刑。纣乃许之,赐弓矢斧钺,使得征伐,为西

---

① 《史记》卷三《殷本纪》,第106页。
② 《史记》卷四《周本纪》,第116页。
③ 王叔岷:《史记斠证》,北京:中华书局,2007年,第125页。

伯"。"西伯归,乃阴修德行善,诸侯多叛纣而往归西伯。西伯滋大,纣由是稍失权重。"诸侯之叛纣归周,盖由于纣之不善政而西伯之善政;西伯之得专征伐,诸侯半被征服。西伯以商王朝外服伯的身份帅诸侯臣服于商,而继续积蓄力量,待时灭商。《左传·襄公四年》载韩献子之言:"文王帅殷之叛国以事纣,唯知时也。"西伯借助商王朝赐予的征伐权力,继续讨伐商王朝西部的臣属国,《史记·周本纪》载:"明年,伐犬戎。明年,伐密须。明年,败耆国。殷之祖伊闻之,惧,以告帝纣。纣曰:'不有天命乎?是何能为!'明年,伐邘。明年,伐崇侯虎。而作丰邑,自岐而徙都丰。明年,西伯崩,太子发立,是为武王。"商王朝西部的西戎、密须、耆国等臣属国被周征服后,为周人向东发展提供了稳定的后方。而伐邘、崇两国,则扫清了周人东进道路上的障碍,作丰邑并迁都于丰,为周势力向东推进及周武王灭商创造了条件。

周武王即位后,为达到灭商目的,采取了一系列手段:联合商王朝中的反纣内服势力而瓦解商王朝的统治;观兵于盟津,了解诸侯是否拥护周及为伐纣找到"天命"之依据;使用间谍侦察纣王活动。①《史记·周本纪》载武王率戎车三百乘、虎贲三千人、甲士四万五千人东进伐纣,于"十一年十二月戊午,师毕渡盟津,诸侯咸会"。周武王作《太誓》,历数纣王之罪责及伐纣的必要性。次年二月甲子日一早,周武王的大军到达商郊牧野,周武王作《牧誓》,实为战前的誓师辞,列举纣王罪责,及此次讨伐的正义性和作战方法,对师众勉励并告诫。誓师完毕,诸侯的军队也来会合,仅战车达四千乘。甲子日早上在牧野双方展开大战,《史记·周本纪》载:"武王使师尚父与百夫致师,以大卒驰帝纣师。纣师虽众,皆无战之心,心欲武王亟入。纣师皆倒兵以战,以开武王。武王驰之,纣兵皆崩畔纣。纣走,反入登于鹿台之上,蒙衣其殊玉,自燔于火而死。"到晚上周武王已经占领了商都,商王朝就此灭亡。

帝辛时期,内外服都发生了分裂,内服中与纣王政见不同的一派被排挤甚至是杀害,加之纣王的残暴严刑酷法,内服中的大家族最终放弃了纣

---

① 参韩江苏、江林昌《〈殷本纪〉订补与商史人物征》,第175—176页。

王和商,投奔了周人。外服诸侯趁商王朝中央的纷乱,或叛离独立,或投奔周。总之,在帝辛统治时期,商王朝赖以统治的基础内外服都发生了分裂,削弱了王朝的统治力量,在以周为主导的诸侯联军的攻伐下,迅速地灭亡了。

本 章 小 结

　　本章主要探讨了商代内外服制度的建立及发展、演变情况。夏商之际的社会秩序发生了重大变化,夏桀的昏乱,引起了夏民众的不满,朝臣与外服都产生了离心倾向。商汤抓住了有利的时机,构建伐夏联盟,最终灭夏。商汤在重新建构统治秩序时,建立了内外服制度。商代前期历经太甲、大庚有作为的商王的经营,使得商代前期国势强盛,内外服制度起到巩固殷邦的重要作用,并且逐步完善。至大庚三子小甲、大戊、雍己相继为王的王位之争引发了内服势力的分裂,外服亦不稳定,尤其是出现外服中的邦方势力叛离商王朝的情况,商王朝出现了建国以来的首次衰败迹象。

　　商代中期共有九位商王先后即位,自前期大庚之子小甲、大戊、雍己兄弟三人相继为王后,为中期子孙争夺王位提供了机会和理由。中丁从其叔手中夺得王位,开启了商朝中期争夺王位的先河。商代中期九世之中,王位不仅在亲兄弟间传承,而且发展到在从兄弟及叔侄间传承。由于王位的纷争,出现王都的频繁迁徙,导致商王室几经分裂,内服朝臣的宗族势力也随着王位争夺而受到极大损耗,商王朝赖以统治的基础内服势力被削弱了。这也导致商王朝国势日衰,本为商王朝统治重要依靠力量和屏障的外服,尤其是其中的被征服的邦方势力趁机脱离商王朝或内侵,这又加剧了商王朝的衰落。

　　商代后期盘庚迁殷,扭转了商代中期王位纷争造成的九世之乱的衰亡局面,商王武丁继位后改革内外服制,注意拉拢和驾驭内外服宗族武装势力开疆拓土,收复中商时期失去的势力范围,采取将新征服地区设立外服军事据点和册命被征服者为外服的策略拓展疆域,武丁时期商王朝发展到鼎盛阶段。祖甲继位以后,对王朝祭祀典制进行了改革,对历代先王进行有选择地祭祀,具体是以五种祭祀方式对选定的商先王进行周而复始的祭祀,主要政治目的是团结商王室的政治核心——王族,祖甲改制缩小了权力核心的贵族数量,实际上是加强王权的表现。祖甲以后商王朝由盛转衰,廪辛短祚而亡,康丁继位后,通过祭祀以及飨礼团结内服群臣,通过征讨共同的敌人以及在作战中的相互配合,来巩固商王朝与内外服的关系。康丁时期近侍小臣用事颇多,内外服见诸卜辞的情况锐减,可能已经设立监督外服的机制。武乙时期册命迁居岐山附近的周族首领古公亶父为公,以岐邑为其领地,承认周族作为独立邦伯的地位及新的领地的合法性。周族以周原为基地,以商王朝册命的外服邦伯名号,征讨周围不服从的小国,逐渐扩大了属地和影响。周族逐渐成为西部强大外服诸侯,这使得商王文丁感到恐慌,所以有文丁杀季历之事。商王文丁杀死外服周的首领季历,激化了商周间的矛盾。商王帝乙时期,商王朝出现外服叛离、四夷交困之局面。商王朝内政也出现了严重的问题,帝乙在立王位继承人时,废长贤而立少嫡,为帝辛亡国埋下了隐患。至于纣王,改革内服制度,导致内外服都产生了异志。周族逐渐发展壮大,经过三代人的经营,终于在牧野一战大败商军,占据了商的国都,取代了商王朝。

第三章　殷礼所见商王与外服关系

外服是商代国家结构的重要组成部分，可以说它是古代中国地方政权的早期形态，无论在名义上还是实际上它都接受商代国家的最高代表商王的行政命令，为王朝服政事而奔波以及对商王朝尽朝王纳贡的义务。目前学术界对商代外服的研究大多淹没于对诸侯的研究之中，没有凸显出对外服的重视，缺乏对商代外服的系统研究。商王与外服的关系是一直倍受学者关注的问题，学者往往讨论商王与诸侯是否为君臣关系。学者多从卜辞中王"令"、"呼"臣子与对待外服的用辞相同的现象出发，认为外服与商王朝内服官员一样都是商王朝的臣。也有从交纳龟甲、粮食、提供劳役等方面考察认为外服属于商王的臣，进而认为外服就是商王朝的在外之官。视外服为商王朝在外之官的观点可能受到杨筠如《尚书核诂》对于《酒诰》篇注释意见的影响。这样就把商代的政治结构简单化了，这看似把问题简化了实际是回避了问题的存在，无助于相关问题研究的推进。《左传·成公十三年》云："国之大事，在祀与戎。"从商代最主要的大事祭祀和戎事礼仪来考察商王与外服的关系或许能够有所突破。本章主要尝试从殷礼入手探讨商王与外服关系等重大问题。

《周礼·天官·大宰》记载"礼典以和邦国……刑典以诘邦国"，揭示古时王朝对于诸侯、方国的政策是礼与刑并施的。商代为神权政治时代，对于如今研习先秦史的学者来说应该是没有异议的。在这样的政治背景下，商王朝如何处理其与外服的关系就显得尤为重要。而在举行祭祀等殷礼时更能表现出来商王与外服关系的实质，这是研讨二者关系的突破

第三章　殷礼所见商王与外服关系

所在。商王朝对待外服的治理方法不离礼与刑两种策略,一方面商王朝让外服参加各种殷礼,通过行礼来参与政治,使外服纳入到商王朝的政治运行轨道中来。这些礼主要有朝聘礼、飨燕礼、射礼、婚媾之礼等。这些礼实质上就是一种文化认同,礼具有共通性、差异性、交融性等特点,外服参加商王朝举行的这些礼,就是认同商王朝的文化与统治地位。① 另一方面商王朝也时常以军事行动威慑外服即"以军礼同邦国"②的方式来巩固二者间的关系,这主要表现在商王频繁的田猎和巡狩,以及对不服从者的武力征讨。

第一节　朝聘礼所见外服对商王朝的臣属关系

商代外服侯、甸、男、卫、邦伯最初只是一些职事名号,他们的实体实际上就是一种地方政治势力,商王主动将这些名号命于服从自己的原生部族或邦国,表示对这些地方势力的承认,并有可能主动建立了部分这种名号的邦国。外服为了表示服从要亲自或派使者来朝觐商王、为商王朝做事和纳贡物,外服成为执行"王事"的重要依靠力量。朝聘礼反映的是商王朝与外服之间互相往来的政治活动,是商代外服制的重要表现形式。考察商代朝聘礼,可见商王与外服关系的实质。

一、商代朝觐礼中的商王与外服

1. 商代已有外服朝觐商王礼仪

古代文献将诸侯、臣子拜见君王、天子的礼仪总名之曰"朝"。③ 考察商代朝觐之礼当自商汤始,《史记·殷本纪》载"葛伯不祀,汤始伐之"。汤

---

① 关于礼的特征与对礼的认同,参詹子庆先生《"礼"的认同和民族融合》,《古史拾零》卷四,长春:东北师范大学出版社,2005年,第351—363页。
② 《周礼·春官·大宗伯》,《十三经注疏》,第760页。
③ 《礼记·王制》:"天子无事,与诸侯相见,曰朝。"《诗经·小雅·渐渐之石》"武人东征,不皇朝矣",孔疏:"朝者,诸侯见王之辞。"(《十三经注疏》,第500页)《集韵·宵韵》:"朝,觐君之总称。"

把征伐葛伯的原因归为"汝不能敬命",即不能敬夏王命,来助王祭祀。①时汤为夏的方伯,有征伐诸侯的权力。② 对不朝觐夏王,不履行助祭义务的葛伯"大罚殛之,无有攸赦"。③ 至商汤灭夏后,重新确立社会秩序,于外服诸侯朝觐商汤时,制定外服诸侯纳贡的标准,作为日后的基本制度固定下来。《诗·商颂·殷武》记载了商汤时期外服诸侯来朝觐的盛况:"昔有成汤,自彼氐羌。莫敢不来享,莫敢不来王,曰商是常。天命多辟,设都于禹之绩。岁事来辟,勿予祸适,稼穑匪解。"郑笺:"氐羌,夷狄国,在西方者也。享,献也。""成汤之时,乃氐羌远夷之国来献、来见,曰商王是吾常君也。"④此诗反映了成汤时期建立的外服诸侯每岁来朝纳贡,臣服的方国也定期朝王献贡的事实。如果外服不按期来朝觐,则会受到商王的惩罚。《逸周书·王会》所附《商书·伊尹朝献》记载了商汤命令伊尹制定四方朝觐纳贡的《四方令》,并以法令形式颁布于四方诸侯,其文云:

  汤问伊尹曰:诸侯来献,或无马牛之所生,而献远方之物,事实相反,不利。今吾欲因其地势所有献之,必易得而不贵,其为"四方献令"。伊尹受命,于是为《四方令》。

这里的"四方令",乃商汤命令伊尹向四方诸侯即外服颁布的命令,命令的内容是关于因各地所产而贡献于王朝的规定。⑤四方令以四方诸侯为接受命令的对象,孔晁注:"为献令,制其品服之令。"说明商汤时期已经注意到处理与外服的关系。商汤经过频繁征伐及至灭夏,⑥诸侯毕服之时,乃

---

 ① 《史记集解》引《孟子》"汤居亳,与葛伯为邻"。《汉书·地理志》曰:"葛今梁国宁陵之葛乡。"是解释葛伯所居地望,而非释解汤征伐葛伯的原因。清代学者崔述据《孟子》文认为"汤以仇饷征葛,非以不祀征葛也"。据《孟子·滕文公下》,葛伯仇饷只是汤征伐的诱因,仇饷之事从根本上讲是由葛伯不祀引起的。
 ② 《史记集解》引孔安国曰汤"为夏方伯,得专征伐"。
 ③ 《史记》卷三《殷本纪》,第 94 页。
 ④ 《诗经·商颂·殷武》,《十三经注疏》,第 627 页。
 ⑤ 这种记载应是可信的,商代甲骨文中所记各部族方国贡献商王,也是以各地所产或离某物产较近之地而贡纳之。其以四方令诰命诸侯的形式在周初令方彝铭文中亦有体现,器铭载明保把王令其"尹三事四方,受卿士寮"的职事诰令于四方诸侯。四方献令的具体内容未必是其原貌,更多的是东周以后的地理与各地物产的反映,只备参考。
 ⑥ 关于商汤的征伐古籍所载有不同说法,《太平御览》卷八三引古本《竹书(转下页)

第三章　殷礼所见商王与外服关系

有意识地强化朝觐献贡礼仪。据《史记·殷本纪》载,商汤回到亳都,在亳东郊作《汤诰》,诰教对象是"诸侯群后",则"诸侯群后"自是来至亳都东郊朝觐商汤,听汤之命。汤要求诸侯群后"勤力乃事",否则将"大罚殛汝"。诸侯群后所勤力之事就是他们的职事,惜文献阙载,不明他们职事的具体情况,但必也包括朝觐助祭职事。因为这是诸侯群后服从汤的象征之一。

文献上还以"来"、"觐"等词来称诸侯朝觐王的礼仪,而这些词汇在殷墟甲骨文中也有相关记载。据郭旭东先生研究,甲骨文中所载诸侯朝觐商王的形式有"来"、"来归"、"来见"、"来降"、"至"。① 这是关于商代朝觐礼情况的直接而珍贵的记载。武丁时期卜辞有云:

(1) 己未卜,觳,贞缶其来见王,一月。

己未卜,觳,贞缶不其来见王。(《合集》1027 正)

(2) 见仓侯,六月。(《英藏》184)

(3) 己未卜,垂侯万其[来]。(《合集》3320)

(4) 侯贯来。(《合集》3354)

(5) 辛卯卜,贞胥其来。(《合集》39804)

《合集》3354

上引卜辞中缶为外服冒侯名,曾经与商为敌,与商发生冲突,经过商王朝"敦缶"(《合集》6863)讨伐而被俘获(《合集》6876),战败而臣服于商王朝,听从商王朝号令(《合集》19093),向商王朝朝觐和纳贡。见与文献上的觐

(接上页)纪年》说"九征",《孟子·滕文公下》"十一征",《太平御览》卷八三引《帝王世纪》云"二十七征",实际上反映了商汤是经过了频繁的征伐才达到"诸侯毕服"的效果。

① 详参郭旭东:《卜辞与殷礼研究》,陕西师范大学博士论文,第四章第一节,2010年5月。

相同,如《诗·大雅·韩奕》:"韩侯入觐。"《尔雅·释诂》:"觐,见也。"《说文》:"觐,诸侯秋朝曰觐,劳王事。"辞(1)即是贞问舋侯缶是否来朝觐商王武丁。舋侯缶朝觐商王时,带着他应献的贡物,卜辞有他一次献纳五对用于占卜的牛肩胛骨(《合集》9408 臼)。辞(2)中仓侯为外服之一,王召见外服与外服朝见王是一个事情的两个方面,陈述的角度不同而已。辞(3)中万为外服垂侯的私名,卜问外服垂侯万是否来朝觐商王。辞(4)侯贯乃外服之一,曾受商王之命讨伐周(《合集》6825)。辞(5)中的臿亦为商代外服,卜辞称"伯臿"(《合集》3418、3422),曾与商为敌而被征伐(《合集》6853),征服之后而朝王(《合集》39804)、纳贡(《合集》3422)。外服朝觐商王献纳贡物的情况也见于卜辞,称"入"、"来"、"氏(致)",皆有表示呈贡致送的意思,特别是在记事刻辞中表现得尤为充分。① 这种呈贡致送多为亲见王而呈上贡物,当然也有派人呈送者,所呈多系龟甲、兽骨或贡马、祭祀物品之类。

卜辞中有外服某侯、某伯来见王并致以贡物的例子:

(6)甲午,贞垂侯☒兹用大乙羌三,祖乙羌三,卯三牛,乙未酌。(《屯南》586)

(7)辛巳,贞犬侯以羌其用自。(《屯南》2293)

(8)己酉卜,宾,贞攸牛于上甲。(《英藏》609)

(9)贞翌丁巳用侯告岁羌三,卯牢。(《合集》401)

上引卜辞(6)、(7)俱为历组卜辞,余皆武丁时期。辞(6)贞问将垂侯所献羌人用于祭祀,祭祀大乙用三羌、祖乙用三羌,又卯杀三牛。辞(7)中犬侯是商代重要外服之一,以,致送也。"用自"后本应有祭祀的对象,可能是刻写卜辞时脱漏。此辞贞问犬侯献羌祭祀商王先祖的情况。辞(8)"攸牛"乃攸地攸侯所献之牛,贞问用攸侯所献牛祭祀上甲。辞(9)"用侯告岁羌三,卯牢",用侯告所献岁祭的供品三羌和卯杀一头圈养的牛祭祀。这几条卜辞都是用某侯所献贡品为牺牲举行祭祀,据此外服侯有朝觐商王献

---

① 胡厚宣:《武丁时五种记事刻辞考》,《甲骨学商史论丛初集》,第 429 页。

贡助祭商王的情况是可以肯定的。限于卜辞文例，只能约略考见朝觐礼仪的大概，其与周代朝觐制度相比可能更具有原始性。

2. 商代朝觐礼仪考

关于商代朝觐礼仪的详细情况，卜辞简约未有详载，但结合《仪礼·觐礼》等礼书对朝觐礼仪的相关记载，可以了解商代朝觐礼仪的概观。《礼记·曲礼下》云："天子当依而立，诸侯北面而见天子曰觐。天子当宁而立，诸公东面，诸侯西面曰朝。"郑注："诸侯春见曰朝，受挚于朝，受享于庙，生气文也。秋见曰觐，一受之于庙，杀气质也。朝者位于内朝而序进；觐者位于庙门外而序入。王南面立于依宁而受焉。"①

清代学者金鹗对古书中朝觐之礼有所论说：

凡诸侯见天子无论何时皆谓之觐。

朝觐天子必无迎宾之礼。②

（诸侯）先入庙，行觐礼，俟诸侯毕至，乃为坛，会同既毕，然后帅以拜日，反祀方明，次祭天地山川，又次朝于明堂，以施政焉，又次行燕礼，又次行食礼，又次行飨礼，诸侯乃归。③

据《仪礼·觐礼》及郑注，诸侯至郊，王派使者往劳，告知受朝觐日期。受朝觐之日诸侯来者众，先受诸侯等候觐王尊舍于朝，受入觐次序于文王之庙门外。可能是按随时来到的次序，或有一定的次序规定，周代有所谓的"周班"。诸侯觐王，由啬夫通报上傧，上傧告知于王，王命觐见，诸侯入庙门居右，"坐奠圭"将圭坐置，然后行拜手稽首之礼，傧者告诸侯以王请入之言。诸侯"坐取圭"，登阼阶而"致命"，献上束帛与璧，王受之以玉币，诸侯降阶东北面而行拜手稽首礼，傧者在后告礼"升堂"，诸侯升堂完成拜礼，诸侯下阼阶退出。待诸侯毕至宗庙行完觐礼后，王设置坛会盟诸侯，之后王帅诸侯拜日，这里的拜日可能是拜日入，"祀方明"当是祭祀出日。

---

① 《十三经注疏》，第1265页。
② 以上见于金鹗《求古录礼说·朝觐考》，王先谦编：《清经解续编》，南京：凤凰出版社，2005年，第3252页。
③ 金鹗：《求古录礼说·会同考》，《清经解续编》，第3253页。

然后祭祀自然神天地山川。然后朝见王于明堂,落实国家的大政方针,对诸侯任命职事。最后以宴飨之礼款待诸侯,宴飨结束,诸侯归国或去执行王命。商代殷见礼制大体与此相近,外服诸侯一般在宗庙见王,行觐礼,并以自己带来的"服"作为牺牲祭祀商王先祖,或又参加王举行的燕礼、射礼、飨礼,还要接受王的命令去为王办事。下面结合卜辞和商周金文讨论关于商代朝觐礼的几个问题:

(1) 执贽朝觐说

礼书上说古时诸侯朝见天子,要带有表示尊敬和自己厚意的见面礼即贽。关于贽在诸侯见王时的功用,汉代学者如是说:"贽,所以执以至者,君子相见于所尊敬,必执贽以将其厚意也。""贽,质也。质己之诚,致己之悃愊也。"①这种贽多以玉器为之,因为玉器"燥不轻,湿不重",以"明公、侯之德全也。"②此为汉人的一种解说,但以玉为贽当来源久远,《左传·哀公七年》记载夏禹会诸侯于涂山"执玉帛者万国"。商代诸侯来见王是否也以玉器为贽,于卜辞缺乏直接证据。卜辞所载用玉之事多为祭祀祖先而献玉,如下列卜辞:

(10) 乙巳卜,宾,贞翌丁未酒,禽岁于丁尊有玉。(《合集》4059 正)

(11) 戊辰,贞刚于大甲师玉、二牛。(《屯南》280)

(12) 戊辰,贞刚牛于大甲师玉。(《屯南》1074)

辞(11)(12)为历组卜辞。卜辞尊为动词,有荐义,③尊有玉即为献有玉。刚有不同写法,但辞例相同,当为同一个字,作祭祀动词用,师为用玉方式动词。辞(10)是说乙巳日贞问丁未日将举行酒祭,由禽岁祭丁,并献上玉为祭品吉否?(11)、(12)两辞乃同时所卜,刚为祭名。"师玉",《小屯南地甲骨释文》认为是玉祭。也可能是祭祀时使用玉的方法。两辞都是卜问刚祭大甲用玉并祭以牛是否顺利。"刚于大甲师玉"卜辞还见于《屯南》199、

---

① 《仪礼·士相见礼》郑注、《白虎通·瑞贽》。
② 《白虎通·瑞贽》。
③ 《仪礼·士丧礼》郑注"古文奠为尊",《广雅·释言》:"奠,荐也。"《礼记·郊特牲》郑注"奠或为荐",《礼记·玉藻》郑注:"奠,犹献也。"《说文》:"奠,置祭也。"

280、565 以及《殷契粹编》191 片,可能是对同一件重要事情的贞问。上举这三条卜辞中,玉都是祭祀的祭品,卜辞还有王称玉而祭祀祖先和王梦见玉是否吉利的贞问。这都与相见执玉为贽之事不相涉。晚商青铜器铭文亦载有见王献玉助祭之事,乙卯尊铭文云:

乙卯,子见(献)在大室:白□一,珥琅九,侑百牢。王商(赏)子:黄瓒一,贝百朋。子光商(赏)汝丁贝,用作己□〔宝〕盘。冀(《集成》6000)

说的是子来以玉为祭品祭祀,而商王赏赐给子一黄瓒玉器。这里所用玉器也不能证明商代以玉为贽相见。现藏于美国哈佛大学福格艺术博物馆的商代玉戈,其铭云:"曰夒王大乙,在林田俞玃。""曰"后一字又见于西周早期器鸣士卿尊(《集成》5985)作"夒",李学勤先生认为在玉戈铭文中为祭名,在林田猎,获取祭物,俞在祭祀大乙的过程中在旁侍奉,可能当时就手持这件玉戈,而事后刻铭留念。① "王大乙"即商王成汤。"在林田俞"如前举裘锡圭先生文认为是甲骨文中的"在某田某"即外服甸的称谓。这件玉戈上的铭文属于记事刻辞性质,说明其来自外服林甸。玃在铭文中作动词用,这种用法又见于史墙盘铭文"方蛮亡不玃见"(《集成》10175),徐中舒先生认为此字在"甲骨文、金文皆作跽而双手举戈上献之形,当献之本字"。"献之本义为降,引申之则为一切献纳之称"。② 其说甚是。玉戈铭文是说在林地的外服甸名俞者向商先王大乙献上此玉戈以祭。

由上举甲骨文及商代青铜器铭文、玉戈铭文看,用玉的情况都属于祭祀用玉,足以说明外服诸侯觐王所献玉器是祭祀的祭品,非为相见所执贽也。以玉献于鬼神,表示对鬼神的虔诚与信服,朝觐王以玉为贽的礼仪当

---

① 李学勤:《论美澳收藏的几件商周文物》,《新出青铜器研究》,第312—313页。最近其在《殷商至周初的玃与玃臣》(《殷都学刊》2008年第3期)文中再次论证玃释为侍的意见。
② 徐中舒:《西周墙盘铭文笺释》,《徐中舒历史论文选辑》,北京:中华书局,1998年,第1302页。

与此有关。

(2) 献"服"助祭

殷墟卜辞显示,外服朝觐商王要带着贡品(服),这些贡品主要是俘虏、祭祀的牺牲(人牲、物牲)、牲畜、野兽、贝、玉石器、手工业品、龟板、兽骨等物。卜辞有云:

(13) 贞翌丁巳用侯告岁羌三、卯牢。(《合集》401)

(14) 癸卯卜,宾,贞井方来,于唐宗彘。(《合集》1339)

(15) 己酉卜,宾,贞攸牛于上甲。(《英藏》609)

(16) 戊申卜,侯佪以人。(《合集》1026)

(17) [癸丑],贞翌甲寅☐侯纂以羌自上甲至于丁。(《合补》67 正)

(18) 庚辰卜,贞男羌,亡队。(《合集》21954)

(19) 㱿,贞呼吴取⊡任伐,以;己酉卜,㱿,贞勿呼吴取⊡任伐,弗其以。(《合集》7854 正)

《合集》1026 局部

(20) 丁丑卜,在义田来执羌,王其升于[上甲]、大乙、祖乙,有正。(《屯南》2179)

(21) 呼雀册兄丁十牛,岁,用。(《合补》2259)

(22) 竹入十。(《合集》902 反)

(23) 雀入二百五十。(《合集》1531 反)

辞(13)中"岁"本指祭名,这里是岁祭物品。卜辞贞问次日丁巳用侯告所献三个羌人及卯杀一牛祭祀。辞(14)井方是商代重要的邦国,曾与商为敌。唐宗,当指汤的宗庙。此片所载当是井方被征服而来朝见商王,于商汤宗庙用龀为牲祭祀。辞(15)"攸牛",应为攸地、攸侯所献牛。卜辞贞问用攸侯所献牛祭祀于上甲宗庙。辞(16)侯佰是商代外服侯之一,以,致送也。卜辞卜问外服侯佰致送人众于商王朝。辞(17)侯纍亦为商代外服侯之一,卜辞贞问次日甲寅用外服侯纍致送的羌人祭祀上甲至丁的先王。丁即武丁,则武丁已死,可能是祖庚时期的卜辞。辞(18)男为商代外服男,男羌即男献来的羌人,亡队,即不坠、不失。卜辞贞问外服男所献羌人不会坠失。辞(19)吴曾任商王朝的小臣,在王朝事务中发挥不小作用,卜辞载有其事迹。田任为商代外服任之一。取,为商王朝征取外服应尽职贡的用词,"取田任伐"即征取外服田任所献用于伐祭祖先的牺牲。本辞从正反对贞呼令臣子吴征取外服田任的职贡。辞(20)"在义田"是商代外服甸之一,"来执羌"是来献所执获的羌人。"有正"是一种贞问用语。本辞贞问商王用外服义甸所献羌人祭祀上甲、大乙、祖乙,礼仪是否正确。辞(21)雀为外服男之一,卜辞是呼令外服雀男告兄丁以十头牛进行岁祭。辞(22)、(23)为甲桥刻辞,入,即纳,是贡纳龟甲的常见用语。竹系竹侯,雀,卜辞称为雀男。竹侯贡纳龟板十块,雀男贡纳龟板二百五十块。

以上卜辞所载外服所献物大多与祭祀有关,并且多数情况下是在祭祀场合直接献上物品作为祭品,而少有用于商王个人享乐的,这种情况与周代文献所载相近,《国语·周语中》记载周襄王语:

> 昔我先王之有天下也,规方千里以为甸服,以供上帝山川百神之祀,以备百姓兆民之用,以待不庭不虞之患……内官不过九御,外官不过九品,足以供给神祇而已。

这则材料反映了周代设置甸服为供祭祀之用,百姓生活之用,备意外发生之用。《左传·僖公四年》齐桓公伐楚说"尔贡苞茅不入,王祭不供,无以缩酒"。楚应该献纳的贡物有苞茅,苞茅是祭祀时用来过滤酒浆的一种茅草,酒入茅草,会神饮用了祭祀的鬯酒。商代外服朝王要参加王举行的祭祀大典,并以贡品作为祭品来助王祭祀,已如上所举甲骨文及商代乙卯尊、玉戈铭文。《国语·周语上》韦昭注:(诸侯见王)"必以所贡助祭于庙,

《孝经》所谓'四海之内,各以其职来祭'者也。"①这种礼俗当源于商代外服以贡物助祭商王的礼节。

商王可能还允许外服直接参加商王朝的宗庙祭祀,"癸卯卜,宾,贞井方于唐宗甗"(《通纂》534)。井方是商代外服伯,曾与商王朝有婚媾关系,卜辞中的妇井可以作为这方面的证明。辞意为"此井方之诸侯,言来宗祀成汤用甗也"。②井方对于商来说是异姓族氏,关于异姓族氏是否可以参加商王朝先公、先王的祭祀典礼,有学者囿于春秋时期人所说的"民不祀非族"(《左传·僖公十年》)的祭祀原则,不同意异姓族氏有参加商王朝宗庙祭祀典礼的意见。而周原甲骨中涉及祭祀商先王的四片甲骨足以说明周人参与了商先王的宗庙祭祀,正如徐义华先生指出的那样,商代存在着国家祭祀与宗族祭祀,③按照这个区分原则有异族参与的对先公、先王的宗庙祭祀当属于国家祭祀。那么,异姓外服直接参与对商先公、先王的祭祀,当属于国家祭祀的范畴,外服参与国家祭祀正是外服臣服于商王朝的政治象征。

商王朝命令外服向商王朝进献贡物助祭甚至直接参加商王朝的宗庙祭祀,以便在精神领域对他们进行支配。外服贡纳献"服"是外服臣服于商王朝的政治象征,是商代国家政治生活中的重要内容。同时也为商王朝提供大量的物质财富,是商王朝重要的经济来源。

(3)"称册"受命与"古王事"

外服在朝觐商王时,以贡物为牺牲参加商王举行的祭祖典礼,往往于宗庙或祭祀场所接受商王命令,为王办事。卜辞中"称册",呼令某侯、某伯办事,"古王事"等表现了此种情况。卜辞中记载"称册"的主要有沚戜、侯告、舟、牧、望、商、兴、贯等。如下卜辞:

(24)贞沚戜称册,告于大甲。(《合集》6134)

(25)己巳卜,争,贞侯告称册,王勿衣(卒)岁。(《合集》7408)

---

① 《国语》,第5页。
② 郭沫若:《郭沫若全集·考古编》2,第534片考释。
③ 徐义华:《从先臣之祭看古代的国家祭祀与鬼神观念》,《2004年安阳殷商文明国际学术研讨会论文集》,第306—313页。

第三章　殷礼所见商王与外服关系

(26) □卯卜,宾,贞舟称册,商(赏),若。十一月。(《合集》7415 正)

(27) 贞兴称册,呼归。(《合集》7426 正)

(28) 贞贯称册,御☒。(《合集》7427 正)

上举卜辞皆为典宾类,称,本作☒,即再,今径书作称。关于"称册"之义,前辈学者胡厚宣先生认为乃称册受命之义。① 于省吾先生认为"称述册命"②之义。再,《说文》云:"并举也。从爪,冓省。"段玉裁注:"对举谓以双手举之。"册者,简书,即册命文书也。称册即举册也,齐文心先生认为双手举册以示郑重,实意即接受册命,当是商朝册命之礼的最简单的表述。③ 考察有关"称册"卜辞,当以称册接受命令说较为可取。商代的"称册"只是一种颁布命令的形式,它有可能是一种册命礼仪。卜辞多言某某称册,即某某举册跪而听候命令,简书上或载有称册者的职事,即册命的内容。辞(24)贞问把沚馘称册之事告知商先王大甲。据《合集》6087 知沚馘称册接受命令的内容是协同商王共讨土方。《合集》6162 贞问沚馘接受命令是协同商王讨伐呂方。辞(26)贞问舟族接受命令,商受到佑助。辞(27)兴,据《合集》6530 片知其为兴方。据《合集》270 知兴方有致送羌人用于祭祀上甲至祖乙诸先王的事迹。辞(27)兴方接受的命令是"呼归",即回到商王身边复命。辞(28)贯即外服侯贯,侯贯称册接受的命令是"御☒",其下辞残,应是抵御敌人。卜辞所载的称册受命当有一定的仪式,或与文献、金文中所见册命的仪式相近。称册多在宗庙中举行,当是祭祀祖先时的一种礼仪。辞(24)贞问沚馘称册告于大甲,告祭大甲必然是在商先王大甲的宗庙中进行,故沚馘称册仪式必也在宗庙中进行。这与周代册命金文所载册命礼仪多在某宫的大室,其间供奉有祖先神主是相近的。卜辞所载称册对象未必都是外服诸侯,"称册"是接受王命的一种仪式。

从沚馘、侯告等外服称册受命的情况,可知举行这种礼节多因征伐某

---

① 胡厚宣:《殷代封建制度考》,《甲骨学商史论丛初集》,第 36 页。
② 见《甲骨文字诂林》,第 3138—3139 页。
③ 齐文心:《释读"沚馘再册"相关卜辞——商代军事制度的重要史料》,《2004 年安阳殷商文明国际学术研讨会论文集》,第 259 页。

方国的临时性军事需要。外服朝王献上贡品,来助王祭祀,乃是常礼。是否于此常礼中必然称册接受任务,需视商王朝与周边方国的关系是否紧张而变化。一旦有战事,商王就会呼令某侯或某伯来见,多在宗庙中命以征伐职事,值得注意的是征伐方国的主帅多为商王亲信或得力将领,外服大多只是商王军事行动中联合的对象。外服的本职是相对稳定的,而临时职事多有偶然性,似无一定原则可以遵循。

卜辞中除称册表示接受命令外,尚有商王直接呼令外服"古王事"的记载。这种情况表明外服有为商王朝服政事的义务,这些事情多为临时性职事。如:

(29)□辰卜,令雀往,古王事。(《合集》5444)

(30)丁酉卜,亘,贞呂古王事。
贞王曰呂来。(《合集》5445)

(31)己卯卜,㱿,贞令多子族比犬侯凿周,古王事,五月。(《合集》6812正)

(32)☑以多[子族比]仓侯凿周,古王[事]。(《合集》6817)

(33)贞令多子族比犬眔廪蜀,古王事。
贞令多子族眔犬侯凿周,古王事。(《合集》6813)

(34)☑令㚸(遲)以王族比蜀,古王事。(《合集》14912)

《合集》6812 正局部

辞(29)、(30)并未说明古王事为何种职事,后三辞古王事明确为"凿周"。"古"大体作 凷 或 凸 形,前辈学者探讨不少,孙诒让认为二者为一字,疑为由字。① 屈万里先生释由,辅助也。② 郭沫若先生释 凸 为古,"古王事"

---

① 孙诒让:《契文举例》,济南:齐鲁书社,1993年,第115页。
② 屈万里:《殷虚文字甲编考释》,台北:中研院历史语言研究所,1961年,第339页。

即勤劳王事之意。① 疑𢦏是古字。② 张秉权先生释古,训为治,认为古王事就是治王事,使为王事之意。③ 于省吾先生认为𢦏即古甾字,地名、人名外读为载,载王事即行王事。④ 陈剑先生释读为"堪王事",即胜任王事之义。⑤ 从学者的探讨看,"堪王事"较为可信,大致为册命用语,与周代金文册命内容最末的"用事"意义相近。"堪王事"大致不离践行王事的意思,只是具体行使何种王事,卜辞多不明言。"凿周"这一王事就是为王开采矿石。⑥ 辞(29)贞问命令外服雀男来践行王事,为王朝尽职。辞(30)贞问吕方来朝见,并践行王事,为王朝尽职。辞(31)中"多子族"应为多个"子族"之称,是与商王有亲密关系的族属。关于卜辞中子的含义已经有很多学者讨论,林沄先生通过对非王卜辞系统研究,认为多子族是对跟商王同姓的贵族家族的总称,"子"是商代家族首领通用的尊称。⑦ 这是中肯的意见,"子族"就是各个家族首领所在的族。裘锡圭先生认为"子"是族子(宗子)的通称。⑧ 朱凤瀚先生对商人家族形态系统研究后认为:商代文字中所见到的作人称用的"子"的含义,非王卜辞及商金文中单称的"子",是对商代诸家族(不限于子姓)族长的通称;王卜辞中所见的"某子",当"某"是族名时,"子"亦是指该族族长;王卜辞中所见"子某"一般是指王子;王卜辞中的"多子"是指多位"子某",一般均是指多位王子;王卜辞中称其他贵族家族内的"多子"与非王卜辞中所见"子某"是指这些商人家族内族长之子。⑨ 其说令人信服。商代子与多子构成很复杂,可以肯

---

① 郭沫若:《卜辞通纂》,第426页,第487片考释。
② 郭沫若:《卜辞通纂》,第531页,第735片考释。
③ 张秉权:《殷虚文字丙编》上辑(二),台北:中研院历史语言研究所出版,1959年,第22页。
④ 于省吾:《甲骨文字释林·释甾》,第69—70页。
⑤ 参陈剑《释𢦏》,《出土文献与古文字研究》第三辑,上海:复旦大学出版社,2010年,第13—32页。
⑥ 参晁福林《先秦社会形态研究》,第375—396页。
⑦ 林沄:《从武丁时期的几种"子卜辞"试论商代的家族形态》,《古文字研究》(第一辑),北京:中华书局,1979年,第324页。
⑧ 裘锡圭:《关于商代的宗族组织与贵族和平民两个阶级的初步研究》,《古代文史研究新探》,南京:江苏古籍出版社,1992年,第306页。
⑨ 朱凤瀚:《商周家族形态研究》(增订本),第56页。

定的是他们是商代内服的重要组成,即商王朝的任官分职多来自子族。王族是与子族对称的另一类族属,朱凤瀚先生认为"王族"即是由在位的商王以其诸亲子为骨干而结合其他近亲(如未从王族中分化出去的王的亲兄弟与亲侄等)组合成的族氏。① 这是可信的意见。卜辞有贞问多子参加商王举行的射礼、飨礼的记载,说明其在王朝中的政治地位很高。"凿周"之"凿"写作⿱⿰丬殳,其解释,以往学者间多有争论,或释寇,或释凿,或释璞,或释𩰊,多认为与军事征伐有关,"周"字,一些学者默认为姬周之周,缺乏证明。也有提出周为琱的初文,"凿周"即开采矿石。辞(31)、(32)、(33)都是贞问命令多个子族联合某一外服执行"凿周"这一王事。辞(34)贞问命令𢓊率领王族联合蜀为王尽职。上举卜辞前两例记载的是直接呼令某外服作某件王事,后几例是内服职事者与外服协同行动,卜辞常用"比"这一词汇来说明。这种情况后文将有详论,此处不予展开论述。在没有紧急战事的时候,外服来朝王纳贡,往往还伴有其他礼仪,如燕礼、射礼、飨礼等,此容后文再议。

(4)殷见会同

甲骨文所载只是某一外服朝觐商王的情况,古书上还记载诸侯会同朝觐王的情况,称之为殷见、会同。古时"王不巡守,四方诸侯皆会京师"。② 如《尚书·康诰》载:"周公初基作新大邑于东国洛,四方民大和会,侯甸男邦采卫百工播民和,见士于周。"保卣铭文载王册令名保者职事,保完成任务受到王的赏赐而作器,时逢"四方会王大祀祐于周"(《集成》5415)。这两例都是周初尚有四方诸侯会同朝觐周王并助王祭祀事的证据。据孔子之说殷周礼制应是损益关系,周初尚且保留有较完整的诸侯会同朝觐王之礼,透过周初的礼制情况也有助于对商代礼制的理解。商代也有外服会同朝觐商王的礼仪,只是商代的礼制有一个变化的过程,未必如周代那样典型地表现出来。

商代外服会同觐王之礼的发起者为商王,外服通过行此礼表示对

---

① 朱凤瀚:《商周家族形态研究》(增订本),第69页。
② 金鹗:《求古录礼说·会同考》,王先谦编《清经解续编》,第3253页。

商王权力及自己与商王朝臣属关系的承认。商汤时期已经有意强化外服会同朝觐的礼仪，《太平御览》卷八三引《帝王世纪》云："（成汤）凡二十七征，而德施于诸侯。"《史记·殷本纪》这样描述汤施于诸侯的"德"：

> 汤出，见野张网四面，祝曰："自天下四方皆入吾网。"汤曰："嘻，尽之矣！"乃去其三面，祝曰："欲左，左。欲右，右。不用命，乃入吾网。"诸侯闻之，曰："汤德至矣，及禽兽。"

汤对于诸侯的策略是：用命则亲之近之，不用命，征伐之使其"入吾网"。用命即是听从其命，服从于王。服从于王首先表现为朝见于王并助王祭祀，诸侯只要做到这点商汤就不再征伐它。因而商汤得到诸侯群后的拥护。商代铜器铭文更直接证明了商代外服会同朝觐商王礼仪的存在，帝辛时期铜器二祀邲其卣铭云：

> 丙辰，王令邲其兄（贶）🦴（来殷）于夆田⬚，宾贝五朋，才（在）正月，遘于匕（妣）丙肜日大乙奭（配）。唯王二祀，既钺于上帝。（《集成》5412）

二祀邲其卣铭文拓片

李学勤先生把此器与周初铜器保卣铭文对照起来,讨论两件器物反映的殷见、会同之礼,甚有见地。他认为二祀邲其卣所载是商王帝辛在夆地举行的会同之礼,礼行于境外,应即所谓"殷国"。① 实际上二祀邲其卣铭文反映的是外服诸侯至商都朝觐商王,商王派邲其赐贶外服礼物。下半从殷,可读为殷。此字可能是来与殷的合文,释作"来殷"较为通顺,夆为地名,田为外服职事称谓之一,如令方彝铭文之"侯田男"、文献之"侯甸男",田后一字为田的私名,裘锡圭先生指出卜辞中的许多"田"名,多作"在某田某"的形式。② 那么此铭文中"于夆田某"就是"在夆田某",当即夆地之甸的称谓。二祀邲其卣所载王命之事为,商王命令邲其转赐给来参加会同朝觐商王礼仪的"在夆田某"这一外服甸以物品。故夆甸某宾赠贝五朋给邲其,作为答谢。二祀邲其卣铭文表明商代在帝辛时期存在外服会同朝觐商王的典礼,铭文所载王命正处帝辛二年正月妣祭上帝后的肜祭大乙的配偶妣丙之时,那么外服夆甸某可能有助祭之事,故而受王赐贶。此铭只是记载邲其因功受赏的情况,并不着意记载外服会同朝觐商王的仪节。

由上文所论可见,商代存在外服朝觐商王之礼,卜辞记载商王占问外服"其来"、"不其来"、"其见"、"其至"、"呼归"、"令归"、"古王事",多是因临时某种需要,而召唤外服来朝见。③ 外服朝觐商王时要带着贡物,这些贡物多与祭祀有关,外服以所贡为祭品来参加商王朝举行的祭祖典礼,或是商王呼令外服直接祭祀某位先王。在祭祀商王先祖时,往往会有商王命令的职事,这些职事多关戎事,根据商王朝与周边的敌对方国关系的紧张情况,而确定是否需要外服诸侯称册接受任务。外服在接受任务后,率其族众或联合其他族众去执行王命,可视为朝觐之礼的结束。

---

① 李学勤:《邲其三卣与有关问题》,《全国商史学术研讨会论文集》(《殷都学刊》增刊),《殷都学刊》编辑部,1985年,第461页。
② 裘锡圭:《甲骨文所见"田""牧""卫"等职官的研究》,《文史》第十九辑。
③ 商代的这种临事而唤外服朝王的礼仪是否演变为如后世按规定的时间来朝,且有复杂名目的规定,据现有材料尚不能给予证明。要之,商代外服朝王纳贡的礼仪是存在的,只是未必如后世典籍所载朝觐时间的固定化以及仪节的系统化。

(5) 朝觐礼的功用

《周礼·秋官·大行人》："春朝诸侯而图天下之事,秋觐以比邦国之功,夏宗以陈天下之谟,冬遇以协诸侯之虑,时会以发四方之禁,殷同以施天下之政。"商代的朝觐礼仪可能尚未达到如此系统,但朝觐礼的类似功用当已有之。

商代的朝觐之礼主要涉及的是商王与外服,商王在朝觐礼中处于核心地位,外服来到国都朝觐商王并献上贡物助祭是外服对于王朝臣服的政治象征。在祭祀之后商王根据王朝政治、军事发展态势,对外服有所命令,命令的内容一般为征伐不服从的方国,有时不言何种王事,只是说"古王事"。外服接受王命并率领族众去执行王命,商王往往为外服执行王事而担忧和祈祷,外服完成任务往往要向商王复命,这些是外服以服政事形式臣服于商王朝的表现。

二、商王与外服间的聘礼往来

郭旭东先生对卜辞所载商王与诸侯臣属间的聘问往来有专门的研究,①对于本文的研究具有指导意义。商王与外服间的聘问往来可以分为商王对外服的聘问与外服聘问商王两个方面。

1. 商王对外服的聘问

《周礼·秋官·大行人》载:"王之所以抚邦国诸侯者:岁遍存;三岁遍頫;五岁遍省。"王用以安抚邦国、诸侯的办法:一年派使者普遍慰问一次;三年派使者普遍看望一次;五年派使者普遍探视一次。甲骨文中有商王向地方派遣使者的记载,陈梦家先生早有关注,他指出卜辞中的"'东吏'、'西吏'当指派至于东或于西的使者"。② 沈之瑜先生专门讨论了卜辞中的使者,他指出"卜辞中使节之使,或作吏或作史"。四方使者实为王使。③ 商王朝的四方使者当出于商王的任命,卜辞有"立使"的记载,学者

---

① 参见郭旭东《卜辞与殷礼研究》第五章"卜辞所见的朝聘礼(下)",陕西师范大学博士学位论文,2010年。
② 陈梦家:《殷虚卜辞综述》,第520页。
③ 沈之瑜:《试论卜辞中的使者》,《中原文物》1990年第3期。

间有不同理解,或认为是"莅事",犹如《左传·襄公二十八年》中的"尝于大公之庙庆舍莅事",①沈之瑜先生认为是立使,如《合集》5512"贞勿立王使于南"。"立二使"(《合集》5507)、"立三大使"(《合集》5506)皆可证,则卜辞中的"立使"实际是商王命使的直接反映,即商王可能通过占卜方式确认是否任命王使。相关卜辞如下:

> 壬辰卜,宾,贞立三大使,六月。(《合集》5506)
> 乙亥卜,□,贞立二使,有橐舟。(《合集》5507)
> 辛亥卜,争,贞共众人立大使于西奠 ,六月。(《合集》24)

由此可知,派遣使者慰问诸侯以结好的方法在卜辞中也有所反映。相关卜辞记载商王是否向某一外服派遣使者的占问,如:

> 贞使人于[唐]。勿使[人于]唐。(《合集》1305 反)
> 王勿使人于沚。(《合集》5530 甲)
> 王使人于沚,若。(《合集》5530 乙)
> 使人于或。(《合集》5531 正甲)
> 贞王勿比沚或。王比沚或。贞勿使人于甾。(《合补》2095)

诸上卜辞中"使人于某"即商王派遣某人出使于确定的某国、某地之意。唐为外服侯唐,沚为外服沚伯,或为外服伯或,沚伯与伯或实为一国,卜辞中沚或往往连言。卜辞意重在商王就是否向外服侯唐、沚伯或派遣使者而占问。但这几条卜辞并未透露商王以何人为使者以及向外服派遣使者的目的,侧重于是否向某个确定的外服派遣使者。卜辞记载商王命某人往于某地,当是商王命某人为使者出使到外服某之地。如:

> 丁卯卜,贞禽往先。(《合集》4068)
> 辛亥卜,殻,贞呼戌往必(毖)沚。(《合集》4284)
> 丙戌卜,韦,贞令𠂤往于危。丙戌卜,韦,贞勿令𠂤往于危。(《合集》6033)

---

① 于省吾主编:《甲骨文字诂林》,第 232 页姚孝遂按语。

勿令周往于旌。(《合集》4883)

己酉卜，王。甲寅卜，王，令⬛使于余诞。庚申卜，王，叀余令伯⬛使旅。(《合集》20088+《俄藏》11)①

丁巳卜，㱿，贞呼师般往微。(《合补》1246)

禽为武丁时期重要内服，先为外服侯先，卜辞意为商王命令内服禽出使至于外服侯先之地。戉亦为武丁朝重要内服臣属，㳄为外服㳄伯。必字从裘锡圭先生释读，读为毖，《广雅·释诂四》"必，敕也"，王念孙《疏证》："必当为毖。《酒诰》'厥诰毖庶邦庶士'、'汝劼毖殷献臣'、'汝典听朕毖'，皆戒敕之意也。"②商王命令戉为使者敕戒镇服外服㳄伯。③ ⬛为内服臣子，龟为外服侯龟(《合集》36344)，辞意是商王命令臣子⬛出使到外服侯龟之地。周或认为是姬周之周族，或认为是琱族，旌为外服旌侯，商王命令琱族首领出使到外服旌侯之地。"令⬛使于余诞"语序当为"余令⬛使于诞"，⬛即外服伯⬛(《合集》5431、5949)，诞为犬诞之地，旅亦为地名。辞意是商王占卜命令外服伯⬛出使到犬诞、旅等地。师般为武丁时期内服重臣，武丁命其出使到外服侯微之地。

商王为使者的安危担忧，经常为其祷告祈福。如：

甲辰卜，王，羌弗戋朕使。二月。(《合集》6599)

贞方其戋我使。贞方弗其戋我使。贞我使其戋方。我使弗其戋方。(《合集》6771正)

癸亥卜，㱿，贞我使戋缶。癸亥卜，㱿，贞我使毋其戋缶。(《合集》6834)

---

① 此为宋镇豪先生缀合，参见胡厚宣、宋镇豪《苏联国立爱米塔什博物馆所藏甲骨文字考释》，《出土文献研究续集》，北京：文物出版社，1989年，第16页，又见宋镇豪、玛丽娅主编：《俄罗斯国立爱米塔什博物馆藏殷墟甲骨》，上海：上海古籍出版社，2013年，第10页。

② 王念孙著，钟宇讯点校：《广雅疏证》卷四，北京：中华书局，2004年，第132页。

③ 必字释读及训诂参考裘锡圭《释"柲"》，《古文字研究》第三辑，北京：中华书局，1980年，又载《古文字论集》、《裘锡圭自选集》、今据《裘锡圭学术文集》甲骨卷所收，上海：复旦大学出版社，2012年，第62页。

癸未卜,古,贞黄尹保我使。贞黄尹弗保我使。(《合集》3481)
贞吕方出,不隹我囚。贞我西使亡祸。(《合补》1807)
庚子卜,争,贞西使旨有祸。庚子卜,争,贞西使旨亡祸。甾。(《合集》5637)
贞在北使有获羌。贞在北使亡其获羌。(《合集》914)

商王朝外服与敌对方国往往处于犬牙交错的分布状态,当商王朝派遣使者与外服诸侯联系时,经常会经过敌对方国的势力范围,遭到敌对势力的侵扰劫掠,双方冲突和交战在所难免,所以商王经常为使者的安危担心。上举卜辞表明商王担心吕方、羌方会侵伐使者,方方国与王朝派出的使者之间有战争,商王担心缶方侵扰派出的使者,祈求旧臣黄尹保佑派往外服的使者。旨为武丁时期重要内服将领,武丁命其为西使,为其安危担忧。商王关心北使是否俘获羌人。以上诸例说明商王朝派出的使者都是具有军事武装的军事使团。

商王朝派遣使者到外服之地的目的有安抚告诫,如上举《合集》4284片,而《周礼·秋官·大行人》也说"间问以谕诸侯之志,归脤以交诸侯之福,贺庆以赞诸侯之喜,致禬以补诸侯之灾"。王朝隔一年派使者慰问一次诸侯并把王的心志告知诸侯,遣使赠送祭肉以赐诸侯之福,遣使祝贺诸侯喜事。殷墟卜辞为我们揭示了商王朝派出使臣的使命具有更加广泛的内容。如郭旭东先生研究认为商王朝派出使臣具有执行军事使命、代王巡守四方、执行祭祀使命、催征贡礼、执行特殊任务等使命。① 但郭先生所举卜辞不皆为"使臣",尚有进一步分析的必要。如:

乙巳卜,宾,贞甾呼告☐方其出。允☐。
☐贞旬亡祟。允有来艰自西,甾告曰☐戈☐、夹、方、罙四邑,十三月。(《合集》6063)
贞使于甾。(《合集》6078)
庚辰,贞方即来,使于犬延。(《合集》32904)

---

① 参见郭旭东《卜辞与殷礼研究》,第148—152页。

第三章　殷礼所见商王与外服关系

庚辰贞：☐方来即，使于犬延。(《屯南》1009)

这几条辞例中"使于某地"即"使人于某地"，因为商王朝的敌对方国出动进犯商王朝边境，驻守在边境的商王朝臣属势力射甾(《合补》1726)、犬延向商王朝报告敌情，于是商王占卜是否向臣属势力所在地区派驻军事力量抵御敌方侵犯。这种情况下的"使人于某地"当不是派遣使臣安抚，而是派驻军事力量。这种军事力量一般是商王朝的内服率领其族众武装，他们奉命来到边境臣属势力地区与之联合讨伐进犯的敌对方国。卜辞习见的商王命某内服比某外服讨伐某方国的例子，当是这种情况的具体体现。如果从这一角度来讲，商王朝派内服率领宗族武装奔赴边境讨伐敌方的行为也可以视为派遣军事使团。卜辞有占卜方国是否受到王朝派遣使者的佑助，"辛巳卜，王，管其[受]朕[使佑]。辛巳卜，王，管弗受朕使佑"(《合集》8427、8426)。管即管方，"贞匄管方于大甲"(《合集》8417正)，"壬辰卜，冨管方大甲"(《合集》8425)，"贞千弗其作管方囗"(《合集》8424)，能够佑助管方的"朕使"非商王朝的派出的由内服长官率领的武装使团不可。商王朝派出的军事使团实质目的是联合外服共同讨伐敌对方国，如"壬戌卜，㱿，贞乞令我使步伐呂方受有又。贞勿令我使步。乞令我使步"(《合补》1804正)，商王就是否命令使臣征伐呂方之事进行占卜。商王朝派出到外服地区的武装使团除具有联合外服御敌的使命外，有时可能还有节制、逮捕外服的任务。"己巳卜，王，贞使其执卢任。六月，允执"(《合集》5944)。执，古文字似一人双手被铐形，义为逮捕。任与男古字通假，在商代外服系统中与男为同一外服称谓。卜辞意为商王亲自占卜使者是否能够捕获外服卢任，验辞是"允执"，即结果使者真的逮捕了外服卢任。

商王朝派遣臣属巡视，犹如使者身份。比如"呼鸣比戉使▨。贞勿呼鸣比戉使▨。贞于▨。贞于▨。囗囗[卜]，㱿，贞王遣，若"(《合补》1971)。▨字，或释为"省"，或释为"视"，卜辞"庚午卜，贞王▨亡祸，在南土"(《合集》19946正)，占问商王巡视于南土无祸，可证此字释读为视是有道理的。"乙亥卜，贞令多马、亚㠯遘祻省陳㐭，至于崇侯，从㭉川比[垂侯]。贞勿省在南㐭。九月"(《合补》1711正)。多马、亚㠯、祻同见于

《合集》4587,是商王朝内服官名和人名,陕见于《合集》6047,为地名,楇川见于《合集》9083,亦为地名,垂侯为外服(《合集》4367)。辞意为商王命令内服多马、亚㱿会合祋巡视陕地的仓廪,途中到达外服崇侯之地,又经过楇川会同外服垂侯共同前往陕地巡视仓廪。内服多马、亚㱿都是商王朝武官,令其会合祋共同组合成军事使团巡察陕地的仓廪,途经外服崇侯虎之地,之后到达垂侯之地会合垂侯一同完成王命。多马、亚㱿为首领的军事使团以巡察商王朝的仓廪为最终任务,但途经外服崇侯虎、垂侯之地,当也有检查外服为商王朝尽职的任务。

商王派出的使者是否具有执行祭祀的使命,仍是一个值得讨论的问题,郭旭东先生所举使者执行祭祀使命的辞例为:

乙酉卜,宾,贞使人于河,沉三羊,册三牛。三月。(《合集》5522正)
燎于岳。使人于岳。(《合集》5518)

"使人于河"并非派遣使者出使河,使人当是命人,于河当为向河,卜辞意为商王命人向河举行沉祭三只羊、砍杀三头牛的祭祀。下一辞则是命人向岳举行燎祭。故商王派使者执行祭祀的证据不足。商王朝派遣使者有征收外服应尽贡赋的使命,卜辞常见命内服某取于外服某之物品,这是商王以内服为使者,到外服某之地争取贡赋。相关卜辞辞例"㱿,贞呼吴取囟任伐,以;己酉卜,㱿,贞勿呼吴取囟任伐,弗其以"(《合集》7854正),商王命令内服小臣吴征取外服囟任用于伐祭的贡物。"☒取竹刍于丘"(《合集》108)。征取外服侯竹应献的放牧者。"贞呼取❋刍"(《合集》111正)。贞问征服外服养侯应献的放牧者。"辛卯卜,争,呼取奠女子"(《合集》536)。命令征服外服侯奠应献女子。"贞我使亡其工。贞我使有其工"(《合集》9472)。卜问使者有无贡礼献上。卜辞尚无显示商王朝派往各地的使者有贡纳的义务,"商王派往各地的使者,从常理而言不是让他们向自己纳贡,而是让他们到那些不愿交纳贡赋的侯国去催交和征收贡物的"。① 商王派内服臣子到外服地区巡视和征取贡赋的情况可得到西周

---

① 郭旭东:《卜辞与殷礼研究》,第150页。

相关金文的验证,西周中期士山盘铭文载周王命令士山为使者,来到中侯之地,检查征取中侯、郜、荆、方应尽的职贡。西周晚期驹父盨盖铭文载驹父奉命巡视南国,征取南淮夷诸部应献的贡赋(《集成》4464)。从检查、征收贡赋的角度来看,商王朝派遣内服为使者巡视外服地区,并征取外服应献的贡赋是较为普遍的行为,可以视为使者的一项非常重要的使命。

商王朝出于政治统治的需要,与许多外服族属都建立了姻亲关系,这表现在卜辞中的诸妇很多来源于外服族属。但商王以何种方式与外服建立婚媾关系,以往的研究略显不足。郭旭东先生所举"己□卜,使人妇伯☒"(《合集》20463反)。卜辞为商王遣使嫁女于外服伯☒,显示商王朝派遣使者有时还具有与外服建立婚媾关系的重要使命。郭先生所举辞例对我们很有启发,商代开国之君成汤早已经注重遣使与诸侯建立婚媾关系,《吕氏春秋·孝行览·本味》载:"(伊尹)长而贤,汤闻伊尹,使人请之有侁氏,有侁氏不可。伊尹亦欲归汤,汤于是请取妇为婚。有侁氏喜,以伊尹媵女。"汤派使者向有侁(莘)氏请伊尹,当被拒绝时,商汤遣使以婚姻关系拉拢有莘氏,于是有莘氏很高兴同意了商汤的请求。这反映有莘氏有欲与商汤联姻结为同盟的意愿,而商汤通过与有莘氏建立婚媾关系促进了与有莘氏的友好关系,又得到了伊尹举任国政,为商朝的发展作出了重大贡献。无论商王室嫁女于外服,还是商王及王室贵族娶外服女子,其实现方式可能都是通过派出使团进行沟通。

商王朝对于外服邦伯发生灾祸,也会派使臣前往慰问安抚。卜辞有云:"丙辰卜,㱿,贞吴吊羌、龙。"(《合集》6636正)"[贞]吴弗其吊羌、[龙]。"(《合集》6637正)"贞吴弋羌、龙。十三月。"(《合集》6631)"贞吴弗其弋羌、龙。"(《合集》6634)吴为商王朝内服,羌、龙属于方国之列,对商王朝时叛时服,臣服商王朝时属于外服伯之列,这几条卜辞是贞问以小臣吴为使者安抚羌、龙。

商王派出的使臣完成使命后,要及时向商王复命,甲骨文有商王占卜使臣是否复命之事。如:

甲寅卜,争,贞曰雀来复。
贞勿曰雀来复。(《合集》7076正)

贞王勿曰甾▨化来复。

贞甾▨化来复。(《合集》4174 正甲)

贞侯不其复。(《合集》39708)

□□卜,亘,贞东使来。(《合集》5635 正)

东使来。(《合集》5635 反)

贞令宁凤归。(《合补》1272)

☑甲,小臣墙有来告。(《合集》27886)

贞令望乘归。(《合补》2031)

诸辞之"来复"意为返回,与"来归"义同。即受王命办事后回来复命之义。《周礼·天官·宰夫》:"叙群吏之治,以待宾客之令,诸臣之复,万民之逆。"郑玄注:"复之言报也,反也,反报于王,谓于朝廷奏事。"①则卜辞"来复"当是臣子完成王命后回京师向商王复命、报告出使完成任务的情况和结果。

2. 外服聘问商王

甲骨文所见外服诸侯除亲自朝见商王外,还要遣使前往殷都代表外服诸侯聘问商王。卜辞载商王关心外服是否遣使前来商都,如:

癸巳卜,争,贞旬亡祸。甲午有闻曰戉使蠢复,七月在☑壴蕴。(《合集》17078 正)

贞画使人。贞画不其使人。(《合集》822 正)

☑王勿御伯▨使。(《合集》20091)

惟▨比侯光使。(《合集》3358)

诸上卜辞中戉使为戉的使臣。商王关心诸侯画是否派人来朝王。"伯▨使"即外服伯▨的使臣,御,《诗·召南·鹊巢》:"之子于归,百两御之。"郑笺:"御,迎也。"②卜辞意为商王是否迎接外服伯▨的使臣。▨即伯▨省称,比,眾也,与也。如《合集》6812 正"己卯卜,允,贞令多子族比犬侯凿周,古王事,五月"。《合集》6813"贞令多子族比犬眾臺、蜀,古王事。贞令

---

① 《周礼注疏》卷三,《十三经注疏》,第 655 页。
② 《毛诗正义》卷一,《十三经注疏》,第 283 页。

第三章 殷礼所见商王与外服关系

多子族眔犬侯盩周,古王事"。同样记载商王命令多子族与犬侯盩周之事,这两条卜辞一用"比",一用"眔"意思应是一样的,在《合集》6813 中比、眔共见同一条卜辞连接多子族、犬、廪蜀等名词,则比、眔在句中起到连接作用,用法同"与"。侯光为商代外服,商王关心外服伯𢻛与侯光的使者是否会来朝。

商王关心外服使臣何时能够来到京师,见于卜辞商王占卜某月是否有外服的使臣到来。卜辞中这类记载几乎涉及一年中的各个月份,辞例如下:

> 丙申,贞方其使人于生月。(《怀特》2450)
> 戊午卜,今九月使。(《甲编》3129)
> 壬辰卜,内,五月使有至。
> 今五月使亡其至。(《合集》13759 反)
> 六月有来曰:使有疾。(《合集》13759 正)
> 今夕有使。(《合集》20347)
> 弗及今三月有使。乙亥卜,生四月妹有使。乙亥卜,有使。(《合集》20348)
> 今八月亡使。于九月有使。(《合集》20350)

诸上卜辞中的"使"读为"事"或"史"都是不合适的,上举《合集》20348 片若读为事,一般是祭祀或战争之事,但正如屈万里先生指出"殷人祭祀频繁,绝无不祀之月,故不当有此卜也"。① 上举《甲编》3129 片屈万里先生认为"此史字疑当读为使人之使"。② 卜辞中关于祭祀或战争之事皆有明确具体情况,而不是占卜某月有事、无事。郭旭东先生认为诸上卜辞中的"使"均指"使臣"之"使"或使人之"使"。"这是殷王室卜问某月或某天是否有外方的使臣到来行聘问之礼的事情。"③ 上举"壬辰卜,内,五月使有至。今五月使亡其至"(《合集》13759 反)。"六月有来曰:使有疾"(《合集》

---

① 屈万里:《殷虚文字甲编考释》,第 33 页。
② 屈万里:《殷虚文字甲编考释》,第 404 页。
③ 郭旭东:《卜辞与殷礼研究》,第 158 页。

13759 正)。是这一认识最好的注解,占卜某月"有使"、"亡使"都可以视为某月有使至或亡使至的减省。这版龟背甲正反刻辞说明商王关心五月某使是否会来朝,结果迟至六月的时候有来告,使者染疾,不能及时来朝。

商王对待各外服派遣来的使者,如同对待前来朝觐的外服一样,要有一定的迎接使者礼仪。下举卜辞对于认识商王如何礼遇外服使节具有重要意义:

    ☑王勿御伯◻使。(《合集》20091)

    己亥卜,㱿,贞王曰侯虎执(往),余其败汝使,受[有佑]。

    贞王曰:侯虎,败汝使㱿,受[有佑]。(《合集》3297 正)

    □寅卜,王逆入使。五月。(《合集》20064)

    王宾使。(《合集》25862)

    □□卜,王其延◻使。(《合集》30770)

    己未卜,王来使人☑南。允出。(《合集》20345)

"伯◻使"即外服伯◻的使臣,卜辞卜问是否迎接外服伯◻的使臣。"汝使"即外服侯虎的使臣,《尔雅·释言》:"败,覆也。""覆与复通,往而还也。此辞是卜问是否要覆侯虎之使"。① 逆,迎接。商王占卜进入王都的外服使者。宾为宾赠之义,王就宾赠使者而占卜。《仪礼·聘礼》载:"宾至于近郊,张旜。君使下大夫请行,反。君使卿朝服,用束帛劳。"被朝聘国要派卿大夫"郊劳"使者。"宾皮弁聘,至于朝。宾入于次,乃陈币。"延,是指对行礼者的引导。卜辞是卜问商王欢迎◻使到来的礼仪。来同赉,赏赐之义,卜辞所载是商王对使者进行赏赐慰劳之事。商代外服亲来朝王一般要献贡助祭,那么,外服的使臣来商王朝聘问也少不了献贡助祭的礼仪。

第二节　飨礼所见商王与外服间的尊卑秩序

《周礼·春官·大宗伯》载大宗伯职有:"以飨、燕之礼,亲四方之宾

---

① 沈之瑜:《试论卜辞中的使者》,《中原文物》1990 年第 3 期,第 21 页。

客。"飨礼、燕礼有亲和四方宾客的重要政治功用。上古祀神祭祖过程中，往往伴有食事活动。如《诗·小雅·宾之初筵》载周王祭祀祖先设席宴饮，先行大射礼以择士，然后奏乐行祭祖典礼，既祭之后行宴飨之礼。甲骨文中有关"飨"的辞例颇多，有商王自飨，有商王宴飨他人。飨的对象包括两类：商王室的先王先妣；在世的与商王关系密切或与商王朝有重大干系的方国诸侯、王室近亲等。① 这提示我们商代的飨礼应分为祭飨和宴飨两个部分。

一、商代飨礼考

《诗经·商颂》对于商代诸侯来朝、来飨的情况有所追述。《殷武》赞美成汤时诸侯来朝的盛况："昔有成汤，自彼氐羌，莫敢不来享，莫敢不来王。曰商是常。"《玄鸟》称颂武丁时期"武王靡不胜，龙旂十乘，大糦是承。邦畿千里，维民所止。肇域彼四海，四海来假，来假祁祁。"假，郑笺云："至也。"祁祁，郑笺云："众多也。"《玄鸟》所述武丁时天下四方来商朝觐、献贡者众多。诗中所述四海、四方、嘉客皆指四方诸侯，诗描述了成汤、武丁时期诸侯来朝、来飨的盛况。这里的享应为献义，所献多与祭祀相关的物品，所以说享也是带着祭品参加祭享之礼。本文所说的飨礼包括两个方面：商王举行飨祭之礼祭祀祖先，诸侯携贡物来朝王献祭品；祭祀后又有飨食之礼。考之卜辞相关记载，商代飨礼确曾存在，只是未如周代礼书或作飨或作享所言分为四时与特享，卜辞只有飨礼。

1. 祭祀飨礼

在卜辞中飨有用如表示祭祀的动词，或曰表示一种祭祀方式。下列卜辞记载了商王对祖妣、诸父祭祀的飨礼：

(1) 庚子，王飨于祖辛。(《合集》23003)
(2) 癸亥卜，彭，贞大乙、祖乙、祖丁眔飨。
贞大乙、祖丁眔飨。(《合集》27147)

---

① 郭新和:《卜辞中的"飨"》，《2004年安阳殷商文明国际学术研讨会论文集》，第354页。

(3) 贞其徣于大戊飨。(《合集》27174)

(4) 飨昏(阳)甲豕。(《怀特》1483)

飨,古文字字形作 ![字], 象两人相对跪坐,中间放一簋,会对食之意。亦见于《说文》:"饗,乡人饮酒也。""亯,献也。"段玉裁注云:"按《周礼》用字之例,凡祭亯用亯字,凡饗燕用饗字,……《礼经》十七篇用字之例,《聘礼》'内臣亯君'字作'亯',《士虞礼》、《少牢馈食礼》尚饗字作饗。《小戴记》用字之例,凡祭亯、饗燕字皆作饗,无作亯者。《左传》则皆作亯,无作饗者。《毛诗》之例,则献于神曰亯,神食其所亯曰饗。……鬼神来食曰饗,即《礼经》'尚饗'之例也。献于神曰亯,即《周礼》'祭亯'、'作亯'之例也。"①则文献中饗(飨)字可用为表示祭飨,也可表示飨燕,本诸享与飨都有献食之义。辞(1)贞问商王飨祭祖辛。辞(2)贞问大乙、祖乙、祖丁来受飨祭,还是大乙、祖丁来受飨。辞(3)贞问飨祭是否延及于大戊。辞(4)贞问飨祭阳甲用豕为牲。上引卜辞多是贞问对某位祖先或某几位祖先的飨祭礼,飨礼所及先王主要有大乙、大戊、祖乙、祖辛、祖丁、阳甲等。

2. 宴飨之礼

《周礼·春官·大宗伯》所载:"以饮、食之礼,亲宗族兄弟。""以飨、燕之礼,亲四方之宾客。"郑玄认为"四方宾客"是指四方的朝聘者。《礼记·王制》孔颖达疏引皇氏云归纳古代君王筵席宴飨对象主要有:诸侯、王的亲戚及诸侯之来臣、戎狄之君使、宿卫及耆老孤子。②据甲骨文、金文提供的信息,商王所飨的对象有王妇、王朝内服群臣、商王的亲属、商王朝各地群邑官员、外服及其使者。卜辞载有祭祀祖先后宴飨的贞问,辞例略举如下:

(5) 大乙事,王飨于厅。(《合集》27124)

(6) 甲午卜,王其侑祖乙,王飨于厅。(《屯南》2470)

(7) 壬子卜,何,贞翌癸丑其侑妣癸,飨。

癸巳卜,何,贞翌甲午烝于父甲,飨。

---

① 段玉裁:《说文解字注》,第229页。此处"饗"字皆保留繁体字形,以明示读者。

② 参孔颖达《礼记正义》卷一三,《十三经注疏》,第1345页。

丁未卜,何,贞御于小乙奭(母)妣庚,其宾飨。
癸酉卜,何,贞翌甲午烝于父甲,飨。
庚戌卜,何,贞翌辛亥其侑毓(后)妣辛,飨。(《合集》27456正)

(8) 己丑卜,告于父丁,其飨宗。(《合集》32681)
(9) 辛卜,子御❏妣庚,又(有)飨。(《花东》197)

厅字或作庰,或作宷,后者为前一字之省,是今之厅字初形。① 辞(5)"大乙事",即有事于大乙,对大乙进行祭祀,祭祀后商王在厅举行宴飨之礼。辞(6)王侑祭祖乙后,王在厅行宴飨之礼。辞(7)整版都贞问祭祀祖妣后行宴飨之礼。对于本版干支次序排列有不同的理解,也就影响了对卜问次序的理解。本版第一条贞问侑祭武丁配偶妣癸后行飨礼。第二条贞问祭祀廪辛之父祖甲后行飨礼。第三条贞问御祭小乙配偶妣庚后,王亲自主持宴飨之礼。第四条贞问烝祭于廪辛父亲祖甲后,行飨礼。第五条贞问于次日侑祭后妣辛后,行宴飨之礼。辞(8)中"父丁"是祖庚称其父武丁,告父丁将于宗庙行宴飨之礼。辞(9)"子御❏妣庚"是子为被除❏的灾祸而祭祀妣庚,之后行宴飨之礼。这里的飨礼都是祭祀祖先之后的行为,当是对生者而言,是向参加祭礼人员献以酒食即宴飨之礼。

举行飨礼都有较为固定的地点,如上引辞(5)、(6)、(8)揭示了举行飨礼的地点或在厅,或在宗庙。下列卜辞更能确定举行飨礼的地点:

(10) 己未卜,祖丁大升,王其延大甲;弜延。
　　王其飨于厅□;弜飨于厅,鼐尊升,有正。
　　其乍豊,有正;弜乍豊。(《屯南》2276)
(11) 王其飨在厅;弜飨。(《合集》31672)
(12) 弜飨厅,鼐尊必。(《合集》31045)
(13) 甲戌卜,于宗飨;于厅飨。(《屯南》341)
(14) ☑亳土(社)飨。(《合集》28107)

辞(10)中"鼐"为祭祀名,如《周颂·我将》"我将我享"之"将",郑玄释为

---

① 《甲骨文字诂林》第三册,第2008页,姚孝遂按语。

"奉",可从。尊,从阜,在青铜器铭文中常见"尊彝",疑此处即是尊彝之义。辞(10)义为贞问烝祭祖丁是否延及大甲。辞(11)义为王占卜是否在厅宴飨。辞(12)不飨于厅,而是奉尊彝于祀神之室内。必字考释之家众多,于省吾先生认为是必之初文,①可从。在此卜辞中读为祕,于省吾先生解祕为祀神之室。辞(13)贞问在宗庙内宴飨还是在厅宴飨。辞(14)残,似在亳社举行飨礼。诸上卜辞贞问行飨礼的地点在厅、宗庙庭院、宗庙内、亳社,这些多是开阔之地,能够容纳很多人,故而适宜商王内外职事的活动。

卜辞载内服臣子参加飨礼的记载:

(15) □□卜,即,[贞]☑飨多子☑。(《合集》23543)

(16) 贞,惟多子飨于庭。(《合集》27647)

(17) 惟多子飨。(《合集》27648)

(18) 甲寅卜,彭,贞其飨多子。(《合集》27649)

(19) 惟多生飨;惟多子[飨]。(《合集》27650)

(20) 弜不飨;惟多尹飨。元簋,惟多尹飨。(《合集》27894)

(21) 庚午卜,争,贞惟王飨戍。(《合集》5237)

由辞(17)、(18)对比可知,"惟多子飨"就是"飨多子",也就是说"惟某飨"辞例是"其飨某"之义。从上引卜辞看,飨的对象是生人,飨当为祭祀后的飨燕之礼。上举前四例卜辞都是贞问王宴飨多子,辞(19)是选择问,是宴飨多生,还是宴飨多子。多子,李学勤先生认为是对诸侯或王朝大臣的尊崇之称,②卜辞中存在王朝大臣有来自多子族者的辞例。多子的含义,可参前文所举朱凤瀚先生意见。多生,张政烺先生释为"多姓",即许多族的族长。③陈梦家先生指出"多生"有读"多姓"、"多舅"两种可能。陈絜先

---

① 于省吾:《甲骨文字释林·释必》,第38—40页。
② 李学勤:《释多君多子》,《甲骨文与殷商史》,上海:上海古籍出版社,1983年,第13—20页。
③ 张政烺:《张政烺文史论集》,北京:中华书局,2004年,第297页。

生认为多生释为多甥,更合理,指商王族的姻亲。① 多生不仅能够参加飨礼,还能参加射礼,说明其在商王朝中有很高的政治地位,说其为商王族的婚友可能性很大,商王经常通过联姻的方式使一些族臣属于己,外服族氏通过与商联姻求得军事上的保护和共同享有有限的资源。辞(20)中"多尹"或云多君,或云多个尹。多尹如《酒诰》内服"庶尹",都是集合称谓。卜辞中多尹从事营建、农垦、征战等,商王还与这些人商议国家大事。王飨戎是指王宴飨出征将士,由"贞吕方出,王自飨,受有佑"(《合集》39854),"贞方其大飨戎"(《乙编》3422)可知"是讲敌对方国出动侵扰,商王十分重视,亲自大飨戎,戎当指出征戎将,商王设宴饯行,委以重任"。② 从多生为多舅,多君为族首领在朝为官者的尊称,可知商王举行的飨礼宴飨外服这一情况是存在的。

卜辞载外服及其使者也受到商王宴飨,相关卜辞如下:

(22) 甲寅卜,王飨雀。(《合集》20174)

(23) 卢伯澡其延呼飨。(《合集》28095)

(24) 贞比飨娄。(《合集》31046)

(25) 丁酉卜,呼多方叔燕。(《合集》21479)

(26) 叀何伯❋呼,燕絆方、叙方、轡方。(《合集》27990)

雀为外服雀男,经常参与商王朝祭祀、征伐等活动,商王亲自宴飨外服雀男。卢伯澡为外服伯之列,澡是其名,入商朝觐而被延引参加宴飨。卢方见于妇好墓出土的玉戈铭文"卢方皆入戈五",③言武丁时卢方名皆的君长贡纳玉戈五秉,当是被武丁征服而朝王纳贡。至康丁卜辞而称卢伯,应是受到商王朝的册命而成为外服伯。娄曾为商王朝敌国,武丁卜辞有记载征伐娄国者十余例,而廪辛以后商王亲比而宴飨,说明双方关系缓和。武丁呼命宴飨来朝的多个方国首领,康丁命令外服何伯主持宴飨絆方、叙

---

① 陈絜:《商周姓氏制度研究》,北京:商务印书馆,2007年,第100页。
② 宋镇豪:《夏商社会生活史》上,北京:中国社会科学出版社,2005年,第491页。
③ 中国社会科学院考古研究所:《殷墟妇好墓》,北京:文物出版社,1980年,第136页图75.3。

方、辔方之礼。

二、商代飨礼所见外服对商王朝的臣服

从上引卜问举行飨礼地点皆在开阔之地看，必为盛大祭祀，需要在宗庙庭院陈设国之宝器。《周礼·春官·天府》云："凡国之玉镇大宝器藏焉，若有大祭、大丧则出而陈之。"如上引《屯南》2276是要举行祭祀祖先的典礼，而在厅摆放盛祭祀用品的尊彝。在庭院中放置祭品和贡物，即礼所谓"庭实"也。《周礼·秋官·掌客》云："王合诸侯而飨礼，则具十有二牢，庶具百物备。"把飨礼的"庭实"称作是"百物备"大体不误。《国语·晋语四》记载晋文公到楚国，"楚成王以周礼享之，九献，庭实旅百。"《左传·宣公十四年》孟献子之言云："臣闻小国之免于大国也，聘而献物，于是有庭实旅百，朝而献功，于是有容貌、采章、嘉淑而有加货。"杜预注："主人亦设笾豆百品实于庭，以答宾。"而《左传·庄公二十二年》杜预注所云系诸侯朝王陈贽币于庭，为庭实旅百。则"庭实旅百"包括诸侯朝王助祭所献贡物和王所设用于祭祀的笾豆百品。也就是陈设国之重器，内中放入祭祀用品。那么卜辞所言在庭、厅等地举行祭祀先王的飨礼，也要庭实，也有诸侯助祭之贡品。如前文已言之，外服有助祭商王的职事，此飨礼多系祭祀商王祖妣，外服职事亦参与其中，卜辞简约没有卜问具体由哪些外服参加飨礼，依外服有助祭商王职事和庭实旅百包括诸侯所献贡物来看，外服职事参加了飨礼。

商代的飨礼更加侧重的是祭祀祖先，商王举行飨礼时，外服有来朝来献祭品的义务。外服献祭品的政治意义是，通过以祭品助祭商先公先王，在神的面前表达其对王朝的臣服，以明尊卑之序，在神的面前进一步巩固了外服对于商王朝的臣属关系。商王祭祀祖先后，也举行宴飨之礼，卜辞贞问宴飨哪些人，在什么地方举行宴飨礼，以及行飨礼的仪节是否正确。说明商代确实存在宴飨之礼，并且商王非常重视宴飨之礼的实行情况，注意到行此礼的一些仪节，说明宴飨礼仪在商王治理国家的政治生活中起着重要的作用。商王朝举行的飨礼用以笼络王与内服贵族感情，融洽贵族统治集团的人际关系。邀请来朝见的外服参加飨礼，加强商王与外服

臣属关系以及与方国间的友好关系,通过让外服、方国首领参加祭祀、宴飨礼仪,使其认同商文化,从而扩大商王朝对周边势力的政治文化控驭。

第三节　射礼所见商王与外服的关系

关于晚商射礼,宋镇豪先生以《殷墟花园庄东地甲骨》与近出作册般鼋并结合文献相关记载,对比周代射礼的某些情况进行研究,取得较大突破,一定程度上复原晚商射礼的概观。其指出参与射礼者为商王及各方贵族阶层成员,其身份不同,[①]只是未明言外服是否参与射礼,射礼在调节王与外服关系中的作用。韩江苏《从殷墟花东 H3 卜辞排谱看商代弹侯礼》一文,从花东卜辞相关事类排谱入手,结合传世文献、周代彝铭论证在"弹侯"过程中展开的祭祀、燕享、贡纳都与文献所载的大射、乡饮酒礼的仪式、性质相同,说明《仪礼》的《大射》《乡饮酒礼》等文献具有原始真实性,印证了西周、春秋时期举行的带有养老、议会性质的乡饮酒礼、大射礼于一体的礼制,其实早在商王武丁时期已经形成了较为完备的礼制。[②] 这进一步证明射礼为商代重要礼制,为我们从参加射礼的成员身份、射礼的政治寓意等方面,考察外服与商王的关系奠定了坚实的学术基础。

一、补论商代射礼

甲骨文中关于射礼的记载不限于花东卜辞,以往所见甲骨文亦有之,卜辞有贞问举行射的地点的记载,这种习射礼称作新射:

(1) 贞呼子聿以🦴新射。(《合集》5785)

(2) ☐新射于蘄。(《合集》5787)

(3) 乙亥,贞令内以新射于蘄。(《合集》32996)

(4) 辛未,贞遘以新射于蘄。(《合集》32997)

[①] 宋镇豪:《从新出甲骨金文考述晚商射礼》,《中国历史文物》2006 年第 1 期。
[②] 《殷都学刊》2009 年第 1 期。

新射的参与者有内、子聿、侯󰀀。蕲为蕲侯之地。新，在卜辞中多用于新旧之新的含义，此处新射可能是一种新的射礼仪式，至于新射具体的射仪如何，因材料有限无法确知。

卜辞亦有侯参与射礼的记载，商王武丁时期卜辞云："□󰀀以（与）射先□，□月"（《合集》5767）。󰀀者据它辞可知为"侯󰀀"之省，此辞卜问是否由侯󰀀与射。同例尚有《合集》5762"贞吴以（与）射"、5764"贞吴不其以（与）射"。这几条辞例皆为贞问某是否参与射礼之例。又《小屯南地甲骨》第771片载同在癸未日贞问祭祀的情况、祷告的情况、是否让侯参加射礼的情况。与贞问侯行射礼相同的辞例尚有：

（5）惟伊其射；二牢。（《合集》32801）

（6）其雨；伊宾；弜宾；惟宾射；狩。（《合集》34349）

（7）惟戈人射。（《合集》33002）

（8）惟六射。（《屯南》2417）

（9）［庚］寅卜，□［贞］翌辛［卯］岁，惟多生射。（《合集》24143）

《合集》24143

上举诸辞中射字，以往研究中有认为通假为谢，训解为"告"者。此处可直接读为本字射，为射箭之义，皆是商王贞问哪些人来射箭，这里的射箭应该是射礼中的射箭而不是普通的射。所贞问的对象多为族首领或外服诸侯。宾既是武丁时期重要贞人，又是外服宾侯的称号和宾国国君的称号，此处是宾侯本人。六乃六国国君称号。① 戈族势力极大，从出土带有"戈"的族徽文字及泾阳高家堡戈国墓的情况看，戈在商代为一强大族氏无疑，很可能是《合集》3335的"戈侯"。上举辞例皆为贞问某族的君长进行射箭这一行为。以上所得的殷墟甲骨文中有关于商代外服参加射礼的珍贵记载，是通过《殷墟花园庄东地甲骨》和作册般鼋铭文关于射礼的记载，反观殷墟卜辞所得到的启示。

---

① 参见齐文心《"六"为商之封国说》，《甲骨探史录》，三联书店，1982年，第450—466页。

二、射礼的政治功用

射礼有着重要的政治功用,《礼记·射义》说射礼有"养诸侯而兵不用,诸侯自为正之具"的重要作用。古时行射礼之时都要祭祀射侯,祭祀射侯要念祝辞,祝辞曰:"毋若不宁侯,不朝于王所,故伉而射汝也。"祝辞较为完整的记载见于《周礼·考工记·梓人》,其云:"祭侯之礼,以酒脯醢,其辞曰:'惟若宁侯,毋或若女不宁侯,不属于王所,故抗而射女。强饮强食,诒女曾孙诸侯百福。'"其义是你们这些安顺的诸侯,不像那些不安顺的诸侯,不朝见于王,因此张举射侯而射他们。意为你们这些安顺的诸侯同我一起射那些不安顺的诸侯。这里含有诅咒的色彩,其要旨表明射礼是对朝王者的拉拢、团结,以及对不朝王者施以惩罚的一种巫术。

再从商代射礼的实际情况看射礼是否具有这种政治功用。2003 年中国国家博物馆入藏的作册般铜鼋,颈部背部射入四箭,铜鼋背甲中部铸有铭文四行 33 字,对于认识商代射礼的政治功用有着重要的价值,其云:

作册般鼋　　　　　　作册般鼋铭文

丙申,王迌于洹,获。王一射,辰射三,率亡灋(废)矢。王令寝馗兄(贶)于作册般,曰:"奏于庸,作(则)毋宝。"

此器铭文先后经多位学者考释,并对此器铭文所反映的社会文化内容作了分析和阐发。学习专家的研究成果,再斟酌铭文内容,觉得铭文的关键处有如下:射黿是发生在洹水之上,还是将洹水所获黿陈于宗庙以为习射之礼?"赞射"还是"辰射"?"作母宝"还是"作(则)毋宝"?以下主要从这三处关键来进行讨论:

迌,在铭文中训为到、及、巡视,都能讲通。商王过于洹水而有获,实为巡弋经过洹水,带有半田猎半巡查的性质。李学勤、宋镇豪先生观点大致相同,认为"此铭是商王帝乙陈列于洹水举行竞射,王一射,佐助三射,皆中的,无废矢,射获大黿,颁功,命寝馗贶作册般,谱咏其事于镛钟演奏"。① 其意谓黿之所获在洹水之上,即铭文"获"后内容是讲述如何"获"的,以及射获后如何处置的情况。韩江苏则认为商王在洹水之上捕获活的黿,而陈列于宗庙之中作为习射的"鹄"。即"获"后的内容是对黿的处置的情况。② 其论证有据,可取。说作册般黿铭文反映的是射礼,主要依据是这四射与文献所载射礼相近,以及"率亡废矢"用语与被认为行射礼的柞伯簋所载"柞伯十称弓,无废矢"(《近出》486)相同,都是形容射技精湛,箭无虚发。《仪礼·乡射礼》和《仪礼·大射》都对射礼仪节有所描述,《仪礼·乡射礼》记载行射礼由司射掌管弓箭,"司射适堂西,袒、决、遂,取弓于阶西,兼挟乘矢,升自西阶"。袒者,袒露左臂。决,套在大拇指上用以钩弦的象骨套子。遂,又称拾,是一种皮制的臂衣,套在左臂上,用以敛衣护臂。③ 此处是三个动作行为,目的都是为了取弓防止伤到自己的防护措施,同时也是一种

---

① 宋镇豪:《从新出甲骨金文考述晚商射礼》,《中国历史文物》2006 年第 1 期。李学勤认为"王射",而没有一字,细审铭文当有一字,故取宋先生"王一射"的释读。
② 韩江苏:《殷墟花东 H3 卜辞主人"子"研究》,线装书局,2008 年,第 388 页。
③ 李景林等:《仪礼译注》,吉林文史出版社,1995 年,第 98 页。

礼节。兼挟，就是兼弦矢并持之。乘矢，四矢。① 司射之官来到堂西，先行袒、决、遂三个动作，然后取得弓于台阶之西侧，持弓弦及四矢登上西阶。《仪礼·大射》"射三侯，将乘矢，始射干，又射参，大侯再发。"郑玄对射四矢有如下解释："将，行也。行四矢，象有事于四方。"郑玄对四矢的解释有政治意蕴存焉。射礼以四矢以御四方之乱，这与《说文》对侯的解释相近。朱凤瀚先生认为四箭都是商王所射。② 李学勤先生认为赞有赞助、佐助之义。③"般射"也是作册般赞射，性质相近。据王冠英先生审查器物认为是"般"字，可能更接近实情。因为如果是赞射，其他的赞射者为何没有获得此鼋，而只赐给了作册般，并且铭文前若没有作册般佐助王射的情况，又怎会赏赐给般呢？况且般自作铜鼋铸铭一定书写自己因功绩而受赏。所以隶作"般"当可信。"率亡废矢"应连读，意为四箭皆中，表明射技精湛。大概是作册般射有功，王令寝馗近臣转赐给作册般，其命语为"奏于庸，作（则）毋宝。""奏于庸"应如韩江苏理解为奏镛，即演奏镛钟乐器以行礼仪活动的组成部分。④ 作册般得到的是作为习射用过的鼋，仿照此鼋作了器物，与铸造礼器性质迥别，作册般作器主要是因佐助王射之功而受到赏赐，用于射礼的鼋保存不下来，只有作器来书写自己所获的荣耀。有专家理解为"作母宝"，似尚有难通之处。观商周青铜器铭文为祖妣、父母作器都为礼器或食用器，而此鼋不符合这一惯例，并且"奏于庸，作（则）毋宝"明显是商王赏赐作册般时的命语，而不是作册般自己的记述之辞。故当以晁福林先生"奏于庸，则毋宝"的理解为是。商王对于鼋的处理意见是先要"奏于庸"，然后不要以之为宝。这与《说文》侯字下"其祝曰：'毋若不宁侯，不朝于王所，故伉而射汝也'"当有关联。《说文》用射礼来讲"侯"字之义，其后引此祷辞，作册般鼋亦是射礼之后王说的话，类似《说文》所引祷辞。晁福林先生认为鼋产

---

① 郑玄注《仪礼·乡射礼》《仪礼·大射》皆以乘矢为四矢。
② 朱凤瀚：《作册般鼋探析》，《中国历史文物》2005年第1期。
③ 李学勤：《作册般铜鼋考释》，《中国历史文物》2005年第1期。
④ 韩江苏：《殷墟花东H3卜辞主人"子"研究》，第390页。

自南方,射此黿有厌胜含义,即以此来威慑南方侯伯。① 南部外服不服从,那么就"伉而射汝"(以黿代之)。以《说文》所引的祝辞来解释作册般黿铭文内涵,可能更符合商代射礼的本来意蕴。作册般黿反映的是以黿为射侯的一次射礼,这次射礼蕴含的政治意义就是威慑南部诸侯。

商代存在射礼,并且外服侯者要参加商王举行的射礼,那么从射礼的施行过程可以窥见外服侯者与商王关系的某些侧面。古时诸侯朝觐于王,献贡物并参与王举行的祭祀祖先大典,时有所宴,宴后而有射礼。《礼记·射义》:"古者诸侯之射也,必先行燕礼。"燕礼的功用在于"明君臣之义"。通过举行射礼,王与诸侯习礼乐,从而达到"天子之所以养诸侯而兵不用,诸侯自为正之具"的效果。商王举行的射礼未必能够达到礼书所说的效果,但其本义在于团结外服则是相通的。其未必如《礼记》所言"明君臣之义",但也一定是不平等的关系。商代的射礼不如礼书所载的仪式众多,其射亦多为实射,用活着的动物为对象,并不全如后世的固定射侯。在祭祀祖先时往往呼射,以射礼所获祭祀于祖先。有商王亲自射牲,也有呼令内服臣工或诸侯射,所获猎物作为各自所献牺牲,以祭祀(助祭)商王先祖妣。

射礼是维护王与外服诸侯和谐关系的重要方法之一,在商代表现为王呼令外服诸侯参加祭祀射礼,已经见于上文所举。此外商王还经常在诸侯之地举行各种形式的射礼,如上文所举在薪侯之地举行新射。在外服之地举行的射礼似乎是有双重功效的:一方面在行礼过程中加强了双方的和谐关系,另一方面又是对外服的一种威慑。

总之,由卜辞、金文所见,商王既贞问外服参加射礼,在外服之地举行一定名目的射礼,通过参加射礼习礼乐来拉拢团结外服。同时,又以习射形式对于外服寓以震慑之义。这双层含义当是《礼记·射义》所云"射礼以养诸侯"之义。

---

① 晁福林:《作册般黿与厌胜》,《中国历史文物》2007年第6期。

第四节　婚媾亲附外服

关于商代婚制，前辈学者论述较多。如"殷代王室婚制，有选后之举，有迎后之礼，有庙见之礼，有酓后用乐之礼。其取女嫁女也，必于诸侯之国。其嫁女也，有侄娣为媵"。① 前辈学者讨论商代的婚姻形态问题时，多由婚姻形态谈到商代社会性质的大问题。② 商代的婚媾关系很复杂，商王与内外服势力多有婚媾关系，这里主要探讨的是商王与外服的婚媾关系。

一、商代贵族的政治婚姻

《尔雅·释亲》："妇之党为婚兄弟，婿之党为姻兄弟。"郭璞注："古者皆谓婚姻为兄弟。"③婚媾关系可以把不同的亲属集团社会力量紧紧凝聚在一起。商代仍然以族为基本的社会单位，故受血缘亲族集团的支配，婚姻主体的男女配偶所在的宗族相谓为婚姻④，即成为兄弟。族际间的联姻打破了相对封闭的地缘空间，促进了族与族之间的交往联络以及人口的流动，对于社会秩序的调整具有深刻的政治意义。商代的统治者非常重视婚媾关系整合、凝聚社会力量的政治作用，《楚辞·天问》载有商汤的婚姻情况：

> 成汤东巡，有莘爰极。何乞彼小臣，而吉妃是得？水滨之木，得彼小子，夫何恶之，媵有莘之妇？

王逸注云："汤东巡狩，至有莘国，以为婚姻。"成汤与有莘氏的联姻有着重

---

① 温丹铭：《殷卜辞婚嫁考》，《中山大学文史研究所月刊》第 1 卷 5 期，1933 年，转见王长丰《甲骨文所见殷商社会婚媾礼俗考》，《中国文化研究》2009 年冬之卷，第 121 页。
② 丁骕：《商代的婚姻形态》，《中国文字》新 16 期，1992 年。
③ 《尔雅注疏》卷四，《十三经注疏》，第 2593 页。
④ 《尔雅·释亲》："妇之父母、婿之父母，相谓为婚姻。"由此也可以说妇与婿各自的宗族相互为婚姻。

要的政治目的,《吕氏春秋·孝行览·本味》揭示了这一政治目的:

> (伊尹)长而贤,汤闻伊尹,使人请之有侁氏①,有侁氏不可。伊尹亦欲归汤,汤于是请取妇为婚。有侁氏喜,以伊尹媵女。

汤向有侁(莘)氏请伊尹,当被拒绝时,商汤采取婚姻关系拉拢有莘氏。有莘氏很高兴地同意了商汤的请求。这反映有莘氏有欲与商汤联姻结为同盟的意愿,而商汤通过与有莘氏建立婚媾关系促进了与有莘氏的友好关系,又得到了伊尹举任国政,为商朝的发展作出了重大贡献。②《尚书·盘庚》篇记载了盘庚对于婚媾关系的重视,盘庚迁至殷,贵族不适居而出怨言。盘庚劝告要贵族们弃掉傲慢纵康之心,"施实德于民,至于婚友,丕乃敢大言汝有积德"。盘庚强调要施实德于民(族人)及于婚姻、僚友,婚友是与商族世代有着婚姻关系、兄弟关系的各族氏或宗族集团,是商代国家的根基,婚友越多,国家的根基越稳固。凝聚了王族、婚姻、僚友才能说自己有"积德"。"商代婚制的主流是一夫一妻制,然在具体的社会生活中,又呈现出形态多变的复杂的时代内涵,所谓一夫一妻,只不过是一妻惟许一夫,而对男子而言,却每每娶多妻,尤以贵族阶层的男子为常见"。③

这里谈的婚媾关系多为政治联姻,由汤与有莘氏联姻已见一斑。对于这种政治婚媾关系,宋镇豪先生指出:"殷商王朝与各地族氏方国的通婚,已成为其羁縻和实施其国家统治的重要政治手段。"④这一论断很有见地,商王朝正是通过婚媾关系加强与外服间的团结,巩固外服对于商王朝的臣属关系。也可以说商代婚媾关系的重要特点就是政治性。

二、商代婚姻凝聚外服的作用

从甲骨刻辞看,妇某之某与人名、地名、族名、侯国名、方国名重合的

---

① 高诱注:侁读曰莘。见《诸子集成》第6册,北京:中华书局,1954年,第139页。
② 从甲骨刻辞所见殷人祀典中对伊尹祭祀的重视与隆重,亦可见伊尹在商早期发展史中起过举足轻重的作用。
③ 宋镇豪:《夏商社会生活史》,第224页。
④ 宋镇豪:《夏商社会生活史》,第237页。

第三章　殷礼所见商王与外服关系

情况很多,这一现象并非偶然。经过前辈学者研究讨论,帚释为妇,妇是对商代已婚妇女的称呼,妇某之某为族氏名号,已渐为大多数学者认同。如郭沫若先生指出凡卜辞帚字均是妇省,帚某乃殷王之妃嫔、世妇之属,生时参与国政,死或列在祀典。① 宋镇豪先生进一步指出诸妇之身份,"'生妇'有的是王妃,有的是时王诸兄弟辈即'多父'之妻,有的为各宗族大小宗已即'多子'之妻,……臣正、诸侯或方伯之贵妇"。② 最近陈絜先生通过对妇某之某诸种说法的辨析,统计卜辞中妇某之某与人名、地名、族名相一致的情况,并进一步申论"合一"之说。指出妇某之某是女子出嫁后以其父族之国名或族名相称,也就是说,妇某之某是父族之族氏名号。③ 从甲骨文中妇某与人名、地名、方国名重合的情况看,这些妇某的父族当与商王室或贵族有婚姻关系。

关于甲骨文中妇名数量,徐义华《甲骨刻辞诸妇考》统计甲骨文中有妇名157位,单见于金文的妇名有47位,商代诸妇总数达204位。"妇名与地名相合者48例,妇名与其他人名相合者有60例,妇名与地名、人名都相合者有28例。由此我们推论,妇字后所附的字,大都不能视作私名,而应当是族氏,即甲骨刻辞中的妇大多是称氏的"。④ 本文关注的是妇某之某与某妇之某所代表的意义,若据陈絜对妇某之某与人名、地名、族名合一的统计结果,可以确定嫁女于商王、王室、贵族的族氏大略有48个,即井方、攸侯、周、见方、杞侯、角方、先侯、戈方、爵、羊方、龙方、侯光、竹侯、侯孚、鼓、鼠、侯喜、侯贯、古、眉方、率、丰、宾、寝、安、妊、卣、巳、兀、息伯、皿、至、衣、凡、妊、子方、白、禾、耳、丁、荷、妥(印)、女、八、亏、[字]、[字]、[字]等。而那些目前不能证明与族氏名相合的妇名,并不意味着其所在的父族与商王没有婚姻关系。上举妇名用字所代表的族氏中

---

① 郭沫若:《骨臼刻辞之一考察》,《郭沫若全集·考古编》1,第430页。
② 宋镇豪:《夏商社会生活史》,第151页。
③ 陈絜:《关于商代妇名研究中的两个问题》,《2004年安阳殷商文明国际学术研讨会论文集》,第238—239页。
④ 徐义华:《甲骨刻辞诸妇考》,《殷商文明暨纪念三星堆遗址发现七十周年国际学术研讨会论文集》,北京:社会科学文献出版社,2003年,第291—293页。

有不少可以确定为商代的外服,如称侯者属于商王朝外服侯系统,伯者为外服伯系统,称某方的是被商王朝征服者,为了表示对商王朝的臣属而嫁女于商王朝,形成政治联姻。那些不能确定是外服侯、伯或是臣服方国的,也应是地方上有势力的强宗大族,商王朝为了拉拢他们而与之通婚。殷商王朝与异族外服间的政治联姻,甲骨文中有很多辞例,如:"取干女☐"(《合集》21457)。取意同娶,干为商代古族氏名,商与干国的联姻,密切了干国对商王朝的政治隶属关系。① 商王朝的异姓外服及各地方国,为了稳固与商王朝的政治隶属关系,往往主动嫁送女子于商王朝。卜辞如:

> 丁巳卜,古,贞周以嬶。丁巳卜,古,贞兴以。(《合集》1086 正)
> 庚寅卜,㱿,贞吴以角女。(《合集》671 正)
> 执其以妊。(《合集》1087)

甲骨文有"周方",知周为臣服殷商的方国。兴、吴皆为族氏名,执为族氏名。"以"有致送、进贡的性质。这些族氏方国向商王朝进贡本国或本地某族的女子,有的可能出于政治义务或自愿,有的可能迫于商王朝的威慑。

商王朝通过政治联姻形式,把更多的族氏拉拢到自己的势力范围之内,争取到更多的支持者和服属者,进一步扩大可占有和分享的资源。这些服属于商王朝的族氏,有为商王朝做事或进献贡物,参加王举行的祭祀大典,监察边境地区的敌方动向,向商王汇报所守之地的局势等义务。同时,这些族氏也有获得商王朝的承认与保护的权利。商王朝的联姻对象非常广泛,其目的就在于团结和凝聚其他族氏的力量。通过这种方式把其他族氏拉到自己身边,使之服属于己,遂形成以商为中心的势力圈。通过联姻方式促进不同文化、不同族属间的交流,在此过程中,商文化发挥了巨大的凝聚力,许多地方文化皆深受商文化的影响。

---

① 宋镇豪:《商周干国考》,《东南文化》1993 年第 5 期。

第五节 军礼所见外服与商王朝的臣属关系

关于商代的军礼问题,已有一些学者进行研究,试图重建殷代军礼,取得了重要创获。① 甲骨文中贞问商王田猎、出省、出巡某地的情况极多,这不能简单地归为商王的好逸游乐。商王有时还呼令臣下田猎及出省某地,可能田猎、出省、出循、出征等行为带有更强的军事性和政治性,是大蒐礼、巡狩礼的初始形态。

一、商王田猎与大蒐之礼

关于大蒐礼,李亚农先生认为具有军事检阅、军事演习和军事部署的性质。② 杨宽先生进一步揭示其起源于田猎活动,为借助田猎来进行的军事检阅和军事演习,是推行政策、加强统治、准备战争的重要手段,并勾勒出举行此礼的大致仪式。③ 两位学者所论多据《周礼·大司马》《穀梁传·昭公八年》《诗经·小雅·车工》的"毛传"等文献材料,得出的结论是值得肯定的,特别是大蒐礼起源于田猎的论断极有启发。然而,对于商代是否有大蒐礼,两位学者未曾论及。

据现有商代史料看,并没有大蒐礼的直接记载,可能商代不叫"大蒐"礼,但与之相近的古礼是存在的,甲骨文中频见的田猎记载就有后世"大蒐"礼的雏形。钟柏生先生《卜辞中所见殷代的军礼之一——殷代的大蒐

---

① 钟柏生:《卜辞中所见的殷代军政之一——战争启动的过程及其准备工作》,《中国文字》新14期,台北:艺文印书馆,1991年,第95—156页;《卜辞中所见的殷代军礼之一——殷代的大蒐礼》,《中国文字》新16期,台北:艺文印书馆,1992年,第41—160页;《卜辞中所见的殷代军礼之二——殷代的战争礼》,《中国文字》新17期,台北:艺文印书馆,1993年,第85—239页。张永山:《商代军礼试探》,《二十一世纪中国考古学——庆祝佟柱臣先生八十五华诞学术论文集》,北京:文物出版社,2006年,第468—478页。郭旭东:《殷墟甲骨文所见的商代军礼》,《中国史研究》2010年第2期。

② 李亚农:《大蒐解》,《学术月刊》1957年第1期。

③ 杨宽:《"大蒐礼"新探》,《西周史》,第693—715页。

礼》一文主要就卜辞中的田猎礼进行的过程作出较为详尽的论述,其在附录二中对参加大蒐、田猎的人员的材料搜集、分析对本文的研究有很大启发和帮助。① 如前文所论,早在汉代就有学者指出田猎是习兵之礼,而当代学者也已指出商代甲骨文中田猎主要作用在于训练军队等武事。在这一点上商代的田猎活动与周代"大蒐"礼相近。下面具体来讨论卜辞中相关的记载。

1. 对近于外服之地田猎行为的考察

卜辞中存在人名、地名、族氏名相同的现象,多数学者主张人名、地名、族氏名合一,如张政烺先生在《古代中国的十进制氏族组织》、《卜辞裒田及相关诸问题》、《妇好略说》等文章中反复讨论;裘锡圭先生亦曾指出商代地名、族名和人名往往是三位一体的。② 张秉权先生则对甲骨文中人、地同名问题作了专文讨论。③ 得此启发,甲骨文中田猎地名与外服国名、外服首领名亦可能合一。关于商王田猎之地名的考察,前辈学者已经做了很多工作,他们讨论田猎地名的地望、田猎地的数量、田猎区域有无,已经取得了不少的成就。从诸家所论可以确定的商王田猎之地看,其中有与商代外服或外服之地同名,对于这一现象应该特别引起注意。下面主要从商王田猎之地与外服族氏名号、外服族氏之地、外服族氏首领名相合的情况,田猎之地近于某一外服的情况作出进一步的考察。

京,是商代一个重要的地名,卜辞载有商王朝在京地的田猎活动(《合集》4630、5667、10921、24446、32864、33220,《屯南》232,《英藏》834,《合补》10348),在京地举行奠的活动(《合集》6、32010,《屯南》1111,《屯南》4343),在京地举行祭祀活动(《屯南》2097,《合集》22616、1138),在京地垦田(《合集》33209,《屯南》4251),商王贞问京地是否受年(《合集》9980)。

---

① 钟柏生所举参加大蒐、田猎的人员主要有:王、多子、子某、犬、多犬、戍、马、多马、马亚、宰、小臣、羌、多羌、子孝臣、尹,其他人员。他认为其他人员如缶、雀、鸣等乃万族氏人供职于朝廷者,愚以为未必如是,很有可能是侯国、方国的首领,有待下文的进一步论证。

② 裘锡圭:《释秘》,《古文字研究》(第三辑),中华书局,1980年。

③ 参见张秉权:《甲骨文与甲骨学》,台北:国立编译馆,1988年,第十二章"人名地名与方国"。

京地近于犬侯之地,在殷都西南。

而,《合集》10201 显示商王朝外服雀男曾在此地田猎,说明而地在殷东。《合集》6480 载有商王联合而伯伐人方,同版尚有商王武丁率领的军事力量与妇好联合的侯告军事力量兵分两路共同讨伐夷方的记载。而伯之地亦在殷东,此而地可能是外服而伯之地。

蜀,《甲编》3340 载商王曾在此地田猎获豕,在《合集》5450、5451、5452、6813、14912 诸片中商王令王族、多子族等联合蜀共同为王办事,所办何种工事,卜辞未有明言。这里的蜀是人名、族氏名,应具有不小的实力且位置重要。《合集》6858、6859、6860、6861、6862、6863 诸片则记载商王征召人于蜀地,或王敦缶方于蜀地。缶方与蜀地当相距不远,商王对蜀地的关心与重视,实与商王对缶方的策略密切相关。《合集》9774、9775 则载有贞问蜀地是否受年,反映商王对蜀地、蜀族氏生产的关心,可能此地也是重要的农业区,是商王朝重要的粮食来源。《合集》21723 至 21733 诸片贞问至蜀地无祸顺利,商王也经常巡行此地视察蜀对商王朝的服属情况。

函,《合集》10244、28372、28373 诸片载有商王在此地田猎逐获豕、麋情况,函地的族氏被征服后,商王才田猎于此。据《合集》20086"□亥卜,大叨函人,十一月"。《方言》卷二:"叨,残也。"卜辞是贞问大残函人,时在十一月是否顺利。经过武丁的征服,函人已经服属于商王,才有商王在此田猎活动、举行祭祀之礼,《合集》28068"惟伐匕于函",是说在函地杀匕人以祭祀。这些迹象表明函地对于商王朝的重要性,函族已经服从,商王还要通过田猎拉拢和威慑之,商王在函地通过杀牲祭祀自己的祖先,可能同时也使函人的祖先受到了祭祀,以此来团结函人。

贯,《合集》10514 载在此地田猎获雉,而贯又是侯国名、人名,《怀特》380"□侯贯来",《合集》7427 正"贯称册,御□"。商王朝在外服侯贯之地田猎应有重要政治意义。

羋,赵平安先生认为读为佚,是商代外服佚侯。① 商王命令近臣在

---

① 赵平安:《从失字的释读谈到商代的佚侯》,《中国社会科学院历史研究所学刊》(第一集),北京:社会科学文献出版社,2001 年,第 28—34 页。

佚侯之地田猎,《合集》10923"壬戌卜,争,贞乞令受田于𦍌侯,十月"。

沚,商王朝外服伯,商王曾在沚国附近田猎,《合集》9572"戊子卜,宾,贞王往逐𪊨于沚,亡𡆥"。贞问商王追逐猎物到外服沚伯之地不会有灾祸。

杞,为商代外服杞侯之地(《合集》13890)。商王贞问在杞地田猎不会遇到灾祸,如《合集》24473"己卯卜,行,贞王其田,亡𡆥,在杞"。

龟,《丙编》179片载王田猎于龟地,龟为商代外服龟侯之地(《合集》36344、36347)。

唐,商王在唐地田猎,如《合集》10998反"□□卜,品贞,王逐唐,若"。卜问商王在唐地田猎顺利。唐有向王朝献纳龟板的义务,唐即商代外服侯唐(《合集》39703)。

危,《合集》24395"☒其田亡𡆥,在危。"商王在危地的田猎。卜辞中有上下危和危方,但俱是被商王朝征服曾属于商王朝,成为商代外服势力,但其与商王朝关系不稳定,商王田猎于此乃有政治、军事意义存焉。

上文只是举例说明卜辞中存在商王在外服之地或近于外服之地田猎的情况,商王在这些地方田猎并非偶然的行为,乃是蕴含政治、军事目的。由田猎的检阅军队训练军事等目的,可知商王于某一外服之地行田猎大蒐之军礼,一方面以军事威力震慑外服,使其服属于商王朝而不发生叛离事件。对于邻近外服的商王朝的敌对方国起到军事威慑的作用。另一方面,令外服参加大蒐之礼,从外服对于王令的贯彻落实等情况,来检查外服对于商王朝服属程度。

2. 令外服参加大蒐礼以观其"德"

商代列王除自己田猎行大蒐之礼,还动员内服势力、亲族、外服来参加大蒐礼。钟柏生先生搜集归纳卜辞中参加大蒐田猎的人员包括商王、多子、子某、犬、多犬、戍、马、多马、马亚、宰、小臣、羌、多羌、子效臣、尹,及其他人员。值得注意的是"其他人员"中有不少是商代的外服,这些外服应邀参加商王举行的田猎,在田猎中担当一定的职事。

㐭,为㐭侯之地,《合集》6949载商王呼令㐭获豕。据《合集》

3310、3311诸片知[X]即外服[X]侯,商王贞问[X]侯田猎是否获豕。

角,《合集》10467载角是否获[字]。由《合集》6057片卜辞知,角位于商的西部近于舌方的一个外服,被伯丙征服而服属于商(《合集》20532、20533),角曾与商王朝联姻(《合集》5495)。商王贞问角田猎是否获[字],是角已经服属于商王朝。

缶,《粹编》939载缶获二兕。《合集》10241载"缶不其获豕,十月"。缶是基方的首领名,《合集》6571正片刻辞反复贞问子商戈基方缶之事。基方缶与殷商关系不稳定,卜辞有贞问征伐缶的记载,据《合集》6834片正面刻辞载参加征伐缶者有雀、多臣、我史,缶经过商王的征伐对商表示臣服,于是来朝见商王(《合集》1027)。《合集》9408片则记载商王朝向缶征求五对骨板,献纳占卜用的骨板也是表示臣服的一种方式。缶获豕,当是缶服从商王朝后,商王令其田猎或至缶地来田猎,以考察其对于商王朝服属的程度。卜辞还载有商王对缶的关心,如《合集》17100"甲辰卜,争贞,缶其死",是商王对于缶生死的关注。

贯,《合集》10514片载"庚戌卜,贯获网雉,获十五"。在一次田猎活动中,贯为商王捕获十五只雉。贯是商代外服侯贯之名,如《合集》3354"侯贯□来",贞问侯贯来朝见。《合集》32813"□□卜,王比侯贯囗",商王贞问联合侯贯的行动。《合集》6971载商王担心雀与贯发生冲突,《合集》7427正面刻辞表明贯受到商王的册命,接受商王分派的任务。《合集》16347载商王为贯的安危担忧,外服侯贯在田猎中能够有所擒获,说明其听从商王调遣和命令,表明其对商王朝的服从。

甫,《合集》6196表明甫近于舌方,处于商都西面,《合集》10023表明甫是商代重要的农业区,《合集》14591载商王曾在此渔猎。《合集》1248载甫也是商代重要的外服任,《合集》900正面刻辞载甫有为商王耕种田地的义务。《合集》9369载甫亦向商王朝贡献龟板。《合集》7242载商王还命令甫联合二侯的军事行动,商王还为甫的疾病担忧(《合集》13762)。商王渔猎于甫任之地和令甫田猎有所擒获,可能是对于外服甫地及甫任服属程度的检查和对于邻近的舌方的巡查与威慑。

雀,《合集》10567载商王令雀田猎。据《合集》3452与《合集》19033

知雀为商代外服男、任,①雀在商王朝的政治运作中非常活跃,其事迹值得深入研究。

帛,地名,见于《合集》36842,当近于周原之地。周原甲骨 H11:3"王隹(惟)田至于帛,衣(卒)王田"。② 是商王田猎到达帛地,周人感到压力,所以特为占卜,希望商王到了帛地就结束田猎。周人为什么希望商王到达帛地就结束田猎呢? 很可能与商王田猎的目的巡查和镇服有关,周人并不是很欢迎商王的到来。

旅地,《合集》9911 片载"勿令田于旅",此当为外服旅侯之地,商王命令于旅侯之地田猎,当也有旅侯参与田猎之事。商王在旅侯之地田猎,及让旅侯参与田猎活动的目的可能是检验旅侯的服属情况。

通过以上对在外服属地田猎或命令外服参加田猎情况的分析,可以看到商王有权力到外服的属地进行田猎,商王还可以命令外服参加田猎。商王通过让外服参加田猎之礼的方式,使外服纳入到商王朝的政治运作当中。商王举行的田猎之礼实为商王对于外服的统驭之道。

二、省、循与巡守之礼

《孟子·梁惠王下》云:"天子适诸侯曰巡狩,巡狩者,巡所守也。"此处所说巡狩乃天子之于诸侯间的礼,是天子巡查诸侯职事的一种举措,更近于巡守之义。据专家研究巡守之礼起源于王到地方的狩猎活动,③狩猎活动常与征伐、军事演习相结合,其中也包括商王巡查所至之地外服势力的情况,以及省察参与商王田猎的武装阵容,以此反映其对商王朝的服属程度。专家多已经注意到巡狩到巡守的转变,但商代的巡守礼主要形式还是巡狩,即以武装形式巡察。这在卜辞中主要以王"省"、"循"的形式体现出来。

1. 王省田、省廪与巡狩

商王省查活动中最能体现巡狩的是"省田"(或"田省")以及"省廪"。

---

① 钟柏生:《殷商卜辞地理论丛》第 186 页据《殷虚文字乙编》第 171 版认为雀为方,核对拓片雀下并无方字,其说实误。
② 衣训为卒,参李学勤《多友鼎的"卒"字及其他》,《新出青铜器研究》,第 137 页。
③ 王贵民:《商周制度考信》,第 120 页。

第三章 殷礼所见商王与外服关系

关于省田之事见于如下卜辞：

(1) 丙辰卜，永，贞呼省我田。(《合集》9611)
(2) 惟宫田省；王惟棥田省。(《合集》28935)
(3) 翌日壬，王其省丧薮，不大雨。(《合集》28971)
(4) 壬寅卜，王惟戈田省，无灾。(《合集》29379)
(5) 惟亚田省；惟向田省。(《屯南》888)
(6) 惟宫田省，无灾。惟盂田省，无灾。(《屯南》2256)
(7) 惟丧田省，无灾。(《屯南》2257)

上仅列举有代表性的省田辞例，据闻一多先生研究此类省为田猎之义①，诸上卜辞中田、薮都受省支配，应为词性相同的成分，田可以为名词，但不是耕田之田，而是田猎之地，在一些卜辞中可以解释得通，但在与薮对文的卜辞中就难于说通。薮是一种农事活动，为动词，所以田也应该是动词，表示田猎这一行为。省某田就是省查在某地的田猎区活动。用省字强调省查的性质。上举卜辞涉及的田猎地点有宫、棥、丧、戈、亚、向等，这些地区都是著名的商王田猎区，更加可以说明省某田是省查某地田猎的进行情况。商王的这种省查活动是通过商王参加田猎实现的，通过商王亲自参与或主持的田猎活动或称大蒐礼，商王得以省察参加大蒐礼者对于商王的服属程度，在这层意义上看，闻一多先生把省解释为田猎的说法是有道理的。

商王省廪或令内服臣工省廪的活动，也是带有巡视的性质，是商王朝对地方的统御之道。关于省廪的事迹见于下列卜辞：

(8) 庚寅卜，贞惟束人令省南廪，十二月。(《合集》9636)
(9) 己酉卜，贞令吴省在南廪，十月。(《合集》9638)
(10) 己亥卜，贞惟并令省在南廪。(《合集》9639)
(11) 贞先省在南廪，□月。(《合集》9641)
(12) 惟禽令省廪。庚子卜，令吴省廪。(《合集》33237)

---

① 闻一多：《古典新义》(下)，古籍出版社，1956年，第515—526页。

　　　　(13) 惟禽令省廩。惟并令省廩。惟宁鼓令省廩。惟马令省廩。
(《屯南》539)

由辞(12)"吴省廩"又见于辞(9)武丁卜辞中,可以确知历组卜辞应该划入早期。廩即粮仓。上举卜辞既有称廩者,也有称南廩者。商王亲自省查南廩,或派其臣子如吴、并、先、禽、宁鼓、马等省视廩。商王派其臣下巡查也不是让他个人去,而是令其率族众前往,如辞(8)是商王命令束族人省视南廩的例子。商王通过自巡或派重臣率领族众巡查粮仓有着深刻的政治意义。

由卜辞有卜问大邑受禾的记载,知商王都附近分布着农田。这些农田为商王专有,在卜辞中称作囧,或南囧,商王率众人耕作于此地(《合集》10,9547)。林欢先生认为南囧与南廩有关,大概商人在王都南向傍水耕作,在河水南岸建有粮仓。① 商王亲自或派臣子省察廩或南廩,说明商王朝对于以王都为中心的农业区域收成的极度重视。商王不仅巡查王都附近的粮仓,而且巡视外服之地的粮仓。卜辞所见尚有缶、亘、陕、崔诸地建有粮仓:

　　　　(14) 乙未卜,贞,令多马亚倪遘祱省陕廩,至于仓侯。从楇川从垂侯,九月。(《合集》5708 正)
　　　　(15) 己未卜,㱿,贞缶其来见王,一月。
　　　　　　　己未卜,㱿,贞缶不其来见王。
　　　　　　　己未卜,㱿,贞缶其廩我旅。
　　　　　　　己未卜,㱿,贞缶不我廩旅,一月。(《合集》1027)
　　　　(16) 癸酉卜,㱿,贞廩亡在亘。(《合集》6943)
　　　　(17) 戊寅卜,方至。不之日有曰:方在崔廩。(《合集》20485)

辞(14)中陕廩所处位置离商都较远,省察陕廩要经过楇川、垂侯之地,省察的人众最后到达了仓侯之地。林欢先生推断陕廩大约是商人陕东的一

---

① 林欢:《晚商疆域中的点、面与块》,《中国社会科学院历史研究所学刊》(第三集),北京:商务印书馆,2004 年,第 69 页。

个储粮地,是很可能的。商王派臣子省察处于外服控制区陕地的粮仓,途经商王朝几个重要外服之地,实有巡查外服农业区的作用,也有检查外服服属的作用。辞(15)载缶是否来朝见商王,同时又贞问缶是否"廪我旅",廪为动词,当是提供粮食。既贞问缶是否来朝见,又贞问缶是否为王朝军队提供粮食,说明商王对于缶的服属程度不是十分放心。辞(16)卜问是否在亘地建廪,卜辞所见亘与商王朝关系时好时坏,卜问是否在亘地建粮仓,说明此时亘服属于商王朝。辞(17)曰为告之义,贞问方这一方国来犯,当日果然有人来报告方到了崔廪。崔廪当是商王朝在邻近方的边境所建的粮仓。上举诸刻辞载商王亲自或派臣子省察、巡视在商王朝王都及各外服之地建立的粮仓,说明这些建有粮仓之地是商王朝重要的农业区。商王朝在外服之地的粮仓主要用于王朝征伐时的粮食供应。可见外服之地农业生产对于王朝发展的重要性,故商王朝经常巡视之。

卜辞记载商王经常巡视各地,督察各地诸侯或族氏对商王的服从程度,卜辞用"循"来表示。卜辞习见商王省某地或循某地的贞问,这些地方或为商王重要的军事地点或为重要的矿产地,或为重要的田猎区、农垦区。商王所巡查者无不关乎国家的政治安定、各地方族氏的服属情况、为王做事的情况、农业生产等大事。

2. 循行与巡狩礼

关于商代巡守礼,郭旭东先生已作专门探讨,对本文的研究具有指导意义。① 本文主要考察巡守礼中所反映的商王与外服的关系问题。卜辞所见循字用法除作为祭祀用词外,主要是用于征伐方国的辞例。所涉有土方、吕方、屮方、方、旁、侯、羌等。

(18)庚申卜,㱿,贞今春王循伐土方。(《合集》559正)

(19)□□卜,㱿,贞今春王循伐屮方受有佑。(《合集》6534)

(20)贞王勿循方。(《合集》847)

(21)☑贞王循伐方,受有[佑]。(《合集》6733反)

(22)王循方,帝飨王。(《合集》6734)

---

① 郭旭东:《从甲骨文"省"、"𥄮"论及商代的巡守礼》,《中州学刊》2008年第2期。

(23) 贞多☒不其循伐吕方。(《合集》6280)

(24) 庚辰卜,王,贞朕循旁,六月。(《合集》20547)

(25) 丁未卜,王,贞余惟羌循。(《合集》20401)

(26) 戊寅卜,贞令甫比二侯及暨元王循于之,若。(《合集》7242)

(27) □□卜,王,侯弗若循。(《合集》20068)

辞(27)为"王循侯弗若"之倒语。商王所循者多为方国,其与商王朝的关系很不稳定,有时为商王朝的外服,尽一些职贡。有时侵犯商王朝的城邑、掠夺人口,商王时常征讨之。这里的循亦属于征伐和武装巡查性质。商王贞问循伐方国时是否受到帝的侑助,循伐方国是否顺利获胜。

商王于循行中有祭祀的活动,这些祭祀活动多是祈求祖先神的侑助,如《英藏》1867"甲寅卜,王,贞我有循,于大乙酻,翌乙未"。商王于甲寅日亲自贞问将循行,于次日在大乙宗庙酻祭是否可行。商王还贞问由侯、伯所进行的循行,辞例有如下:

(28) 贞侯循不其复。(《英藏》189)

(29) □亥卜,王,伯羡曰:朕循,其受有佑。(《合集》3413)

贞问外服侯去循伐是否回来汇报,贞问外服伯羡循伐,商王是否受佑。

从巡查辞例看,商王亲自巡查或征伐一些不服从的方国,在循行时祭祀祖先希望得到祖先神的保佑,商王也命令大臣、外服进行循行,为这些人的出循安危担忧,贞问他们循行是否顺利。卜辞尚有其他表示巡视的辞例,如《殷契粹编》1317"贞令从沚或示左,七月"。郭沫若先生云:"古人以东为左,西为右,'示左'盖谓巡视东方也。示读为视。"① 商王及臣属进行的巡查性质的军事行动,目的是巡查地方族氏对于商王朝的服属情况,与巡守礼的政治意蕴相近。《逸周书·职方》云:"王将巡狩,则戒于四方曰各修平乃守,考乃职事,无敢不敬戒,国有大刑。"郑玄云:"乃犹汝也。守谓国竟(境)之内。职事,所当共具。"孔晁注:"考,成也。不敬则犯大刑。"

---

① 郭沫若:《郭沫若全集·考古编》3,第692页。

潘振云："修,治也。平,均也。敬戒,敬慎而戒备之。大刑,如削地、绌爵、流讨皆是。"①这里职方氏"戒于四方"之语,把王巡狩的目的说得很清楚,巡狩有检查为王守的情况,考察为王朝尽的职事,对王要怀有敬畏,否则有国之大刑——甲兵,也就是军事征伐。商王的循行和省察也是带着武装巡狩,其目的与《逸周书·职方》所言颇为接近。

三、商王朝与外服的军事关系

关于商代各王的征伐活动,已有一些学者做过考察,如林小安先生对于武丁时期对外征伐的考察。② 外服为商王朝戍边向商王报告边境危机,"癸亥卜,争贞:旬亡祸。王占曰:有祟☐戊辰允有来艰,沚馘呼告曰☐"(《合补》4923 正)。"王占曰:有祟,妇光其有来艰,乞至六日戊戌允有[来艰]☐有🆎在受,🆎在☐,亦焚廪三。十一月"(《合集》583 反)。"沚馘告曰:吕方出,王自正(征)"(《合集》6099)。"允有来艰自西,🆎告曰:☐戋𩇕、夹、方、相四邑。十三月"(《合集》6063)。驻守边地的外服向商王朝报告敌方的动向和受到侵扰的情况。商王朝根据敌方侵扰的态势决定如何应对,"乙卯卜,𣪘,贞王比望乘伐下危,受有佑"(《合集》32 正)。"贞王比沚馘伐巴方"(《合集》93 反)。"王更而伯龟比伐☐方"(《合集》6480)。商王率王朝军队并与外服望乘、沚馘、而伯率领的军队共同讨伐敌方下危、巴方等。"贞令多子族眔犬侯翦周,古王事。贞令多子族比犬眔廪蜀,古王事"(《合集》6813)。商王命令某个或某些内服臣子率领族众武装与某外服军队抵御敌方。"☐☐[卜],𣪘,贞乎雀🆎伐亘。壬寅卜,𣪘,贞勿乎雀🆎伐亘。癸卯卜,𣪘,贞乎雀🆎伐亘,戋。十二月。勿乎雀🆎伐亘,弗其戋。贞雀亡祸"(《合补》5121)。商王命令外服雀男征伐亘方。从卜辞反映的情况看,当敌人侵犯边境时,外服及时向商王朝汇报军情,商王根据情况或率军亲征与附近外服联合抵御敌方,或命令内服族众武装

---

① 郑玄、孔晁之说见于朱右曾《逸周书集训校释》,第 137 页。潘振之说见于黄怀信等《逸周书汇校集注》(修订本),第 995 页。
② 林小安:《殷武丁臣属征伐与行祭考》,《甲骨文与殷商史》第二辑,上海:上海古籍出版社,1986 年。

与外服军队一同抵御方国进犯,或命令外服军队讨伐敌方。

商王命令外服单独抗敌或共同进行军事行动时,一般向外服说明理由,如"甲戌,王卜,贞舍巫九[备],禺孟方率伐西国。册西田,晋孟方,妥余一人,余其比多田甾正孟方,亡尤。自上下于㞢□"(《合补》11242)。"乙丑,王卜,贞舍巫九备,余作𨟚,册告侯田,册䫑方、羌方、羞方、𦭞方,余其比侯田甾戋四邦方"(《合集》36528反)。"禺"在卜辞中多读作"遇",训为"逢"。"孟方率伐西国"是指孟方不服商王朝而征伐了西部外服,这是谴责孟方罪行。商王以册命告西方的诸田,告孟方之罪,"卜辞说'晋'某方,即向诸侯宣告某方的罪责,并昭示商王将与他们或他们中的一部分共往讨伐"。①

外服是商王朝对外军事战争的基地,如"癸未卜,宾,贞马方其征,在沚"(《合集》6)。"在正月,王来征夷方,在攸侯喜鄙永"(《合集》36484)。商王朝以外服沚伯为军事基地征伐马方,以外服攸侯喜边鄙之邑永为基地征伐夷方。在征伐敌方时,外服为商王朝军队提供物资,如"己未卜,㱿,贞缶其啬我旅。己未卜,㱿,贞缶不啬我旅。己未卜,㱿,贞缶其来见王。己未卜,㱿,贞缶不其来见王"(《合集》1027)。缶为外服基侯缶,"'啬我旅',当是以'谷物供应旅众'之义"②,辞意是外服基侯缶为商王朝军旅提供粮食等物资保障,这可能是商王亲征,驻扎地距离外服基侯缶地不远,所以就近补给军需物资,并且商王关心外服基侯缶是否会前来觐见。外服为商王朝征伐敌方的先导,"己酉卜,攸亢告启商"(《屯南》312)。这是卜问告令外服攸侯为商征伐先导。可能是出于外服攸侯处于与敌人犬牙交错的地带,对地理环境、行军路线比较熟悉的缘故。

商王朝对外服有给予军事保护的义务,商王非常关心外服的安危,外服遭到敌方侵犯时,商王朝会出兵保护,如"登人乎伐。贞吕弗敦沚"(《合集》6180)。"乙丑,王□伐西国□余其比□示,余受□"(《合集》36532)。

---

① 李学勤:《论新出现的一片征夷方卜辞》,《殷都学刊》2005年第1期,又收入《文物中的古文明》,北京:商务印书馆,2008年,第136页。

② 钟柏生:《卜辞中所见殷代的军政之一——战争启动的过程及其准备工作》,《中国文字》新14期,第131页。

第三章　殷礼所见商王与外服关系

"[乙]亥，王[卜]，[贞]自今春至[于]翼，夷方不大出。王占曰：吉。在二月，遘祖乙彡，隹九祀"(《合集》37852)。"己未，王卜，贞今囟[巫九备，夷方伐东]国，册东侯，册[夷方，余其比多侯]甾戋夷方，亡[害在囚犬囗]"。①东国、西国即商王朝东方、西方的外服，商王朝主动并密切关注东西方的敌对势力是否会大规模出动侵扰东西方的外服，当外服遭到敌方的攻伐时，商王朝声讨敌方的罪行，并将王朝如何抵御敌人的诰命传达给地方外服。商王朝对外服进行有效的军事支援，讨伐威胁外服的敌对方国，如"辛巳卜，㱿，贞今春王叀汕或比伐土方，下上若，受[有佑]"(《合集》6418)，即商王率军与外服汕伯的军队一起讨伐土方。

商王朝的外服有以族众武装为王朝守土、侦查、汇报敌情的义务，商王朝有增援外服抵抗敌方侵扰、保护外服安危的责任。商王朝出兵讨伐某敌对方国，一般要公告敌方的罪恶，动员内外服军事力量协同商王朝军队共同讨敌。此敌国附近的外服都要听从商王调遣，在讨伐敌方军事行动中与王朝军队相互配合，因其熟悉当地形势，或为征伐的先锋。有的外服还要在商王朝征伐敌方时，提供战略物资，成为商王朝远征方国的军事基地。

本 章 小 结

本章从商王朝对待外服的治理方法——礼与刑入手，尝试探讨了商王朝与外服的关系问题。一方面商王朝让外服参加各种殷礼，通过行礼来参与政治，使外服纳入到商王朝的政治运行轨道中来。这些礼主要有朝聘礼、飨燕礼、射礼、婚媾之礼等。礼实质上就是一种文化认同，外服参加商王朝举行的这些礼，就是认同商王朝的统治地位。另一方面商王朝也时常以军事行动威慑外服，即《周礼·春官·大宗伯》所言"以军礼同邦

---

① 此版卜辞著录于焦智勤先生《殷墟甲骨拾遗·续二》编号为054胛骨，李学勤先生根据相关卜辞例补文如是，见《论新出现的一片征夷方卜辞》，《殷都学刊》2005年第1期，又《文物中的古文明》，第136页。

国"的方式来巩固二者间的关系,这主要表现在商王频繁的田猎和巡狩,以及对不服从者的武力征讨。

商王在朝觐礼中处于核心地位,外服来到国都朝觐商王并献上贡物助祭是外服对于王朝臣服的政治象征。在祭祀之后商王根据王朝政治军事发展态势,对外服有所命令,命令的内容一般为征伐不服从的方国,有时不言何种王事,只是说"古王事"。外服接受王命并率领族众去执行王命,商王为外服执行王事而担忧和祈祷,外服完成任务要向商王复命,这些是外服以服政事形式臣服于商王朝的表现。商王朝与外服之间通过互派使者相互沟通,加强军事、政治、经济、文化等方面的联系。

商代的飨礼包括两个方面:商王举行飨祭之礼祭祀祖先,诸侯携贡物来朝王献祭品,在鬼神面前进一步达成商王与外服的君臣关系;祭祀后又有飨食之礼,在宴飨外服时,反映商王与外服的尊卑秩序。卜辞所见,商王既贞问外服参加射礼,在外服之地举行一定名目的射礼,通过参加射礼习礼乐来拉拢团结外服。同时,又以习射形式对外服寓以震慑之义。

在学者讨论商代婚礼与婚制基础上,我们吸收学者关于甲骨文诸妇的研究成果,确认与商王室、王朝大臣联姻的部分族氏为商代外服。除了商代的主流婚制一夫一妻制之外,在贵族中还存在一夫多妻的现象,这多半是政治的需要,是一种政治联姻。商王朝通过与地方异姓外服族氏联姻的形式,把更多的族氏拉拢到自己的势力范围之内,争取到更多的支持者和服属者。这些服属于商王朝的外服族氏,有为商王朝做事或献贡物,参加商王举行的祭祀大典,监察边境地区的敌方动向,向商王朝汇报所守之地的局势等义务,同时这些族氏具有获得商王朝的承认与保护的权力。

卜辞所载商王在外服之地或近于外服之地田猎行大蒐军礼,一方面以军事威力震慑外服,使其服属于商王朝而不发生叛离事件,对于邻近外服的敌对方国起到军事威慑的作用。另一方面,令外服参加大蒐之礼,从外服对于王令的贯彻落实等情况,来检查外服对于商王朝服属程度。卜辞所载商王在外服属地田猎或命令外服参加田猎,表明商王有权利到外服的属地进行田猎,商王通过让外服参加田猎之礼的方式,使外服纳入到商王朝的政治运作当中。商王在外服地区举行的田猎之礼实为商王朝对外服的统驭之道。

卜辞所载商王经常巡视各地，督察各地外服诸侯或方国对商王朝的服从程度。商王所省或循之地，或为商王朝重要的军事据点，或为重要的矿产地，或为重要的田猎区、农垦区。商王所巡查者无不关乎国家的政治安定、各地方族氏的服属情况，践行王事的情况、农业生产等大事。商王及其臣属进行的巡查性质的军事行动，目的是巡查地方族氏对于商王朝的服属情况，与巡守礼的政治意蕴为检查为王守的情况，考察为王朝尽职事相近。被王巡守的地区要对王怀有敬畏之心，否则就会遭到军事征伐。商王朝与外服的军事主从关系还表现在征伐敌对方国的军事行动中，外服凭借自身的军事武装守卫边境，及时向商王朝汇报边境的军事情况。当商王朝派出军队征伐敌国时，周围的外服都听从商王调遣，或提供军事物资，或出动军事武装与王朝军队互相配合，往往起到军事先锋的作用。

本章从殷礼角度考察商王朝与外服的关系，与以往研究商王与诸侯关系者角度不同。本章讨论的基础是学界对殷礼的研究已取得了较多成果，且多集中于对殷礼的复原，其中隐含着商王朝与外服关系的一些内容，我们将涉及商王朝与外服关系的内容抽取出来，并加以系统研讨，得出如上粗浅认识，而关于殷商礼制的探讨尚未深入。

第四章　商代内服臣正考

商代内服臣正及其所在的族氏是商王朝赖以存在的基础,对内服臣正的来源、分布、发展、演变,以及内服族氏与商王的关系进行系统考察,有助于进一步了解商代政治制度的演变以及总结商代国家的治理能力和治理经验。

第一节　商代内服的来源

商代内服制建立于商汤灭夏之后重构国家与社会秩序之时,考察商汤灭夏时的主要依靠力量,商汤建立内服制及建构国家结构的过程,可见商代内服的主要来源。

一、商汤建国与内服制的建构

商族早在上甲时期已经进入邦国形态,①经过早期的经营与积累力量,至商汤时期势力逐渐强大。商汤以夏方伯的身份征伐诸侯,建立以商汤为核心的方国联盟,最终代夏建国。在此过程中,商汤的主要依靠力量是商族及其姻亲族氏,这些族氏的领袖数量据《逸周书·度邑》载大概有三百六十位。《逸周书·度邑》载武王克商后,夜不能寐,周公问其故,武王

---

① 王宇信:《谈上甲至汤灭夏前商族早期国家的形成》,《殷都学刊》2007 年第 1 期。

谈到殷商建国的依靠力量："维天建殷,厥征天民名三百六十夫。弗顾,亦不宾威,用戾于今。"《史记·周本纪》作:"维天建殷,其登名民三百六十夫,不显亦不宾灭,以至今。"朱右曾云:"天民,贤者也。三百六十,言众也。宾、摈同。威、灭。戾,至也。天建殷邦,其登用天民,若伊、莱、甘、巫可指名者甚众,故其后嗣虽不顾天,天亦不即摈灭,延六十年之久而至于今也。"①《度邑》原文可能是"维天建殷,厥征名民三百六十夫。弗顾,亦不宾威,用戾于今"。② 上天建构殷商国家,乃征取贤民三百六十人,他们虽然不顾念天意,但上天没有抛弃他们,因此延续至今。这里的贤民三百六十人所在的族属应是支持商汤代夏的基本力量,周武王提出的商汤建国的主要依靠力量是三百六十贤人这一说法是可信的。周武王克商后,当缴获了商王朝很多图籍和档案,这些档案就是所谓的殷先王的"典册",其中可能有关于商王朝建国历史的记载,如关于内外服的政治结构就是周公亲见商代典籍记载,而在诰令中征引使后世得以知道的。商汤建国的情况,在商人的典册、史籍中很可能也有追记,周武王可能亲见商汤灭夏建国的历史记载,才有这番感慨。这可能是商汤建国主要依靠了三百六十族氏之说的史源。

《尚书·立政》载商汤灭夏后升帝位,接受上帝的大命,设立事、牧、准三类官,且皆能称职。在京邑设立称职的长官,可以和谐京邑;在四方设立称职长官,能够彰显成汤圣德。商汤灭夏所依靠的基本力量为三百六十有名的贤人及其族属,商汤以这三百六十个族属的力量为基础,重用这些族长为商王朝各级长官建立了内服制度,于是这些族构成商代内服的最早来源,成为商王朝中央到地方各级职事的实际掌控者。随着商王朝势力的开拓,这些族繁衍派生出更多的族属,其势力逐渐壮大,成为历代

---

① 朱右曾:《逸周书集训校释》,第70—71页。
② 据刘师培意见"天"为衍文,"民名"倒文,则应为"名民",贤民之意。陈逢衡认为"夫"当作"天"字,唐大沛认为是"夫",男丁通称。此处以作"夫"为确,且属上读。"弗顾"是指三百六十人不顾念天意,如《尚书·多方》"天惟求尔多方,大动以威,开厥顾天",上天向多方寻求民之主,动以天威引导多方顾念天意。"宾成"据卢文弨校改为"宾灭",即摈灭。诸说参见黄怀信、张懋镕、田旭东:《逸周书汇校集注》(修订本),第470页。

商王任用的"旧人"的主要来源。著名的"家谱刻辞"兒族的先祖可能是这三百六十贤人之一,由这一版刻辞看,兒这个家族共有十一世,其末两世见于子组、历组、宾组卜辞,最末一世当处于武丁时期,由此向上推商王十一世正好是商汤时期。① 兒族的家谱亦说明其为商汤到武丁这一长时段内商王朝的重要依靠力量。

成汤时期的三百六十族都与商族有着较为亲近的血缘关系或姻亲关系。从《史记·殷本纪》的记载看,自契至于汤共十四世,十四世内繁衍的同姓家族和异姓姻亲家族相当庞大,构成甲骨文中"王族"的主要力量。而每一世时王的兄弟、子侄则是甲骨文中"子族"的重要来源。其他与商王室有姻亲关系如"多妇"所在的家族则是多生即百姓的重要组成部分。商王朝任官分职大体由这些家族产生,如《尚书·牧誓》周武王公布商纣王的罪行之一,"昏弃厥遗王父母弟不迪",《史记·周本纪》作"昏弃其家国,遗其王父母弟不用",即商纣王的罪行之一是遗弃其亲族不加任用。

从甲骨文中的记载看,盘庚迁殷后的晚商时期,为商王办事的主要来自王族、子族、多尹。如:

丁巳卜,争,贞令王族比亩蜀卣王事。
贞叀多子族令比亩蜀卣王事。
贞叀[多]尹令[比]亩蜀卣王事。(《合补》4152)

这版卜辞中践行王事的有王族、多个子族、多位王朝大臣,那么,晚商时期商王朝内服主要来源于王族、子族、王朝大臣所在的宗族。而这些族可能是由成汤时期三百六十族繁衍而来。这些族的情况既在王卜辞中有所体现,在非王卜辞中也有突出的表现,特别是近年来非王卜辞的大量发现和系统的整理研究,为较为系统的探讨商代内服势力准备了条件。

从商汤克夏后重新建构社会秩序的措施看,商汤曾重用了部分夏遗民为官。《尚书·多士》载:"夏迪简在王庭,有服在百僚。"这是周初殷遗民对于商汤克夏史事的追述,当属可信。商汤重用的部分夏遗民,可能属于

---

① 李学勤:《再论家谱刻辞》,《李学勤文集》,上海:上海辞书出版社,2005年,第146页。

夏的贵族。为了笼络人心、建构夏民对殷商的政治认同，商汤吸收部分夏的贵族到朝中为官，并且作为商代任人政策的传统，直至商末夏族仍有在商王朝任职者，说明夏的贵族也是商代内服的重要组成部分。

二、外服入商为官构成内服的考察

商代存在着外服在商王朝中做事的情况，同时其又为自己邦国的君长，身兼两种身份。依据《尚书·酒诰》的说法，这种情况属于内服势力，但是又与其本国相联系，使得外服与内服之间发生联系。但与那种认为外服就是商王的在外之官的意见是不同的问题。这里说的外服入商为官，只是以外服的身份担任商王朝的某一职事，而不是单纯的商王朝的职事者。这种情况被学者谈论较多的是外服入朝为臣，文献上最为明确的是《史记·殷本纪》载纣王以西伯昌、九侯、鄂侯为三公。外服入朝为臣在甲骨文中频见。从这个角度看，张亚初先生总结商代政治特点之一，"中央的职官就是地方族氏的领导"是颇具道理的意见。① 下面主要来讨论外服入朝为臣的现象。

1. 贞人有来自外服者

甲骨卜辞中的贞人自从被学者发现以来就被关注，曾成为卜辞分期断代研究的重要标准，多位学者对卜辞所载贞人进行搜集，如饶宗颐先生作《殷代贞卜人物通考》，详列卜辞中每一贞人事迹。对于贞人属性的认识，董作宾先生认为贞人是卜问命龟的人，有时王亲为之，有时以史臣为之。其以骨臼上记事刻辞的署名者为史官，并注意到其与贞人名相同的情况，从而进一步确认贞人即为史官。② 这一说法遂为学界信从。对于贞人的来源也早有学者注意到，饶宗颐先生注意到贞卜者与诸子诸妇以及地名相同的现象。③ 张秉权先生认为贞人名同于方国名、邦邑名和侯国

---

① 张亚初：《商代职官研究》，《古文字研究》（第十三辑），北京：中华书局，1986年，第82—116页。
② 董作宾：《甲骨文断代研究例》，《庆祝蔡元培先生六十五岁论文集》（《历史语言研究所集刊》外编）上册，1933年，第344—345页。
③ 饶宗颐：《殷代贞卜人物通考》，第1194—1200页。

名。① 晁福林先生认为贞人为各部族首领,利用贞卜权力左右王朝军政,限制王权。② 学者们注意到的现象是极其重要的,所提出的观点也很有启发。考察卜辞材料,得见部分贞人所自出的部族有些是外服。试以卜辞中材料较为丰富的若干例子来阐发这一意见。

"宾"为武丁时期重要的贞人,其占卜的事项极多,关于贞人宾的材料也最丰富。武丁时期卜辞有外服宾侯(《合集》3333),关于宾侯的卜辞属于宾组一类,与贞人宾所处时代相同。贞人宾很可能是来自外服宾侯的重要人物,或许为宾侯的同母弟,或许是宾侯本人。

"大"系出组贞人,作为贞人在商王朝服务跨祖庚晚期至祖甲初期时段。据《合集》6798、20468、20476、27882、28004,《屯南》1209诸片知为大方之名,卜辞所见"大方"持续于武丁晚期至康丁时期,大方与商王朝曾有冲突。大作为贞人服政事或由于大方被商王朝征服的结果。

亙为宾组贞人,据时代为武丁早期自组卜辞《合集》33180片知亙为方国名,武丁时期卜辞有不少征伐亙方的记载。武丁之世亙被征服,其首领到商王朝作了贞人,为商王朝尽臣服者的职事。同时也是商王拉拢方国的一种方式,即以臣服的方国首领为贞人,参与到商王朝的政治活动之中。

缶曾是武丁时期重要的贞人,卜辞有缶方,与商王朝关系不稳定。多条卜辞载商王武丁征伐缶的情况,经过多次征伐,缶方被征服,其首领到商王朝作贞人为商王做事。商王让缶方首领有机会通过决策占卜吉凶的方式参与商王朝的政治运作,这种方式在商王朝行政中起到双效作用。

壴在商王朝占卜机构供职,壴所在族氏曾被商王朝派遣外服崇侯征伐(《甲编》3510),壴族氏与商王朝曾有婚姻关系,《乙编》4504"戊子,贞妇壴有子"。商王曾为来自壴的配偶占卜是否孕育子嗣。

先为商代外服先侯国名(《合集》3307、9486),曾经受到商王讨伐,后

---

① 参考张秉权《卜辞中所见殷商政治统一的力量及其达到的范围》,《"中研院"历史语言研究所集刊》(第50辑),1979年,第199—203页。

② 晁福林:《试论殷代的神权与王权》,《社会科学战线》1984年第4期。

与商王朝关系稳定,向商王朝朝见纳贡和为商王尽职,作为贞人当是外服先侯的一项重要职事。

2. 外服作小臣

商代的小臣是商王的近侍,作为商王的亲信有较大的权力。商代内外服并非总是一成不变的,部分外服也因与商王朝的亲疏而发生重要的变化,外服作商王朝的小臣就是外服内附成为内服的重要表现。其中曩侯的变化就是一个显著的例子,曩侯原是商王朝的外服之一,在商王武丁时期开始进入王朝作小臣:

(1) 甲子卜,允,贞于翌乙丑屎曩。乙丑允屎曩,不[遘]□。(《合集》9570)

(2) 癸未卜,在□𫵖,贞今舍巫九备,王于曩侯缶师,王其在曩🀰正。(《合集》36525)

(3) 庚寅卜,在曩,贞王步于𬎟,亡𡆥。(《合集》36956)

商末小臣缶方鼎(《集成》2653)与此曩侯缶时代相合,所处位置相近,小臣缶是曩侯缶的可能性很大。① 商晚期曩侯之地已经是商王向外征伐的重要据点,俨然成为王朝的直属政治区域。可以说曩侯自武丁以后世为小臣。

沚是商王武丁时期对外征伐的重要依靠力量,卜辞称为沚伯,武丁时期亦称其为臣,如《合集》707 正面刻辞有云:"乎比臣沚有册三十邑。"武丁册命沚伯为小臣并赏给他三十个邑。

舌亦是商王朝重要外服,商王称其为臣并命令其为王办事。如《合集》19092"贞惟臣舌戈令🀰",这是商王主动册命某个外服为小臣的情形。

外服林甸俞做了商王朝的小臣之官,现藏于美国哈佛大学福格艺术博物馆的商末玉戈,其铭云:"曰夒王大乙,在林田俞㚔。"裘锡圭先生认为"在林田俞"是甲骨文中的"在某田某"即外服甸的称谓。俞为外服名字,这件玉戈上的铭文属于记事刻辞性质,说明其来自外服林甸。㚔在铭文

---

① 参李学勤《北京、辽宁出土青铜器与周初的燕》,《新出青铜器研究》,第 52 页。

中作动词用,当如前引徐中舒先生意见为献的本字,表献纳之义。玉戈铭文是说在林地的外服甸名俞者向商先王大乙献上此玉戈用来祭祀。林地可能即是与夷方不远的林方之地,该地又设有外服甸,有两种可能的情况:一种情况是林方臣服于商王朝被命为甸;另一种情况是林方与林甸共存。现在还不能判断哪种情况更接近实际。帝乙时期的小臣俞尊云:"丁巳,王省夒㝃,王易小臣艅(俞)夒贝。唯王来正(征)夷方,唯王十祀又五,肜日。"(《集成》5990)商王巡视省察夒㝃之地,小臣俞跟随任事受到王的赏赐,事情在商王帝乙十五年征伐夷方后肜日之祭的日子。林甸俞距夷方不远,此小臣俞又随王征伐夷方,两器人物、时代、事件相近,林甸俞与小臣俞为一人当不致大谬。

山东青州苏埠屯商代遗址一号大墓有四条墓道,与殷墟王陵相同,由遗址出土铸有"亚醜"族氏铭文大铜钺及五十六件传世铜器铸有"亚醜"铭文,由此判断亚醜可能是商王朝派到东土驻守在苏埠屯一带的武官,逐步发展为外服诸侯。卜辞"小臣醜"(《合集》36419)属于商王朝内服,可能是此外服首领在王朝兼任小臣之官。

3. 外服作亚官

据《尚书·酒诰》所述商代内服有"亚",而甲骨文及商代金文皆有"多亚",确认亚为商代内服。内服亚的构成又是较为复杂和多变的,其中有一部分是外服充任商王朝内服亚,检索相关卜辞、金文大体有如下:

外服侯告做亚官,商代外服侯告是商王武丁时期征伐敌对夷方的重要依靠力量,其有为商王朝贡献羌人的义务。同时武丁时期卜辞又有关于告亚的记载,《合集》5685 正"己未卜,贞翌庚申告亚其入于丁一牛"。《合集》22246"告亚",《近出》828 告亚爵亦载有"告亚"铭文,说明商王武丁时期侯告曾入朝作亚这一武官。

犬侯亦是商代重要外服,虽然卜辞中未见亚犬之称,但在晚商铜器亚犬戈铭文(《集成》10843)中有"亚犬",说明犬侯也曾做过商王朝亚这一武官。

外服雀任曾做亚官,雀为商代外服任。《合集》5679 为王卜辞,载有活着的亚雀,而午组卜辞中既有活着的亚雀,也有故去的亚雀。午组卜辞

《合集》22086以亚雀与午组族长"子"对文,贞问午组的族长"子"还是亚雀勤劳王事好。午组卜辞《合集》22092载有告尸于亚雀的贞问,告尸与文献所载祭祀宾尸礼节有关,可能此时的亚雀已经死去。据黄天树先生的研究午组卜辞时代上限可上及武丁早中期之交,其下限可以延伸至武丁晚期之初。① 午组卜辞中亚雀的时代与王卜辞中雀主要活动在武丁早、中期的时代相符,说明雀任可能做过商王朝的亚官。

外服伯丙与商王室有婚姻关系(《合集》18911反),居地在山西省灵石旌介,在该地商代墓葬出土铸有"丙"族氏铭文铜器34件,占铜器主体,一般认为是该地外服伯丙的家族墓地。外服伯丙族有在王朝居任"亚"官和史官"作册"者。如在殷墟西区第三墓区M697出土"丙"族氏铭文铜器,《续殷文存》下18.2著录有"亚丙"族氏铭文爵一件,《集成》5166"丙木父辛册"铭文的铜卣。

髳侯在晚商时期入商王朝做了小臣,相关史料显示髳侯还作了商王朝的亚官,商末周初金文中有"髳侯亚疑"族氏铭文,表明器主出自髳侯亚疑族,这个族氏是一个复合族氏,由商代外服髳侯与亚疑族构成,很可能是出自商代外服髳侯者担任商王朝内服亚官而另立的一个族氏。

长伯为商王朝外服(《合集》6987正),商王朝曾向其征收贡物,商王关心长地的收成(《合集》9791),商王朝派遣官员"往于长"(《合集》7982),与长伯联络,商王也曾亲至长地(《合集》767反、36346)。殷墟花园庄54号墓出土青铜礼器上大多有"亚长"铭文,发掘者认为该墓的主人当为"长"族的首领,是一位兵权在握的显赫贵族。② 亚为《尚书·酒诰》所载的内服,"亚长"可能是外服长伯或其族人居任商王朝内服亚官的明证。

外服到商王朝做亚官,其亚后一字确系国名,但不能就此论断亚某为国名,陈梦家先生所说亚某是王朝的武职官员,是可取的。由上文的举例式的分析可知,外服入商王朝为臣是表示其服从商王朝的一种方式——

---

① 黄天树:《黄天树古文字论集》,第133—148页。
② 中国社会科学院考古研究所安阳工作队:《河南安阳花园庄54号商代墓葬》,《考古》2004年第1期。

为王朝服政事。有些方国被商王朝征服,为了表示服从商王而进入朝中一段时间为商王服政事、尽臣子的职守,部分小臣和贞人即如是。随着商王朝疆域的拓展、势力的壮大,有些侯国逐渐内附成为内服势力,长期在朝中为官,不少作了商王近臣——小臣之类的官。还有一些是商王为了拉拢关系不是很稳定的外服,而册命其首领为商王朝的臣子,以分享政治权利的方式,达到缓和双方关系、拉近距离便于监管的目的。

综上,商汤以三百六十族属的力量为基础,与反夏的诸侯结成联盟,灭夏而重新构建新的统治秩序。商汤任用三百六十族的族长为商王朝各级行政长官,并任用夏遗民中的贵族为朝臣,建立内服制度。这三百六十族和夏族成为后世商王朝内服的主要来源,考察卜辞中内服的情况,发现商代后期存在外服进入内服系统的现象,这或许反映商代内外服不是固定不变的,内外服存在互动的情况。具体表现是商王朝吸收了一些外服首领或其族氏成员到商王朝出任宗教祭祀官员"贞人"、保卫商王都的武官"亚"、商王近侍"小臣",通过为商王朝服政事参与商王朝的政治运作。

第二节 商代内服族属的居处与内部构成

学者们通过对现有甲骨文材料的整理研究,对商朝职官的系统已有较清晰的认识。考察商代内服的组成亦应吸收前辈学者研究商代官制的成果,但对内服的研究与对官制的研究是不同的,因为服的范围要大于官。商王成汤通过建立内外服制度来治理国家,"王畿以内为内服,王畿以外为外服。内服为百官(百僚、百辟),外服为列国(侯伯)"。[①] 于是形成以内服、外服为特征的商代国家结构,在王畿内为商王朝办事的人员就是内服的重要组成部分,而这些办事人员多为与商王有血缘关系的同姓

---

① 金景芳:《中国奴隶社会史》,第58页。

家族和与历代商王关系亲近的异姓族氏或姻亲。

一、内服的主要居处——大邑商

商代的王畿称作商邑,又称"大邑商"(《集成》6014何尊),大邑商内部有其严整的结构。大邑商的范围因王都的迁移而有一定的变化,商代的内服主要居住于大邑商范围内。

1. 大邑商的范围变化

大邑商随着商王都的迁移而有所变化,《尚书·盘庚》称成汤至盘庚"不常厥邑,于今五邦"。据《史记·殷本纪》称汤居亳,中丁迁隞,河亶甲居相,祖乙迁邢,南庚迁奄,盘庚迁殷。殷即今之安阳殷墟,其他五地或有争议,但大体在河南中部至河北南部一带。王都所在一定是大邑商范围之内,商代几个王都的范围大体应是大邑商的范围。从目前的考古发现的商邑看,今已有四座王都商城,即商代前期的王都河南偃师商城和郑州商城,商代中期的王都安阳洹北商城和商代晚期的安阳殷墟。另外位于河南省郑州市西北约20公里的小双桥遗址,其性质尚有不小争议,有学者认为可能是中丁所迁隞都。① 河北邢台地区的中商遗址群的年代、地望与史载祖乙迁邢相合,只是尚未发现作为王都的城址、宫殿宗庙遗址、铸铜作坊遗址等。这两处遗址性质的确定还有赖于考古发掘与研究来解决。大邑商是一个地域范围,由卜辞商王入商而在距离都城较远之地知之。大邑商即后世所说的王畿,据宋镇豪先生研究:文献所载商王畿范围与甲骨文提供的证据基本一致,以偃师商城、郑州商城、安阳洹北商城和殷墟四座商代王邑为中心圈出,则其东界大体在河南柘城、商丘以西和濮阳迄东一线,南界在濮阳、鲁山一线,西界及于孟津和太行山以东,北界在河北邢台、内丘附近。大体括有河南中部偏北及河北南部地区。② 这一结论是建立在文献记载和甲骨文及考古遗址相结合基础上得出的,因

---

① 陈旭:《商代隞都探寻》,《郑州大学学报(哲学社会科学版)》1991年第5期;《郑州小双桥遗址的年代和性质》,《中原文物》1995年第1期。

② 宋镇豪:《论商代的政治地理架构》,《中国社会科学院历史研究所学刊》(第一集),第16—18页。

而是可信的。可大致分为商代前期,大邑商由偃师商城与郑州商城两座王都所控制地区的连线范围构成。商代后期,大邑商大体包括河南中部偏北及河北南部地区。

2. 大邑商内部结构

大邑商内主要由都邑与周围的直接控制的直属地域构成。商代王都的结构有赖于考古发掘所得遗址,已经大体清楚。如偃师商城、郑州商城皆有宫城、内城、外郭三重城垣构成。墓葬、陶窑、铸铜作坊区一般分布于最外围。宫城是商代王族的居地,内有宫室、宗庙、社坛等活动场所。内城主要居住着商王朝的官员、贵族所在的家族。王都周围直属地域时称郊、鄙、奠。《尚书·牧誓》即言周师至于"商郊牧野"。《尔雅·释地》"邑外谓之郊",商王都外为郊亦有甲骨文的证据,"□酉卜,王曰贞其蒿田"(《合集》29375)。《周礼·地官·载师》郑玄注"故书郊或为蒿",①是蒿亦可读若郊。"蒿田"读为"郊田",即在郊行猎。② 甲骨文中有商鄙(《英藏》2525)、我奠(《合集》9767)、南奠(《合集》7884)、西奠(《合集》24)、北奠(《合集》32277)诸称,奠或读若甸,《周礼·天官·甸师》郑注"甸在远郊之外"。③ 郊、鄙、奠内则居住着与商王血缘关系较疏远的平民家族和异姓家族,这些家族成员就是商王朝的主要劳动力——众。

二、内服的族氏结构

《左传·定公四年》所载卫祝佗所述周初分封鲁国"殷民六族:条氏、徐氏、萧氏、索氏、长勺氏、尾勺氏,使帅其宗氏,辑其分族,将其类丑,以法则周公。用即命于周,是使之职事于鲁,以昭周公之明德"。据此殷遗民族氏有宗氏、分族、类丑的等级区分,但学者对宗氏、分族、类丑有不同的理解。弄清楚这几个词汇的意义,对于认识殷商内服族氏的内部结构无疑具有重要的意义。关于宗氏、分族,孔颖达谓:"使六族之长各自帅其当

---

① 《十三经注疏》,第725页。
② 李学勤:《释"郊"》,《文史》(第36辑),北京:中华书局,1992年。
③ 《十三经注疏》,第663页。

宗同氏。辑,合也。合其所分枝属。族,属也。将其族类、人众,以法则周公。"①孔以宗氏为"当宗同氏"。日本学者竹添光鸿认为:"宗氏者,宗子族长也。分族者,旁族别门也。类丑者,远派疏属也。"②陈梦家先生谓:"殷民六族或七族是子姓下的六个七个氏族,每个氏族下有若干同宗的宗族(宗氏),宗族下有若干同族的家族(分族)。"③童书业先生谓:"'宗氏'者,宗族也,有'大宗'率领。分族者,宗族之分支,盖有'侧室'、'小宗'等之长率领,与'大宗'相和辑,受'大宗'管辖。"④杨伯峻先生谓:"宗氏,其大宗,嫡长房之族。分族,其余小宗之族。""类丑,同义词连用,此谓附庸此六族之奴隶。"⑤以上五说皆以宗氏、分族为族的上下级关系,殷民六族具体表现为六个不同名号的氏,在这个语境中氏即族,能够率宗氏、辑分族者非六族各自的族长莫属,即命令殷民六族的族长率领其宗族集合诸分族小宗,并统帅宗族的附庸。从此处记载可见,殷人宗族由族长率领并集合诸分族构成,这些宗族长通过进入商王朝内服系统做王朝官员,而以官庇其族。那么,可以确定殷商时代内服族氏大致呈宗氏、分族的分层亲属结构并统帅着宗族的附庸而聚族而居。

商周金文中的复合族氏铭文亦反映了内服族氏的内部结构,朱凤瀚先生通过对商周金文中的戈复合族氏铭文的研究,认为与戈构成的复合氏名表示的是从戈族分衍形成的诸分支,与戈有复合关系的氏名再与其他氏名复合,表示的是从戈族的分支中再次分衍而形成的更小分支。⑥从殷墟内发掘的商人墓葬反映的墓地制度来看,亦能够证明商代内服族氏的内部结构呈现两级结构。朱凤瀚先生以殷墟西区三区墓地与后冈商代墓地为例,对这两块墓地反映的商人家族组织结构进行了细致的分析,殷墟西区三区内贵族与平民聚族而葬,按照不同墓葬出土陶器组合形式相同反映他们具有较近亲属关系的原则,划分出墓群和墓组,在相对独立

---

① 孔颖达:《春秋左传正义》卷五四,《十三经注疏》,第 2134 页。
② (日)竹添光鸿:《左氏会笺》,成都:巴蜀书社,2008 年,第 2151 页。
③ 陈梦家:《殷虚卜辞综述》,第 615 页。
④ 童书业:《春秋左传研究》(校订本),北京:中华书局,2006 年,第 136 页。
⑤ 杨伯峻:《春秋左传注》(修订本),第 1536 页。
⑥ 朱凤瀚:《商周家族形态研究》(增订本),第 91 页。

的一块墓地存在着墓群与墓组两级结构,墓群之内有若干墓组,若干墓群又聚合为更大的墓群。① 这样的埋葬现象反映了这一宗族的分化繁衍情况,与戈族的分化繁衍相近,即更大的墓群相当于戈族,其下的各个墓群相当于戈与其他氏名组成的复合族氏,即戈族的分族;而不同墓群内的墓组则可能是类似从戈族分族中再次分出的更小分支。

商周金文中有"子"与"小子"称谓,可能也是商代内服宗族结构分级的又一个证明,如"乙亥,子易小子■王赏贝,在兢次"(《集成》2648),"甲寅,子赏小子省贝五朋,省扬君赏,用作父己宝彝。■"(《集成》5394),"乙巳,子令小子斋先以人于堇,子光赏斋贝二朋。子曰:贝隹辟蔑汝历。斋用作母辛彝。在十月月惟子曰令望人方罾。■母辛"(《集成》5417),"子光赏小子启贝,用作文父辛尊彝。■"(《集成》5965),以上诸例皆为商代晚期铭文,所记录的子与小子某俱出于■族,子是奉商王命令讨伐人方的内服,而小子某称子为辟、为君,说明子可能是■族族长与小子某为同族内的上下级关系,小子某能够率领族众从事军事活动,说明小子某所在的宗族有自己的武装,这似可以说明子与小子某所在的宗族为上下级关系,子若为宗族长,小子某则是该宗族下的分族小宗族长。由这几例看,■族族长称"子",族内又分为小子■、小子省、小子斋、小子启等小宗分族。

综上,商代的内服族属"生既聚族而居,死亦聚族而葬",从殷墟区发现的墓葬组合和出土族氏铭文情况看,殷商内服族属主要居住在"大邑商"即后世所称的王畿范围内。内服族氏内部结构大体上以姓族之下分为若干宗族(宗氏),宗族之下又分为若干分族,势力强大的内服族氏可能在分族之下还有更小的分族。

第三节　商王与内服的政治关系

在传世文献和甲骨文中都透露出,武丁及武丁以前的商王对旧臣极

---

① 详参朱凤瀚《商周家族形态研究》(增订本),第102—116页。

其尊崇的现象,商王朝的发展壮大以及最后的灭国都与商王对待旧臣的态度密切相关。商代的内服对于商王的继位、商王朝的稳固发展都有着重要的影响。卜辞有旧臣之称,如"昔我旧臣"(《英藏》1186),"贞我家旧老臣亡老(害)我"(《合集》3522 正)。目前所见卜辞中能够"老我"的有上帝、先公、先王,而旧老臣也能"老我",说明其在商代人心目中的地位很高。旧臣一般指前代先王的主要大臣,一般是德高望重、在商王朝发展中起过举足轻重的作用,时王君主对其礼遇有加。从卜辞所见商代的旧臣地位很高,有的可以与商先王一同被祭祀,有的还可以称"示"。商代的旧臣有多少位,现在也还不清楚。《尚书·君奭》载周公之言曰:

> 我闻在昔,成汤既受命,时则有若伊尹,格于皇天。在太甲,时则有若保衡。在太戊,时则有若伊陟、臣扈格于上帝,巫咸乂王家。在祖乙,时则有若巫贤。在武丁,时则有若甘盘。率惟兹有陈,保乂有殷,故殷礼陟配天,多历年所。

据此成汤时有贤臣伊尹,大甲时有贤臣保衡,大戊时有贤臣伊陟、臣扈,祖乙时有贤臣巫贤,武丁时有贤臣甘盘。除此外还有一些不见于文献而见于卜辞的,可以肯定他们都是商王朝发展历史上赫赫有名、建立伟大功勋的臣子,被后世商王称为旧臣或"我家旧老臣"。

一、商汤时期内服贤臣

商汤时期内服臣子首推伊尹,关于伊尹,传世文献记载颇多,据《吕氏春秋·本味篇》载伊尹出生于伊水之滨,长于有莘氏。《史记·夏本纪》称有莘氏为夏禹之后分封者,当为夏王朝的同姓家族。伊尹归汤之前曾为有莘氏庖正,①服务于有莘氏君主,曾受命管理农业生产相关之事。② 夏商之际社会秩序发生了较大的变动,夏王朝的统治者夏桀无道,日益失去

---

① 伊尹为有莘氏庖人之说,见于诸子之书,《庄子·庚桑楚》《墨子》《韩非子》《吕氏春秋》《淮南子》都有多处记载,当属可信。
② 《孟子·万章》及《太平御览》卷三九七引《帝王世纪》均有伊尹在有莘氏田作之事,见《太平御览》,第1834页。

朝臣和诸侯的支持,商汤逐渐取得夏民众和诸侯的支持。在这种情况下,有莘氏与商汤通过联姻而结盟,伊尹因善于烹饪而作为媵臣归汤。伊尹生活的有莘氏是夏王朝的分支,掌握着当时先进的文化,伊尹因居庖正职位,服务于有莘氏君主身边,得以学习君主治国经验。伊尹归汤后以滋味说商汤治理国家、天下的道理,被商汤命为小臣,辅佐商汤灭夏及建构商代国家结构与社会秩序。伊尹以尧舜之道辅佐商汤治理国家,与商汤谋伐夏桀。伊尹先以汤使者身份朝觐夏桀,表示成汤对夏的臣服。后又以贡士的身份入夏,希望得到夏桀重用而获取情报,但未被重用而归汤。商汤又以箭射伊尹,示双方关系破裂而伊尹奔夏,使夏桀放松对伊尹的警惕性,从而成功间夏。《吕氏春秋·慎大》与《清华大学藏战国竹简·尹至》、《上海博物馆藏战国楚竹书·容成氏》都记载伊尹间夏,探知夏的后宫失和,夏桀冷落元妃妹喜氏,宠幸新获岷山氏二女琬、琰;夏众怨恨夏桀,希望其早日灭亡的隐情告知商汤。伊尹联合失宠的妹喜氏,妹喜氏向伊尹泄露了夏桀的军事机密,即夏桀重兵布防于东部。商汤与伊尹谋划从东方出兵绕道至夏都之西,绕过夏桀重兵布防,一举打败夏桀于鸣条。《容成氏》叙述了商汤打败夏桀的经过,商汤从武遂进攻住在安邑的夏桀,①夏桀逃往历山氏,商汤趁势追击,败夏桀于鸣条,夏桀逃往南巢氏。汤继续追击,夏桀逃往苍梧之野。于是商汤征召天下九州军队,四海之内征讨,夏桀残存势力皆服,汤得众而有天下。② 针对夏桀末年腐败的社会风气,汤"命伊尹作为《大护》,歌《晨露》,修《九招》《六列》,以见其善"。③ 汤命伊尹制定礼乐,以礼乐教化民众,使民众认同于商汤确立的新社会秩序,起到了变革社会风气的作用。④《逸周书·王会》所附《商书·伊尹朝献》

---

① 武遂,据整理者释出,称在今山西垣曲东南临黄河处。可能相当于《尚书·汤誓序》的"陑"。参马承源主编《上海博物馆藏战国楚竹书》(二),上海古籍出版社 2002 年,第 281 页。

② 《上海博物馆藏战国楚竹书·容成氏》第三九至四二简,上海古籍出版社 2002 年,第 280—283 页。商汤败夏桀于鸣条与《尚书·汤誓序》所载相合,夏桀逃往南巢氏与《太平御览》卷八二"皇王部"所引《竹书纪年》相合。

③ 《吕氏春秋·古乐》。

④ 《史记·乐书》称:"凡王者作乐,上以承祖宗,下以化兆民。"则商汤命伊尹所作之乐,亦起到变革社会风气的作用。

记载了商汤命令伊尹制定四方朝王纳贡的《四方令》,并以法令形式颁布于四方诸侯,制定了四方诸侯朝王纳贡之"服",成为此后商代的重要政治制度。《史记·殷本纪》记载商汤死后,伊尹曾经先后立了三位商王。内服权臣能够拥立新王,说明商王朝的早期是在内服权臣为首的内服朝臣拥护下得以发展的。从晚商卜辞中对于商代早期内服旧臣的隆重祭祀看,能够加深对此问题的认识。内服旧臣中首位被祭祀者当属伊尹,关于伊尹的卜辞大致有如下方面:商王向伊尹进行单独祭祀,如"□□卜,其侑、岁于伊尹,叀龟祝"(《合集》27653),"伊尹岁十羊"(《合集》27655)。伊尹可以配享商先公上甲和商先王商汤、祖乙,"癸丑卜,上甲岁,伊宾"(《合集》27057),"贞其卯羌伊宾。王其用羌于大乙,卯叀牛,王受佑"(《合集》26955),"祖乙[ ]、岁,其射。伊宾"(《屯南》1088)。伊尹与上甲以前的先公高祖夔、河、岳一样成为商王祭祀、求年、求雨的对象。① 伊尹可与商先王一起受到祭祀,如与祖丁同祭。②伊尹不仅受到商王的祭祀,还受到商王室贵族的隆重祭祀。"□卯,子卜,来丁酢四牢□伊尹"(《合集》21573),"癸丑,子卜,来丁酢伊尹至"(《合集》21574),"辛亥卜,至伊尹,用一牛"(《合集》21575),这三条都是子组卜辞,占卜主体是"子",子就祭祀伊尹进行占卜。相关卜辞表明,商王对伊尹进行多种祭祀,几与商先公、先王无别;伊尹能够与商先公、先王一样,是商王求雨、求年的对象,说明伊尹具有与商先王一样的人格神。伊尹受到子组卜辞主人"子"的祭祀,与商先王受到子的祭祀具有同样的意义,亦表明伊尹具有商先王一样的神格。伊尹被后世商王奉为商先王一样尊崇,说明伊尹生时犹如商王,曾在商王朝发展历史上作出过巨大贡献。

商汤时期内服臣子还有仲虺,为成汤左相,曾作《仲虺之诰》。《仲虺之诰》流传甚久,东汉郑玄时已经亡佚,但其影响很大,见引于《左传》、战国诸子、西汉时期学者言论。甲骨文中所见伊尹之后亦成为商王朝的内服重臣,关于伊奭不见于传世文献,或以为是伊尹的配偶,或以为是伊舅。

---

① 《合集》34240、《合集》33273、《合集》33282。
② 《合集》27288、《合集》27306。

从关于他的卜辞内容看,仍是一位重要的旧臣。伊奭被商王祭祀,"壬申酮于伊奭"(《合集》33273)。商王向伊奭祈求风雨,"甲戌卜,其求雨于伊奭"(《合集》34214),"☑风于伊奭"(《屯南》1007)。可能其生前曾对商王朝的发展作出过重要贡献。

二、甲骨文中其他著名内服旧臣

伊尹的后代有伊术,《英藏》2262"其令伊术,惟丁令"。伊陟,卜辞未见其名,《史记·殷本纪》载帝太戊立伊陟为相。帝太戊赞伊陟于庙,言弗臣,伊陟让。据《殷本纪》,伊尹死于太甲之后,伊陟当是伊尹之后代而被任用者。《左传集解后序》明确说伊陟是伊尹之子,并且说伊尹还有一子叫伊奋,但是都未见于卜辞。从卜辞伊奭、伊术,文献之伊陟、伊奋可以确知,伊尹之后代有在商王朝为大臣者,并且很受重视,仍属于内服旧臣之列。

黄尹,黄是私名,或以为黄本是国名,后来转化为氏名,黄尹为黄氏之长,因用以作为私名。尹是官名。关于黄尹或认为与伊尹为一人,或认为是另外一位旧臣。黄尹被商王祭祀,"贞来丁酉侑于黄尹"(《合集》563),"告于黄尹"(《合集》6137),"燎黄尹四豕卯六牛"(《怀特》899)。商王向黄尹有所祈求,"丁亥卜,求黄尹燎二豕、二羊,卯六牛。五月"(《怀特》899)。黄尹具有给人间商王降祸以及保佑的权能,"癸未卜,古,贞黄尹保我史"(《合集》3481),"贞黄尹害王"(《合集》3483 正),"贞有疾止,惟黄尹害"(《合集》13682 正),"贞黄尹不我祟。"(《合集》3484),"贞黄尹祟"(《合集》1303 正),黄尹的神主被称作黄示,"其卫于黄示"(《合集》6354 反)。《尚书·君奭》记载商代大甲时有大臣叫保衡。《诗经·商颂·长发》记载商代有大臣叫阿衡。有学者考证,卜辞的黄尹即《诗经》《尚书》的阿衡、保衡。黄、衡音近相通,为其私名。尹和阿、保同,为其官名。可备一说。黄奭,有学者认为即黄尹,也有的认为是黄尹的配偶。都尚待更多材料的证明,可以肯定其为商代重要的旧臣。关于黄奭的卜辞主要是被祭祀,"丙寅卜,争,贞侑于黄奭二羌"(《合集》409),"贞于黄奭燎"(《合集》418 正),"翌戊戌,戠于黄奭"(《合集》575),"禘黄奭三犬"(《合集》3506)。黄孽,有学者以为即黄尹,因为都有害的权能,而且都叫黄。如"贞黄孽惟有害。贞黄孽不惟有害"(《合集》767正)。但是关于黄孽的卜辞较少,无法进一步证实是说。

咸戊,或认为也称作咸,但是卜辞中咸是商汤的称号,咸不能专指咸戊。从卜辞看咸戊受到极高的尊崇。咸戊受到商王的祭祀,"贞侑于咸戊"(《合集》3507),"丁未卜,扶,侑咸戊、学戊乎。丁未,扶,侑咸戊牛不。丁未卜,扶,侑咸戊"(《合补》6570)。咸戊具有降祸人间商王的权能,"咸戊害王"(《合集》10902)。传世文献不见有咸戊之名,而有巫咸,见《尚书·君奭》。《白虎通·姓氏篇》作巫戊。有学者认为咸戊即文献所载的巫咸。巫、戊甲骨文字形相近易混,咸戊误作咸巫,颠倒过来就成了巫咸。

学戊,传世文献中不见有此称名,卜辞中也被称为爻戊,也是商代重要的旧臣之一。学戊被商王祭祀,如"侑于学戊"(《合集》952正),"壬寅卜,扶,司叀羊不。丁未卜,扶,侑咸戊不。丁未卜,扶,侑学戊。丁未卜,扶,侑咸戊牛。丁未卜,扶,侑咸戊、学戊呼"(《合补》6570),"丁巳卜,[扶],又学[戊]"(《合集》20101)。学戊与咸戊同时被祭祀,"侑于爻戊、咸☐"(《合集》7862)。学戊具有降祸人间的权能,"贞学戊不害"(《卜辞通纂·中村氏旧藏甲骨》七)。

戊陟,赵诚先生认为戊是官名,陟为私名,故可简称为陟。也有学者认为戊陟即文献上的伊陟。有关戊陟的卜辞主要在被祭祀和权威方面。戊陟被商王祭祀,"戊辰,侑伐于陟,卯牢"(《英藏》408)。戊陟具有作祟人间的权能,"贞戊陟、戊学祟"(《合补》1804正)。

尽戊,有学者认为《尚书·君奭》所载的巫贤即卜辞之尽戊,但这种说法尚待证实。甲骨文中的尽戊被商王祭祀,"贞,侑于尽戊"(《合集》10969正),"庚戌卜,殻,求于尽戊"(《合集》3516)。具有降祸商王的权能,"尽戊祟王"(《合集》3251正)。

师般,传世文献不见师般之名,仅有甘盘。《尚书·君奭》:"在武丁时则有若甘盘。"孔传:"甘盘,殷贤臣有道德者。"甘盘与师般均为武丁时期人,故学界一般认为甘盘与师般是一人。赵诚先生认为师般变成了甘盘,应该是讹误,但讹误的原因不明。① 关于师般的卜辞主要是他的活动,即武丁时期师般还活着。师般践行王事的活动,"贞今二月师般至"(《合集》4225),"癸酉卜,古,贞师般古王事"《合集》5566)。师般接受商王武丁的命令,"癸巳卜,古贞,令师般涉于河东"(《合集》5566),"丁巳卜,㱿,贞呼师般往于微"(《合补》1246)。商王担心师般的安危,卜问师般有无灾祸。"贞师般其有尤"(《合集》4226)。

蔑,字或从女旁,甲骨文中从女从人往往可以通用。目前所见材料还不能够证实蔑所属的商王世。有学者认为蔑即《山海经·海外西经》的"女戚",《大荒西经》的"女蔑"。卜辞中蔑与伊尹、黄尹并祭,可能是商代建国之前的人物,与古史时代接近,所以被写进《山海经》中。关于蔑的辞例主要是被商王祭祀及对蔑有所祈求。蔑被商王祭祀,"辛酉卜,宾,贞侑于蔑"(《合集》14801),"辛酉卜,王燎于蔑"(《合集》14804),"其有岁于蔑,三十羊"(《屯南》2361),"己亥卜,㱿,贞侑伐于黄尹,亦侑于蔑"(《合集》970),"其侑蔑眔伊尹"(《合集》30451)。商王对蔑祭祀并有所祈求,"己卯卜,余,求于蔑,三牛,允正"(《合集》14811),贞问以三头牛向蔑有所祈求,一定吉利。蔑与伊尹、黄尹同时被祭祀,说明其为旧臣,并且地位崇高。

从目前所见材料看,商代的旧臣皆出于武丁之前,商代建国之后一直到武丁时期,德高望重的旧臣都受到特别的尊崇,像伊尹可以辅佐好几代商王,甚至可以废立商王,这大概就是古代中国"任人惟旧"的政治文化现象的早期表现。在商人的思想世界中,旧臣可以为商王、国家带来祸患,"贞我家旧老臣亡害我"(《合集》3522 正)。也可以保佑商王、国家,"癸未卜,古,贞黄尹保我史"(《合集》3481)。一个王朝里有一些功勋卓著、德高望重的旧臣,可以产生稳定政权的重要作用,甚至可以抑制时王以及其他大臣公开的为非作歹。赵诚先生指出,"值得注意的是,商王尊崇旧臣的当时,正是贯彻实施儿子和弟兄均可继承王位的时期,看来这是相辅相成的两个方面"。② 也就是说商王重视旧臣政治的时代,正是商王朝王位纷

---

① 赵诚:《甲骨文与商代文化》,沈阳:辽宁人民出版社,2000 年,第 109 页。
② 赵诚:《甲骨文与商代文化》,第 108 页。

争最为激烈的时候,王位继统在"父死子继"和"兄终弟及"之间徘徊的时期,由于王位纷争需要借助内服宗族势力的支持,所以在商王举行的宗教祭祀活动中特别突出内服旧臣的地位,目的在于拉拢团结内服臣子。如上举关于内服旧臣的卜辞主要集中于商王武丁、祖庚、祖甲时期,涉及多位内服旧臣,而时代最晚的是何组(《合集》26955)、无名组(《合集》27057、27655、27653、30451)的几片卜辞,占卜事项主要是关于祭祀伊尹之事。这一现象是否说明在祖甲之后的商王不太重视对内服旧臣的祭祀,或可以说商王朝随着王权的强化而对旧臣政治进行了一些改革。

三、商代后期内服制的改革与王权的强化

武丁即位后加强对内服系统的管理,重视旧臣为政,任命内服旧贵族——小乙朝臣的代表即自己的老师甘盘为卿士,统领王朝内服群臣。同时又积极寻找贤能辅政,武丁不囿于以往的用人政策"人惟求旧"即依靠内服贵族的后代,而任用有才能的傅说。武丁并没有直接破坏传统的立官长的制度,而是借助当时的宗教观念,采取了占梦的神秘方式。《史记·殷本纪》载:"武丁夜梦得圣人,名曰说。以梦所见视群臣百吏,皆非也。于是乃使百工营求之野,得说于傅险中。是时说为胥靡,筑于傅险。见于武丁,武丁曰是也。得而与之语,果圣人,举以为相,殷国大治。故遂以傅险姓之,号曰傅说。"《今本竹书纪年》云:"三年,梦求傅说,得之。"《尚书序》:"高宗梦得说。"《殷本纪》材料取自《国语·楚语上》,《楚语上》有云:"如是而又使以象梦求四方之贤圣,得傅说以来,升以为公,而使朝夕规谏,曰:'若金,用女作砺。若津水,用女作舟。若大旱,用女作霖雨。启乃心,沃朕心。若药不瞑眩,厥疾不瘳。若跣不视地,厥足用伤。'"①清华简《说命上》载商王武丁得傅说于傅岩,"说来,自从事于殷,王用命说为公"。② 武丁以梦圣人而解梦的宗教形式,起用身份低微的傅说,避免了内服旧贵族对任用傅说的阻挠。这几处记载都说得傅说之后即命为上公

---

① 《国语》,第554页。
② 李学勤主编:《清华大学藏战国竹简》(叁),上海:中西书局,2012年,第122页。

或卿相,而《今本竹书纪年》:"六年,命卿士傅说。"对此雷学淇认为:"三载考绩,说有成功,故命为卿士,立以作相犹尧之试舜三载底绩,乃授之政也。《尚书·说命》三篇即命说之语,犹《吕命》《文侯之命》,止载王之命词也。"①按雷学淇说,武丁似初得傅说时,只是立为上公,以备咨询问政、规谏。三年有成后,方命为卿士总领内服群臣。

商王祖甲时改革祭祀制度,取消武丁、祖庚时代之多种祀典,简化为肜、翌、祭、𧛑、劦五种有组织之祀典,遍祭自上甲以下之先祖,连续循环行之,今之学者谓之周祭,可能对于旧臣的祭祀也在改革与简化之列。祖甲改革祭祀制度的宗旨是突出商先王的尊崇地位,反映在政治上乃是强化王权的举措,随之而限制了内服权臣的权力。

到了武乙时期则又有大的变革,不仅旧臣不再受尊崇,连天神也不放在眼里。《史记·殷本纪》:"武乙无道,为偶人,谓之天神。与之博,令人为行。天神不胜,乃僇辱之。为革囊,盛血,卬而射之,命曰'射天'。"这个材料反映武乙不信仰天神,试图破除天命的阻碍,更大范围发挥商王的权力,但是其行为与商周时期信仰天命的主流宗教观念相悖,故受到当时及后世批判,被视为无道之举。

帝乙时期的商王朝出现外服叛离、四夷交困的危局。内政也出现了严重问题,最突出的是王位继承异于前代,废长贤而立少嫡。据《史记·殷本纪》载:"帝乙长子曰微子启,启母贱,不得嗣。少子辛,辛母正后,辛为嗣。"②这就造成了帝辛之时,微子启与帝辛的政见不和以至于分裂内服朝臣,导致纣众叛亲离而亡国的恶果。纣王时期,改革了传统的任用旧人的用人政策,而任用一些被他的反对派和周人称之为四方的罪人和奸佞小人,助长了纣王奢侈腐化的生活和政治腐败;贤臣微子、比干、箕子、三公不但不被重用,反而遭到杀害,这些导致内服中不少族氏叛离商王朝而投奔周,商王朝赖以存在的政治基础被破坏了。

---

① 雷学淇:《竹书纪年义证》,第174页。
② 此以微子启与纣为异母,《吕氏春秋·当务篇》以为同母,言母当生启时,犹未正立,及生纣时,始正为妃,故启大而庶,纣小而嫡。这两说相同之处都说启长而庶,纣少而嫡。

总之,商代前期,内服在拥立商王即位、巩固国家政权方面作出了卓越的贡献。至于商代中期,商王朝出现"比九世乱"的混乱局面,王位继承在"兄终弟及"、"父死子继"甚或出现叔叔继侄之后的混乱情况,而在王位纷争中内服族氏起到了重要作用,每一位即位的商王都要拉拢他的支持者,所以在商代前期、中期内服族氏有着尊崇的政治地位,与之相应的是他们的祖先在神灵世界中也具有尊崇地位,表现在祭祀活动中受到商王隆重的祭祀。商代后期,武丁开始改革政治特别是内服制度,团结外服诸侯而征伐四方,使得四方"莫敢不来享,莫敢不来王",加强了中央集权特别是商王的权力。此后的商王也采取各种措施不断强化王权,商王加强个人权力是以削弱限制内服臣子的政治权力为前提的,故王权的增强与旧臣政治之间产生了矛盾。这一矛盾在商纣王废弃用旧家大族为政政策以后而全面爆发,导致内服族氏逃亡或叛商投奔周,造成了商赖以统治的基础的丧失。

第四节 《尚书·盘庚》、殷墟卜辞所见商王与内服宗教祭祀关系

商代内服多与商王有着或近或远的血缘联系,而祭祀共同的祖先就是维系商王与内服关系的重要方式。通过祭祀共同的祖先形成一种心理认同与归属感。从祭祖礼的目的可以抓到商王与内服关系的重要内容。商代是由内外服构成的复合制国家,[①]商王盘庚发布诰命的对象是外服诸侯与内服王朝大臣,而以在朝为官的外服君长和内服为主。在以往对《尚书·盘庚》的研究中并未注意到商王盘庚的诰命中还反映了商王与内服在祭祀祖先方面的特殊关系,且可与甲骨卜辞相互印证,这对于认识商代的宗教祭祀观念、商王与内服宗教祭祀关系具有重要意义。

---

① 王震中:《论商代复合制国家结构》,《中国史研究》2012年第3期。

一、商王祭祖、内服祖先配享

《尚书·盘庚上》载:"盘庚迁于殷,民不适有居,率吁众戚出矢言。"或谓商王盘庚计划迁往殷,①内服大臣不同意迁都,认为其地不宜都,且呼贵戚大臣出陈述依据。② 或谓盘庚迁殷后,民众甚有怨言。③ 于是盘庚告教内服大臣遵守旧制,正视法度。盘庚在告教内服大臣时说:"兹予大享于先王,尔祖其从与享之。"对此伪《孔传》作如下解释:"古者天子录功臣配食于庙。大享,烝尝也。所以不掩汝善。"④关于故去的功臣受祭的传统,《周礼·夏官·司勋》云:"凡有功者,铭书于王之大常,祭于大烝,司勋诏之。"郑玄注:"铭之言名也。生则书于王旌,以识其人与功也。死则于烝先王祭之。诏,谓告其神以辞也。盘庚告其卿大夫曰'兹予大享于先王,尔祖其从与享之'是也。"⑤伪孔传、郑玄皆认为大享为烝祭,举行烝祭先王之礼时,去世的功臣配食于先王之庙。而《春秋公羊传》文公二年云"五年而再殷祭",何休注:"五年禘,禘所以异于祫者,功臣皆祭也。"⑥据此祭祀功臣的祭名为禘。清人孙星衍认为"大享"即《礼记·曲礼》、《礼器》之"大飨",提出"大享,谓禘祭于明堂"。⑦ 古代经学家将大享解为烝祭或禘祭,各有一定的依据,禘与烝都是周代祭祀祖先的大祭。孙星衍认为大享即大飨是对的,飨作为祭名见诸卜辞,如"庚子,王飨于祖辛"(《合集》23003),"癸亥卜,彭,贞大乙、祖乙、祖丁罙飨。贞大乙、祖丁罙飨"(《合集》27147)。享的本义是献,飨祭就是献祭。大享就是向祖先神献上

---

① 杨树达谓:"此定计决迁之辞,实为未迁也。"杨先生举小臣夌鼎铭文为证,其说可信,详参《尚书说》,《积微居读书记》,北京:中华书局,1962年,第1页。
② 居,谓都。适犹宜也。参杨树达《尚书说》,《积微居读书记》,第2页。戚,周秉钧认为是贵戚大臣。参周秉钧《尚书易解》,上海:华东师范大学出版社,2010年,第86页。矢,《尔雅·释诂》:"陈也。"
③ 晁福林:《从盘庚迁殷说到〈尚书·盘庚〉三篇的次序问题》,《中国史研究》1989年第1期。
④ 《尚书正义》卷九,《十三经注疏》,第169页。
⑤ 《周礼注疏》卷三〇,《十三经注疏》,第841页。
⑥ 《春秋公羊传注疏》卷一三,《十三经注疏》,第2267页。
⑦ 孙星衍:《尚书今古文注疏》卷六,第229页。

丰厚的祭品,举行隆重的祭祀。盘庚祭祀先王时,内服大臣们的祖先也跟着享用了祭品得到了祭祀,因为内服大臣们的祖先都是追随商先王建功立业者,所以在天上能够享受到商王的祭品。如《国语·鲁语上》载展禽语:"夫圣王之制祀也,法施于民则祀之,以死勤事则祀之,以劳定国则祀之,能御大灾则祀之,能捍大患则祀之。非是族类,不在祀典。"从商王祭祖,有功勋的旧臣可以配祀的情况看,商王视内服旧臣为其与内服共同祖先,商王祭祖就是祭祀其与内服大臣们共同的祖先。这或许说明商代先王与内服祖先关系亲密,可以共享子孙所献的祭品。商王盘庚通过祭祀祖先神的方式使内服大臣的祖先也得到祭祀,以此来拉拢团结内服族氏。

商王盘庚祭祖时以内服祖先配享的情况,可得商代甲骨文有关商王祭祀祖先而以内服旧臣伊尹配享实例的印证。如下举四例卜辞:

(1) 癸巳,贞侑、彳、伐于伊,其乂大乙彡。(《合集》32103)

(2) □戌卜,有岁于伊、廿示又三。(《合集》34123)

(3) 贞其卯羌,伊宾。[贞]王其用[羌]于大乙,卯叀牛,王受佑。(《合集》26955)

(4) 癸丑卜,上甲岁,伊宾。弜宾。(《合集》27057)

前两条为历组卜辞,近些年研究甲骨分期的学者多将历组卜辞时代提前到武丁晚年至祖庚时期;①后两条为何组和无名组。"乂"为祭名或用牲之法。其,将也。

《合集》27057

---

① 相关研究参见李学勤《论妇好墓的年代及相关问题》,《文物》1977年第 (转下页)

即将以肜祭祭祀大乙,以伊尹配祭。(1)辞意为卜伊尹从祀成汤。① "岁"本象斧钺之形,与"戉"古本一字。②(2)辞意为用戉杀牲以侑祭于伊尹,并配祭于二十三位商先王神主。宾即配享,(3)辞意是用羌人、牛为牺牲祭祀成汤而伊尹配享。(4)辞意为岁祭上甲,伊尹配祀享祭。③ 由上举甲骨文辞例观之,伊尹可以配享先公上甲、先王成汤以及合祭的二十三位商先王神主,伊尹在商王朝的地位极高,是有着卓越贡献的内服重臣,因而其死后在祭典中受到格外的尊崇。卜辞中如伊尹这样的内服旧臣见于武丁、祖庚祖甲、廪辛康丁时期卜辞,尚有黄尹、学戊、尽戊、咸戊、蔑等,都受到商王的祭祀,但他们之中未有配享先公、先王的现象。商王重视对内服旧臣的祭祀,一方面是这些旧臣在商王朝发展中作出过巨大的贡献;另一方面商王通过尊崇、隆重祭祀旧臣的方式,拉拢团结这些旧臣的后代即时王的内服臣子。

《尚书·盘庚》及相关卜辞表明,商王祭祀先王时,已经存在以内服功臣配祀先王的制度。盘庚时代商王祭祀先王时,内服大臣的祖先即旧臣可以广泛地受祭。商王武丁以后的甲骨文中,仅见旧臣伊尹可以配享先公、先王,至武乙以后的卜辞则不见有关对旧臣的祭祀。说明商代以功臣配祀的制度还不稳定,还未出现后世"功臣配食各配其所事之君"的制度。④

二、商王祭祖禳灾祈福

《尚书·盘庚中》记载盘庚决定再次迁都,从殷迁至西亳,⑤部分内服大臣不顺从迁都的决定,盘庚劝告说若"失于政,陈于兹。高后丕乃崇降

(接上页)11期,又其著《小屯南地甲骨与甲骨分期》,《文物》1981年第5期;裘锡圭《论"历组卜辞"的时代》,《古文字研究》第6辑,北京:中华书局,1981年,第263—321页;彭裕商《殷墟甲骨断代》,北京:中国社会科学出版社,1994年;黄天树《殷墟王卜辞的分类与断代》,北京:科学出版社,2007年,第171—189页。
① 陈邦怀:《殷代社会史料征存》,天津:天津人民出版社,1959年,第22页。
② 郭沫若:《郭沫若全集·考古编》1,北京:科学出版社,1982年,第144页。
③ 于省吾:《甲骨文字释林》,第207页。
④ 孔颖达:《尚书正义》卷九,《十三经注疏》,第170页。
⑤ 晁福林:《从盘庚迁殷说到〈尚书·盘庚〉三篇的次序问题》,《中国史研究》1989年第1期。

罪疾,曰:'曷虐朕民。'"伪《孔传》:"今既失政,而陈久于此而不徙,汤必大重下罪疾于我,曰:何为虐我民而不徙乎?"①商王盘庚自谓失于政教,久居于此民必有害,天上的商先王就会降下祸殃,惩罚人间的商王。这是盘庚的自省。盘庚又谓:"汝万民乃不生生,暨予一人猷(谋)同心。先后丕降与汝罪疾。曰:'曷不暨朕幼孙有比。'故有爽德,自上其罚汝,汝罔能迪。"对此伪《孔传》解释:"不进进谋同心徙。言非但罪我亦将罪汝。幼孙,盘庚自谓。比,同心。"②盘庚谓内服贵族若不起行与王同心谋政,商先王就会大降祸患与疾病给内服大臣以示惩罚,并责问为何不与其幼孙亲近。故内服大臣若有差错之行,商先王就会自上天降下责罚,内服大臣将无所逃避。内服大臣若"有戕则在乃心,我先后绥乃祖乃父,乃祖乃父乃断弃汝,不救乃死"。③ 内服臣子若有残害之心,④商王祖先就会告知内服祖先,于是内服祖先会抛弃它们的子孙,不救子孙的死活。由此知,商王的祖先具有降祸于人间的商王及内服臣子的神权,商王祖先对于内服的降祸方式有时要通过内服祖先实现,内服祖先也具有降祸于人间子孙的权能。商王盘庚在宗庙祭祀祖先神时,内服祖先神也随从在宗庙一起享用了祭品得到了祭祀,"其(内服祖先)神灵正直,能为人作福祥又能为人作灾殃,我畏尔祖不得私于汝,故亦不敢动用非宜之德惠以宽纵汝"。⑤ 即内服祖先降福或是降灾是通过降临宗庙享用祭品时,监察人间商王及子孙行为善恶的方式而实现的。

商先王具有降祸于人间的权能,可得相关殷墟甲骨文的印证。如:

贞父辛弗祟王。父庚祟王。父甲祟王。(《合集》2130)

南庚祟王。羌甲祟王。(《合集》5658 正)

---

① 《尚书正义》卷九,《十三经注疏》,第 171 页。
② 同①。
③ 《尚书·盘庚中》。
④ 戕,残也。则,杨树达谓假为贼(《尚书说》,《积微居读书记》,第 15 页);曾运乾认为当为贼字,是字之讹变造成的(《尚书正读》,第 113 页)。贼,害也。戕则,即戕贼,残害也。
⑤ 牟庭:《同文尚书》,济南:齐鲁书社,1981 年,第 465—466 页。括号内为引者注。

>　　祖辛崇王。祖辛弗崇王。祖丁崇王。祖丁弗崇王。(《合集》17409正)

这三例为宾组卜辞,属武丁时代。父辛、父庚、父甲分别为武丁的诸父小辛、盘庚、阳甲,第一条卜辞辞意是卜问武丁诸父是否会降祸于时王武丁。另外两条卜辞分别占卜先王南庚、羌甲、祖辛、祖丁是否会降祸于商王武丁。商先王还能降祸给内服臣子,卜辞如:

>　　丙戌卜,争,贞父乙术多子。丁亥卜,内,贞子商有绝在囧。丁亥卜,内,贞子商亡绝在囧。(《合集》2940)

此版为宾组卜辞,属于武丁时期。父乙为武丁之父小乙。术字从唐兰先生释读。① 疑"术"之义近于祟。子,一般认为是商王之子,但不限于时王之子。属于商代内服贵族,据商代任人唯亲的原则,多子可能即多位王朝大臣。② 子商即是多子之一,是商王朝内服中较有势力者。如卜辞所见子商以其宗族武装讨伐商王朝敌人基方(《合集》6571正、6573、6577),子商向商王朝贡献龟版(《合集》9217反、9218反),子商参加商王举行的田猎活动(《合集》10315正、10670、10948正)等王朝事务。这版卜辞大意是卜问武丁父亲小乙是否会降祟于诸位王朝大臣,其中子商会不会死于父乙所降的祸。这版卜辞说明商先王具有降祸于内服大臣的权能,甚至于夺去内服臣子的性命。

由于商先王具有降祸于人间商王和内服臣子的权能,故商王往往通过祭祀祖先为自己与内服臣子禳除灾祸和祈福。卜辞有商王祭祖禳除疾病与灾祸的辞例:

>　　贞疾齿禦于父乙。(《合集》13652)
>　　禦疾止(趾)于父乙孽。(《合集》13688正)
>　　贞有疾身禦于祖丁。(《合集》13713正)
>　　丁巳卜,㱿,贞酚,妇好禦于父乙。(《合集》712)

---

① 《殷虚文字记》,北京:中华书局,1981年,第32页。
② 李学勤:《释多君、多子》,胡厚宣主编:《甲骨文与殷商史》,第16页。

这是四条宾组卜辞,时代为武丁时期。禦,《说文》:"祀也。"禦,一般认为是祓除不祥之祭。禦祭于祖先,以求祐护。商王武丁有牙病、脚趾病而向父亲小乙祭祀禳除病痛。武丁周身不适而向祖丁祭祀禳除灾祸。酌,祭祀名称,当指酒祭①。辞意是商王武丁举行酒祭,并为其夫人妇好向父亲小乙进行禳除灾祸的祭祀。此外,商王还祭祀祖先为内服臣子禳除灾祸和祈求降福,卜辞如:

贞酌,子央禦于父乙。勿酌,子央禦。贞酌,子央禦。(《合集》3013)

丁巳卜,于兄丁禦子卫。(《合集》3202)

贞禦子宾于兄丁,氕羊,册小牢,今日酌。(《合集》3169 正)

丁巳卜,宾,禦子狄于父乙。宾,禦子狄于兄丁。(《合集》3186)

己亥卜,于大乙、大甲禦弜五羊。(《合补》313)

这些辞例皆为武丁时期。辞意分别为举行酒祭,是否向父乙祈求祓除子央的不祥;向兄丁祓除子卫的祸患;卜问献上一只羊,册杀小牢用于酒祭兄丁,以求御除子宾的不祥;贞问向父乙祈求祓除子狄的祸患;向大乙、大甲进献五只羊,祓除内服臣子弜的灾祸。子央、子卫、子宾、子狄属于"多子"之列,是商王朝贵族同时也是重要的内服势力。子央作为商王朝内服有贡献岁祭之物的职责,"丙申卜,贞翌丁酉用子央岁于丁"(《合集》3018),商王卜问于丁日用子央贡献的岁祭之物祭祀故去的丁。子央曾服务于商王朝的占卜机构,"壬戌,子央示二屯。岳"(《合集》11171 臼),子央检视加工好用于占卜的两对牛肩胛骨。"乙未卜,宾,贞令永壴子央于南"(《合集》6051),壴,可能读如合,此字可能是写为战国文字的逌,训为合。② 辞意是说占问命令官员永会合子央于南地。子宾,属于内服多子之列,甲骨文中所涉及的辞例多是关于子宾有祸,商王为其向祖先举行攘

---

① 朱凤瀚先生认为"酌作为祭名使用时,如非作假借字使,即应该是一种倾酒的祭仪"。参《论酌祭》,《古文字研究》第二十四辑,北京,中华书局,2002 年,第 88 页。

② 《说文解字》收录会字古文作 ⿰, 音合。逌字见于《殷周金文集成》9734.3 和 9735.2,皆为会同、会合之义。

除灾祸的祭祀。子𢀛亦单称𢀛,作为内服曾接受商王的命令主持祭祀典礼,如"壬戌卜,贞呼子𢀛侑于㲋犬。□□[卜],[贞]呼子𢀛侑于㲋叀犬又羊"(《合集》3190),商王就命令子𢀛对㲋神举行祭祀所用的牺牲进行卜问,是用犬还是以犬和羊为牺牲。子𢀛可能还接受商王的命令,与外服先侯发生联系,辞残不明具体何事(《合集》3191)。商王非常关心子𢀛,担心其有骨病(《合集》13874 甲正),为其生死担忧(《合集》938 正),为此商王还"于妣己福子𢀛"(《合集》3187),为其向妣己求福。㕜为商王武丁时期重臣,是商王武丁时期对外征伐的重要依靠力量,曾受商王命征𢀛(《合集》6906),讨伐外服先侯(《合集》6014、7016、7017),执𢀛(《合集》7024),讨伐方方(《合集》20442),与外服雀侯联合讨伐羌方等,㕜还有贡马、贡牛等贡纳义务。这些辞例所载都是商王朝武丁时期的重要内服族属,商王为了禳除内服的灾祸并为之祈福而祭祀祖先,通过这种方式增进其与内服臣子的亲密关系,可能是商王武丁团结和关心内服臣子的重要方式之一。

三、商王祭祀内服祖先

《尚书·盘庚中》载盘庚说内服臣子若包藏祸心,内服祖先就会抛弃他们,不救子孙的死活。盘庚称:"兹予有乱政,同位具乃贝玉。① 乃祖乃父丕乃告我高后曰:'作丕刑于朕孙!'迪高后丕乃崇降弗祥。"②在位之臣惟知共具货币,致使民俗奢侈。内服大臣的祖、父于是告知商先王,并说要作大的惩罚给他们的后代,导引商先王重降祸殃于内服。据此,内服祖

---

① 此处句读清代学者牟庭提出新见,认为"同位"宜属下读,即"兹予有乱政,同位具乃贝玉",解为有昏乱之政,"群臣在职位者俱丕是货贝耳、金玉耳,富者居官不用贤人,此为乱政之甚者也"。(参见《同文尚书》,第 501 页)这种句读较有启发性,而文意当为今我有乱政,在位之臣惟知聚敛钱财。"同位具乃贝玉"应是乱政的具体表现。

② 陆德明《经典释文》言"我高后",本又作"乃祖乃父"。段玉裁据此认为别本可取,当"乃祖乃父丕乃告"句绝,"乃祖乃父曰作丕刑于朕孙"句绝,"迪高后丕乃崇降不详(弗祥)"句绝(参段玉裁《古文尚书撰异》卷八,阮元主编:《清经解》,第 4774—4775 页)。但按照别本更改之后,句意并没有发生变化,仍是讲乃祖乃父向高后请求惩罚他们的后世子孙即只知聚敛的内服臣子,故不改亦可解释通。

先神也具有降祸于人间的权能。

从目前所见商代甲骨文材料看，在商人的思想世界里，内服祖先即学者所称的旧臣有对商王降祸福，以及影响人间降雨、丰年等权能。关于商代甲骨文中的旧臣，前人多有研究，在旧臣本身的史事和属性的研究方面，取得了不少成果。如陈梦家先生对甲骨文中所见的旧臣作了初步的整理研究。① 日本学者岛邦男先生将旧臣神伊尹、黄尹、咸戊、学戊、尽戊与上帝、自然神、高祖神并列为外祭对象，对其祭祀进行了具体研究。② 丁山先生曾指出："卜辞所见咸戊、尽戊，在《君奭》篇均称巫咸、巫贤；《君奭》所称的伊陟、臣扈，在卜辞也称陟戊、学戊；然则，卜辞所见以戊为号的名臣，在当时并是巫觋之流。"③ 赵诚先生统计旧臣有伊尹、伊奭、伊术、黄尹、黄奭、黄孽、咸戊、学戊、戊陟、尽戊、师般、蔑等。④ 几位先生统计的旧臣数量有别，主要在于他们所处时代不同，所见甲骨文材料的多寡有别，以及伊尹与伊奭、黄尹与黄奭是夫妻关系还是同一人，黄尹与伊尹是否为一人等问题存在争议所致。朱凤瀚先生将内服旧臣单独作了区分，"部分在商王朝发展中有影响的旧臣，如伊尹、黄尹及部分戊（巫），虽未必属子姓，但可以认为是商民族的祖神"。⑤ 朱先生立论的前提是"民不祀非族"⑥的祭祀原则，所以得出被祭祀的旧臣为商民族的祖神的结论。但"民不祀非族"祭祀原则在商代尤其武丁时期是否被严格遵行尚待考察。卜辞有内服祖先即旧臣降祸于商王的记载：

贞亦（伊）尹祟王。贞亦（伊）尹弗祟王。（《合集》3458正）

☑黄尹不我祟。（《合集》3484）

咸戊害王。咸戊弗害王。（《合集》10902）

---

① 陈梦家：《殷虚卜辞综述》，第366页。
② （日）岛邦男著，濮茅左、顾伟良译：《殷墟卜辞研究》，第460—472页。
③ 丁山：《商周史料考证》，北京：国家图书馆出版社，2008年，第61页。
④ 赵诚：《甲骨文与商代文化》，第91—110页。
⑤ 朱凤瀚：《商人诸神之权能与其类型》，吴荣曾主编：《尽心集——张政烺先生八十庆寿论文集》，北京：中国社会科学出版社，1996年，第73页。
⑥ 《左传·僖公十年》所载春秋时期晋国卿大夫狐突言论。

尽戊祟王。尽戊弗祟王。(《合集》3521 正)
贞戊陟、戊学祟。(《合补》1804 正)
贞学戊不害。(《卜辞通纂·中村氏藏甲骨七》①)
贞我家旧老臣亡害我。(《合集》3522 正)

祟，或释作求、蔡、杀，②此从郭沫若先生释读为祟③，一般指人鬼作祟，祸患之义。害，本作𡇯，从裘锡圭先生意见读为害，与祟义近。④"亦尹"即伊尹，贞问伊尹不要作祟于王。黄尹乃王朝旧臣，此辞中是故去者，其能给商王带来祸忧。尽戊亦属于商王所称道的"我家旧老臣"即内服祖先。学戊即戊学，其与戊陟可能都是巫者，亦内服祖先。"我家旧老臣"，是商王对内服祖先的总称。这些内服祖先都能够给商王以害或祟，故商王经常对他们进行祭祀，希望其不要为祸、作祟，祈求内服的祖先保佑降福，如卜辞：

[壬]子卜，又(侑)于伊尹。(《殷墟小屯村中村南甲骨》147⑤)
贞侑于黄尹。(《合集》3460 正)
贞侑于咸戊。(《合集》3507)
丁未卜，扶，侑咸戊、学戊平。丁未[卜]，扶，侑咸戊牛。(《合集》20098)
□未卜，扶，侑学戊。(《合集》20100)
贞，侑于尽戊。(《合集》3515)
庚戌卜，殸，羍于尽[戊]。(《合集》3516)
贞勿告于亦(伊)尹。八月。(《合集》3459 正)
癸未卜，古，贞黄尹保我事。贞黄尹弗保我事。(《合集》3481)

---

① 郭沫若:《郭沫若全集·考古编》2,第184页。
② 诸说参于省吾主编《甲骨文字诂林》,第1482—1495页。
③ 郭沫若:《郭沫若全集·考古编》2,第389页。
④ 裘锡圭:《释蛊》,《裘锡圭学术论文集·甲骨卷》,上海:复旦大学出版社,2012年,第206—211页。
⑤ 中国社会科学院考古研究所:《殷墟小屯村中村南甲骨》,昆明:云南人民出版社,2012年,书名后数字为是书著录拓片编号。

☐禦伊尹五十☐。(《屯南》3132)

侑,祭名,举行此种祭祀的目的一般是祈福。䢦,或释为求,①或释为祷,②祭名,卜辞中表示举行该种祭祀的动词,此种祭祀目的是禳除不祥。告的对象为神祖,故为祭名,祭祀中有祷告,亦不离降福除祸的目的。保,为祐护之义。③ 禦,除祸之祭,卜辞中用为动词。黄尹、咸戊、学戊、尽戊、伊尹都是商代的内服旧臣,他们在商王朝发展历史上都曾作出过重要贡献,所以商王特别地重视对他们的祭祀,希望他们不要降祸,祈求旧臣多多降福于商王朝,并保护商王朝平安无事。商王对旧臣举行合祭或特祭,是对当朝的内服臣子的勉励,也从侧面反映了这些旧臣的后代在商王朝政治活动中仍然发挥着巨大的作用。如黄尹的后代黄在王朝为官,曾受商王命令训练步兵(《合集》7443),奉命出使到微地和戈方(《合集》7982、8397),黄还有贡纳祭祀物的义务(《合集》15482)。商王武丁特别地关心黄的疾病,担心他会因病死去(《合集》13912、17095)。至祖庚、祖甲和帝乙、帝辛时期,黄尹的后代服务于商王朝的占卜机构,担任贞人之职,以其族名为号称"黄"。

四、内服祭祀商先王及祖先

《尚书·盘庚》载商王盘庚祭祀祖先时,内服祖先可以一起享用祭品受到祭祀。依据此祭祀原则,似乎可以解释商代内服臣子除为商王朝服政事外,还有贡纳祭品的义务这一重要的社会现象。内服贡纳祭品助祭商王祖先时,也使内服的祖先得到了祭祀。记载内服贡献牺牲用于祭祀商王祖先的甲骨文辞例如:

---

① 李零先生认为该字应如早期甲骨学家的看法,释读为"求",并对"求"字的源流作了考察,参见其著《郭店楚简校读记》(增订本),北京:北京大学出版社,2002年,第76—77页。

② 冀小军:《说甲骨文中表示祈求义的䢦字——兼谈䢦字在金文车饰名称中的用法》,《湖北大学学报》1991年第1期,第35—44页;陈剑:《据郭店简释读西周金文一例》,安平秋等编《北京大学中国古文献研究中心集刊》2,北京:燕山出版社,2001年,第378—396页。

③ 于省吾主编:《甲骨文字诂林》,第174页姚孝遂按语。

> 丙申卜,贞翌丁酉用子央岁于丁。(《合集》3018)
> ☑子美见,致岁于丁。(《合集》3100)
> □亥卜,工来羌。(《合集》230)
> [壬]午卜,争,贞黄入岁,翌癸[未]用。(《合集》15482)

子央、子美属于内服"多子"之列,工属于《尚书·酒诰》所述内服"宗工",黄是内服旧臣黄尹的后裔,黄即是族氏名,又代指黄族族长,继承祖先在商王朝的职事。卜辞大意分别为用子央所献岁祭贡物祭祀丁,子美觐见商王而献上岁祭物品祭祀丁,内服工致送用于祭祀的羌人。将黄族贡纳的岁祭之物,于次日癸未用于祭祀。内服献纳祭品既表示其对商王朝的臣服,又为了使自己的祖先也能够享用祭品得到祭祀。

商先王有对内服臣子降祸的权能,故在甲骨文中有内服直接祭祀商王祖先,有祈福、禳灾的目的在其中。相关卜辞如:

> 丁亥卜,㱿,贞昔乙酉匍旋禦[大乙]、[大]丁、大甲、祖乙百鬯、百羌、卯三百[牢]。(《合集》301)①
> 己巳卜,告亚禽往于丁一牛。(《屯南》2378)
> 翌乙酉,呼子商钐伐于父乙。(《合集》969)
> 贞乎子渔侑于祖乙。(《合集》2972)
> 贞翌乙卯呼子渔侑于父乙。(《合集》2977 正)
> 贞来乙丑勿乎子桑侑于父乙。(《合集》3111)
> □丑,贞王令旃尹□取祖乙鱼,伐告于父丁、小乙、祖丁、羌甲、祖辛。(《屯南》2342)

这些卜辞中出自《屯南》的两片为历组,辞中的丁和父丁为一人当指故去的商王武丁,这两条历组卜辞时代为祖庚时期。上举卜辞辞意分别为贞问商王为内服匍旋禳除灾祸而祭祀大乙、大丁、大甲、祖乙,所献祭品有百鬯、百羌、卯杀三百头牛。往为祭名,内服亚禽往祭于武丁,用一头牛为牺

---
① "丁"前所缺当为"大"字,大丁之前先王有"大乙",所缺很可能是"大乙"。最后一字"牢"亦是以己意补之,当否仅作参考。

牲。商王令子商以伐牲方式酌祭父乙。商王命令子渔向祖乙举行侑祭。贞问次日命令子渔侑祭父乙即小乙。商王贞问是否呼令子桑侑祭于父乙。商王命令内服旟尹取祭祖乙以鱼为牲,伐祭告于武丁、小乙、祖丁、羌甲、祖辛等先王。从这几条卜辞所用动词"告"、"呼"来看,内服对商先王的祭祀是在时王组织下进行的,并且所用牺牲的数量也是由商王占卜决定的。内服贡纳牺牲助祭或直接祭祀商先王,祈求商先王的降福与保佑,可能亦有表示对商王臣服的因素在其中。

由于内服祖先有降祸福给子孙的权能,所以内服臣子还以祭祀自己祖先的方式,祈求降福和祓除不祥。卜辞如"贞呼黄多子出牛,侑于黄尹"(《合集》3255 正),黄尹的后代献牛来祭祀其祖先黄尹。内服臣子对祖先的祭祀,一般属于宗族内的祭祀行为,但在商代内服的族内祭祀也会受到来自商王的支配,这条王卜辞用了一个"呼"字,说明黄族的多位族长祭祀黄尹的行为是在商王的命令下进行的。目前所见的几种非王卜辞主人皆为商王朝贵族,在王朝为官,是内服重要组成部分。从这几种非王卜辞关于祭祀祖先的占卜考察,可见内服祭祀祖先的情况。如《合集》第七册中丙二类非王卜辞主人所在的宗族有宗庙,如卜辞"告亚。弜告亚"(《合集》22246),由"甲午卜,王,马寻孽,其禦于父甲亚"(《合集》30297)中"父甲亚"为父甲的宗庙,知"亚"在此为宗庙。这类卜辞的祭祀对象有妣庚(《合集》22214)、妣己(《合集》22211)、妣丁(《合集》22226)、妣戊(《合集》22209)、"母辛"、"妣辛"(《合集》22245)、中妣(《合集》22226)等,可视为此宗族的女性祖先。《合集》第七册中乙一类主人要听命于商王,应是商王朝内服,如"自商令我"(《合集》21549)。该类卜辞主人子所在的宗族有宗庙,在其宗族的宗庙祭祀的活动,如"甲申,余卜,子不、商又(有)言(歆)多亚"(《合集》21631),"癸亥,贞作多亚"(《合集》21705)。"言",于省吾先生读为音,认为与歆通,并证以周代金文,又据《左传·僖公三十一年》之"不歆其祀",杜预注"歆犹飨也",《国语·周语上》之"王歆太牢",韦昭注:"歆,飨也",而训为飨。① 辞意是卜问子不、子商祭飨于多位先祖的庙室。

---

① 于省吾:《甲骨文字释林·释言》,第88页。

"癸巳卜,子叀羊用至大牢于帚壬"(《合集》21755+21590①),辞意是子用牛、羊祭祀妇妊。午组卜辞有"庚戌卜,朕耳鸣,有禦于祖庚羊百又用五十八,又女三十,匄,今日"(《合集》22099),"羊百又用五十八",当是"羊百又五十八用"的语序。朕是午组卜辞主人自称,因其耳鸣之病,于今日向祖庚进献158只羊和30名女奴为牺牲,求禳除耳鸣之疾。"□□卜,[辛]禦子自祖庚[至]于父戊卬"(《合集》22101),这是以俘虏为牺牲而于辛日向祖庚至父戊的祖先神献祭,目的是为主人子禳除灾祸。"乙酉卜,禦家于艰父乙五牢鼎,用"(《合集》22091甲),语序当为"乙酉卜,禦家艰于父乙五牢鼎,用。"意为为了禳除家的灾祸,向父乙献五头牛为牺牲进行祭祀。"乙卯卜,禦子匿于父丙羊"(《殷墟小屯村中村南甲骨》337),午组卜辞主人子为其小宗子匿禳疾除忧而以羊为祭品祭祀父丙。殷墟花园庄东地甲骨卜辞亦载有其主人子祭祀祖先禳灾祈福的例子,如"丁丑卜,其禦子往田于小示。用"(《花东》21),"己卜,叀多臣禦往妣庚"(《花东》53)。子的臣属为子去田猎之事向小示诸先祖举行祈福的禦祭。子为其多位臣子向妣庚举行祈福除祸的禦祭。

在商人的思想世界里,商王祭祀祖先时,内服祖先可以一同享用祭品而得到祭祀。故内服臣子除尽些服务性的职事外,还要向商王朝贡纳祭祀物品,表示对商王朝的臣服,并使自己的祖先得到祭祀。商先王具有降祸内服臣子的权能,内服臣子在商王授意下也可以直接祭祀商先王,禳除灾祸和祈求降福。内服的祖先也有降祸人间子孙的权能,内服臣子通过祭祀祖先的方式,禳除灾祸和祈求降福。由上所论,商王可以祭祀内服祖先,内服臣子也可以祭祀商代先王,这里涉及古时一个祭祀原则问题。春秋时期人说"鬼神非其族类,不歆其祀",②而商王所祭内服祖先,特别是商王举行合祭与特祭旧臣,并不是商王同族,祭祀商先王的内服势力也不都是商王的同族。商代的祭祀活动是为国家政治服务的,主要考虑的是利于统治,利于团结各个邦国。"民不祀非族"观念尚没有发生作用的迹

---

① 此版为黄天树先生缀合,见其文《甲骨新缀11例》,《考古与文物》1996年第4期第70页图一第2片。
② 《左传·僖公三十一年》。

象。"民不祀非族"观念的产生是华夷之别后的产物,在商代只看重的是臣属。

综上,从祭祖礼的角度考察商王与内服族属之间的关系,得见商王祭祀祖先时,内服的祖先也一起受到了祭祀享用了祭品。商先王可以降祸给内服,商王祭祀祖先来祓除内服的灾祸。内服的祖先也可以降祸给商王,于是出现商王祭祀内服祖先以祓除不祥和祈求降福的情况。内服在商王的允许下,可以直接祭祀商先王,也可以通过贡献祭品来助祭商王。内服祭祀商先王和助祭商先王,是为禳除灾祸和求福,同时使自己的祖先也可以享受到祭品。内服祭祀商先王和献贡助祭商先王,表示自己对于商王朝的臣服与尽职。内服具有祭祀本族祖先的权力,通过祭祀本族祖先祈求降福和禳除灾祸。

第五节　商王与内服的军事关系

"国之大事,在祀与戎",反映在殷墟卜辞中亦以祭祀和军事卜辞为多。在有关军事的卜辞中涉及商代内服的军事武装及其军事活动者占有较大比重,考察内服的军事武装及军事活动,对于认识内服与商王的关系具有重要意义。

一、自卫与保卫:内服宗族武装的性质

商代内服族氏有自己的族众武装,如"丙戌卜,贞弜师在先,不灾"(《通纂》558),"丙子卜,弜戋先"(《合集》7017)。弜是活跃于商王武丁时期重要内服臣子,先是外服先侯,对比两条卜辞知弜师当是弜族的武装,商王关心弜族的武装讨伐外服先侯是否顺利。由此可知,卜辞中商王命令内服或内服族人的军事行动都是命令内服的族氏武装。卜辞中记录商代内服族氏武装的活动,主要集中于自组、宾组和出组卜辞中,时代在商王武丁至祖庚时期,而这一时段也正是商王朝对外征伐扩展势力时期,所以内服宗族武装得到了较大的发展。

内服宗族武装以内服族众为基本力量。"丁未,贞令皋共众伐,在河西▨"(《屯南》4489)。商王命令内服皋集合族众武装征伐,类似的例子有内服"以众"、"以人"从事征伐事,都应该是以其族众武装从事征伐。这些似可以说明内服宗族武装以其宗族族众为主要力量。内服宗族武装类型可能有弓箭手、马、臣等,如"癸丑卜,争,贞吴致射"(《合集》5761)。吴为商王武丁时期的内服小臣,卜辞是卜问小臣吴的宗族向商王朝致送弓箭手,说明小臣吴所在宗族具有弓箭手这类武装。"▨[令禽]致三百射","勿令禽致三百射"(《合集》5769正),禽是商王武丁时期重要的臣子,商王从正反对贞命令内服禽致送三百名弓箭手,实际是商王命令内服禽从其宗族武装中抽调三百名弓箭手献于商王朝。"贞狸三十马,弗其执羌","□已卜,贞[狸]致三十马,允其执羌"(《合集》500正)。狸为商王武丁时期内服,商王占卜以狸族致送的马这一兵种三十个捕获羌人。"更族马令往"(《合集》5728),"更三族马令"(《合集》34136历组)。这两条卜辞中"族马"显系某族之马这一武装,说明内服族属有马这一武装类型。再由王卜辞中常见商王命令"多射"、"多马"组成的武装进行军事活动,表明"多射"、"多马"确有来自商王朝征发内服族氏武装类型射、马者。王卜辞中尚有商王呼令"多臣"、"多仆"武装类型进行军事行动,是否表明"臣"、"仆"也有征发自内服族氏者,即内服族氏武装还可能有"臣"、"仆"。

内服宗族武装最基本的作用是自卫,因为内服宗族有着自己族众、宅邑、田产。如《合集》丙二类非王卜辞有"辛未卜,作宅","丙寅,贞宅"(《合集》22293),"由邑出"(《合集》20589),说明这一宗族有居宅、邑落。"正受禾。长受禾"(《合集》22246),正、长可能是"丙二"非王卜辞中的所反映的内服宗族属地,卜问这一内服宗族的两块田地是否会获得丰收。非王卜辞"乙一"主人子,为商王朝一重要内服势力,"己巳,子卜,贞余受禾"(《合集》21747),"余"为宗族长"子"的自称,代指子的宗族,受禾与受年同义,"余受禾"则是指子的宗族土地获得丰收,这说明内服所在的宗族有自己的土田。内服宗族武装还具有捍卫商王朝国家安全的重要作用,内服宗族武装参加对商王朝敌对方国的战争,并在其中发挥重要作用。内服宗族武装虽具有自卫作用,但商王朝仍有武装保卫内服宗族的义务。武丁时期的王卜辞中见内服宗族遭遇敌方侵扰而向商王朝报告敌情,这可以视为内服族氏向商王朝寻求保护。商王调遣一些武装去援助某些宗族的卜辞大概反映了这一情况,"囗戌卜,呼爱(援)弜",商王命令援助内服弜族。"丁酉卜,王族爱多子族立于召"(《合集》34133),商王派王族军队援助多个子族组成的军队于对召方的战争。《合集》丙二类非王卜辞所反映的宗族与商王及商代外服有一定的联系,"囗比王"(《乙编》8971),"比王"即与王联合,实际上可能是说该宗族武装与商王朝军队的联合行动。"乙亥卜,㞢息伯引。十一月。乙亥卜,大叩函人。十一月"(《合集》20086)。㞢见于同类卜辞有"呼巫㞢",①有可能是人名,或者动词。息伯引是商代外服伯名引者。河南罗山县莽张乡天湖村晚商墓地集中出土带有"息"族氏铭文的一批铜器②,表明该地为外服息伯宗族墓地,附近当有息伯宗族居地。《合集》丙二类非王卜辞反映的内服宗族还参与商王朝与夒的战争,"克夒"(《合集》22405),克夒的战争见于王卜辞,与征伐敖同版,可能是同时的征伐。"壬申卜,贞:雀弗其克戈③敖。壬申……雀克[戈]敖。囗未卜囗:弜囗其丧。癸丑卜:㞢其克甫、敖"(《甲骨缀合集》321),"囗卯卜,克夒囗"(《英藏》1818),这两版卜辞说明商王朝征伐夒、敖是近乎同时的军事行动。丙二类非王卜辞有"克夒",说明其宗族武装也参与了这次讨伐行动。

---

① 蒋玉斌:《殷墟子卜辞的整理与研究》,吉林大学博士学位论文,2006 年,第 222 页附录三中的"甲种子卜辞新缀第一组"。

② 该墓地先后经过三次发掘,共清理墓葬 20 座,墓葬的墓圹作竖穴土坑,墓中设有腰坑并殉狗,部分棺椁之间或填土中还发现殉人现象。参见信阳地区文管会、罗山县文化馆《河南罗山县莽张商代墓地第一次发掘简报》,《考古》1981 年第 2 期;信阳地区文管会、罗山县文化馆《罗山县莽张后礼商周墓地第二次发掘简报》,《中原文物》1981 年第 4 期;河南省信阳地区文管会、河南省罗山县文化馆《罗山天湖商周墓地》,《考古学报》1986 年第 2 期;信阳地区文管会、罗山县文化馆《罗山莽张后礼商周墓地第三次发掘简报》,《中原文物》1988 年第 1 期。

③ 此字吴振武先生释读为"杀"(《戈字的形音义》,王宇信、宋镇豪主编《纪念殷墟甲骨文发现一百周年国际学术研讨会论文集》,社会科学文献出版社,2003 年,第 139—148 页);陈剑先生释读为翦(《甲骨金文"戈"字补释》,《古文字研究》第 25 辑,中华书局,2004 年,第 40—44 页);蔡哲茂先生释读为"捷"(《甲骨缀合集》,台北文渊阁文化事业有限公司,1999 年,第 425 页),皆有今语战胜的意思。

二、内服族众武装是商王朝军队的重要兵源

商王朝内服宗族有宗族武装"射"、"马"、"臣"等类型,商王武丁时期卜辞中的"多射"、"多马"、"多臣"等兵种当有来自各内服宗族的贡献。"甲午卜,亘,贞共马乎戠☐"(《合集》7350 正),"共马"当与卜辞习见的"共人"同例,指王朝向各宗族征取马这类武装。戠字从戈,卜辞有征伐"方"的卜辞"戠方",则此处亦向各宗族征取马这类武装用于征伐。"癸亥卜,贞呼多射卫"(《合集》5748),"贞令多马卫于北奠"(《合集》5711),由辞中商王的"呼"、"令"等用语,知多射、多马组成的卫队统一听命于商王。"多射"、"多马"是多个射、多个马,说明其来源不同,可能各内服宗族和外服都有贡献武装的义务,各内服宗族贡献出的宗族武装经过整编组成了商王朝的军队类型,由商王亲自或派内服大臣指挥,显然内服宗族所献武装类型已经成为商王朝军队的重要组成部分。

以上辞例似乎还只是说明商王朝临有战事,才向各宗族征取兵种,组成王朝军队。但卜辞中多射、多马等类型的军队不仅限于参加商王朝的军事行动,还见于田猎和巡察、戍守行动中。"☐贞呼多射鸾获"(《合集》5740),"☐丑卜,五族戍弗雉王[众]。戍屰弗雉王众。戍带弗雉王众。戍骨弗雉王众。戍逐弗雉王众。戍何弗雉王众"(《合补》8982)。内服族属贡献的武装还有听命于商王参加田猎以及戍守重要据点的义务。又由上举《合集》5748、5711 中的"多射卫"、"多马卫"显然已经成为商王朝的常规部队,由这几例似表明内服所献武装已经不是临时行为,而有可能是组成了商王朝的常备军队,随时听从商王调遣。卜辞中的"共众"、"登众"现象,当也是商王朝向内服宗族征召族众补充军队,从这一角度也可以说内服宗族是商王朝军队的重要兵源。

商王朝的内服宗族具有独立的宗族武装,是商王朝边境地区抵御敌方进犯和讨伐敌方的主要军事力量。殷墟甲骨文中,有关内服臣属的材料以武丁时期最为丰富、充实。考察武丁时期进行征伐活动,可以大体反映商王朝征伐方国的主要依靠力量。林小安先生曾就商王武丁时期臣属征伐活动进行系统分期考察,确认武丁早期臣属为雀、子商、弜、豪等,武

丁中期臣属有妇好、师般、甾、戉、望乘、沚瞂等，武丁晚期臣属有皋、吴、犬延、子㝬、魃、岳、叙、允、韦、箙、㠯等。武丁早期的臣属所进行的征伐主要是收复和扩大疆域，如征甫，征沚，伐微，伐望，戉，伐祭方，征目，伐壴、戈、桑，伐方方，征画，伐亘，伐羌，伐甶，伐基方等，① 这些被征服者多半成为商王朝的外服。武丁中期臣属的征伐主要有讨伐夷方、巴方、下危，伐角，伐龙方，伐羌方，伐土方，从征诸将有妇好、师般、沚瞂、戉、甾、侯告、而伯、易伯、甫、妇井、望乘、光等。其中妇好、妇井、师般、戉、甾都在王朝任职，其余皆为商王朝外服。武丁晚期征伐的战役有伐龙方、羌方、湔方、𢆶方、兔方，伐周，伐呂方，参与征伐的将领主要有皋、吴、犬延、子㝬、魃、岳、叙、允、韦、箙、㠯、子画、崇侯虎、望乘、戉等，多为商王朝的内服族氏。武丁臣属征伐的方国多达四五十个，多数是商王朝取得了胜利，并且有些被彻底征服成为商王朝外服。"武丁之时殷道复兴，东至画、桑，西至羌、龙，东南至人（夷）方、下危，西南至𢆶方，西北至呂方，北至土方，无不见武丁军队之雄姿"。② 商王武丁的成功在于善于利用内服族氏武装和征伐的族氏势力，使商王朝的实力不断强大，超越周边方国，故在与方国交战中往往获胜。可以说内服宗族武装是商王朝国家安危、开疆拓土的最基本力量。

本 章 小 结

本章主要对商代内服的来源与分布、族氏结构，以及商王与内服的关系等问题进行了系统考察，这对于了解商代政治制度的演变和总结商代国家的治理能力和治理经验具有重要意义。从商汤灭夏建国的支持者及甲骨文中入朝服政事的外服等角度，来考察商代内服的来源问题。从内

---

① 林小安：《殷武丁臣属征伐与行祭考》，胡厚宣主编《甲骨文与殷商史》第 2 辑，第 223—302 页。
② 林小安：《殷武丁臣属征伐与行祭考》，胡厚宣主编《甲骨文与殷商史》第 2 辑，第 280 页。

服的主要居处大邑商范围的变化,考察内服的分布情况。从《左传·定公四年》所载殷人族氏结构入手,结合族氏铭文结构、商代金文中出自同一族氏的子与小子的关系,考察商代内服的族氏结构为姓族—宗族—分族—家族。

　　本章从政治、宗教、军事角度,探讨了商王与内服的关系演变问题。商代前期、中期旧臣政治发达,内服权臣可以佐佑王位继承和商王朝的发展走向。在商代中期王室王位纷争中,内服权臣亦起到了重要作用,在商王武丁时期内服的发展达到了鼎盛,频见于卜辞,涉及商王朝的内政外交一切事务。但是祖甲改制削弱了内服权臣的权力,此后内服活动见诸卜辞呈递减趋势,增多的是商王近侍小臣和武官的活动,实际是强化了王权。至商王帝乙、帝辛时期,王权强化与内外服的利益矛盾日益明显,内服与商王间的政治凝聚力减弱。从宗教祭祖角度看,商代武丁及其以前,商王为拉拢内服而给予其较多的祭祀祖先权力,通过祭祀共同的祖先使商王与内服族氏间关系密切,商王祭祀祖先的时候,内服祖先也可以一同享用祭品得到祭祀;商王向先王祭祀祈求除去内服的灾祸,内服贡献物品助祭商王祖先,如是商王与内服间形成宗教认同共识。但是祖甲改革祭祀典制之后,内服祭祀权力受到限制,随之而来的是其与商王及商王室关系逐渐淡薄,为晚商内服叛商、不救商难埋下了隐患。商代内服宗族具有独立武装,起到自卫的作用,内服族众武装是商王朝军队的兵源,又是商王朝对外战争开疆拓土的军事主力,但是到了商代晚期,其与商王室关系渐疏之后,又成为削弱商王朝国家实力的隐患。

第五章　商末周初服制的变革

商末周初是社会发生较大变革的时期,王国维所作《殷周制度论》对商周之际的政治文化变革提出了很多重要论题,至今影响着学界对商周史的研究。本章分为四节分别探讨商末内外服制的演变、周初周王朝对殷商内外服的管理方式、周王朝对社会治理方式的探索、周初金文所见周王朝对内外服的管理方法等问题。周武王克商后着手解决殷商内外服问题,历经周武王、周公、周成王的努力以解决殷商内外服问题,并探索周王朝的国家管理模式及周初对殷商制度的承袭与发展等重要问题。

第一节　晚商内外服制的演变

商王朝与崛起的周的较量持续了较长的历史时期,经过周王季历、周文王、周武王三代的努力,终于在周武王时期率领诸侯联盟于牧野一战克商而有天下。在商周之际,商代内外服的政治结构渐趋解体,从殷商角度来讲,不少外服脱离了商王朝或投靠到周或独立于这两方势力之外。内服臣工见纣王政治腐败,或是投靠周邦或是逃到其他方国。抓住这种变化对于理解和认识商王与内外服的关系、商周之际的社会变革有着重要意义。

一、商代后期王权的强化与内服制的瓦解

商末纣王统治时期,对内强化王权,对外加强对外服诸侯的管理。据

《史记·殷本纪》的相关记载透露了商末王权的强化,纣王诛杀外服诸侯,"以西伯昌、九侯、鄂侯为三公。九侯有好女,入之纣。九侯女不喜淫,纣怒,杀之,而醢九侯。鄂侯争之强,辨之疾,并脯鄂侯。西伯昌闻之窃叹,崇侯虎知之,以告纣。纣囚西伯羑里"。对内加强商王个人权威,废黜任用旧人的任职传统而任用能为王朝牟利的臣子,如"用费中为政。费中善谀,好利,殷人弗亲。纣又用恶来。恶来善毁谗,诸侯以此益疏"。商纣王不听内服大臣进谏,专断妄为,甚至诛杀内服臣子比干等,"王子比干谏,弗听。商容贤者,百姓爱之,纣废之。及西伯伐饥国,灭之,纣之臣祖伊闻之而咎周,恐,奔告纣曰……祖伊反,曰:'纣不可谏矣。'"纣王强化王权的措施,不但没有巩固统治,反而激化了其与内服族众的矛盾。

《逸周书·度邑》载周武王曰:"惟天不享于殷,发之未生,至于今六十年。夷羊在牧,飞鸿过野。天自幽,不享于殷,乃今有成。"据此商的衰落不受上天佑护大概在商王帝乙时期已经如此,"夷羊在牧,飞鸿过野",一般认为是神兽、神鸟出现,《国语·周语上》内史过亦论及商将亡而出现"夷羊在牧",韦昭注谓之神兽。神兽、神鸟出现何以谓之有祸?内史过言:"国之将亡,其君贪冒、辟邪、淫佚、荒怠、粗秽、暴虐;其政腥臊,馨香不登;其刑矫诬,百姓携贰。明神不蠲而民有远志,民神怨痛,无所依怀,故神亦往焉,观其苛慝而降之祸。"①商纣王强化王权的措施在当时社会观念看来都是暴虐的,亦被周代史官视为引神降祸的恶行。

据《史记·周本纪》载商纣王思维敏捷,力大过人,空手可以格杀猛兽。其智慧足以拒谏,恃才放旷,好酒淫乐,嬖于妇人,增征贡赋以供个人奢侈玩乐,怠慢鬼神轻于祭祀。致使百姓怨望、诸侯叛离,纣王又实行严刑酷法来镇压。《尚书·微子》载商王朝内服父师、少师及微子离开商王朝或奔周或逃回自己的封地。《史记·周本纪》载商内服大臣中的"太颠、闳夭、散宜生、鬻子、辛甲大夫之徒皆往归之"。《史记集解》引刘向《别录》:"鬻子名熊,封于楚。辛甲,故殷之臣,事纣。盖七十五谏而不听,去至周。召公与语,贤之,告文王。文王亲自迎之,以为公卿,封长子。长子,今上

---

① 《国语》,第30页。

第五章 商末周初服制的变革

党所治县是也。"①纣王日益昏乱暴虐,杀王子比干,囚箕子。《史记·周本纪》云:"太师疵、少师强抱其乐器而奔周。"《殷本纪》作:"殷之大师、少师乃持其祭乐器奔周。"王叔岷云:"参枫、三本及《艺文类聚》所引,此文盖本作'大师疵、少师强、微子抱其祭、乐器而奔周。'抱乐器者大师疵、少师强也。抱祭器者,微子也。"②《尚书·微子》则载微子洞悉商纣王的统治难以长久,向父师、少师咨询退路。父师建议微子逃离商王朝,躲避纣王暴政,以保存殷商后嗣。后周武王克商,"微子乃持其祭器造于军门,肉袒面缚,左牵羊,右把茅,膝行而前以告。于是武王乃释微子,复其位如故"。③作为纣王的兄弟逃离商王朝,并且可能带走一部分内服族属,分裂了商王朝内服势力。殷商贵族箕子曾率其族众至周投降,周原甲骨 H31:2"惟衣(殷)鸡子(箕子)来降,其执暨厥事,在旂尔卜曰南宫始其作"。周王命南宫安排其处所。殷商末年如贵族微子、箕子、掌管礼乐的大师、少师这样的职官畏于商纣王的残暴统治,而去商奔周的内服臣僚一定不少。近年在周原附近出土了很多殷遗家族的铜器群,这些器主在周都作了大官,据他们自己的追述,本来是殷商的臣僚或服属国。说明商末内服制已经分裂瓦解,商纣王赖以统治的政治基础遭到了破坏。

这种现象似乎也不能简单的归为纣王的暴政,纣王的暴政只是一个诱导因素,负责王室祭祀的重要官员皆叛,可见在殷商之末用以维系商王与亲族间关系的祭祀神权已经衰落。《尚书·牧誓》记载武王伐纣之誓词,所数纣王之罪状是"惟妇言是用;昏弃厥肆祀,弗答;昏弃厥遗王父母弟不迪",即言听从妇人之言,废弃对祖先的祭祀,不重用同族的父辈与弟兄为政。由此可见,晚商时期商王与其亲族及内服臣工关系已经淡薄。朱凤瀚先生指出商王武丁之后商王国局势或已较安定,诸族坐大,而王朝势力渐衰,已无对诸族的保护能力,晚商时期商王与诸亲族间关系的疏远,使商人诸强宗大族进一步趋向独立,从而使商王朝失去了在血缘亲族关系上建立起来的军事与政治的支柱,从根本上动摇了商王朝存立的基础,并

---

① 《史记》卷四《周本纪》,第 116 页。
② 王叔岷:《史记斠证》,第 125 页。
③ 《史记》卷三八《宋微子世家》,第 1610 页。

促成了整个商人共同体的瓦解。① 这可能是内服离弃商王而奔周的根本原因。

二、从商周关系的渐变看商代外服制的破坏

文献记载与出土材料都证实周确曾为商的外服邦伯,讨论商朝末年的外服制状况不可避免地要涉及商周关系问题,即商周关系的演变是商末外服制变化的重要内容。目前商周关系研究中存在的难题是,甲骨文中的周是否就是姬周之周。若是,需要给以证明,还要回答武丁时期周族是否已经在岐或是在其他地方,然后才可以据其来讨论殷周关系。若不是,早期殷周关系又要从何处入手,周族的聚居之地又在何处?

解决这些问题的入手点当自古公亶父迁岐。古公亶父迁岐发生于殷商何时?学者无疑义地以今本《竹书纪年》云:"(武乙元年)邠迁于岐周。""(武乙三年)命周公亶父赐以岐邑。"认定古公亶父迁岐发生于殷王武乙元年。② 那么据此条记载古公亶父迁岐前殷商把姬周族国号称邠也应无疑义。同时今本《竹书纪年》又记载:祖乙"十五年,命邠侯高圉。"盘庚"十九年,命邠侯亚圉。"祖甲十三年"命邠侯组绀。"若此记载可信,在商王祖乙至武乙时段内姬周族是被称作邠,且曾为商王朝的外服邠侯。那么殷墟甲骨文中武乙之前的"周"就不可能是姬周族的周,认为甲骨文中的"周",就是姬周族国号"周"的学者没有对其证明,并且其观点陷于自相矛盾的境地。既然古公亶父迁岐之前的国号为邠,那么谈早期的商周关系就应该另求角度。晁福林先生在分析前辈学者关于姬周族最初居地——陕西泾渭流域说与晋境说两种意见基础上,总括诸家所论并稍加修正,对姬周族源于晋境说提出七点系统看法,认为姬周族最初居于晋境的汾水流域。国号为汾,以殷墟甲骨文中"汾方"、"侯汾"为直接证据。③ 为探讨

---

① 参朱凤瀚:《商周家族形态研究》(增订本),第261页。
② 曹定云、刘一曼:《殷墟花园庄东地出土甲骨卜辞中的"中周"与早期殷周关系》,《考古》2005年第9期。
③ 晁福林:《从甲骨卜辞看姬周族的国号及其相关问题》,《古文字研究》(第十八辑),北京:中华书局,1992年,第202—219页。

第五章 商末周初服制的变革

早期殷周关系找到了入手点,甲骨文中关于"汾"有如下几条:

(1) 王臣其又汾。[王]臣其弗又汾。(《合集》117)

(2) 甲申卜,我弗受分(汾)方又。(《合集》9728)

(3) □戋汾方。(《合集》6659)

(4) □弗戋汾[方]。(《合集》6660)

(5) □巳卜,贞氐侯汾。(《合集》9154)

(6) □分(汾)养(牧)。(《合集》11398)

(7) 癸酉卜,疌于果🅂,入🅃,汾从。(《合集》19956)

(8) □胥□汾□🅃□。(《合集》22388)

(9) 贞分(汾)女呼于郭。(《合集》7852)

(10) 癸未卜,兔以汾人,允来。(《屯南》427)

上引(7)为早期自组卜辞,(10)为历组卜辞。前四条卜辞是贞问征伐汾方能否得到神的保佑。(5)辞中"侯汾"依卜辞通例即"汾侯",氐者,致也。辞意当为使之致,即贞问是否征召汾侯来朝。与(6)辞例相近者有《合集》5597"壬辰卜,贞商牧。贞勿商牧,六月"。《合集》11395"贞于南牧"。分即汾,商、南都是地名,都是贞问在某地放牧。微有不同的是《合集》5597确系从牛从殳的牧字,而其他几辞是从羊从殳,罗振玉先生释为牧,李孝定先生根据此字与《说文》所载养字古文字形相合,而改释为养字,谓字形"像手执杖以驱羊",与牧同意。①(7)辞中疌为人名,果为地名。🅂可能与表示驻军的次有关。🅃,地名。汾大概是追随商王征伐敌方的汾侯的武装力量。卜辞是贞问名疌者驻军于果地,入于🅃地时是否让汾侯的部队跟从。辞(8)残缺过甚,但就残存文字观之,应与(7)辞例相近。(9)辞是一倒语应作"呼汾女于郭",辞意不清楚。(10)辞属于历组卜辞,贞问名兔者征召汾人能否来到。

分析上引卜辞并结合相关文献记载可以看到殷、周关系的大致情况:

1. 文献所载殷周关系时代最早的为今本《竹书纪年》祖乙"命邠侯高

---

① 李孝定:《甲骨文字集释》卷五,第1770页。

围"。殷与晋南的姬周发生接触,当是殷都已经迁至今冀南邢台一带①,殷周间有了初步的关系是很有可能的。郐侯之于商王只是一个小邦之君与大邦之君的关系,只是大邦之君名义上还是天下的共主,很多小邦都被其册封为外服而服从他。

2. 盘庚时"命郐侯亚圉",姬周族首领再次成为殷商外服,商周关系有了进一步的发展。而至帝小辛时"殷复衰,诸侯离叛"(《史记·殷本纪》)。可能姬周族再次脱离商王朝的管辖。

3. 武丁时期,商王朝开疆拓土,与郐侯亚圉国势力发生冲突,卜辞中武丁征伐汾方的记载可以说明这一点。武丁时期汾曾经是殷的敌国,由上引前四条卜辞关于征伐汾方的贞问(当然未必是一次战争的贞问),就可明了。

4. 武丁后期,经过若干次征伐,汾方对商表示服从,此后殷周关系渐趋密切,如上引征召方卜辞有"侯汾"、"汾人"和汾族众追随商王的军事行动的记载。这与今本《竹书纪年》祖甲时"命郐侯"的记载是一致的。

5. 商王廪辛、康丁时期,商与姬周关系史料阙载。武乙、文丁时期,姬周族受命于商王讨伐诸戎,据今本《竹书纪年》载武乙元年,郐迁于岐周,武乙三年,命周公亶父赐以岐邑。说明商王朝承认了公亶父居岐的合法性。古本《竹书纪年》载周族在征伐戎狄的战争中逐渐壮大了力量,商王赏赐季历并命其为"殷牧师"。

古本《竹书纪年》载:

(1) 武乙即位,居殷。三十四年,周王季历来朝,武乙赐地三十里,玉十瑴,马八匹。(《太平御览》卷八三皇王部引)

(2) 武乙三十五年,周王季伐西落鬼戎,俘二十翟王。(《后汉书·西羌传》注引)

(3) 太丁二年,周人伐燕京之戎,周师大败。(《后汉书·西羌传》注引)

(4) 太丁四年,周人伐余无之戎,克之,周王季命为殷牧师也。

---

① 邹衡:《夏商周考古学论文集》,第207页。

第五章　商末周初服制的变革

(《后汉书·西羌传》注引)

上引材料可以说明周族迁居岐地之后殷周关系的情况,周人征伐西落鬼戎、燕京之戎、余无之戎而受到商王赏赐,其首领被册命为"殷牧师"。《诗经·大明》载有周族迁居周原后季历娶商女而生文王的情况,诗云:"挚仲氏任,自彼殷商。来嫁于周,曰嫔于京。乃及王季,维德之行。大任有身,生此文王。"可能是季历功绩卓著,势力发展较快,商王武乙或文丁以通婚方式来拉拢周族。周族既已经迁至周原,又返回晋境讨伐诸戎并取得大捷,得见姬周族以岐地为基地将势力又扩展至晋境,商王太丁(即文丁)七年,季历又伐始呼之戎,太丁十一年,又伐翳徒之戎。这使殷商感到了威胁,无可容忍的情况下发生了"文丁杀季历"事件。

6. 帝乙时期发生了周人伐商之事,古本《竹书纪年》记载:"(帝乙)二年,周人伐商。"(《太平御览》卷八三引)周人伐商,为了报杀季历的仇怨。商周关系处于暂时的紧张状态,但很快就有了转机,商周又有联姻关系,这可能是一种政治联姻,暂时性相互妥协的手段。《诗经·大明》记载"有命自天,命此文王,于周于京。缵女维莘,长子维行,笃生武王。"文王娶了商朝重要臣属莘国的女子为妻,生了武王。商周关系出现缓和情况,有联姻之事。

7. 帝辛(即纣王)时,任命西伯昌、九侯、鄂侯为三公。此时商周关系较为缓和,但因纣王的暴政及诛杀外服诸侯九侯、鄂侯,囚禁周文王事件的发生,外服诸侯逐渐脱离商王朝。《史记·殷本纪》载:"西伯之臣闳夭之徒求美女、奇物、善马以献纣。纣乃赦西伯。西伯出而献洛西之地,以请除炮格之刑。纣乃许之,赐弓矢斧钺,使得征伐,为西伯。"① 西伯"乃阴修德行善,诸侯多叛纣而往归西伯。西伯滋大,纣由是稍失权重。"因周文王能够"遵后稷、公刘之业,则古公、公季之法,笃仁,敬老,慈少。礼下贤者,日中不暇食以待士,士以此多归之"。② 如殷商外服孤竹国的伯夷、叔齐

---

① 《史记》卷三《殷本纪》,第106页。周原甲骨 H11:84、H11:82 诸片载商王朝册命周方伯之事。
② 《史记》卷四《周本纪》,第116页。

归周。经过季历、文王、武王三代的经营,终于在武王时期于牧野大战一举克商。

三、周文王治理西土构建新的外服方国联盟

殷末外服中以西伯姬周变化较大,西伯借助商王朝西部诸侯之长的身份,对小邦周内外的文治武功,给周邦的发展乃至周灭商统一天下奠定了基础,可谓"肇造周邦"。

1. 周文王的文德

在《尚书》中的周初诸诰里,周公总结了周文王治理国家的经验。第一,饮酒彝训、力戒逸乐,以此来防止政治腐化。《尚书·酒诰》载:"乃穆考文王,肇国在西土。厥诰毖庶邦庶士越少正、御事朝夕曰:祀兹酒。惟天降命,肇我民,惟元祀。天降威,我民用大乱丧德,亦罔非酒惟行;越小大邦用丧,亦罔非酒惟辜。"周文王以方伯的身份朝夕告诫他治下的众邦国之君、卿士、各级长官,祭祀才能饮酒。① 周文王总结历史经验教训,指出民丧德与大小邦国失国皆因饮酒之罪。"文王诰教小子有正有事,无彝酒。越庶国,饮惟祀,德将无醉。惟曰我民迪小子,惟土物爱,厥心臧。聪听祖考之彝训,越小大德"(《尚书·酒诰》)。周文王又告诫子孙和朝中官员毋常饮酒,告诫其治下的众邦国,祭祀饮酒要以德相扶不使之醉。又谓西土之民要教导子孙惟爱土物,则民心向善。"我西土棐徂,邦君御事小子,尚克用文王教,不腆于酒,故我至于今,克受殷之命"(《尚书·酒诰》)。棐徂,孙诒让认为同声假借读为"匪且",据《诗·周颂·载芟》毛传训为"非此"。"言我周西土非自此始,君臣皆尚能用文王教命,不敢厚用酒"。② 所以至今能受殷之天命。周公总结周文王因采取节制饮酒的治国之策,因有德而受天命。

第二,周文王重视农业生产,不惮于游乐。《尚书·无逸》:"文王卑服,

---

① 关于"祀兹酒"的"兹"字,曾运乾曰:"兹,则也,声之转。祀兹酒,犹云祀则酒,即下文'诰教小子饮惟祀'也。"(参《尚书正读》,第183页)

② 孙诒让:《尚书骈枝》,《大戴礼记斠补》所附,济南:齐鲁书社,1988年,第24页。

第五章　商末周初服制的变革

即康功田功。徽柔懿恭,怀保小民,惠鲜鳏寡。自朝至于日中昃,不遑暇食,用咸和万民。文王不敢盘于游田,以庶邦惟正之供。文王受命惟中身,厥享国五十年。"周文王遵奉后稷、公刘"务耕种,行地宜"①重视农业的传统,亲躬平治道路、服田力穑之事。性格平和、仁爱、恭敬,安保小民,施恩鳏寡。从早忙到晚,甚至于无暇吃饭,是以能够和睦万民。文王不敢逸乐于田猎,忙于与众邦君主恭敬政事。故周文王中年嗣位而治国达五十年。

第三,周文王善于设立各级长官,得到贤臣辅佐拥戴。《尚书·立政》载周公曰:"亦越文王、武王,克知三有宅心,灼见三有俊心,以敬事上帝,立民长伯。立政:任人、准夫、牧作三事。虎贲、缀衣、趣马小尹、左右携仆、百司庶府。大都小伯、艺人、表臣百司、太史、尹伯,庶常吉士。司徒、司马、司空、亚旅。夷微卢烝,三亳阪尹。"周文王、周武王能深知禹、汤设立三类大臣事、牧、准的用意,灼见禹、汤选择三类大臣应取贤德之士的用心,由是敬奉上帝,为民设立各级长官。主要有王的枢密官、王的近臣、执行政务官、处理侯国事务官、处理边疆事务官五类。②"文王惟克厥宅心,乃克立兹常事司牧人,以克俊有德。文王罔攸兼于庶言、庶狱、庶慎;惟有司之牧夫,是训用违。庶狱庶慎,文王罔敢知于兹。"(《尚书·立政》)周文王因能知所择士之心,故能立此上述官长,用此等官员能大有德于民。文王从不兼摄议论教诲之官、刑狱之官、审讯之官的职权,周文王又能"礼下贤者,日中不暇食以待士,士以此多归之。伯夷、叔齐在孤竹,闻西伯善养老,盍往归之。太颠、闳夭、散宜生、鬻子、辛甲大夫之徒皆往归之。"(《史记·周本纪》)

第四,明德慎罚修明政治,受天佑大命。《尚书·康诰》:"惟乃丕显考文王,克明德慎罚,不敢侮鳏寡,庸庸祗祗威威显民。用肇造我区夏,越我一二邦,以修我西土。惟时怙冒,闻于上帝。帝休,天乃大命文

---

① 《史记》卷四《周本纪》,第112页。
② 顾颉刚:《"周公制礼"的传说和周官一书的出现》,《文史》第6辑,北京:中华书局,1979年,第2页。

王,殪戎殷,诞受厥命越厥邦厥民。"因周文王实行明德慎罚的政策,他的德治闻达于上天,上帝降下休美大命,命文王伐殷,大受其命与其邦其民。

2. "文王受命"及其史学意义

《尚书·康诰》中周公说:"惟乃丕显考文王,克明德慎罚,不敢侮鳏寡,庸庸祗祗威威显民。用肇造我区夏,越我一二邦,以修我西土。惟时怙冒,闻于上帝。帝休,天乃大命文王,殪戎殷,诞受厥命越厥邦厥民。"周公为文王受命造势,试图将"文王受命"变为周人的信仰,如《诗·大雅·文王》曰:"文王在上,於昭于天。周虽旧邦,其命维新。有周不显,帝命不时。文王陟降,在帝左右。"关于"文王在上,於昭于天",古代经学家大致有"在民上"和"在天上"两种解释。毛传:"在上,在民上也。於,叹辞。昭,见也。"郑笺:"文王初为西伯,有功于民,其德著见于天,故天命之以为王,使君天下也。"① 朱熹则谓:"文王既没,而其神在上,昭明于天。……盖以文王之神在天,一升一降,无时不在上帝之左右。"② 由"文王陟降,在帝左右"知,文王在上,当指文王在天上而不是在民上。朱熹谓文王死后其神在天上,是很有启发的意见。最近晁福林先生据《吕氏春秋·古乐》所载周公旦作诗称颂周文王之德,认为《文王》所载是周公称文王活着的时候其神即可上天,侍奉上帝左右。③ 很显然周公是为周文王受命造势,称其具有上天的本领,能够得到上帝的眷顾。

关于周文王受天命的方式,古代流行三种说法:一说谓文王受"河图洛书"而受天命;一说谓:"赤雀衔丹书入丰,止于昌户,再拜稽首,受。"④ 一说是《太平御览》卷五三三引《逸周书·程寤》载文王之妻大姒梦见商庭生棘,小子发取周庭之梓树,种植商庭棘间,化为松柏棫柞,大姒醒后告之

---

① 毛传、郑笺俱见《毛诗正义》卷一六,《十三经注疏》,第503页。
② 朱熹:《诗集传》卷一六,第175页。
③ 晁福林:《从上博简〈诗论〉看文王"受命"及孔子的天道观》,《北京师范大学学报(社会科学版)》2006年第2期。
④ 前两说为《诗·大雅·文王》孔疏所引纬书的说法,参见《毛诗正义》卷一六,《十三经注疏》,北京:中华书局,1980年,第502页。

文王,"文王召发于明堂,拜吉梦,受商之大命"。① 即通过占梦、解梦方式宣称受天命。晁福林先生研究指出周文王、周武王曾广泛宣扬受命于"皇天上帝",并通过隆重的祭天典礼方式,将受天命之事昭示于诸方国部落。如此周文王成为"万邦之方,下民之王"(《诗·大雅·皇矣》)。② 最近公布的《清华大学藏战国竹简(壹)》中有《程寤》一篇,整理者据《太平御览》引《逸周书·程寤》与简文对读,判断竹简文字可能即是佚失的《逸周书·程寤》,并添加标题"程寤"。该篇共九支竹简,其内容对于理解周文王受天命的途径具有重要意义。简文述及周文王之妻太姒梦见商庭生棘,太子发(即后来的周武王)取周庭之梓,树于其间,化为松柏棫柞。大姒惊醒,将此事告知文王,文王不敢占此梦,召太子发,使灵巫凶为除凶之礼。祝忻、巫率、宗丁分别为文王、大姒、太子发为除恶之礼。以币告宗庙,祈祷于天地四方山川之神,责让殷商之神,行望祭、烝祭,占梦于明堂。"王及太子发并拜吉梦,受商命于皇上帝"。③ 周文王解梦的内容对于认识当时的商周关系有着重要的意义。《程寤》简文表明周文王受天命可能是通过托梦、解梦、祭祀等宗教活动实现的。

从整个西周王朝不同阶段的金文来看,周文王受命已经成为周人的政治信仰和历史记忆与历史记载。如周初天亡簋铭文记载:"乙亥,王有大礼,王凡三方。王祀于天室,降。天亡佑王卒祀于王丕显考。文王事糦上帝,文王见在上。丕显王乍(则)省,丕肆王则庚,丕克中(得)衣(殷)王祀。"(《集成》4261)周武王的臣子天亡颂称,周武王实现了文王所受之天命。《尚书·无逸》载周公称:"文王受命惟中身,厥享国五十年。"周成王时期的何尊载周成王之语"文王受兹天命"(《集成》6014),周康王时期的大盂鼎铭文记载周康王说"丕显文王受天佑大命"(《集成》2837)。到西周晚期周宣王时的毛公鼎铭文还宣称周文王周武王受天命。周公为文王受命造势,实是一种"神道设教"(《周易·观卦》),即借助民众对于天的信仰与敬畏,来为现实政治服务,周公确实是伟大的政治家。周文王受命称王开

---

① 李昉等:《太平御览》卷五三三,第2418页。
② 晁福林:《从上博简〈诗论〉看文王"受命"及孔子的天道观》。
③ 李学勤主编:《清华大学藏战国竹简(壹)》,第136页。

始建构以周为中心的外服联盟,积极谋划翦商大业。

3. 周文王的武功

西伯姬昌注意处理好与商及其他外服的关系,一方面保持与商王朝的臣属关系,另一方面分化瓦解外服与商王朝的关系。文献与出土材料俱载有周文王十分恭敬地服事殷纣,《吕氏春秋·顺民》载:"文王处岐事纣,冤侮雅逊,朝夕必时,上贡必适,祭祀必敬。纣喜,命文王称西伯,赐之千里之地。文王载拜稽首而辞曰:'愿为民请炮烙之刑。'"文王躬身事纣,正顺外服诸侯之礼,不失其时,职贡无过,祭祀恭敬,纣喜而命其为西伯。此处纣王赐西伯以千里之地,恐非实情,很可能是对西伯所占据之地的承认,但如《周本纪》所载西伯献洛水之西一块地,请除炮烙之刑,可能将本已占有的洛西之地归于商王朝。《吕氏春秋·顺民》称以献地请除酷刑,得天下民众之心为西伯之智。西伯借助殷商西部诸侯之长的身份,打着为殷商征服叛国的旗号,有计划地对殷商外服进行征伐,积蓄力量,扩大周在外服诸侯中的影响力,待时克商。《左传·襄公四年》载韩献子言"文王帅殷之叛国以事纣,唯知时也"。可谓对西伯与商关系的恰当概括。

西伯注意调整其与殷商外服关系,主要是恩威并施。《周本纪》载"西伯阴行善,诸侯皆来决平"。于是有断虞芮争端的故事。又如《上海博物馆藏战国楚竹书》(二)中的《容成氏》简四五至四八记载纣王荒淫乱政,外服九邦丰、镐、郍、𨟚、于(邘)、鹿、耆(黎)、宗(崇)、密须氏叛商。时值周文王被囚羑里,周文王听闻九邦叛商,而发出谴责:"虽君无道,臣敢勿事乎?虽父无道,子敢勿事乎?孰天子而可反?"①纣王听闻此语,放出文王并向其询问:"九邦者其可来乎?"文王曰:"可。"文王受命为西伯平定叛乱外服,"文王于是乎素端襃裳以行九邦,七邦来服,丰、镐不服。文王乃起师以向丰、镐,三鼓而进之,三鼓而退之。曰:'吾所知多灾,一人为亡道,百姓其何罪。'丰、镐之民闻之,乃降文王"。② 西伯服凶服不辞劳苦循行于九邦,示意不服则行兵事,于是七邦来服,但丰、镐不服。西伯帅军征伐

---

① 马承源主编:《上海博物馆藏战国楚竹书》(二)简四六,第138页。
② 马承源主编:《上海博物馆藏战国楚竹书》(二),第285—288页。

第五章 商末周初服制的变革

丰、镐，兵临城下三鼓进退，并未真正进攻，以言攻心，告知丰、镐百姓，所有灾祸在于纣王亡道，百姓是无罪的。丰、镐民众闻此而投降西伯。这段简文虽有战国儒家对周文王事迹的美化成分，但大体反映了周文王对待商外服诸侯采取团结、争取的策略，而将矛盾的根源转向商纣王。

西伯宣称受天命后而称王，开始有计划地对追随商纣王的外服诸侯进行讨伐，构建以周为首的外服邦国联盟体制。关于西伯征伐外服诸侯之事，《尚书大传》谓："文王受命一年质虞芮，二年伐邗，三年伐密须，四年伐畎夷，纣乃囚之，四友献宝，乃得免于虎口，出而伐耆，六年伐崇。"《史记·周本纪》则有不同记载，认为这些事情发生在西伯被释放之后，事件发生次序亦与此有异。文王先是解决虞、芮争端，"明年，伐犬戎。明年，伐密须。明年，败耆国。殷之祖伊闻之，惧，以告帝纣。纣曰：'不有天命乎？是何能为！'明年，伐邗。明年，伐崇侯虎，而作丰邑，自岐下而徙都丰"。杨宽先生认为《史记·周本纪》之说可取，"犬戎、密须都在西边，而耆、邗、崇都在中原，先伐西边是为了解除后顾之忧，然后进军中原，为了扩大自己在中原的力量，准备克商"。① 关于虞芮的争端，《诗·大雅·绵》毛传和《尚书大传》皆说是争田，而《史记·周本纪》则谓两国"有狱不能决"，实际上反映虞、芮两国的不团结。芮国"是从渭水流域进入中原河水（黄河）流域的交通枢纽所在，是从周到虞的必经之路"。② 文王若东进必先解决虞芮争端，使虞芮团结起来。《诗·大雅·绵》云："虞芮质厥成，文王蹶厥生。予曰有疏附，予曰有先后，予曰有奔奏，予曰有御侮。"毛传："质，成也。成，平也。蹶，动也。"孔疏："诣文王而得成其和平也。"经过周文王的调节，虞、芮二国得以和平团结起来。自虞、芮以下七国皆与周国接壤，③征服它们实为翦商奠定稳定的后方和东进的基地。

出土材料也表明商代的外服被周文王征伐而服从于周的情况，周原甲骨文有文王征伐殷商外服的记载，如周甲 H11：68"囗伐蜀"。周甲

---

① 杨宽：《西周史》，上海人民出版社，2003 年，第 72 页。
② 杨宽：《西周史》，第 73 页。
③ 参杨筠如《尚书核诂》，第 182—183 页有详细的考证。

H11：97"克蜀"。这两片时代为文王时期①，蜀地据殷墟甲骨文所载，是殷商军事上联合的重要邦国。如《合集》22374片云："甲寅卜，臣子来蜀。"《合集》5563"蜀御事"，《合集》5450、5451、5452、14912以及《怀特》71诸片都载有王令某族比蜀古王事。《合集》6860、6861、6862、6863记载王敦伐缶方在蜀地。缶与蜀地应相距不远，缶在今陕西省南部，蜀又在陕南之南。文王伐蜀既打击商王朝的服属势力，也是为其东进解除南部威胁。周甲H11：92"曰呼见龙"。周王召见龙方首领。龙方与商王朝关系时好时坏，商王朝与其有婚姻关系。龙方有为商王朝献羌人的义务（《合集》272），商王令师般征取龙方所应献贡物（《合集》6587）。在卜辞中有龙方征伐与贡纳的记载，在黄组卜辞中未见记载龙方事迹。可能这时龙方已经服属周，所以才有周甲呼见龙的记载。周甲H11：110"征巢"。巢为古巢国，学者间没有疑义，《尚书序》云："巢伯来朝"，伪孔传云："殷之诸侯，伯爵也，南方远国，武王克商，慕义来朝。"未确指巢国地望。《国语·鲁语》韦昭注以为在庐江居巢县，即今安徽巢县。有学者以为周甲此片"巢"即巢县之地。②但安徽巢县与周原相隔甚远，巢国地望当离蜀较近，周初铜器班簋铭文有云："王令毛伯更虢城公服，屏王位，作四方亟，秉繁、蜀、巢命。"繁、蜀、巢三国连言，其地相去当不远，即距离周邦亦不远。周甲H11：136"今秋王斯克往密"，周甲H31：5"密斯城（郭）"，这两条记载都涉及"密"，当指《周本纪》和《尚书大传》所说的密须国，地在岐周西北。似在文王伐密须之后，密须被征服，在相对安全的情况下，文王去往密地巡视。"密斯城"，城当为动词，即城斯密之意，文王克密后，在密地筑城郭以守之。③这也是密被征服之后的事情。周甲H11：232"其于伐猷侯"，④

---

① 徐锡台：《周原出土的甲骨文所见人名、官名、方国、地名浅释》，《古文字研究》第一辑，陈全方：《陕西岐山凤雏村西周甲骨文概论》，《古文字研究论文集》（《四川大学学报丛刊》第十辑），1982年。

② 徐锡台：《周原出土的甲骨文所见人名、官名、方国、地名浅释》，《古文字研究》第1辑，第190页。

③ 陈全方：《陕西岐山凤雏村西周甲骨文概论》，《古文字研究论文集》（《四川大学学报丛刊》第十辑），1982年。

④ 猷字的释读曾有争议，唐兰释为胡，郭沫若释为舒，在本片似释胡较为可取，近年学界多取释胡之说。

猷，古邦国名，猷侯当是商周之际的猷邦之国君。盖文王伐崇作都于丰，猷邦与之接壤而其国君猷侯拒不宾服，以故周师进而伐之。《史记·周本纪》《尚书大传》皆以败耆者的西伯为周文王，但自宋代胡宏、薛季宣到清代梁玉绳都认为此西伯是周武王，从《尚书·西伯戡黎》载西伯败耆之后，商王朝大臣祖伊惊恐万分，奔告纣王，耆国距离商都甚近，周文王时期周的势力还达不到这个地方。近出《清华大学藏战国竹简·耆夜》载周武王八年征伐耆而大胜，证实戡黎的西伯当为周武王，即周武王即位后也继承了其父西伯的称号。

从《史记》的记述看，周文王确实是一个诸侯国君，以诸侯国君而为商三公大臣，曾被囚，后来被释放并被册封为西伯，①修德行善，诸侯叛纣而归西伯。商王朝的外服叛纣而归西伯，是外服体制已经发生重大变化的表现，西伯经过几年的征伐与争取，又使得部分殷商外服归服于周邦。经过文王的征伐与争取行动，在周的周围已形成了近似商的外服制形式，为周武王克商奠定了政治与军事基础。

四、周武王克商由伯而王

周武王即位后，太公望为师，周公旦为辅，召公、毕公左右王师，继续文王翦商大业。周武王向商称臣接受商王朝外服西伯之号，积极谋划翦商大业。周武王八年，东进讨伐殷商外服耆国，新近出版的《清华大学藏战国竹简》(壹)中有《耆夜》一篇共14简，记录了周武王八年克耆后还师行饮至之礼，"武王八年征伐耆，大戡之。还乃饮至于文大室"。② 周武王九年，武王以车载文王木主，东观兵，至于盟津，"不其而会盟津者八百诸侯"。③ 所谓"不其而会"，实是对于外服诸侯听命于周武王的隐讳之词，不其而会的诸侯多为殷商原有外服，现在已经追随周武王，形成了新的外服格局，在这个新的外服体制下，居于主导地位的是周武王。据《尚书·

---

① 周原甲骨称"册周方伯"，当是殷商对其册命并如此称呼姬周。
② 李学勤主编：《清华大学藏战国竹简》(壹)，第150页。
③ 《史记》卷四《周本纪》，第120页。

牧誓》记载协助武王伐纣的有周的友邦君、邦国大臣以及庸、蜀、羌、髳、微、卢、彭、濮等,有的是经过周的征伐而服从周,有的是自愿投靠周,其地大多在周的周围,亦说明这种以周为主导的近于商的外服体制形式早已形成,但这种情况学界一般称之为邦国联盟,即周与诸侯是联盟关系,还达不到王与外服的关系。《牧誓》所载周武王誓师对象为周的友邦君、邦国大臣以及庸、蜀、羌、髳、微、卢、彭、濮,表明周武王指挥的伐纣军队由众多独立的部族邦国构成,因为不满殷纣的恶行这一共同的出发点而走到了一起。周武王基于军队构成的状况作了如下誓师辞:"今日之事,不愆于六步、七步,乃止,齐焉。夫子勖哉!不愆于四伐、五伐、六伐、七伐,乃止,齐焉。勖哉夫子!尚桓桓,如虎如貔,如熊如罴,于商郊。弗御克奔以役西土,勖哉夫子!尔所弗勖,其于尔躬有戮!"此中"不过六步、七步,乃止,齐焉","不愆于四伐、五伐、六伐、七伐,乃止,齐焉"的规定,"以此作为一种约束,实际上是告诫那些心智不坚者必须与整支联军共进退"。① 不御敌而退缩者,将被奴役于西土。不勉力作战者,将严惩不贷。如此誓师为的是提高这支由不同部族方国氏众组成的联军的战斗力。这也从侧面反映出周武王对联盟的部族方国具有节制作用,联盟以周为核心,并非平等的联盟。以周为核心构建的不平等的邦国联盟即是对殷商外服体制的破坏。《论语·泰伯》所记孔子云:"三分天下有其二,以服事殷。周之德,其可谓至德也已矣。"所谓"三分天下有其二",并不是其版图占据天下三分之二,而是其争取的支持者外服势力已经很强大。《史记·周本纪》载:"帝纣闻武王来,亦发兵七十万人距武王。"帝纣发兵迎战武王的兵力比周军联盟的兵力要多,《诗·大雅·大明》谓"殷商之旅,其会如林。矢于牧野"。《逸周书·克殷》载:"武王使尚父与伯夫致师。王既誓以虎贲戎车驰商师,商师大败。商辛奔内,登于鹿台之上,屏遮而自燔于火。"利簋铭文记载了武王克商的史实:"武征商,惟甲子朝,岁贞克昏,夙有商。辛未王在阑师,易右史利金,用作簋公宝尊彝。"(《集成》4131)《逸周书·世俘》载

---

① 王和:《关于理论更新对于先秦史研究意义的思考——从解读〈牧誓〉的启示谈起》,《史学月刊》2003 年第 4 期,第 6 页。

"甲子夕",商王纣自焚。与铭文说周武王于甲子日晚上占有了商都相符。

据《逸周书·世俘》载,周武王克商之后,又陆续派兵遣将肃清商都附近纣王的余党,太公望受命追御纣党恶来,丁卯日太公望班师献俘。戊辰日周武王祭祀上天追祀文王,之后立王政布于天下。周武王派兵遣将征伐四方,"凡憝国九十有九国","凡服国六百五十有二"。克商之后,周与诸侯关系发生了微妙变化。武王曾大会四方诸侯君长,重申四方诸侯君长的义务,《逸周书·度邑》云:"维王克殷国,君诸侯,乃征厥献民,九牧之师,见王于殷郊。"此句明显与《度邑》内容不相干,可能原在《商誓》篇首。《周书序》云:"武王命商王之诸侯绥定厥邦,申义告之,作《商誓》。"武王克商之后征召诸侯朝见周武王于殷郊,周武王告诫已降的殷商内外服天命在周,不得作乱。命令服从周的外服诸侯安定其邦,由《商誓》"尔邦冢君无敢其有不见告于我有周",知这些服从周的外服诸侯有治理、监督殷民的职责。《逸周书·世俘》载周武王返回西土,在周庙举行了征伐四方的将领献俘之礼,辛亥日周武王来到周庙,"秉[黄钺],语治庶国",并向周的列祖告殷之罪,后"秉黄钺,正国伯"。壬子日武王又来到周庙,"秉黄钺,正邦君"。陈逢衡:"庶国,众国也。"潘振云:"语,策辞也。"当系发布文诰。顾颉刚先生认为"国伯"为诸侯之长,属于高级诸侯,"邦君"为次级诸侯。① 可见两天间周武王是在处理封黜各地诸侯的大政。② 周武王征伐四方,为天下之君,确定了四方朝贡的制度。《国语·鲁语下》云:"昔武王克商,通道于九夷百蛮,使各以其方贿来贡,使无忘职业。于是肃慎氏贡楛矢、石砮,其长尺有咫。"韦昭注:"九夷,东夷九国也。百蛮,蛮有百邑也。方贿,各以所居之方所出货贿为贡也。"③ 周武王克商之后,开通东夷、南蛮献贡之道,命其各以地方特产朝贡周王朝,使之不忘对周王朝所

---

① 陈逢衡、潘振之说见黄怀信、张懋镕、田旭东:《逸周书汇校集注》(修订本),第423页。顾颉刚的观点见同书第425、426页。
② 李学勤:《〈世俘〉篇研究》,《古文献丛论》,上海:上海远东出版社,1996年,第79页。
③ 《国语》,第215页。

尽职事即"服"。又从周武王计划营建洛邑,"此天下之中,四方入贡道里均"。① 确知周武王克商之后已经有四方朝贡的制度。

从商周关系渐渐的发展过程,可知周最初只是独立于商势力之外的一个汾方,随着双方都邑的迁移与势力的发展,而有所接触,姬周被商命为邠侯(或汾侯)。这里的命有别于分封,命为诸侯,只是承认其服从商国而赐以侯的称号,列入商王朝外服之中,是对其存在及服属于商合法性的肯定。直至文丁杀季历之前商周间的这种服属关系名义上都存在,文丁杀季历使得双方关系一度紧张,双方曾有军事征讨行动,但到帝乙时期双方关系又有所缓和,商与姬周发生通婚关系。至纣王时命西伯昌为三公之一,似乎双方关系进一步加强。西伯以诸侯身份成为纣的大臣,为商王朝尽臣子职责,曾经被囚,后来被释放并被册封为"周方伯"。而从现有早期材料中周人对殷周关系的解释看,周人并没有说其祖先文王曾臣属于殷,周人把他们与殷商的关系当作邦与邦的平行关系,而且从周初的情况看,周人把自己和其他诸侯间的关系也当作邦与邦的关系看待的。同时,周人也承认"天命"曾经在殷商,即承认自己与商曾有天子与诸侯间的服属关系。在武王兴兵伐商之前,商周间的这种名义上的臣属关系一直都存在着。但是实际上商周间的敌对关系早已经彰显出来,季历征伐诸戎把势力扩展到晋南一带,文王修德行善,征伐周围方国部族,拉拢殷商服属诸侯,目的都是为了解除东进的后顾之忧,至于武王承袭文王之志力图翦商,都是殷周间关系实际上的情况。正如刘家和先生指出的那样:"殷周间的君臣关系只有在名义上才具有它的全部价值,在实际上这种君臣关系既不可能是完全的,也不可能是一成不变的。"②若囿于殷周之间名义上的臣属关系,而由此与后世的专制集权体制确立后的中央与地方关系相比附,就有可能陷入误区。

从殷周关系渐变的情况得出如下启示:商末的外服体制在名义上仍然具有价值,但实际上这种体制已经与武丁时期国力强盛时期不能相比,

---

① 《史记》卷四《周本纪》,第133页。
② 刘家和:《关于殷周的关系》,《史学、经学与思想——在世界史背景下对于中国古代历史文化的思考》,北京:北京师范大学出版社,2005年,第287页。

商末邦国间以及商国内部形势的演变使得这种体制赖以维系的基础发生了变化。由殷周关系中这种名义上与实际上的不同，可以得见商王与其他未被纳入商王版图的外服诸侯的关系与此相类，只是其他外服没有强大到如周一样可以推翻商而代之。

第二节 周初周王朝对殷商内外服的统治政策

"周初政策的出发点是如何统治殷民的问题，他们实行的是以殷制殷，分化瓦解，兼施镇压和怀柔，而侧重怀柔的政策"。① 周初周武王曾试图采取商代国家结构"内外服"，维系社会秩序。对于殷商原有外服，只要服从周尽一定职贡，周就不再攻伐之，并且给予一定的礼遇。对于殷遗民，周初也尽量拉拢之，吸收其能者为周之职事，并给予口头和实物的奖励。

一、周对商内服的措置方式与周初服制

殷遗民所指有广义、狭义之别，此处所说的殷遗民仅限于商王的同姓贵族及其后裔，乃属狭义。武王兴师，牧野之战克商诛杀纣王，成为天下共主，殷遗民就成为周的臣民。如何统治殷遗民，成为当时的棘手问题。周人处理殷遗民的策略，反映出周初服制的一些重要方面。

1. 武王安抚殷遗民

从周初彝铭、《逸周书》《史记·周本纪》等相关记载看，周武王时期对待殷商内服势力的主要政策是安抚怀柔②与告诫，并且计划营建新邑安置殷内服势力。周武王时期治理殷商内服势力采用了安抚策略，这从周

---

① 詹子庆：《周公——我国古代第一位大政治家、大思想家》，《东北师大学报》1984年第1期，又《古史拾零》卷一，第110页。
② 傅斯年：《周东封与殷遗民》，集刊编辑委员会：《"中研院"历史语言研究所集刊》第四本第三分，1934年。

武王在殷都停留期间办的几件大事上体现出来。

首先,周武王对周革殷命从天命转移角度进行了解释,以消除殷遗民的抵触情绪。《逸周书·商誓》篇记载周武王对原殷商内服的诰辞,"王若曰:告尔伊旧何(庶)父:□□□几、耿、肃、执,乃(及)殷之旧官人[序文□□□□],及太史比、小史昔,及百官里居献民",①宋高似孙《史略》作"王若曰:若殷之旧官",所据文字未尽是,意已明显,即诰辞对象是殷的旧官。以《尚书·多士》《多方》用语相校,《商誓》文首"伊"亦应为"殷"之误,《多士》篇载王若曰下的告辞对象为"尔殷遗多士",《多方》篇为"猷告尔四国多方,惟尔殷侯尹民"。同是诰教殷遗,所用称呼语应相近,伊应读为殷。若就伊字读,或解为语词,或解为姓,说"伊旧何父"为伊尹之后,于下文几个族氏名都无法解释通。李学勤辨析告辞对象包括如下四类(1)殷旧家大族长:□□□几氏、耿氏、肃氏、执氏;②(2) 殷之旧官人,"官人"一词见于《左传·哀公三年》,当指职官主事之人;③(3) 太史比、小史昔,庄述祖《尚书记》校改为"太史友、小史友",与《酒诰》"太史友、内史友"相同;(4) 百官里居(君)献民。杨筠如云:"王师谓百生即百官。考《逸周书·商誓解》'昔及百官、里居',又曰'百姓里居','居'为'君'字之讹。是'百姓'即百官之明证。"④献民,贤民也。⑤ 武王所诰对象大体就是《尚书·酒诰》所载内服"百僚、庶尹、惟亚、惟服、宗工越百姓、里居(君)"。在《商誓》篇中武王把克商说成是执行上帝的命令和惩罚,从前周的始祖后稷,为了祭祀上帝,种成百谷,功绩超越了大禹。天下的民众,没有不用后稷的嘉谷去祭祀,没有不享食后稷的嘉谷的。商朝的先贤哲王

---

① "序文□□□□",据黄怀信说涉上衍且误,"序文"即"庶父"之误。"百官"当是"百姓",官字涉上文衍。据《酒诰》文校之亦当作"百姓"。
② 朱右曾解释"几、耿、肃、执"时言:"《左传》殷民七族有饥氏,六族有萧氏,几即饥,肃即萧也;《路史·国名纪》'相州有几城。'《书序》'祖乙圮于耿',即邢也;执、挚通,《诗》曰'挚仲氏任',又《易》'震用伐鬼方',或以震为挚伯名,皆殷之世家大族也。"(《逸周书集训校释》,第67页)
③ 李学勤:《〈商誓〉篇研究》,《古文献丛论》,第81—86页。
④ 杨筠如:《尚书核诂》,第6页。
⑤ 参见《逸周书汇校集注》第479页引陈逢衡说,另,李学勤亦认为解释为"贤民"较为贴切。

第五章 商末周初服制的变革

能够只用后稷的嘉谷洁祀上帝、养育百姓。而纣王惑扰天下,残虐百姓,违背上帝之命。上帝命令文王"杀掉商朝多罪的纣王"("殪商之多罪纣")。声明诛纣王不是周武王个人意愿,完全是执行上帝之命。又正言告知商朝的百姓是无罪的,有罪的是纣王。说自己的命令出自天,如有不听天命而作乱,就致罚于他。《商誓》篇都在谈天命,克商伐纣是天命,武王所下命令也出自上天,把对殷民的统治加上天命的色彩,重在安抚殷民,同时也发出警告,若有作乱,则致天罚。

其次,立王子武庚以守殷祀,以削减殷遗民对于亡国的悲痛,缓和他们对周人的敌对情绪。同时,命令管叔、蔡叔、霍叔即三监监视殷内服遗民。关于三监,清华简《系年》第三章第十三简云:"周武王既克殷,乃设三监于殷。武王陟,商邑兴反,杀三监而立彔子耿。"①《逸周书·作雒》载"武王克殷,乃立王子禄父,俾守商祀。建管叔于东,建蔡叔、霍叔于殷,俾监殷臣"。②朱右曾云:"管叔监殷东之诸侯,蔡叔、霍叔相武庚。"③《逸周书·克殷》作"立王子武庚,命管叔相"。④《史记·周本纪》载:"封商纣子禄父殷之余民。武王为殷初定未集,乃使其弟管叔鲜、蔡叔度相禄父治殷。"按《逸周书·作雒》所记,"三监"是管叔、蔡叔、霍叔,而《汉书·地理志》则以纣子武庚即王子禄父、管叔、蔡叔为"三监"。⑤清华简《系年》第十三简明云武王死后,商邑起来造反,杀掉了三监而拥立彔子耿,彔子耿即纣王之子武庚禄父。⑥显然三监中不包括武庚禄父,《作雒》所载三监为管叔、蔡叔、霍叔是对的。所谓三监是蔡叔、霍叔监武庚及殷内服遗民,管叔监殷东方诸侯。周初立武庚是安抚殷商内服的重要策略,同时管叔、蔡叔、霍叔拥有族众武装以类于诸侯君长的身份监督武庚之国和殷都东方的外服诸侯。武庚治下的殷遗民并不是普通的民众,而是商代的统治

---

① 李学勤主编:《清华大学藏战国竹简》(贰),上海:中西书局,2011年,第45页。
② 黄怀信、张懋镕、田旭东:《逸周书汇校集注》(修订本)卷五《作雒解》,第510—511页。
③ 朱右曾:《逸周书集训校释》,第76页。
④ 黄怀信、张懋镕、田旭东:《逸周书汇校集注》(修订本)卷四《克殷解》,第356页。
⑤ 班固:《汉书》卷二八《地理志》,北京:中华书局,1962年,第1647页。
⑥ 李学勤:《清华简〈系年〉及有关古史问题》,《文物》2011年第3期。

阶层,如《尚书》诸篇反复告诫的"殷多士",是商代的强大族属。① 主要是《逸周书·度邑》中周武王所说商汤建国时三百六十族属的后代,构成了商代内服族属的主体。

再次,释放被商纣王囚禁的贤臣、百官,表彰殷贤人商容和被纣王杀死的忠臣比干,革除殷商严刑酷法,救民于水火,用纣王屯聚的财物赈济贫弱百姓。《逸周书·克殷》云:"乃命召公释箕子之囚,命毕公、卫叔出百姓之囚,[表商容之闾]。② 乃命南宫忽振鹿台之钱,散巨桥之粟。乃命南宫百达、史佚迁九鼎三巫。乃命闳夭封比干之墓。"③周武王劝以箕子为代表的商贤臣服周,将其带至周,《逸周书·箕子序》:"武王既释箕子囚,俾之辟宁于王。"周武王释放箕子后,使之臣服于王。④《尚书·洪范》载周武王曾就商末周初严峻形势咨询殷商贤臣箕子,后"封箕子于朝鲜而不臣也"。⑤ 比干强谏纣王而遭剖心,比干的忠君行为使人肃然起敬,周人利用殷人对比干的尊敬,封比干之墓,以获取殷内服势力对周的好感。由此得知,对殷商贤臣、贤人的敬重和拉拢也是周武王治理殷商内服的重要举措。"迁九鼎三巫",《史记·周本纪》作"展九鼎宝玉",周武王迁九鼎归周,象征主宰天下的权力已经由殷商转移至周。

周武王对殷商内服势力就地安抚的同时,也迁移一部分内服族属至丰镐,⑥从各方面发出了告诫。《逸周书·商誓》载周武王言"尔冢邦君无

---

① 彭裕商先生认为周初迁居洛地的"殷遗",主要是两部分人:"殷多士"、"殷士"是与商王有血缘关系的殷代贵族,相当于甲骨文中的"王族"和"多子族";"有方多士"是一些在商代较有势力的异姓贵族,相当于甲骨文中的"多生"。参见其文《周初的殷代遗民》,王宇信、宋镇豪主编:《纪念殷墟甲骨文发现一百周年国际学术研讨会论文集》,北京:社会科学文献出版社,2003年,第572页。

② "表商容之闾"为朱右曾据《史记·周本纪》所补,见朱右曾《逸周书集训校释》,第53页。

③ 黄怀信、张懋镕、田旭东:《逸周书汇校集注》(修订本)卷四《克殷解》,第356—359页。按"振鹿台之钱,散巨桥之粟"为引者据王念孙校读意见改(参王念孙《逸周书杂志》卷二,《读书杂志》,南京:江苏古籍出版社,2000年,第10页)。

④ 《箕子序》原作"武王既释箕子囚,俾民辟宁之以王"。本文称引及解释据黄怀信校读意见,参见黄怀信《逸周书校补注译》,西安:西北大学出版社,1996年,第445页。

⑤ 《史记》卷三八《宋微子世家》,第1620页。

⑥ 张怀通先生认为武王克商后离开商都时,曾将一部分殷遗民上层分子迁居西土。参其文《武王伐纣史实补考》,《中国史研究》2010年第4期。

敢其有不告见于我有周",告诫殷内服势力,他们的大邦君长不敢不将他们的举动报告给周人,即殷内服势力处于大邦君长的监管之下。"尔多子其人自敬,助天永休于我西土,尔百姓其亦有安处在彼。宜在天命,□及(反)恻作乱,予保奭其介有斯。勿用天命,若朕言在周,曰商百姓无罪,朕命在周。其乃先作,我肆罪疾。予惟以先王之道御复正尔百姓,越则非朕,负乱惟尔"。① 其中"多子"是对商代内服贵族的称呼,"尔百姓"是多子的百姓、族人,"在彼"承前所指西土,说明周武王将迁移部分内服的族属于西土。上引文字大意是:你们应人人自敬,帮助上天长久地嘉美我们西土,你们的百姓也会在西土有安居之地。你们该认清天命,若造反作乱,我将再次大规模的征伐。我虽处周,但是我的命令出自上天。若有不听命率先作乱者,我就致罪于他。我只是用你们先王的政策法令再次治理你们。超越法则的不是我,而仗势作乱的是你们。周武王告诫殷商内服势力认清天命,不要作乱,否则"予则[咸]刘灭之"。② 周武王告诫殷遗民周所得天命不可移易,同时还从宗教祭祀方面对周受天命治理天下的合理性作了证明。周武王克商后,在殷都短暂停留,之后凯旋西归,于克商后第四日到达𬎼师,赏赐了在克商中有功的右史利。于省吾先生曾论证𬎼"应读为管蔡之管",③地处朝歌之南的郑州商城附近,该地有商王室宗庙,商曾在此地宗庙赏赐臣子。④ 周武王到达并停留𬎼地的目的"一方面是镇压商王朝所残存的反周势力,另一方面是要安排管叔在此驻守"。⑤ 第十二日乙亥日到达天室山即嵩山,登上天室山考察这里的地理形势,望祭四方山川,举行祭天(上帝)大典,⑥意味着得到了原属于商王

---

① 黄怀信、张懋镕、田旭东:《逸周书汇校集注》(修订本)卷五《商誓解》,第459—460页。
② 黄怀信、张懋镕、田旭东:《逸周书汇校集注》(修订本)卷五《商誓解》,第461页。
③ 于省吾:《利簋铭文考释》,《考古》1977年第5期。
④ 见于省吾编著《商周金文录遗》151簋(北京:中华书局,2009年)、《集成》2708戌嗣鼎、《集成》3861作父己簋、《集成》9105宰椃角,以及保利艺术博物馆收藏的𣪕方鼎,𣪕方鼎铭文参见李学勤《试论新出现的𣪕方鼎和荣仲方鼎》,《文物》2005年第9期。
⑤ 晁福林:《论周初历史发展的几个问题》,《北京师范大学学报》1989年第5期。
⑥ 参林沄《天亡簋"王祀于天室"新解》,《史学集刊》1993年第3期。

的祭祀上帝的权力,天亡簋铭文有云:"乙亥,王又(有)大豊,王凡三方。王祀于天室,降。"(《集成》4261)周武王考虑到就地安置殷遗民不是长久稳妥的办法,计划建洛邑,迁殷遗民,《逸周书·度邑》篇记载武王病重告周公"我图夷兹殷,其惟依天。其有宪令,求兹无远。虑天有求绎,相我不难。自洛汭延于伊汭,居阳无固,其有夏之居。我南望过于三涂,我北望过于有岳,丕愿瞻过于河,宛瞻于伊洛,无远天室。其曰(名)兹曰度邑"。可能即是周武王在天室山上看到的地势。何尊铭文也记载武王克商后曾计划营建洛邑,居于天下之中,治理天下之民。其铭有云:"惟武王既克大邑商,则廷告于天,曰:余其宅兹中或(国),自之乂民。"(《集成》6014)此处所述"廷告于天"可能即是周武王登上天室山祭天大典所祷告。可惜周武王未来得及落实此计划就病故了,这个计划的实现有赖于周公、成王的努力。

2. 周公成王迁移殷遗多士

西周初年,周公成王能够迁移殷遗民,关键在于武庚之乱的平定和洛邑的营建。武庚之乱平定后,周公对殷内服采取分而治之的策略。周公封微子于宋,可视为迁徙殷遗民的开始。原大邑商国都内的旧家大族并没有被迁移的迹象。营建洛邑是否有大规模举族迁移殷遗民以为劳役的情况,就目前所见材料来看,尚无此迹象,营建洛邑的劳动力主要是殷商外服诸侯,《尚书·召诰》记载营建洛邑时,周公令庶殷侯甸男邦伯,"庶殷丕作",这里的庶殷侯甸男邦伯就是殷商外服邦国诸侯。他们原来臣属于商,武王克商及周公东征后又臣服于周。直到洛邑建成,才有大量的殷内服遗民被迁入新邑,《尚书·多士》诰令的对象主要是"殷遗多士",他们就是殷商内服制下的百僚庶尹百姓里君等。此篇记载周公迁殷遗民时的告诫之辞云:

> 今朕作大邑于兹洛,予惟四方罔攸宾;亦惟尔多士攸服奔走,臣我多逊。尔乃尚有尔土,尔乃尚宁干止。尔克敬,天惟畀矜尔;尔不克敬,尔不啻不有尔土,予亦致天之罚于尔躬。今尔惟时宅尔邑,继尔居,尔厥有干有年于兹洛,尔小子乃兴从尔迁。

首句点明作洛邑的原因是四方诸侯无所献"服";使殷士服从奔走臣我多

第五章 商末周初服制的变革

顺。文中"宾"字,杨筠如以为摈字,于省吾据《尔雅·释诂》《国语·楚语》韦昭注释为服,释此文义"予作大邑于兹洛,念四方之无所服,亦惟尔多士用服奔走臣我多逊顺也"。尚读作常,干与翰相通用,①服当是动词,说四方诸侯无处献"服",故作此邑。这与《逸周书·度邑》所载武王设想建洛邑的意图是一致的,周公营建洛邑之后,召集四方民大合会,颁布四方诸侯的贡赋,亦与营建洛邑的目的相应。上引整段文字都是条件从句,若多士能够臣我多顺,就会在洛邑常有土,常有安宁屏翰也。若多士能敬,天就会矜怜之,若不能敬,殷多士不但不能保有尔土,周土也会致大之罚降于他们身上。现在多士居此新邑,继续原有职业,就会受保护并永久居于此洛邑,多士的族人也一同跟从迁于此新邑。这些殷商旧有的内服势力曾经追随武庚叛乱,将他们迁徙洛邑,置于周人政治监控之下,并且以"予一人惟听用德"(《尚书·多士》)来限制殷士的仕途。

武庚旧地则由康叔徙封于卫来治理,《尚书·康诰》载有徙封康叔于卫的任务,"乃服:惟弘王应保殷民,亦惟助王宅天命,作新民"。据王国维的句读和理解,则命康叔以三事:宏王应保殷民一事也;助王宅天命二事也;助王作新民三事也。② 周公告诫康叔统驭殷民之道的核心内容是"明德慎罚"。周公首先举文王能够"明德慎罚",始造周邦以至治理西土,其大功闻达于上帝,帝赞美之,并降下大命给文王,"殪戎殷,诞受厥命,越厥邦厥民"。殪,《说文》解为"死也"。段玉裁注云:"《尚书》言'殪戎殷',殪,仆也。此引伸之义。《中庸》言'壹戎衣',注:'衣读为殷,声之误也。壹戎殷者,壹用兵伐殷也。'"③戎,《尔雅·释诂》:"大也。"则帝所降文王之命为:兴兵伐殷,受殷国命与殷邦、殷民。周公告诫现在治理殷民要注意敬民,并且告知如何做到敬民。其云:

> 今[治]民将在祇,遹乃文考绍闻衣德言,往敷求于殷先哲王,用

---

① 于省吾:《双剑誃尚书新证》,《双剑誃群经新证双剑誃诸子新证》,第104页。
② 王国维认为"乃服,服训事,言汝之职事也。以冒下文三事。"转见自刘盼遂《观堂学书记》,附于王国维《古史新证》,北京:清华大学出版社,1996年,第274—275页。
③ 段玉裁:《说文解字注》,第163页。

> 保乂民。汝丕远惟商耇成人宅心知训。别求闻由古先哲王,用康
> 保民。

祇,《尔雅·释诂》:"敬也。"民祇乃古时成语,见于《酒诰》《多士》。《无逸》"治民祇惧",即此处"治民将在祇"也,简言之则曰民祇。① 遹,《尔雅·释诂》:"述也。"衣读为殷,盛也。言,乃也。敷,遍也。惟,思也。耇,老也。宅与度通,知与之通,训,教也。别与辩通,辩,遍也。由,于也。② 要做到"民敬",述文考昭闻盛德,乃遍求于殷先哲王,用来保民。还要远思商人中的长老度心之教,遍求闻于古代先贤哲王,用以保民。

又告知如何运用刑法,及使用刑法的注意事项。首先是"敬明乃罚",先学习殷人刑罚与伦常,所谓"师兹殷罚有伦"是也。使用殷罚要慎重,举幽囚为例,"要囚,服念五六日,至于旬时,丕蔽要囚"。③ 服,思也。丕,乃也。蔽,据《周礼·小司寇》郑注训为断也。判决幽囚之罪,思寻五六日以至于十日,乃断为幽囚。又举首恶大怨如何处置,其云:

> 元恶大憝,矧惟不孝不友? 子弗祇服厥父事,大伤厥考心;于父
> 不能字厥子,乃疾厥子。于弟弗念天显,乃弗克恭厥兄;兄亦不念鞠
> 子哀,大不友于弟。惟吊兹,不于我政人得罪? 天惟与我民彝大泯
> 乱,曰:乃其速由文王作罚,刑兹无赦。

《尔雅·释训》:"善父母为孝,善兄弟为友。"祇,敬也。服,事也。于,与也。字,《诗经·大雅·生民》毛传"爱也"。疾,《礼记·少仪》注:"恶也。"天显,古之成语,又见于《酒诰》《多士》,杨筠如认为天显犹天明、天命也。④ 鞠,《尔雅·释言》:"稚也。"哀,《广雅·释诂二》:"痛也。"吊,《尔雅·释诂》:"至也。"不于我政人得罪,犹言不得罪于我政人。民彝,犹言

---

① 参考杨筠如《尚书核诂》,第259页。民上之"治"字,杨说古本有之,疑从古本为长。以《无逸》文校之,杨说可从,故直接补于引文中。
② 以上训解参考杨筠如《尚书核诂》,第259—260页。
③ 要,王国维读为幽,要囚即幽囚,转见自刘盼遂《观堂学书记》,收入《古史新证》,第275页。
④ 杨筠如:《尚书核诂》,第269页。

民则。泯,乱也。① 对于元恶大憝不孝不友,周公告诫要用文王之罚,而且要坚决处罚"刑兹无赦"。何以对元恶大憝,不孝不友,不用殷彝殷罚而用文王之罚？李亚农曾对此进行解释,可供理解这一情况的参考："为了使殷人彻底地接受周人的制度习俗,必须使殷人先接受周族宗法制度中的一套思想。""维持血缘关系的紧密联系,是宗法制度的最高目标,父慈子孝兄爱弟敬,这是宗法社会的天经地义。"② 或许商代刑罚更侧重于"先罚而后赏"的严刑峻法来维护统治,而周代的刑法侧重于维护宗法伦理原则,进而达到稳固统治秩序的目的。

《康诰》的最后告诫"勿替敬典,听朕诰,汝乃以殷民世享"。《尔雅·释诂》：替,废也。《尔雅·释诂》："典,常也。"此处的殷民,当即《左传·定公四年》分康叔"殷民七族：陶氏、施氏、繁氏、锜氏、樊氏、饥氏、终葵氏","以殷民世享"。实际上,《康诰》记载降给康叔的命（职事）说得很清楚了,"宏王应保殷民"、"作新民",并没有把殷人降为奴隶的迹象。

周公将周的势力向东推进践奄,打败殷商服属国,分封鲁国,殷遗民再次被迁徙至鲁国,也就是《左传·定公四年》所说的"商奄之民"中的殷民六族：条氏、徐氏、萧氏、索氏、长勺氏、尾勺氏。他们并不是被打乱族属分给鲁君,而是"使帅其宗氏,辑其分族,将其类丑",按照固有的氏族组织分给鲁公,"以法则周公,用即命于周。是使之职事于鲁,以昭周公之明德"。殷民六族是有职事于鲁的,并不是像有的学者所说的沦为种族奴隶。但也不是全部作了统治阶级,只是他们的族长为鲁国所用有所职事,其普通族员仍是被统治者,与在商朝时相比,地位确实降低了。

至此原来聚居于殷商国都的殷遗民彻底被分割支离,难以形成反周复国的力量,周公的治理殷遗民的策略,确实完成了武王治殷的愿望。殷遗民被迁徙后的境遇和对于周邦发展的意义属于周初服制状况的问题,容后文再议。从周对待殷遗民的政策看,周王朝对于殷遗不只是要他们

---

① 杨筠如：《尚书核诂》,第269页。
② 李亚农：《李亚农史论集》,上海：上海人民出版社,1962年,第692页。

服从，还要彻底臣服，要"作新民"，完全成为周的臣民。这已经与商对待被征服方国的策略大为不同，也是商周服制的明显区别。

二、周对商外服的政策与周初服制

周初对待殷商外服属国的政策，也从一个方面反映了周初的服制情况。周初沿用商代对外服的称呼，于《酒诰》称："殷献臣：侯甸男卫。"于《召诰》中称："命庶殷：侯甸男邦伯。"于《康诰》称："周公初基，作新大邑于东国洛，四方民大和会，侯甸男邦采卫百工播民和，见士于周。"于《顾命》称："王若曰：庶邦侯甸男卫，惟予一人钊报诰。"于令方彝称"诸侯侯田（甸）男，受四方令"（《集成》9901）。对于那些服从周的邦国，周人不改其原来的称号，变其为周的服属国，进行一些约束，使其为新王朝尽一定的义务。《周书序》云："武王命商王之诸侯绥定厥邦，申义告之，作《商誓》。"朱右曾《逸周书集训校释》认为《商誓》篇"大似今文《尚书》"，后经李学勤研究，认为"确系周初之作"，《商誓》作于克殷之后，宣布约束，正合于誓体。当时武王在商，题为《商誓》，文例与《甘誓》《牧誓》《费誓》一致。① 《商誓》篇记载武王告誓对象除商王朝内服外，还有"邦冢君"，《尚书·牧誓》有"友邦冢君"，《召诰》有"庶邦冢君"，班簋有"邦冢君"。据这几处文意理解"邦冢君"当指诸侯。"尔冢邦君无敢其有不告见于我有周"。虽是针对百姓、里君等内服发出的警告，可见这些服从周的诸侯有监督殷民的责任和义务。对于那些不服从周甚至图谋复兴商王国的邦国，则兴兵征讨。《商誓》有云："其（纣）比邦冢君我无攸爱，上帝曰'必伐之'。今予惟明告尔，予其往追。""比"字，孙诒让认为是"友"字之讹误，②"其友邦冢君"指与纣朋党的诸侯，③武王宣称要追伐他们。

《逸周书·世俘》则记载了武王对于纣王的友邦冢君的征伐过程：

（戊辰），吕他命伐越戏方。壬申，荒新（新荒）至，告以馘俘。侯

---

① 李学勤：《〈商誓〉篇研究》，《古文献丛论》，第81—86页。
② 孙诒让：《周书斠补》，《大戴礼记斠补》一书所附，济南：齐鲁书社，1988年。
③ 李学勤：《〈商誓〉篇研究》，《古文献丛论》，第81—86页。

第五章 商末周初服制的变革

来命伐靡集于陈。辛巳,至,告以馘俘。甲申,百弇以虎贲誓,命伐卫,告以馘俘。

庚子,陈本命伐磨,百韦命伐宣方,新荒命伐蜀。乙巳,陈本、新荒、蜀、磨至,告禽霍侯、艾侯、俘佚侯、小臣四十有六,禽御八百有三十两,告以馘俘。百韦至,告以禽宣方,禽御三十两,告以馘俘。百韦命伐厉,告以馘俘。

周派出吕他、新荒、侯来、百弇、陈本、百韦六人征伐商的方国,被周征伐的有越戏方、陈、卫、磨、宣方、蜀、厉共有七个方国,仅为《世俘》所说周武王敦伐九十九国的一小部分。李学勤说吕为吕氏姜姓,在周朝的地位不低;新荒疑为莘氏;侯来不知为何国诸侯,只知其名;陈本为陈氏,与武王所封陈胡公满不会有什么关系;百韦、百弇的"百"当即"伯"字。① 靡不可考,陈在今河南淮阳,武王后来封胡公于此。庚子有命伐磨、宣方、蜀之事。五日后乙巳告捷的却是蜀、磨,被征伐者同来告捷,从征伐的结果看,征讨蜀、磨的目的是讨伐霍侯等。霍侯是商王朝外服诸侯,甲骨卜辞有地名霍。霍侯尚对周抵抗,逃往的商朝诸侯臣属也聚集在霍侯周围,具有较强的军事势力。霍在山西霍县西。蜀实乃荀地,在山西新绛。磨,前人均以为系磿字之误,今山西永济北有历山。荀、历两地之人被征服后也参与了讨伐霍侯的军事行动,故一同来告捷。宣方,见于《合集》28003 片"弜宣方燎",其确切情况无可考。厉在今湖北随州北,西周初曾封厉侯,见前文所引陕西岐山出土的太保玉戈铭文。《世俘》篇记载上述征伐后,又记派兵遍征四方之事。② 武王回到宗周后,举行了一系列典礼,诸侯也参加这些典礼。其中可注意者是对追随诸侯的措置情况,辛亥日武王来到周庙,"秉黄钺,语治庶国",并向周的列祖告殷之罪,后"秉黄钺,正国伯"。壬子日武王又来到周庙,"秉黄钺,正邦君"。李学勤认为"庶国"总指各诸侯国,"语治"当系发布文诰。"国伯"为诸侯之长,"邦君"即诸侯。可见两天

---

① 李学勤:《〈世俘〉篇研究》,《古文献丛论》,第 69—80 页。
② 上文涉及方国之地望考查,皆采李学勤说,见《〈世俘〉篇研究》。

间武王是在处理封缁各地诸侯的大政。① 此与《史记·周本纪》所载周武王褒封先圣王后裔及功臣谋士的性质相近,周武王分封诸侯有两个层面:褒封先圣王后裔;册封功臣谋士。齐、鲁受封立国当在周公摄政或成王时期,管、蔡、燕受封并没有举行授民授疆土的礼仪,只是命其率军驻守军事要地。② 周武王褒封先圣王的着眼点是古代"兴灭国、继绝世"③的传统,承认先圣王后裔固有土地的合法性,其实质只是招徕天下诸侯归附,使更多的诸侯、方国聚集于周王朝的旗帜之下。周武王册封各地外服诸侯,很可能只是承认其固有权力,并没有根本改变殷商外服制的格局。

这些服从周的诸侯包括原商王朝的外服,他们既要参加周王举行的祭祀大典,献上贡物助祭,还要为周王提供力役等表示对周王朝的服从。《尚书·康诰》载:"周公初基,作新大邑于东国洛,四方民大和会,侯甸男邦采卫百工播民和,见士于周。"《尔雅·释诂》:"基,始也。"周公开始作新大邑之时,四方民大和会,侯甸男邦采卫百工播民都赶来朝见,以各自职事见于周国。会见周王后又有一系列活动,《尚书·召诰》记载太保得到卜宅结果,就令庶殷攻位于洛汭,位成后,周公到达洛,举行郊祭、社祭后,周公"乃朝用书命庶殷侯甸男邦伯。厥既命殷庶,庶殷丕作"。这里并没有提到周的友邦君来为营建洛邑出力役的情况,干活的只是庶殷侯甸男邦伯,他们以提供力役形式表示对周邦的臣服。那些周的友邦君则以朝见纳贡的方式表示臣服于周,《召诰》记载周公既命庶殷之后,"太保乃以庶邦冢君,出取币,乃复入锡周公,曰:拜手稽首,旅王若公"。币,《说文》训为帛。《周礼·太宰》"币贡"郑玄注:"币贡,玉、马、布、帛也。""币帛之式",郑玄注:"币帛,所以赠答宾客者。"④郑玄将币的内容及用途说得很清楚。《召诰》此处的"币"也是布帛之类,用于赠送或贡献。太保召公奭与

---

① 李学勤:《〈世俘〉篇研究》,《古文献丛论》,第 69—80 页。
② 参晁福林《夏商西周的社会变迁》,北京:北京师范大学出版社,1996 年,第 350 页。
③ 何晏等注,邢昺疏:《论语注疏》卷二〇《尧曰第二十》,阮元校刻《十三经注疏》本,北京:中华书局,1980 年,第 2535 页。
④ 《周礼注疏》卷二,《十三经注疏》,第 648 页。

众邦君诸侯出取朝礼用币帛,进来献于周公,周公曰:(吾)行拜手稽首礼,嘉美王及召公。① 这里有一重要信息,庶邦不向周成王献币,反而献给周公,而周公感谢的是周王。这是值得深入思考的问题,暂时存疑。

在周公践奄之后,在宗周周公转述了周成王对四国多方及殷侯尹民的诰令。《尚书·多方》记载周公向四国多方诰令:周之代商乃天命,如果你们不听从命令,则大罚殛之。你们待到洛邑建成,还可以长久地在那里耕种田地,上天会怜悯你们,周人也会大大扶助赏赐你们,选拔你们到王庭做事,使你们拥有重要官职。在《召诰》中周公强调是上帝改变了其元子大国殷的命,只因为其不敬天命。又说天既弃大邦殷之命,殷先贤哲王在天上与后王后民都服从了天命,以此来告诫庶殷四方之民服从天命。王会速用"德"为政,"王先服殷御事,比介于我有周御事"。王先重用殷遗官员,近于我周国的御事之臣。可见,在打败商奄之后,周公对待已经服从的邦国及殷民的策略更强调的是说服拉拢,以为周国所用,使殷民"有服在大僚"。并且提出有别于殷商时期的统治策略——德,强调以"德"为政,而不是以"力"、"刑",这主要是针对商纣王时期滥用刑罚的统治方式而采取的另一项争取殷遗的策略。周公、成王把这种"德"大加发挥,成为周人治国的重要方略,如后文所论周人将宗法制、分封制都冠以"德",并且将这种观念渗透到社会各个等级之中。

第三节　周初周王朝对社会治理方式的艰辛探索

周初对商代政治结构有所吸收并加以改造,以适应新形势下的政治统治需要。这主要是根据周初形势发展作出的调整。

---

①　于省吾以金文及文献上王有所赐,下之拜手稽首者皆指被锡者言的通例,指出拜手稽首者为周公,依金文重文例,"曰"前当有周公重文,甚确。其释"旅王若公"为"周公受锡,嘉王及召公也",为允当之论。参于省吾《双剑誃尚书新证》,《双剑誃群经新证双剑誃诸子新证》,第94页。

商周服制与早期国家管理模式

一、监国之制是对外服制的补充

西周未大规模实行分封制之前的社会状况与殷商时期相近,对此王国维曾有论述,其云:

> 自殷以前,天子诸侯君臣之分未定也。故当夏后之世,而殷之王亥、王恒,累世称王,汤未放桀之时,亦已称王。当商之末,而周之文武亦称王。盖诸侯之于天子,犹后世诸侯之于盟主,未有君臣之分也。周初亦然,于《牧誓》《大诰》皆称诸侯曰友邦君,是君臣之称亦未全定也。①

其说甚是。在周初尚未大规模实施分封制之时,那些名义上服属于周的众多邦国实际上仍然是具有很强独立性的政治、经济、军事实体,周王尚称其为"庶邦冢君"、"友邦冢君",其与周仍是邦与邦的关系,有鉴于殷商外服体制的破坏,周王朝实行了以诸侯监诸侯的监国制度。② 作监者一方面具有一定的武装和民众,近于诸侯,同时又是听命于周王的官员,与所说的分封诸侯有别,诸监实际上是为王室镇抚民众的官,与独擅一国的侯是有区别的。③ 监国这一措施虽是临时之举,但在分封制大规模实施以后,这种监国之制也没有结束的迹象,只是有些监国变成了诸侯,不再称监了。

监国之义,当是监视、监督一国的情况,主要是民众的情况。甲骨文中尚未明确有今之监字,卜辞以"见"用如监字之义,其字形作站立的人睁大眼睛。如《合集》6167 载呼命五千人去见(监)敌对的方国,应是监视敌对方国之行动。④ 如前所述,商代康丁时期可能已经产生监督外服之制,其基本义项仍是监视,晚商铜器小子𪔵卣载:子派小子𪔵先以人于堇,用于望夷方。即是派小子𪔵率人先到堇地,监视、侦察夷方的情况。(《集成》

---

① 王国维:《殷周制度论》,《观堂集林》卷十,第 466—467 页。
② 赵伯雄考察周初的"三监"问题时,言:"周初的监殷,看来是一种以诸侯监诸侯之制"。见其著《周代国家形态研究》,长沙:湖南教育出版社,1990 年,第 154 页。
③ 参晁福林《先秦社会形态研究》,第 402 页。
④ 赵诚:《甲骨文简明词典——卜辞分类读本》,北京:中华书局,1988 年,第 358 页。

5417)金文监字似人俯首于器皿上方以照面。《说文》云:"监,临下也。"段玉裁注:"《小雅》毛传:'监,视也。'"由俯首照面即是临下之义,实与监字之义近,引伸出视义。但甲骨文中从站立的人字的见就是由视而产生监察、监视之义。

周初实行监国之制,首以"三监"为证。关于三监人物及其疆地问题,自战国、秦汉以至今日之学界争议不断。这里主要谈三监人物,一种认为"三监"人物是管叔、蔡叔、霍叔。① 一种认为是武庚、管叔和蔡叔。② 其分歧之处在于武庚是三监之一还是被监对象,现代学者多从前者意见,以为周人所设"三监"的目的自然也是监视、监察殷商残余势力,武庚必不为三监之一。其实仔细推敲所谓三监应该指三个邦国。郭沫若早年研究应监甗铭文已经暗含这种认识,"作器者自称'应监',监可能是应侯或者应公之名,也可能是中央派往应国的监国者……我觉得可能以后者为确,即应国之监,犹他器称应公也"。③ 应监,犹他器的应公,应公为诸侯国君,应监自然也指称诸侯国君。即监者乃邦君。赵伯雄认为监者实是对邦君而言,"故武庚只能处于被监者之列。……而作为'监者'的三叔,也分别是三个邦君"。④ 问题的关键是设置"三监"所为何事?武王初克商最担心的是商都殷民以及商都附近残余势力,这从周初诸诰文中已经有明显的反映,反复向殷多士告诫克商乃天命,要听从天命,否则就处以刑罚。立武庚以守商祀,消除殷民对于亡国的仇恨,以武庚统治殷民以求安定,又另立管叔、蔡叔,他们都拥有族众武装,直接听命于周王。他们既要监视武庚及殷民又要防止殷商残余势力军事反扑。最近公布的清华简《系年》第三章第十三简云:"周武王既克殷,乃设三监于殷。武王陟,商邑兴

---

① 《逸周书·作洛》云:"武王克殷,乃立王子禄父,俾守商祀。建管叔于东,建蔡叔、霍叔于殷,俾监殷臣。"《史记·周本纪》正义引《帝王世纪》云:"自殷以东为卫,管叔监之,殷都以西为墉,蔡叔监之,殷都以北为邶,霍叔监之。"
② 《汉书·地理志》云:"河内本殷之旧都,周既灭殷,分其畿内为三国,《诗·风》邶墉卫国是也。邶以封纣子武庚。墉管叔尹之;卫蔡叔之,以监殷民,谓之三监。"
③ 郭沫若:《释应监甗》,《考古学报》1960 年第 1 期。
④ 赵伯雄:《周代国家形态研究》,第 151 页。

反,杀三监而立彔子耿。"①武王死后,商邑起来造反,杀掉了三监而拥立彔子耿,彔子耿即纣王之子武庚禄父。② 显然三监中不包括武庚禄父,《作洛》所载三监为管叔、蔡叔、霍叔是对的。《逸周书·作洛》载"武王克殷,乃立王子禄父,俾守商祀。建管叔于东,建蔡叔、霍叔于殷,俾监殷臣。"③朱右曾云:"管叔监殷东之诸侯,蔡叔、霍叔相武庚"④《逸周书·克殷》作:"立王子武庚,命管叔相。"⑤《史记·周本纪》载:"封商纣子禄父殷之余民。武王为殷初定未集,乃使其弟管叔鲜、蔡叔度相禄父治殷。"所谓三监是蔡叔、霍叔监武庚及殷内服遗民,管叔监殷东方诸侯。"三监"的设立主要是集中周族有限的兵力,占据重要的军事据点。三监的任务和主要职责,便是监视殷民和其他殷商原有外服邦国,防止他们起兵反叛。在这一意义上,孙作云称三监之设实是军监⑥,是颇具道理的。

由金文材料可证监国之制的存在。除上举应监甗铭文外,尚有西周中期的管监引鼎"管监引作父己宝将彝"(《集成》2367)。⑦ 管监即管地的监,引为其私名。西周晚期的叔趙父冎铭"叔趙父作旅冎,其宝用。荣监"(《集成》11719)。此器1981年出土于陕西扶风县南阳乡沟原村的一个灰坑内。作器者为叔趙父,"荣监"与其他铭文分铸两处,说明荣就是叔趙父所在的邦国名,荣监所在之地当与荣伯所封之地不远,也在宗周附近。鄂监簋之"鄂监"(《铭图》4441),与鄂侯有关。1964年10月,在山东龙口市(黄县)芦头镇出土一件西周早期铜鼎,上有"句监作宝尊彝"(《近出》297),⑧"句监"应指句地的监国者,与"应监"、"管监"、"荣监"一样,在分封诸侯之地,同时设监国者。山东句地可能在菏泽北面的"句渎"一带,

---

① 李学勤主编:《清华大学藏战国竹简》(贰),上海:中西书局,2011年,第45页。
② 李学勤:《清华简〈系年〉及有关古史问题》,《文物》2011年第3期。
③ 《逸周书汇校集注》(修订本)卷五《作洛解》,第510—511页。
④ 《逸周书集训校释》,第76页。
⑤ 《逸周书汇校集注》(修订本)卷四《克殷解》,第356页。
⑥ 孙作云遗作:《说鄘在西周时代为北方军事重镇——兼论军监》,《河南师范大学学报》1983年第1期,第31—49页。
⑦ 铭文首字与利簋铭文"管师"之管字形相同,据于省吾考证为"管",管叔所封地在郑州。见《利簋铭文考释》,《考古》1977年第8期。
⑧ 李步青、林仙庭:《山东龙口市出土西周铜鼎》,《文物》1991年第5期。

《左传·桓公十二年》云："公及宋公盟于句渎之丘。"杜预注："即榖丘也。"连句国这样的小国都设有监，可见周初在分封诸侯同时所设监国制度的严格。又西周中晚期仲几父簋云："仲几父事(使)几事于诸侯、诸监，用厥宾作丁宝簋。"（《集成》3954）诸侯与诸监并列，二者存在差别已如上述，诸侯是一国的国君，而诸监除了具有邦君的身份外，还有监视、监察其他邦国的任务，是直接听命于王的官员。铭文是讲仲几父派名几者出使到诸侯、诸监，名几者用诸侯、诸监宾赠之物为名丁者作了宝簋。

史书对于周初所设监国制度缺载，西周金文材料中称某监者本身就是一邦之君，为后世留下了关于西周早期设置监国制度的珍贵史料。以诸侯监督诸侯的方法可能在商代就已经实行，如《合集》27740、27742片卜辞表明，康丁时期似乎已经设立监督机制。又如《史记·殷本纪》所载纣王杀九侯，文王窃叹，崇伯虎向纣王告密的情况，可能崇伯虎之国就是纣王派出监视姬周的监国。周初实行监国制是为当时的形势所迫，只是为了维持当时局势的安定，在统治策略上是对外服体制的补充，实质上并没有改变殷周之际邦国联盟性质的国家结构。监国之制并没有阻止殷商残余武庚的叛乱，在周公、成王平定叛乱，征伐四方稳定局势之后，并没有废除监国之制，而是作为一种长效机制确定下来。周公制礼作乐，在监国之外制定了新的统治方式——宗法封建制度，重新构建了有别于殷商的外服体系。

二、宗法分封制对殷商服制的改造

1. 以宗法血缘纽带重构内外服系统

周公、周成王时期通过平定武庚叛乱，东征讨伐东夷，南征、北伐解决了周王室内部的王位纷争，使得殷商内外服势力反周复国的图谋被粉碎，社会秩序重归稳定。周王朝获得了可供支配的大面积土地与大量人口。如何以周人有限的政治、军事力量来治理广袤的疆土？周公首创宗法制与分封制来解决这一问题。

《尚书·立政》记载，周公在总结夏、商贤王设立各级行政长官的成功经验，以及夏桀、殷纣任人政策失败的教训之后，阐述了周文王、周武王设立行政长官的方法,最后告诫周成王设立行政长官的原则与方法。第一,要知人专任,"继自今我其立政:立事、准人、牧夫。我其克灼知厥若,丕乃俾乱,相我受民,和我庶狱庶慎,时则勿有间之。自一话一言,我则末惟成德之彦,以乂我受民"(《尚书·立政》)。这段文字大意为:自此以后我们将建立如下官长,即司政事的立事、司刑狱的准人、司民政的牧夫。我们要能深知建立这三大官系的道理,使他们好好治理,以相助、安抚我有周所受的万民。协和调理我们的刑狱之官和掌典法情讯之官,千万勿让小人杂入其间。自一话一言细微处,我们都要归结于重用成德之美士俊才,使其治理周所受之民众。第二,王室子孙不要干预刑狱之事,"继自今文子、文孙,其勿误于庶狱庶慎,惟正是乂"(《尚书·立政》)。此后王室子孙不得干预刑狱之政与掌典法情讯之事,这些刑狱之政等事,只应该由掌管刑狱的长官去治理。第三,设立官长不要用恺利佞人,"继自今立政,其勿以恺人,其惟吉士,用劢相我国家"(《尚书·立政》)。今后设立官长不要任用恺利佞人,只应该选用贤士,以勋勉地相助治理我们的国家。第四,后世周王也必须任用有德行的贤士为官长。"继自今后王立政,其惟克用常人"(《尚书·立政》)。后世周王建立各级行政长官时,必须用具有正常德行的贤士。周公召太史将这些原则记录下来,希望作为周代的基本制度加以贯彻下来。在这些用人原则指导下,周成王通过册命中央各级行政长官的方式系统地建立了内服制度。周公、周成王有鉴于武庚三监之乱,于东征胜利后,将殷内服势力分而治之。又根据商汤灭夏后启用夏贵族到王朝做官的治理方略,吸收殷商贵族之中有才能者进入周王朝及诸侯国的官僚体系中,试图以此获得殷商内服贵族对周政权的认同支持,周公建议"王先服殷御事,比介于我有周御事"。[①] 王重视任用殷遗官员,接近于我周家的治事之臣。即周初任用殷人与任用周人近乎同样的待遇,将殷商内服势力纳入到周王朝新建内服体系之中。周公总结夏商设立各级行政长官的成功经验与夏商末代君主用人不当的教训,告诫周成王设置各级行政长官的原则并建立了内服制度。可见,在平定叛乱后,周

---

① 孔颖达:《尚书正义》卷一五,《十三经注疏》,第213页。

公对待已经服从的邦国及殷民的策略,更加重视的是说服教育,使他们认同周王朝的统治,使殷民"有服在大僚"。① 周公提出有别于殷商时期的统治策略——德,强调敬德,以"德"为政,而不是以力、刑,这主要是有鉴于商纣王时期滥用刑罚的残暴统治,而采取的另一项争取殷商内外服的策略。

《清华大学藏战国竹简·系年》第十七至十八简:"周成王、周公既迁殷民于洛邑,乃追念夏商之亡由,方(旁)设出宗子以作周厚屏。乃先建卫叔封于康丘,以侯殷之余民。"②周公总结商代灭亡以及三监之乱的教训,认识到夏商以王朝实力维系的外服制的地方社会治理方式存在问题,与周初巩固国家政权的需要相悖。周公通过"制礼作乐"的形式对夏商以来外服制度进行改革,"他所制的'礼'首当其冲的便是分封诸侯"。③ 周公制礼依然借助外服制传统社会治理模式,而对其内涵进行了变革,根据血缘亲疏,通过册命分封与周有血缘关系者另立一小宗,以授民授疆土礼仪建立了有别于夏、商时期的新外服。周王朝建立外服的原则按照春秋时人的说法是"选建明德"(《左传·定公四年》)、"封建亲戚"(《左传·僖公二十四年》)、"建母弟"(《左传·昭公九年》),《清华大学藏战国竹简·系年》则称"旁设出宗子以作周厚屏"。《左传·定公四年》所载周分封的诸侯为姬姓,并且他们的共有职责是"藩屏周",即作周邦的屏障。周成王分封卫叔为外服侯时,命以《康诰》;分封鲁侯时,命以《伯禽》;分封晋侯时,命以《唐诰》。这里的"命"有两层含义:一是它表示周王朝对诸侯的任命,并且今后诸侯依然要随时接受周王朝的命令;一是它表示诸侯受周王朝之命以后而有了合法权力,从而也是这些受命诸侯特殊身份地位的标识。各国诸侯对于自己所属的卿大夫进行再分封的时候,也依此模式而赐"命"。④

周公有鉴于殷商外服势力的叛乱以及管蔡之乱,吸收殷商外服制经验,同时又推陈出新,根据宗法血缘亲疏,在重要的战略位置分封兄弟子

---

① 孔颖达:《尚书正义》卷一七,《十三经注疏》,第229页。
② 李学勤主编:《清华大学藏战国竹简》(贰),第47—48页。
③ 晁福林:《夏商西周的社会变迁》,第265页。
④ 晁福林:《先秦时期爵制的起源与发展》,《河北学刊》1997年第3期,第73页。

侄为诸侯,改造了外服体制。周成王、康王时期大分封诸侯,将殷商外服诸侯安置于姬姓诸侯与异姓姻亲诸侯之间,建立了新的外服体系。在周成王举行会同四方诸侯的礼仪时,以四方外服诸侯所献贡物作为日后向周王朝纳贡的标准,颁布天下作为制度贯彻落实,通过这种方式将外服诸侯及戎狄蛮夷诸方国纳入周王朝朝贡服制之中。

2. 纳上下于道德:周代宗法制中的"德"

上博简《孔子诗论》第九简对《天保》诗的评价把福禄与"德"联系起来,对于研究《天保》诗旨及周代的宗法制度很有启发。学术界对于《天保》诗及上博简《诗论》的研究已取得一定成绩,但仍有余意存焉,把《诗·天保》与周代宗法制中的"德"联系起来考察,为时贤所未发。

上博简《孔子诗论》第九简有评析《天保》的文字:

《天保》,其得录(禄)茷(疆)矣,巽🔲(颂)悳故也。

关于这支简文,学者们意见分歧较大的是"巽颂德故也"的句读和释读。今所见者有如下诸说:马承源读为"馔寡,德故也"。① 庞朴抱着谨慎存疑态度:"似以读作'巽(?),寡德故也'为佳,存疑。"周凤五释为"赞寡德故也",范毓周读为"选寡德故也",王志平释为"巽寡德故也"。廖名春读"巽"为"选",说"选"有善义,并说"寡德"即君德。② 于茀读为"巽颂德故也"。③

上博简《孔子诗论》第九简

从专家们对此简文研究的状况看,应以"巽🔲(颂)悳故也"为一句读者为优。在此基础上试进一步分析简文内容:"录"字假借为禄,诸家无异

---

① 马承源主编:《上海博物馆藏战国楚竹书》(一),上海:上海古籍出版社,2001年,第133页。
② 以上五位学者的意见分见于上海大学古代文明研究中心、清华大学思想文化研究所编《上博馆藏战国楚竹简研究》,上海,上海书店出版社,2002年,第237、153、175、214、262—263页。
③ 于茀:《金石简帛诗经研究》,北京:北京大学出版社,2004年,第185页。

第五章　商末周初服制的变革

辞。禄后一字字形为上首下伐,为今之蔑字本字,许慎解蔑为"从苜从戍",朱骏声认为许慎解错了,当"从苜伐声"。按,朱说确也,西周金文中上苜下伐之字习见,"从苜伐声",当为正字,戍与伐形近致误,后蔑行而从苜伐声之字废也。蔑,无也。① 畺,乃今疆之古字。② 则"蔑畺"当为"万寿无疆"之"无疆"义。"㔻"字,《说文解字》所著录的古文、籀文,《汗简》《古文四声韵》《说文通训定声》诸书所录此字古体稍异。段玉裁云:"《古文四声韵》作巽,盖不误。"并认为"巽"字形是后人变籀文而成,为逊的假借字,义为顺。③ 何谓顺? 自上至下之谓也。④ 頒字形上页下分,当为颁字,布也。⑤ "惪"训为"得"。⑥

《诗论》简文意谓《天保》言君得福禄无疆,其原因在于君王能够自上而下遍施德(得)。简书《诗论》认为君王获得的无疆福禄并非上天和祖先神赐予的,而是取决于君王是否能够"巽颁德"即布德于群黎百族之人。《诗论》的立论有诗文为根据,即"群黎百姓,遍为尔德",意即汝德(得)遍布百族之人。这里有两点值得重视:君必有德;君要把这种美德施于百

---

① 《说文解字·苜部》云:"蔑,劳目无精也。"段玉裁注解:"引伸之义为无。"《小尔雅·广诂》:"蔑,无也。"胡承珙《小尔雅义证》云:"蔑与无,字本通,《论语》'亡之命矣夫',《汉书·宣元六王传》引作'蔑之'。《诗经·大雅·板》'丧乱蔑资',毛传:"蔑,无也。"皆是蔑训解为无之证。

② 《说文解字·畕部》云:"畺,界也。从畕三其界画也。疆,畺或从土,强声。"段玉裁注:"今则疆行而畺废矣,惟《周礼》有畺。"

③ 见段玉裁《说文解字注》,第200页。此说确然,据《广雅·释诂一》:"巽,顺也。"《尚书·尧典》"巽朕位",伪孔《传》:"巽,顺也。"是巽可训为顺之明证。

④ 《说文解字·页部》云:"顺,理也。从页川。"段玉裁注解说:"人自顶以至于踵,顺之至也;川之流,顺之至也。"

⑤ 《说文解字·宀部》云:"寡,少也,从宀、颁。颁,分也。"段玉裁注云:"先郑(即郑众)注《周礼》曰'颁读为班布之班,谓分赐也'。按颁之本训大头也。此云'颁,分也',谓假借。"又《小尔雅·广诂》:"颁,布也",《广雅·释诂》:"班,布也。"是颁、班皆可训为布,非必颁假为班而训为布。

⑥ 德、得互训,《说文解字·彳部》云:"德,升也。"段玉裁注:"升当作登,……德训登者,《公羊传》'公曷为远而观鱼,登来之也'。何曰'登读言得,得来之者,齐人语。齐人名求得为得来。作登来者,其言大而急,由口授也'。……登德双声。"《说文解字·心部》云:"惪,外得于人,内得于己也。"段玉裁注云:"此当依小徐通论作'内得于己,外得于人'。内得于己,谓身心所自得也;外得于人,谓惠泽使人得之也。俗字假德为之。"无论德、惪,训为得乃其古意。

225

族之人。而后者就是《诗论》特别强调的。可见《诗论》之说有着深厚的历史和社会现实根据。只是《诗论》并没有讲这种"德"是什么,笔者认为其应与周代的宗法制度有关。剖析西周史料中有关"德"的内容,就会更加明确这种认识。

从周代可靠史料所载来分析周人之德,①可为《诗论》之佐证。首先周人强调对待德的态度是严肃恭敬地持有德,不能违背它,只有这样才能"祈天永命"。《尚书·召诰》载周公旦云:"惟王其疾敬德,王其德之用,祈天永命。"并总结夏、商因为不敬德而"坠厥命",周因为敬德而克殷受有天命。《尚书·君奭》云:"罔不秉德明恤。"伪孔《传》曰:"秉德即执德。"西周前期班簋铭云:"唯敬德,亡(无)卣(攸)违。"(《集成》4341)何尊云:"叀(唯)龔(恭)德谷(裕)天。"(《集成》6014)西周中期的善鼎铭"秉德恭纯"(《集成》2820)。西周晚期番生簋铭"尃(溥)求不替(废)德"(《集成》4326)。诸例中话语主体虽不同,但都强调要持有德不废弃,并且态度要恭敬。在周人看来敬德是受天命的前提,其重要性不言自明。其次,周人反复强调周王及其祖先有各种好的"德",并且极力要按照祖先的德、行规范自己的思想和行事。西周前期大盂鼎铭记康王云"今我唯即刑(型)廩(禀)于文王正德"、"敬雍德经(经)"(《集成》2837)。《说文解字》云:"政,正也。"正与政通,正德即政德也。《周颂·清庙》毛传:"雍,和也。"雍德即和德。西周中期的单伯昊生钟铭说:"余小子肇帅型朕皇祖考懿德。"(《集成》82)师𩛥鼎铭有孔德、安德、胡德、烈德、懿德、介德等词语(《集成》2830)。叔向父禹簋铭云:"肇帅型先文祖共(恭)明德。"(《集成》4242)懿德、烈德即美好之德。②孔德即大德,安德即妥善之德,胡德即远大之德。介德,流芳后世之德。③西周晚期虢叔旅钟铭云:"穆穆秉元明德。"(《集

---

① 关于铜器铭文中"德",杜逎松已有论说,详见其文《西周铜器铭文中的"德"字》,《故宫博物院院刊》1981年第2期。关于周代"德"的论说尚可参考晁福林《先秦时期"德"观念的起源及其发展》,《中国社会科学》2005年第4期。王德培《〈书〉传求是札记》,《天津师范大学学报》1983年第4期。

② 《说文》:"懿,专一而美也。"《诗·宾之初筵》郑笺:"烈,美也。"

③ 《广雅·释诂一》"胡,大也"。介有大意,见《尔雅·释诂》。

成》238—242-4)师询簋有"首德"(《集成》4342)。元德就是最好的德性,首德即初始之德。① 帅、刑皆如《诗·大雅·文王》之"仪刑文王"之刑,毛传训为"法也"。铭文一般先列举周代各王的德,然后称举自己祖先有如何好的德,又宣誓要效法祖先之德规范自己的思想和行事。在周人那里,德已经成为行事的准则,俨然是一种政治规范。

周人重视的与反复强调的诸德,主要是讲行为规范,是讨论"政行"问题,具有政治措施上的实义,非伦理上的空泛道德之论也。② 这种德反映的是周代的宗法制度。依周代的宗法制度,天子为天下之大宗,赞美周天子就是赞美大宗,称颂自己祖先就是对本族大宗的崇拜和尊敬,《诗·天保》所说的布德于百族之人,也正体现了大宗对小宗的保族恤宗义务。③ 周人的德又是神圣不可侵犯的,因为好的"德"是获取上帝授"天命"的先决条件。如大盂鼎铭"不(丕)显文王受天有大令(命)",墙盘铭云:"上帝降懿德大屏。"(《集成》251-6)毛公鼎云:"丕显文武,皇天弘厌其德,配我有周,膺受天命。"(《集成》10175)周文王、武王都是因为有德而受天命。可见,德已经成为周代维护天命的政治规范。近年新获豳公盨铭文④为认识周人之"德"提供了新的证据,也说明了周人宗法制度中的"德"具有敬天、崇祖、保民三个层面。铭文开头说"天命禹敷土,堕山浚川",接下来说禹的"差方设正"等行为,均是尊"天命"而为,体现了对天的敬畏,铭文又说禹治理天下能够"好祀无废",不废弃对祖先的祭祀,是对祖先的崇拜。铭文又说"厥贵唯德,民好明德,顾在天下","心好德,婚媾亦唯协",皆是保民之德。

西周宗法制度中的德就是把从天和祖先神那里得到的福禄降给百族之人,也就是使百族之人也有所获得,即是敬天、崇祖、保民。此三者又是宗法制的核心,德与宗法制度的关系即表现于此。德将天命与宗法制度

---

① 《尔雅·释诂》:"首,始也。"
② 王德培《〈书〉传求是札记》,《天津师范大学学报》1983年第4期。
③ 大宗对小宗的保护也见于金文,盠驹尊铭文"王……万年保我万宗"(《集成》6011.2);盠方尊铭文"天子不暇不其保我万邦"(《集成》6013)。
④ 参考《中国历史文物》2002年第6期,李零、朱凤瀚、裘锡圭、李学勤四位先生的文章。

联系起来,使其在宗法制度中的位置更加重要。《天保》前三章描述了"尔"不仅从天那里得到君位并且十分坚固,又得到天所赐的福益穀禄;后三章的叙说又从祖先神那里得到多福多寿;但仔细琢磨就会发现第五章最后两句"群黎百姓,遍为尔德",并不是在说祖先神的赐予(从祖先神那得到什么),而是说要让群黎百姓有所得。正是君王有德,即让百姓有所得,君王才得到天与祖先神的福佑。这里可以看到"周代德的观念中,人们所注目之处已由神意转而为人自身,人不仅考虑从天和先祖那里得到了什么东西,而且要念及如何保持、稳固这种获取"。① 而此诗中所说的"群黎百姓,遍为尔德",即"布德于民"正是保持和稳固这种获取的方法。从简书《诗论》对《天保》一诗的评论看,孔子并不着意君王所得到的无疆福禄来自天和祖先神所赐,而是看重君让百族之人有所得、让百姓得到照顾和好处。这里孔子更加强调的是大宗对小宗的保怃。那么百姓得到什么才算有所得呢? 孔子没有说,诗中有"民之质矣,日用饮食",日用饮食正为民众切身利益,满足这些或可安民矣。

综合金文和简书《诗论》,可以廓清周人观念中这样一个逻辑:上帝有德,上帝降德于君王,君王有德,君王再布德于"群黎百姓",于是百姓就有了"德"。这样君王才会"受天百禄"和"祈天永命"。同时《孔子诗论》对《天保》诗的评析反映了孔子对周代宗法制度的理解和重视。《诗论》所说的"巽(颂)悳",就是《天保》中的"群黎百姓,遍为尔德",作为天下大宗的天子要把从上帝那里得到的颁布于天下百族之人,就是尽大宗的义务。而金文中所见的臣子对周王的赞誉又体现了小宗对大宗的尊敬,②对自己祖先的称颂又体现其对本族大宗祖先的崇拜。

王国维曾云:"且其(《召诰》载周公语)所谓德者又非徒仁民之谓也,必天子自纳于德而使民则之。""周之制度典礼乃道德之器械。"③不啻为

---

① 晁福林:《先秦时期"德"观念的起源及其发展》,《中国社会科学》2005年第4期。
② 天子是天下之大宗是名副其实的。参见刘家和《宗法辨疑》,《古代中国与世界——一个古史研究者的思考》,武汉:武汉出版社,1995年,第238—243页。
③ 王国维:《殷周制度论》,《观堂集林》卷十,北京:中华书局,1959年,第476—477页。此处"道德"非伦理范畴,乃政治规范。

对周代宗法制度的深刻诠释。周代把天子、诸侯、卿大夫、士、庶人都纳入此宗法制度体系内,明确提出"德"的政治规范,是对殷商神道与刑罚两种统治方法的补充与完善。① 这已经与商代以神权和刑罚使内外服服属商王的政治统治策略大有区别。

3. 周代分封制的理论是对服属观念的发展

王国维曾提出周代分封制度来源于宗法制度这一精湛的论断,②为研究周代分封制的理论依据指明了方向,其后学者讨论此问题时多关注分封制与宗法制的关系,而忽视了王国维谈到的周人观念中"德"与宗法制、分封制的关系。最近晁福林先生对王国维说作了很好的补充与阐发,③对认识周代的政治观念有很大启发。而上博简《诗论》第九简对《天保》一诗的评价,为探讨"德"与分封制的关系提供了新的线索与证据。

孔子评价《天保》诗以"顺颁悳",这对理解周代的政治制度很有启发。"顺颁悳"在周代的具体政治表现就是分封制度,就是从天子到士自上至下各有等分。正如《左传·桓公二年》师服所言:"天子建国,诸侯立家,卿置侧室,大夫有贰宗,士有隶子弟,庶人、工、商,各有分亲,皆有等衰。"可以说"顺颁悳"的观念就是分封制的指导思想或理论依据的一种总结。

《左传·定公四年》载子鱼关于分封的论述是有历史情境的。事情发生在皋鼬会盟将要歃血时,让蔡先于卫,卫侯让祝佗(字子鱼)私下问于苌弘"听说蔡先于卫是真的吗?"苌弘认为蔡国的始封君蔡叔年长于卫国的始封君康叔,让蔡国先于卫国歃血也是可以的。在这种情况下,子鱼谈到:"以先王观之,则尚德也。昔武王克商,成王定之,选建明德,以蕃屏

---

① 当然周人也没有放弃神道与刑罚两种统治方法,而是对这两个方面有所修正,宣扬周代殷乃天命,同时又说天命并非绝对的,总结历史经验时认识到民的力量。不是修正殷人刑法而是要学习殷人刑法,然后才是如何正确运用殷人的刑法。参见《尚书·康诰》。

② 王国维:《殷周制度论》,《观堂集林》卷十:"周人制度之大异于商者,一曰立子立嫡之制,由是而生宗法及丧服之制,并由是而有封建子弟之制,君天子臣诸侯之制。二曰庙数之制。三曰同姓不婚之制。此数者,皆周公之所以纲纪天下,其旨则在纳上下于道德,而合天子诸侯卿大夫士庶民以成一道德之团体。周公制作之本意,实在于此。"

③ 晁福林:《先秦时期德观念的起源及其发展》,《中国社会科学》2005 年第 4 期。

周。故周公相王室以尹天下,于周为睦。"此下主要谈到鲁、卫、唐三国的分封情况。子鱼谈到的"选建明德"尤为重要,选建明德的目的是"蕃屏周",那么选建明德就是分封诸侯,即选明德者建立国家,也就是以有德者封建诸侯来保卫周邦。选建明德就能够达到蕃屏周邦的效果。

而《诗论》说《天保》诗中得到无疆的福禄是"顺颁惪"的缘故。无疆的福禄就是周邦的稳定与强盛,把周邦稳定、强盛的原因归结为"顺颁惪","顺颁惪"就是自天子以下的层层分封,这与子鱼所说"选建明德,以蕃屏周"是相近的。《诗论》所论为已然之事,子鱼所言为实行分封制将要企及的目的。《天保》诗的内容和义旨亦与此无不相恰。《天保》第五章最后两句"群黎百姓,遍为尔德"是说要让群黎百姓有所得。这一点清代学者已经注意到,他们既反对汉代学者的"臣下报答君上"说,又不赞成宋儒的"宴会答诗"说,指出:"前后虽极言天神降福无所不至,其实以'德遍群黎'一句为主。"[①]可谓点到了诗义关键之处。"群黎百姓,遍为尔德",当如马瑞辰所云:"百姓本百官赐姓之称,故曰'百官族姓',后遂通以为百官之称。又以称众民,如《论语》'修己以安百姓'之类是也。为当读如'式讹尔心'之讹。讹,化也。'遍为尔德'犹云遍化尔德也。为与化,古皆读若讹,故为、讹、化古并通用。"[②]据此,百姓初当为百族,也就是周代强调的宗族。为字当读如讹,《尔雅·释言》:"讹,化也",感化之义也。百族之人皆受汝德之感化,意即汝德遍布于百族之人。而此诗中所说的"群黎百姓,遍为尔德",即"布德于民"正是保持和稳固这种获取的方法。保持和稳固获得的天下的方法就是"顺颁惪","顺颁惪"表现在政治上就是"选建明德",亦就是分封。从册命金文来看,新王即位对诸侯要重新册封,称为"申就乃命",即重申先王的命令册封某为诸侯。老诸侯去世新的诸侯即位要得到王的重新册封才合乎礼。这又是周人"顺颁惪"观念的另一种体现。

总之,周人正是以这种"顺颁惪"的理论为指导,不断通过册命、分封

---

① 方玉润:《诗经原始》,北京:中华书局,1986年,第338页。
② 马瑞辰:《毛诗传笺通释》,北京:中华书局,1989年,第513—514页。

的形式保持周王与诸侯、周王与臣子间和谐关系,来维系周王朝统治的稳固和长久。这与商代立足于让诸侯来服属听命商王的情况是明显不同的。分封制确实是确保周王与诸侯关系的重要手段,但不是唯一且永远奏效的方法,仍需把臣子与诸侯、方国纳入职事与贡赋系统,使之更好地为周邦的稳固服务。

第四节 周初金文所见周王朝对内外服的管理方法

保卣乃周初成王铜器,其铭文是探讨周初周王与诸侯、周王与臣子关系的重要史料。铭文中文字释读没有障碍,然自20世纪50年代出土以来,考释之家众多,分歧迭见。① 铭文最为关键的地方是王命之事,也是学者争议最大之处。可能与殷见之礼有关。陷于争论而没有再进一步讨论保卣铭文的价值。今在前辈学者研讨成果的基础上,来考察王所命的内容,笔者认为其反映的是成王加强与诸侯和谐关系的重要举措——殷见之礼;周成王勉励臣子尽职事,强化君臣关系的重要措施——蔑历。

一、保卣中及字之义与王命之事

先列保卣铭文释文于下:

乙卯,王令保及殷东国五侯,诞覔六品。蔑历于保,易(赐)宾,用作文父癸宗宝尊彝。遘于四方会王大祀祐于周,在二月既望。(《集成》5415)

铭文"及"字之释直接关系到对王所命内容的理解,因此对"及"的解

---

① 见孙稚雏《保卣铭文汇释》,《古文字研究》(第五辑),北京:中华书局,1981年。此后又有续考者如赵光贤《"明保"与"保"考辨》,《中华文史论丛》1982年第一辑。李学勤《邢其三卣与有关问题》,《全国商史学术研讨会论文集》(《殷都学刊》增刊),1985年2月。彭裕商《保卣新解》,《考古与文物》1998年第4期。其他文章不备举。

保卤铭文拓片

释至为关键。从现有的研究情况看,"及"曾有并列连词说,①对于理解铭文实不可取。黄盛璋先生已经指出西周早期金文并列连词有眔无及,②今再补甲骨文中用例,《合集》7066"贞勿取臭眔及"中并列连词只用眔而不用及;《合集》7242"戊寅卜,贞令甫比二侯及眔元王循于之若",其中及与眔共见相连,足证及不作并列连词使用。及为逮捕征伐之义也是不可取的。

或认为及与逮同族字,及等于捕。③ 及与眔在甲骨文中是有区别的,已见于上引卜辞。专家已经指出训保卤铭文中及为逮捕征伐义,割断了铭文的内在联系,④与铭文所言"四方会"的统一形式难以调和。⑤ 保卤更多的带有商代青铜器的特征,其时代亦在成王初年,故从甲骨文探讨及字义,将有助于理解铭文及字意义。彭裕商先生认为甲骨文中"及"没有训为逮捕、征伐义的例子,多为赶上、至的意思,其字形像从后面以手抓住前面的人,此为其本义。由追赶上引申为到达或遭遇,又进一步引申为一般的赶上即不误时。⑥ 从其所举辞例看都是一期,这几个义项是同时共存的。其又说"及"字引申出涉及、参与和连词的意思,只是未举证据。今试

---

① 陈梦家:《西周铜器断代》,第7页。
② 黄盛璋:《保卤铭的时代与史实》,《考古学报》1957年第3期。郭沫若赞成此说认为及同逮,即逮捕之义。见《保卤铭释文》,《考古学报》1958年第1期。
③ 黄盛璋:《保卤铭的时代与史实》,《考古学报》1957年第3期。
④ 蒋大沂:《保卤铭考释》,《中华文史论丛》第五辑,1964年,第98页。
⑤ 李学勤:《郏其三卣与有关问题》,《全国商史学术研讨会论文集》(《殷都学刊》增刊),1985年2月,第461页。
⑥ 彭裕商:《保卤新解》,《考古与文物》1998年第4期。

举卜辞文例作为补证：

(1) 𢔛(迟)取美御事于之，及伐望，王受有佑。(《合集》28089)
(2) 乙卯卜，品，贞兴及征方于𡨦。(《怀特》382)

两辞中征与伐前都有及字，若及训为伐、逮捕，则不辞甚矣。辞中及都有参与伐望、征方或至于伐望征方的行动中之义。今再举一例更足以说明及有赶及之义而非逮捕之义：

(3) [不]其執。允，弗及。(《合集》5873)

卜辞残失，大意尚能明了，幸乃桎梏之义，此处通为执，人在桎梏中是为执义。卜辞是说从反面贞问是否能够抓到，验辞"允"，确实没有抓到，因为"弗及"，没有赶上。及在甲骨文中多表示至、来义：

(4) 庚寅卜，宾，贞益及。贞益及。王占曰：酉其及。(《合集》940 正、反)
(5) 戊午卜，眉以及不。眉弗其以及不。(《合集》673)

(4)辞是贞问名益者庚寅日是否能来；武丁占辞"酉日来至"。(5)辞戊午日从正反两方面卜问名眉者贡献是否能到。及在西周早期铜器铭文中亦无表示征伐、逮捕义的例子。

那么，保卣铭文中的及字极可能为至或参与之义。彭先生所言及字本义很有启发，甲骨文中及字作𢦏，应是近于及字本义的形体表达。人形与手形并不接触，是一种将要企及的状态，其本义当为赶及的状态或过程，其结果可能是抓到也可能是抓不到。小徐本《说文》及字下注云："臣锴曰，及前人也。"即赶上前面的人。由赶上前人的本义可以扩展到赶上某时，赶到某地即至某地。从铭文中看，及字作为动词使用表至或赶上皆可说通。铭文的关键在于王所命的内容。铭文王令以下至"易宾"，专家断句有较大差异。蒋大沂先生断作："王令：保及殷，东国五侯征(诞)贶六品蔑历于保，易宾。"①把王令分为三事：保及殷；东国五侯诞贶六品

---

① 蒋大沂：《保卣铭考释》，《中华文史论丛》第五辑，1964年。

蔑历于保;赐宾。"蔑历于保"的主体变为东国五侯。而赵光贤先生断作:"王令保及殷东国五侯,诞贶六品,蔑历于保,赐宾。"以王命包括"保及殷东国五侯"、"诞贶六品"两件事情。① 而后文"蔑历于保"和"赐宾"的主体都是王,陈梦家先生已言之。对于"殷"学者有殷商之殷和殷见两种理解,目前所见西周金文和周初文献中言东国从不冠以殷商之"殷",当以殷见、殷同为确。② 对于"东国五侯"盖有两种理解:东国五地的侯即只是一个侯;东方的五个侯(具体是哪些侯又有争议)。在没有确凿证据之前,以东方的五类诸侯即侯、甸、男、卫、邦伯应无大碍。那么铭文所记当是王命令保来(至)殷见朝王的东方诸侯处所,转赐给东方诸侯六种物品。③

二、殷见之礼——王团结诸侯的策略

《周礼·春官·大宗伯》记载了周王巩固与诸侯关系的策略:

> 以宾礼亲邦国,春见曰朝,夏见曰宗,秋见曰觐,冬见曰遇,时见曰会,殷见曰同。

郑玄注此云:

> 此六礼者,以诸侯见王为文。……殷,犹众也。十二岁王如不巡守,则六服尽朝。朝礼既毕,王亦为坛,合诸侯以命政焉。所命之政,如王巡守。殷见,四方四时分来,终岁则遍。

郑玄所说"六服"乃诸侯代称,周代文献把商代政治结构称为"内外服",实际上周初的政治结构也可以概称内外服,稍晚些的先秦文献则称"五服"或"九服"。周初还沿袭殷商外服的称谓,称其诸侯为侯、甸、男、卫、邦伯。

---

① 赵光贤:《"明保"与"保"考辨》,《中华文史论丛》1982年第一辑。
② 蒋大沂认为是殷见殷同之礼,因其句读把殷作为及的支配对象,不得不作此理解。本文则认为殷为动词,殷见、殷同之意,所支配的对象是东国五侯,及作为动词后面可以连接动词,这种情况在金文中多见,如册命金文习用语"用事"即是动词连言之证。
③ 征,陈梦家谓即《诗》《书》中习见之虚词,在动词前义近于乃,其说可从。彭裕商辨析贶与赐有别:贶为上命人转交给下的赐物方式,赐则是指上对下的直接赐予。其说甚有见地。

礼书上对于外服诸侯与王相见的会同之礼记载复杂，清代学者金鹗所作《会同考》论析犹详，他把会同之礼分为四类，概括言之如下：

（1）"王将有征讨，会一方之诸侯"。即《周礼·大宗伯》所言"时见曰会"。

（2）"王不巡守，四方诸侯皆会京师"，即《周礼·大宗伯》所言"殷见曰同"。

（3）"王巡守，诸侯会于方岳"，称为巡守会同。

（4）"王不巡守而殷国，诸侯毕会于近畿"，即《周礼·大宗伯》所云"殷国"。

前两类行之境内，后两类行之境外，"时见、时巡所会皆止一方诸侯，是会同之小者也"。"殷见、殷同所会则四方六服诸侯毕至，故曰殷，是会同之大者也"。① 金鹗已将礼书所说殷见之义以及殷见之礼的几种情况说得很清楚了。郭沫若先生则对金文中殷字作了如下解释："据彝文乃大合内外臣工而会见之，《书》所谓'四方民大和会，侯甸男邦采卫百工播民和见士于周'者也。"② 关于殷见之礼，礼书是针对外服诸侯而言，《尚书》、金文中则臣子与外服诸侯并举，看似矛盾，实际是一致的。不提内服臣工，是因为四方来会王时，内服臣工要辅助王举行祭礼，其自然也在会合之列。③

关于殷见之礼的仪节，金鹗在《求古录礼说·会同考》中已有较详论析：

> （诸侯）先入庙，行觐礼，俟诸侯毕至，乃为坛，会同既毕，然后帅以拜日，反祀方明，次祭天地山川，又次朝于明堂，以施政焉，又次行燕礼，又次行食礼，又次行飨礼，诸侯乃归。

行礼的地点在宗庙中，先行朝觐天子之礼，待诸侯都齐了，设坛，行会同之礼。然后天子率诸侯行祭拜太阳之礼，然后祭祀天地山川，然后在明堂行朝礼，以施国政。接下来又要行燕礼、食礼、飨礼，礼毕诸侯归国。这样的

---

① 金鹗：《求古录礼说·会同考》，王先谦编《清经解续编》，第3253页。
② 郭沫若：《金文丛考·臣辰盉铭考释》，北京：科学出版社，2002年。
③ 参考蒋大沂《保卣铭考释》，《中华文史论丛》第五辑，1964年。

商周服制与早期国家管理模式

礼仪虽未必完全符合周初礼制,但其所据文献记载勾稽礼节如此,已属不易。从保卣铭文看,四方诸侯会聚于周,殷见的主动方应是王,所以有王命令保至殷见东国诸侯处,并转赐六种物品给他们。诸侯来见王一般带有贡物,文献和金文中称为"服"。被称为"服"的贡物多与祭祀有关,在商代,外服诸侯觐王助王祭祀,就是以其所献"服"为祭品参与商王举行的祭祀先王之礼的,通过祭祀先王而加强王与诸侯之间的交流和团结。保卣铭文虽未言四方诸侯献贡品之事,但已言助王祭祀,因此,必有助祭的贡品,所以才有王令保转赐物品给东方诸侯的记载。保卣铭文所载的殷见主要是周王命令臣下转赐来殷见的一方诸侯,可能四方诸侯在殷见典礼中是分别、分时朝见的。这里说的分时可能更多的是因事情而发,临时性的色彩较浓。最近湖北叶家山西周早期曾侯家族墓地 M2 出土一鼎铭文所记与保卣所载殷见会同礼关系密切,其铭云:"丁巳,王大祐。戊午,荆子蔑历,啟(赏)白牡一。己未,王赏多邦伯,荆子丽,赏鬯卣、贝二朋。用作文母乙尊彝。"①李学勤先生谓保卣铭文、荆子鼎铭文所记为周成王时

荆子鼎及铭文照片

---

① 湖北省文物考古研究所、随州市博物馆:《湖北随州叶家山西周墓地发掘简报》,《文物》2011 年第 11 期。

第五章　商末周初服制的变革

期于岐阳会盟诸侯之事。① 此铭所载丁巳日周王举行大祐祀,而保卣铭文所记发生在此前两日乙卯,应是东部诸侯来到周附近,而周王命保去慰问、赏赐。丁巳日四方诸侯参加周王举行的大祐祀典,戊午日参与祭祀的荆子被周王赞美奖励,赏赐一头白色公牛的祭肉。己未日,周王对多位诸侯进行了赏赐。丽字见于听簋铭文,吴闿生先生训侍,②于省吾先生训"佐匹侑酒",③何琳仪先生读为列,指"列于其位",引申为"任职"。④ 荆子丽应是荆子在王赏赐多邦伯时祐助王,故周王赏赐他香酒一卣和贝二朋。荆子受赏而倍感荣耀,作器记录此事,并祭祀母亲。荆子鼎出土于M2,同墓还有3件曾侯谏圆鼎,曾侯谏为媿所作1件甗和2件簋,M2墓主人应为曾侯谏夫人。⑤ 荆子鼎器铭称为其母乙所作,如果M2墓主人为曾侯谏夫人媿,那么荆子所称的母乙可能是这位曾侯谏夫人媿,荆子可能为曾侯谏之子。荆子可能只是以诸侯之子的身份,即《周礼·夏官》诸子官职掌中央贵族学校的"国子",主要指在学的诸侯、卿大夫、士的子弟,参与周成王岐山会盟之礼,并在行礼过程中有所服务。⑥

西周玉戈铭文及铜器铭文中还载有殷见南方诸侯的情况:

　　太保玉戈铭文:六月丙寅,王在豊,令太保省南国,帅(循)汉,遂殷南;令厉侯辟,用鼄(骓)走百人。

　　驹父盨盖:南仲邦父命驹父殷南诸侯。(《集成》4464)

　　士百父盨:唯王廿又三年八月,王命士百父殷南邦君诸侯,乃易

---

① 李学勤:《斗子鼎与成王岐阳之盟》,《中国国家博物馆馆刊》2012年第1期。
② 吴闿生:《吉金文录》,香港:万有图书公司,1968年,第54页。
③ 于省吾:《双剑誃吉金文选》,北京:中华书局,1998年,第288页。
④ 参何琳仪《听簋小笺》,《古文字研究》第二十五辑,北京:中华书局,2004年,第178—181页。
⑤ 湖北省博物馆、湖北省文物考古研究所、随州市博物馆:《随州叶家山西周早期曾国墓地》,北京:文物出版社,2013年,第167页。
⑥ 关于"国子"所指、诸侯之子在周王朝中央学校接受教育以及参与国家典礼的情况,参考高婧聪《首阳斋藏鬲器与西周宗法社会的贵族教育》,《考古与文物》2012年第2期。

237

马,王命文,曰:"達道于小南。"唯五月初吉,还至于成周,作旅盨,用对王休。①

太保玉戈时代为周初,玉戈铭文载王在豐京命令太保省察周王朝的南土,循行于汉水,乃殷见南国诸侯。② 驹父盨盖铭文记载南仲邦父命令驹父殷见南方诸侯,士百父盨铭文所载是王命令士百父殷见南方的邦君诸侯,赐给名"文"者马匹,让他乘此马作先导于"小南"之地。至次年五月才回到成周,文作了这件盨,以称扬王的美德。铜器中周王命臣下殷见南国诸侯的记载表明周王朝对南土的经营和开发。青铜器中尚有作册䰧卣载"唯明保殷成周"事,即明保至成周殷见东都的三事大夫与内外诸侯,如令方彝所述。③ 周初铜器令方彝记载周王"令周公子明保尹三事四方,受卿士寮"。明公(保)于后此两个月的

士百父盨铭文拓片

---

① 所引驹父盨盖铭文取张光裕的释读,士百父盨亦得见于张光裕文章,铭文中第二个"王命"后一字,张先生以为人名,未确定何字。(皆参见张光裕《西周士百父盨铭所见史事试释》,陈昭容主编《古文字与古代史》第1辑,台北:中研院历史语言研究所,2007年9月)黄锡全读为"文",所举金文字形证据确凿可信,他认为士百父与文为二人,文为作器者,可从。(参见黄锡全《西周"文盨"补释》,张光裕、黄德宽主编《古文字学论稿》,合肥:安徽大学出版社,2008年4月,第21—26页)

② 李学勤认为殷见南国诸侯的应该是王(参见其《太保玉戈与江汉的开发》,《李学勤文集》第212页)而据下引其他两铭文都是王命臣子殷见诸侯,此例似也应是王命太保殷见南部诸侯。

③ 陈梦家:《西周铜器断代》,第41页。

第五章　商末周初服制的变革

早晨到达成周,向内服臣工发布三事令,向外服诸侯侯甸男发布四方令,并主持了祭祀。这也就是作册夨卣所说明保殷成周的内容,明公至成周殷见内服臣工和外服诸侯,实有传达王命的内容。那么下列器物铭文所言殷见可能就是周王命令臣子至成周参与明公殷见内外臣工及外服诸侯的典礼。如:

士上卣:王令士上眔史寅殷于成周。(《集成》5421)
小臣傅簋:王在莽京,令师田父殷成周。(《集成》4206)

两器时代都在周初,专家对这两器与令方彝断代虽有成王、昭王两说,但可以肯定的是把三器划为同一时代,这是最可取的。士上、史寅、师田父乃周王的臣子,周王命令他们殷见成周,即是命令他们到成周参加殷见之礼,助明公祭祀或听候命令接受任务。而豊卣"王在成周,令豊殷大矩"(《集成》5403),则是王令臣下名豊者殷见大矩,表示王对大矩的关切和安抚。

从文献和金文看,殷见之礼主要是王对诸侯的一种措施。其仪节大致应有诸侯会集见王纳贡物,参与王举行的祭礼,听候王命职事,参与王举行的飨食之礼、射礼。青铜器铭文多为臣子作器并非皆为专门记史之作,不可能每一仪节在一篇铭文中都有所反映,但殷见之礼的仪式大略已具。周因于殷礼,保卣铭文所见的殷见之礼实因袭于商代。关于殷商行殷见之礼已如前述,二祀邲其卣铭文所述与保卣铭文所述有相近处,两者都是王命令臣子转赐给诸侯物品,诸侯宾赠使者以为答谢。王转赐物品的原因在于诸侯朝王纳贡并助王祭祀,体现了诸侯对王的臣属关系。在祭祀过程中,诸侯与王共同侍奉王的祖先神,认为祭祀王的祖先神时,自己的祖先神也一起受到了祭祀,从而在神的面前进一步巩固了王与诸侯的关系。[①]

通过分析保卣铭文并联系周代与之相近的材料,可见周代存在殷见之礼,举行殷见典礼之时诸侯献贡物助王祭祀,以表臣属于王朝。王则令

---

① 这种观念见于《尚书·盘庚》。

臣子转赐物品给诸侯,诸侯宾赠使者礼物以示答谢。结合二祀䢵其卣铭文的讨论得见,周初的殷见之礼实源于商王殷见外服的礼仪。殷见之礼的作用在于在行礼中明确臣属关系,以礼仪方式和宗教神权团结和拉拢外服诸侯。

三、蔑历赐物——劝勉内服以尽臣礼

保卣铭文在王命内容之后有"蔑历于保,赐宾"语,前文已言蔑历和赐宾的主体是王,王字承前省。保,人名,为周成王的臣乃作器者应无疑义。①"蔑历",商周金文习见,考释者众多,解释的思路有别,其释义大致取与勉励相近之义,实际上是一种口头的夸奖、奖励。② 周王勉励保,是因为保完成了将王的赐物转交给来殷见的东方诸侯的命令,周王的口头勉励是对保做事的认可,勉励其为王尽职事,犹如再接再厉。宾,乃王命近臣赏赐或有命于诸侯时,诸侯对王臣的酬谢宾献。③ 铭文中的宾也应是东方诸侯赠给保的物品,何以又由王赐给保呢?《仪礼·聘礼》的相关记载及郑玄的解释可以解决这个疑问。《仪礼·聘礼》记载了使者完成使命,复命于王时的仪节:

> 乃入,陈币于朝,西上。上宾之公币私币皆陈,上介公币陈,他介皆否。……若有献,则曰:"某君之赐也,君其以赐乎?"……君使宰赐使者币,使者再拜稽首。

"陈币于朝",郑玄注:"此币,使者及介所得于彼国君卿大夫之赠赐也。"④这里的币就是金文中的"宾"。据此,使者因公务出使所获宾物依礼应奉献于

---

① 考释诸家或保为官名乃召公奭,或言作器者为召公属官而未书其名,然而多属猜测之辞缺乏有利证据。或以为保与《令方彝》的"明保"为一人,但都忽略了保的父亲以日为名的事实,保很可能是殷遗民。在没有确凿证据的情况下,不如阙疑,但可以肯定其名为保,为周成王臣子。
② 关于学术界对"蔑历"的诸多解释可参见晁福林的统计,见其《金文"蔑历"与西周勉励制度》一文(《历史研究》2008年第1期)。
③ 参见陈梦家《西周铜器断代》,第8页。
④ 《仪礼注疏》卷二三,《十三经注疏》,第1067页。

君王,即使宾物外的私献因为使者个人原因而获赠的物品也要陈奉上于君王。再由君王将所陈之币赐予使者。郑玄注此揭示了其中的深意,其云:"礼,臣子人赐之而必献之君父,不能自私服也。君父因以予之,则拜受之,如更受赐也。"① 使者出使所获宾物在复命时要献于君,以明君臣之义,君王将宾物赐给使者,就像由君王赐给一样,使臣拜谢于王。这种情况在西周青铜器铭文中亦有所反映。西周中期铜器士山盘铭记载王命令士山到中侯之地,征验若荆方的"服"即大藉服、履服、六𤱿服三种。② 中侯若方宾贝、铜于士山。结果士山"拜稽首敢对扬天子不显休",士山获得诸侯的宾赠反而感谢王,说明士山所得贝金本献于王,又由王"更赐之"。更赐之,犹如王赐给臣下一样,是一种实物奖励。从西周赏赐铭文看,臣子非常看重这一点,经常将更赐之事铸于铜器以扬王之美德,以宣个人荣誉,以教训子孙。

由前文分析得知,与保同样的内服臣子也都参与了殷见之礼,协王行礼或为王办事,王以语言嘉许之并赐物以示奖励,这种口头奖励与实物嘉奖并行,目的是保持和加强周王与臣下的关系,劝勉其为王做事。保卣铭文反映了周王对臣下口头勉励和实物奖励的一个现象,这因袭于商代王对于内服臣工的赏赐奖励和口头劝勉。③ 而周王与贵族将其发展成为一种旨在令臣下恪尽职事,和谐君臣关系的一种勉励制度。④ 这在册命金文中尤为明显,周王册命臣下官职口头勉励给予物质奖励之后,有云"敬夙夕用事,勿废朕令"或"用事",即用恪尽王事也。

总之,保卣等青铜器铭文反映了周初殷见之礼的一些情况,周王通过行此典礼加强与外服诸侯的联系,四方诸侯来殷见献贡助祭表明与周王朝的臣属关系,在祭祀周王祖先的典礼中又进一步强化这种臣属关系,周王令臣工赐物于诸侯亦是对这种臣属关系的肯定。周王命令内服臣工参加殷见之礼,助王行礼和祭祀,王以口头勉励和实物奖励的方式,使内服臣工恪尽职事,以稳固君臣关系。

---

① 《仪礼注疏》卷二三,《十三经注疏》,第1068页。
② 晁福林:《从士山盘看周代"服"制》,《中国历史文物》2004年第6期。
③ 参见小子𢧵卣铭文。
④ 关于勉励制度,参考晁福林《金文"蔑历"与西周勉励制度》,《历史研究》2008年第1期。

商周服制与早期国家管理模式

本 章 小 结

本章主要探讨了如下问题：商代末年内外服的演变对商周之际社会变革的影响，尤其是商周关系的变化对商周之际政治局势的影响。周初对殷商内外服的安置与构建新社会秩序的艰辛探索，尤其是商周间制度的承袭与变革问题。从周代金文保卣等入手，考察周王朝对内外服的管理方式问题。

商纣王强化王权的措施，不但没有巩固统治，反而激化了其与内服族众的矛盾，造成内服的分裂瓦解，商王朝失去了赖以统治的政治基础。周本为独立方国，于古公亶父时迁居岐山，被商王朝征服授予外服伯的称号。周族借助商王朝外服的名号，征讨周边部族逐渐壮大实力，经过季历、文王、武王三代的经营，积累了政治、军事、经济实力和丰富的治国经验。尤其是文丁杀季历之后，周文王采取了一面臣服于商，为商尽外服义务，积极发展农业生产壮大国力；一面以宗教形式宣称受命称王，构建以周为核心的新外服模式，为周武王时期克商奠定了政治基础。周武王时期任命贤臣，以太公望为师，周公旦为辅，召公、毕公左右王师。周武王向商称臣，接受商王朝外服西伯之号，积极谋划翦商大业。终于在牧野一战而占据商都，又陆续征讨四方不服的方国，由伯而称王。

周武王克商后至周成王在位期间，周王朝主要解决如何安置殷商内外服问题，重构周王朝的国家政权。周武王时期对殷商内外服的措施主要是就地安置，迁移部分内服遗民到西土，对内外服进行天命转移的告诫和军事征伐的威慑。计划营建洛邑居于天下之中，得以控制殷商故地和天下四方诸侯。但很快因武庚、管蔡之乱打破了周武王克商确立的稳定局面，周政权面临倾覆的危险。周公团结周族贵族召公等稳固西土局势，辅佐周成王平定叛乱，进而东征、南征、北伐，征讨不服方国，在战略要地派遣王室贵族驻守，解决了周政权的危机。周公营建洛邑之时，周成王与群臣受邀来到洛邑，四方诸侯前来朝觐成王，在此次成周之会上，周成王

第五章　商末周初服制的变革

颁布了一系列册命，其中较为重要的是建立外服。

从周武王、周成王建立和巩固周王朝政权的过程看，周代继承并发展了商代的监国制，由武王时期的三监到后来的诸监。周初由承袭商代外服制模式，到利用血缘纽带普建宗族，重新构建外服制的格局，与商不同的是，增加了"德"的因素，周人宣称周文王因有德而受天命克商有天下，所以保有德是周邦稳固的重要条件。分封制是对商代武力征服建立外服方式的改造，是对商代服属观念的发展。

由研究周初保卣铭文入手，结合其他周代青铜器铭文，考见周初殷见之礼的一些情况。周王通过行殷见典礼加强与内外服的联系，四方诸侯受周王使者召集，前来王都朝觐周王，并献贡助祭，表示对周王朝的臣服。在祭祀周王祖先的典礼中又进一步强化了诸侯对周王朝的臣属关系，周王令臣工赐物于诸侯亦是对这种臣属关系的肯定。周王命令内服臣工参加殷见之礼，祐助王行礼和祭祀，周王以口头勉励和实物奖励的方式，使内服臣子恪尽职事，以保持君臣关系的和谐与稳固。

第六章　周代服制的建立、发展、演变及其历史影响

陈梦家先生将西周分为初、中、晚三期,①西周初期或称早期包括周武王、周成王、周康王、周昭王在位时期,这个时段里周王朝从巩固新政权走向鼎盛,经济恢复并繁荣起来,社会秩序重新建构起来逐渐安定,各种典章制度、礼仪刑罚都逐渐完备,使周由蕞尔小邦成为泱泱大国。西周中期包括周穆王、恭王、懿王、孝王、夷王时期,周王朝在国力昌盛基础上不断向外扩展自己的势力和影响,在社会平稳发展的同时也孕育着各种新的社会矛盾。周懿王时期王道开始衰微,但直到周夷王时社会矛盾才激化。西周晚期包括周厉王、共伯和、周宣王、周幽王在位时期,周厉王时的"国人暴动"是各种社会矛盾激化的结果,周王朝的统治者回天乏术,虽有周宣王的中兴气象,但王朝颓废大势已定。至周幽王时期,在内外交困的局面下,西周王朝走到了尽头。

第一节　西周早期服制的建立与完善

成康时期是西周王朝开拓疆土和制度建设的重要时段,许多制度典

---

① 陈梦家:《西周年代考》表三《西周分期表》,《西周铜器断代》外编,北京:中华书局,2004年,第522页。

第六章　周代服制的建立、发展、演变及其历史影响

礼都是以周王"命"的形式体现出来。《史记·周本纪》记载周成王亲政后营建洛邑,称"此天下之中,四方入贡道里均",制定了周代重要制度——朝贡制度,并迁移殷遗民分而治之。在周公、召公辅佐下东征淮夷,打败原殷商外服奄国,迁其君主。周成王平定殷商势力后,"兴正礼乐,度制于是改,而民和睦,颂声兴"。①《史记·周本纪》称:"成康之际,天下安宁,刑错四十余年不用。"周成王、康王时期经过军事征服和政治安抚等手段使得天下安定,一系列政治制度建立于此时。周昭王南征开拓疆土,维护了周初确定的要服秩序。

一、周成王时期分封诸侯建立外服制系统

分封诸侯是周代最为重要的政治制度,对周王朝政权的巩固与疆域的开拓都具有重要意义。周王朝分封诸侯建立外服的原则按照春秋时人的说法是"选建明德"(《左传·定公四年》)、"封建亲戚"(《左传·僖公二十四年》)、"建母弟"(《左传·昭公九年》),《清华大学藏战国竹简·系年》则称"旁设出宗子,以作周厚屏"。周初分封诸侯的情况部分见载于《左传·定公四年》,主要谈到鲁国、卫国、唐国三国的分封情况,《左传·僖公二十四年》所载文之昭、武之穆、周公之胤被分封为外服诸侯的情形,但是这些诸侯并非皆为成康时期所分封,是后世对周代分封诸侯的一个概括。近出《清华大学藏战国竹简·系年》也有对周初分封诸侯建立外服的相关情况的追记,出土青铜器铭文载有周王分封诸侯建立外服的部分实际情况,综合传世文献及出土青铜器铭文、战国竹简,试对周初分封诸侯建立外服进行系统论述。周初建立外服诸侯即命以职事,规定了外服诸侯的"服"。

1. 卫康叔职事之服

康叔封,周武王同母弟,《史记·管蔡世家》载武王克殷纣后,封功臣昆弟,"康叔封、冉季载皆少,未得封"。《史记·卫康叔世家》载周公、成王平定武庚之乱后,封康叔作卫君,统治原武庚治下的殷遗民。司马贞《史

---

① 《史记》卷四《周本纪》,第133页。

记索隐》云:"康,畿内国名。宋忠曰:康叔从康徙封卫,卫即殷墟定昌之地。畿内之康,不知所在。"①《路史·国名记》卷五称:"康,《姓书》:'康叔故城在颍川。'"《括地志》云:"故康城在许州阳翟县西北三十五里。"②顾颉刚、刘起釪认为这些记载大致可信,康地应在河南禹县临汝之间。③ 最近公布的《清华大学藏战国竹简》(贰)《系年》第十七至十八简:"周成王、周公既迁殷民于洛邑,乃追念夏商之亡由,方(旁)设出宗子以作周厚屏。乃先建卫叔封于康丘,以侯殷之余民。卫人自康丘迁于淇卫。"据此,康丘与淇卫皆在殷墟范围内。出土青铜器中有时代为周初的康侯礼器,康侯封方鼎云:"康侯封作宝尊。"(《集成》2153)铭文中封字作 ,即是封字,或有隶作丰通为封,实则不必,其字本为封字早期书体,殷商西周早期金文皆有例证。④ 至春秋时期才有加土旁的封作 形(《集成》10154)。康侯之器还有康侯刀、康侯斤(斧)、康侯矛、康侯觯、康侯罍,上皆铸有"康侯"二字,皆为封于康丘时的礼器。这批器物大约在1931年出土于河南浚县,系盗掘出土,具体情况不明,并且与沬伯逨诸器同时同地出土,可能是从它地带过来的,这就不能明确康地所在。从考古学角度讲,一般同一墓葬发现有同名众多兵礼器,则说明墓主生前是一将领。康侯器有刀、斤、矛等,说明其封于康是有军事任务的。另有作册夨鼎记载:"康侯在朸(柯)师,易作册夨贝,用作宝彝。"(《集成》2504)朸师据唐兰先生意见读为"柯师",解释为柯邑之师。柯地在今河南省内黄县境内,西距安阳殷墟甚近。⑤ 柯地当与康地距离不远。康侯身处柯邑之师,其职事可能是如孙作云先生所说的"军监"。沬司土逨鼎云:"王来伐商邑,延令康侯鄙于卫。沬司徒逨眔鄙,作厥考尊彝。"(《集成》4059)"王来伐商邑"是成王攻伐商

---

① 《史记》卷三七《卫康叔世家》,第1589页。
② 李泰等,贺次君辑校:《括地志辑校》,辑自《诗地理考》卷一"康"引,北京:中华书局,1980年,第160页。
③ 顾颉刚:《三监人物及其疆地》,《文史》第22辑,中华书局,1984年。刘起釪:《周初的"三监"与邶、鄘、卫三国及卫康叔封地的问题》,《历史地理》第2辑,1982年。
④ 殷商器物见于《集成》4825"丁封自"、4905"封父甲自",西周早期器物见于《集成》5873"作父丁封宝尊彝",其中的封字皆与康叔封方鼎封字形相同。
⑤ 唐兰:《西周青铜器铭文分代史征》,第35页。

第六章　周代服制的建立、发展、演变及其历史影响

都即伐武庚之叛,而不能理解为武王伐商纣王,试想商都未克,商都东方未定,怎能令康侯"鄙于卫"？这种情况一定是武庚所在商都叛乱,周公、成王平定叛乱,而商都东部早在武王克商之后已经为周所控制,为了更好地平定叛乱,令康叔防守卫地边境。鄙,边邑。《左传·昭公二十八年》"群公子皆鄙",杜预注:"鄙,边邑。"而沫司徒逘也协助康侯防守卫地边境。一说据《广雅·释诂》训鄙为国,鄙用为动词。认为铭文是徙封康叔作卫侯。这种看法与《尚书·康诰》命康叔为卫侯时的政治环境不相应,命康叔为卫侯时,四方民大合会于周,一派和平景象。所以本文对于沫司土逘鼎铭文的理解不取分封康叔于卫说。沫司土逘鼎记载康侯被任命以防守卫地边邑的职事,而作册夷鼎所载的康侯在柯师,可能就是其执行职事的一种巡查行动。

《史记·卫康叔世家》记载武庚及管蔡之乱平定后,成王封康叔做卫君,居河、淇间故商墟。《尚书·康诰》则具体记述了分封康叔时间为"周公初基,作新大邑于东国洛"。基既可以据《尔雅·释诂》训为"始也",可训为"谋",初始、初谋都是刚刚开始营建洛邑,而不是大邑建成之时。《左传·定公四年》子鱼之语则较为详细地记载了分封康叔的情况:

> 分康叔以大路、少帛、绮茷、旃旌、大吕。殷民七族,陶氏、施氏、繁氏、锜氏、樊氏、饥氏、终葵氏,封畛土略,自武父以南及圃田之北竟,取于有阎之土以共王职,取于相土之东都以会王之东蒐。聃季授土,陶叔授民,命以《康诰》而封于殷虚,皆启以商政,疆以周索。

分给康叔名为大路之车,名为小白的旗子、大赤色旗、用帛制成有析羽为饰者和没有装饰的旗帜、名为大吕的钟。治理殷民七族,大致划定了卫的疆界,卫有会王东蒐并向王献职贡的义务。统治策略是"启以商政,疆以周索"。这里所说的命以《康诰》,在《尚书》中则具体是《康诰》《酒诰》《梓材》三篇,在这三篇中具体谈到康叔的职事、统治策略及注意事项,反映周公、成王的谆谆告诫,用心良苦。《尚书·康诰》载周公告诫康叔:"乃服惟宏王应保殷民,亦惟助王宅天命,作新民。"服,职也,服王事也。即是说康

叔的职事有三事：宏（助）王应保殷民一事也；助王宅天命二事也；助王作新民三事也。①"宏"与"助"相对为文，意亦相近。

"应保殷民"，首先就要做到"明德慎罚"，举文王的事迹以为教训，说文王能够"明德慎罚"才使西土发展壮大，才能受有征伐殷纣，受殷命及殷邦、殷民的天命。要做到"民敬"、遵循文考勉受殷之德言，往遍求殷先哲王，用来保民。还要远思商人中的长老度心之教，遍求闻于古代先贤哲王，用以保民。对于刑罚要"敬明乃罚"：

> 人有小罪，非眚，乃惟终，自作不典；式尔，有厥罪小，乃不可不杀。乃有大罪，非终，乃惟眚灾，适尔，既道极厥辜，时乃不可杀。

若有人犯了小罪，但不认罪，一直错到底，故意作不法之事，这是故意犯罪，其罪虽小，是不可不杀的。若有人犯了大罪，不是坚持错到底，而能认罪悔过，这是偶然犯罪，给予适当的责罚，就不该杀了。只有这样才能显示出公正严明，才能使人心悦诚服。对于审问案件，要安排好司法人员，按照殷代的常法来判决犯人的罪行，不可有主观意志。特别指出对于"不孝不友"情况的处罚办法。有关论述，参考前文周初对待殷遗民问题。从周公告诫康叔"明德慎罚"应注意的事项，了解到周公着眼于王命康叔"助王保乂殷民"的内容。康叔统治下的主要民众就是殷民七族，王命其保乂殷民，以殷商刑罚治之，谓之"启以商政"。同时对于"不孝不友"这样有悖宗法伦常的情况，则要致以"文王之罚"，可谓"疆以周索"。

康叔封的另一职事是助王度知天命，这在三篇诰文中有明确的记载。如《康诰》王诰命的内容首举文王因为能够"明德慎罚"敬爱其民，兴旺周邦，得到上帝赞美，并降下大命给文王，"殪戎殷，诞受厥命，越厥邦厥民"。兴兵伐殷，受殷国命与殷邦、殷民。告诫封要发扬文王之德，向殷先哲王学习保乂之道，寻求古圣哲王保乂民之道。只有这样才能"宏于天若德，裕乃身不废在王命"。② 宏者，弘也。若，或训为顺，或训为善，或训为其，

---

① 王国维认为"乃服，服训事，言汝之职事也。以冒下文三事"。见刘盼遂《观堂学书记》，附于《古史新证》，北京：清华大学出版社，1996年，第274—275页。

② 杨筠如、于省吾俱作如此句读，甚为可取。

第六章　周代服制的建立、发展、演变及其历史影响

"天若德"犹《酒诰》之"天若元德",若为"其"之训,①"天其德"即"天之德"。裕,欲也。在,于也。② 不废在王命,或据宋本《荀子·富国》引《康诰》作"不废在王庭",理解为"谓可承受王命,长在王庭,不至废黜"。③ 实当理解为不废于王命,犹册命金文习见之"勿灋(废)朕命"。"宏于天若德,裕乃身不废在王命"。意谓发扬天之德,使乃身不废朕命。发扬天之德,④天对民的眷顾,即是度知天命。《康诰》的文末仍然告诫封,"惟命不于常,汝念哉! 勿我殄享"。天命不有常,你要常思此,不要使我绝祀。那么你就要勤勉所受封的职事和王命,"高乃听,用康乂民"。对于此句,旧注疏家多有望文生训之弊。伪孔《传》释为:"高汝听,听先王道德之言。"蔡沈《书集传》释为:"高其听,不可卑忽我言。"苏轼《东坡书传》释为:"高乃听,听于先王为高。"⑤清人孙星衍始据《广雅·释诂》"高,敬也"的训释,释此句为"言敬听我训,则安治民之道也。"⑥于省吾以为孙说于义未允,认为高应是金文的亳字,意为广阔之义,高乃听,言广乃听也。⑦ 清人牟庭提出新说,认为"听"当为"德",字形之误。⑧ 其说有一定道理,周公有征于天命无常,提出"德"来作为争取和保有天命的手段,《康诰》以"明德慎罚"为全篇主旨,作为篇尾告诫康叔要"广乃德",也是合乎情理的。

康叔封还有助王"作新民"的职事。"作新民"主要是针对殷遗民而言。伪孔《传》以为"为民日新之教"。孔颖达《疏》释《传》:"渐致太平政教日日益新也。"⑨二者解释离原文意旨较远。孙星衍以为"卫民被纣化日久,故

---

① 参王引之《经传释词》卷七引王念孙说,第153—154页。
② 裕、在之训参于省吾《双剑誃尚书新证》,《双剑誃群经新证双剑誃诸子新证》,第85页。
③ 杨筠如:《尚书核诂》,第260页。
④ 在周人观念中天是有"德"的,天把德降于获得天命的人王即天子,希望天子在把德降于百姓,所谓"顺颁惪"是也。参考前文对上博简《诗论》"天保"的分析。
⑤ 苏轼:《东坡书传》卷十二(《丛书集成初编》本3575),北京:中华书局,1991年,第401页。
⑥ 孙星衍:《尚书今古文注疏》,第371页。
⑦ 于省吾:《双剑誃尚书新证》,《双剑誃群经新证双剑誃诸子新证》,第87页。
⑧ 牟庭:《同文尚书》,第1134页。
⑨ 《十三经注疏》,第203页。

戒以作新之"。① 然以屈万里《尚书集释》云"作,谓作成之;作新民,意谓使殷遗民革除旧习而成为周之新民也"②理解最为贴切。这些旧习最为重要的是纣王的嗜酒风气、政治腐败对殷民的影响,所以周公有对康叔封关于戒酒即杜绝腐败的长篇诰文。诰文首先以文王治理西土经验为训:文王朝夕诰敕众邦国及其御事之臣,只有祭祀才饮酒,饮酒时以"德将无醉"为原则。用文王此教,我有周才"克受殷之命"。其次,又举殷先哲王及其诸御事(内外服)不敢且无暇饮酒,只为助王显德为榜样。而纣王"荒腆于酒"、"庶群自酒",于是天降丧于殷,令有周"殪戎殷"。可以说殷纣以酗酒而亡国,文王以不腆于酒而兴邦。殷纣统治下"庶群自酒"的影响很大,康叔封要做的是改变这一腐朽的社会风气。周公给康叔封的指示为:

> 汝劼毖殷献臣,侯、甸、男、卫,矧太史友、内史友越献臣百宗工,矧惟尔事,服休服采;矧惟若畴,圻父薄违,农父若保,宏父定辟;矧汝刚制于酒。厥或诰曰:群饮,汝勿佚,尽执拘以归于周,予其杀。又惟殷之迪诸臣惟工,乃湎于酒,勿庸杀之,姑惟教之。有斯明享,乃不用我教辞,惟我一人弗恤,弗蠲乃事,时同于杀。

对于"劼毖殷献臣",历来有歧解。伪孔《传》云:"劼,固也。我惟告汝曰汝当固慎殷之善臣信用之。"③孔颖达疏亦与此意近。清代学者释义大体与此相近,孙星衍言:《说文》"劼,慎也"。毖同必,《广雅·释诂》云:"必,敕也。"献,《尔雅·释诂》"圣也"。④ 大致没有脱离慎敕殷圣(善)臣的意思。王国维始认为"劼毖"为上文"诰毖"之讹。"毖"与"诰"、"教"同义。⑤ 要之,两种解释都是说汝(康叔)诰教殷献臣,只是按前一说则是严厉诰教,后者只是诰教而已。诰教的对象包括殷献臣:侯、甸、男、卫,矧太史友、内史友与献臣百宗工,矧惟尔事,服休服采;矧惟若畴,圻父薄违,农父若保,宏父定辟。诰教内容是"刚制于酒"。孙星衍云:《广雅·释诂》云

---

① 孙星衍:《尚书今古文注疏》,第363页。
② 屈万里:《尚书集释》,台北:联经出版事业公司,1983年,第149页。
③ 《十三经注疏》,第207页。
④ 孙星衍:《尚书今古文注疏》,第381页。
⑤ 王国维:《与友人论诗书中成语书二》,《观堂集林》卷二,第79页。

第六章 周代服制的建立、发展、演变及其历史影响

"刚,强也"。郑玄注《礼记·王制》"制,断也"。①《说文》亦云:"刚,强断也。"于者,其也。"刚制于酒",即强断其酒也。若有告发有聚众饮酒的情况,汝勿纵之,②全部执讯③之送归宗周,由我杀死他们。殷商的"诸臣惟工"可能主要是掌握技术的族众,他们若沉湎于酒,不用杀掉,只需教化引导他们。《说文·心部》:"恤,忧也。"《尔雅·释诂》:"爽,明也。"有司祭祀,若不尊从我的诰辞,不忧我一人(余一人指王),不明其职事,也同样杀掉他。在诰文的最后告诫康叔封"勿辨乃司民湎于酒"。辨与俾通假,《广雅·释诂》:"辨,使也。"不要使你的有司(官员)民众沉湎于酒。

综上,康叔的职事有着先后的变化,由封为康地作康地君长类于"军监"性质,到镇守卫地边邑协助周公平定武庚管蔡之乱,分封到卫地为诸侯,身兼三种职事:助王保民;助王度天命;助王"作新民"。而据《左传·定公四年》,卫康叔还有供王职、会王东蒐的职责。康叔职事前后有所变化,但都是出自王命,即是王以命的形式授予康叔职事,王与康叔之间建立起一种稳固的君臣关系。

2. 鲁侯伯禽的职事

《诗·鲁颂·閟宫》载"王曰:'叔父,建尔元子,俾侯于鲁,大启尔宇,为周室辅。'乃命鲁公,俾侯于东,锡之山川,土田附庸。"《史记·鲁周公世家》索隐称:"周公元子就封于鲁,次子留相王室,代为周公。"周成王封周公长子伯禽为鲁侯,周公继续留在王朝辅佐周成王。"大启尔宇,为周室辅",命令鲁侯大大地开拓疆土,作为周王室辅弼,蕴含着分封鲁侯实际是扩大周王朝政权与开拓疆域的重要政治措施。《左传·定公四年》载分封伯禽的具体情况:

> 分鲁公以大路、大旂,夏后氏之璜,封父之繁弱。殷民六族,条氏、徐氏、萧氏、索氏、长勺氏、尾勺氏,使帅其宗氏,辑其分族,将其类丑,以法则周公,用即命于周。是使之职事于鲁,以昭周公之明德。

---

① 《十三经注疏》,第382—383页。
② 佚通失,《说文》云:"失,纵也。"
③ 于省吾以为执拘即金文之执讯,参《双剑誃尚书新证》《双剑誃群经新证双剑誃诸子新证》,第90页。

分之土田陪敦、祝、宗、卜、史、备物、典策、官司、彝器，因商奄之民，命以《伯禽》而封于少皞之虚。

周成王分封给鲁公车、旗、夏后氏的玉器、良弓等宝器，以示等级尊贵，所谓"器以藏礼"①者也。所分殷民六族乃殷商的贵族家族，据《逸周书·商誓》知，这些殷民家族都是殷商的"旧官人"，即商王朝的部分内服势力。殷民六族：条氏、徐氏、萧氏、索氏、长勺氏、尾勺氏，说明氏即族，六族的族长率领其宗族，集合小宗分支，带领六族附庸，服从周公的法命，因此受周王朝的使命，并使其族长在鲁国任职。"商奄之民"是商外服奄侯统辖下的族众。鲁侯有治理殷遗民并使之"作新民"成为周臣的义务。授予土田附庸，表明鲁侯有治理一方疆土的权力。官员大祝、宗人、大卜、太史，赐鲁应有官司，表明鲁侯有治理百官权力。赐以备物、典册，表明鲁侯拥有的礼仪和礼典。赐以宗庙祭器，以示鲁国另立一宗拥有祭祖权力。命以《伯禽》，封地在少皞之虚即曲阜。《伯禽》未有流传下来，其内容不可考。

从《左传·定公四年》的记载可以大致知道鲁公的职事，鲁公被授权治理一定的疆土，表明鲁有为周王朝守土藩屏周邦的义务；鲁公受命治理殷民六个贵族宗族及附属势力和一部分外服奄的族众，使之成为周的臣民，当即《康诰》所云"作新民"和"度天命"。因为文王受天命而有殷邦、殷民，鲁公治理殷民六族就是帮助周王度知天命。西周早期的鲁侯尊"唯王令明公遣三族伐东国。在𨟭，鲁侯有囮工（功），用作旅彝"（《集成》4029）。《国语·吴语》韦昭注："东国，徐、夷、吴、越。"②此东国可能是东夷诸部，周公的儿子明保奉周王之命调遣包括鲁国在内的三个族氏军队讨伐东夷，在𨟭地，鲁侯所帅族军获大功，因而作器纪念。依据铭文前后语境，明公所调遣的三族中包括鲁侯之族，即此处的三族是以国为族的三个诸侯国军队。鲁侯地处周王朝东部，守卫东部边疆防御东夷进犯当是其重要的职事之一。

---

① 《左传·成公二年》。
② 《国语》，第598页。

3. 唐侯叔虞的职事

《史记·晋世家》：载"武王崩，成王立，唐有乱，周公诛灭唐。"《左传·昭公元年》载："及成王灭唐，而封大叔焉。"《左传·定公四年》载："分唐叔以大路、密须之鼓、阙巩、沽洗，怀姓九宗，职官五正。命以《唐诰》而封于夏虚，启以夏政，疆以戎索。"分赐唐叔周文王伐密须所获鼓与大车，武王克商灭阙巩国所获甲、铜钟等礼器。怀姓九宗亦是商代贵族，商朝旧官人，内服势力的组成部分，任职于唐叔所封唐国，所任职官称为"五正"。唐叔被封在夏虚，近于戎狄，有为周王朝守土及抵御戎狄藩屏周邦的职责。受民怀姓九宗，有对于周王朝尽管理殷民的职责。

觊公簋铭文

唐叔受封于唐地，并未称晋侯。《史记·晋世家》谓："唐叔子燮，是为晋侯。"则至唐叔儿子燮即位后才称为晋侯。近年所见觊公簋铭文云："觊公作妻姚簋，遘于王命易（唐）伯侯于晋，唯王廿又八祀。⋈"①觊公，朱凤瀚先生疑为觉公，最近李学勤先生释读为"疏"，称"疏公"。②作器者疏公自道，其为妻子作器，时在王命唐伯侯于晋，时王二十八年。此铭唐伯受王命侯于晋，始称晋侯，当是唐叔之子燮父，在受命侯于晋前称唐公。这与周康王命虞侯"迁侯于宜"，井侯"出狲侯于井"文例一致，都是从一个地方迁徙到另一个地方为侯。即唐公从唐地迁徙至晋地为侯。《毛诗正义》引郑玄《诗谱·唐谱》："成王封母弟叔虞于尧之故墟，曰唐侯。南有晋水，至子燮改为晋侯。"孔颖达疏："盖时王命使改之也。"李学勤先生认为疏公

---

① 朱凤瀚：《觊公簋与唐伯侯于晋》，《考古》2007 年第 3 期。
② 李学勤：《释"疏"》，《考古》2009 年第 9 期。

簋是周康王时器，①则命唐公为侯于晋的周王是周康王。疏公为其妻子作器以唐公徙封为晋侯的大事记时，说明疏公是唐国的臣子。据李学勤先生文，该铭末族徽⊠还见于天马—曲村 M6195 出土的西周早期的一件鼎，以及芮姞簋，判断其族为姞姓，则作器者疏公也应是姞姓。疏公娶姚姓女子为妻，《殷周金文集成》2679 鼎表明故唐国为姚姓，疏公是周初新建唐侯的臣属，所娶之妻也是姚姓，可能即是故唐国遗民后裔。而唐国管辖的殷遗民有"怀姓九宗"和故唐遗民，疏公或为怀姓九宗之一或为故唐遗民。唐侯受康王命徙封于晋地之后，其主要职事仍是为周王朝治理地方社会和抵御戎狄，藩屏周邦。

4. 齐侯的分封与职事

关于齐国的始封，《史记·周本纪》称："成王既迁殷遗民，周公以王命告，作《多士》《无佚》。召公为保，周公为师，东伐淮夷，残奄，迁其君薄姑。"《汉书·地理志》称："周成王时，薄姑氏与四国共作乱，成王灭之，以封师尚父，是为太公。"结合这两处文献记载，齐国始封君为师尚父，始封时代背景是周成王东伐淮夷平定奄与薄姑氏。

《史记·齐太公世家》载周成王命召公奭册命齐侯太公望"东至海，西至河，南至穆陵，北至无棣，五侯九伯，实得征之"。此事还见于《左传·僖公四年》载管仲所云："昔召康公赐我先君大公曰：'五侯九伯，女实征之，以夹辅周室！'赐我先君履，东至于海，西至于河，南至于穆陵，北至于无棣。"周成王时期册命太公望为齐侯曾经授予征伐权力，这与分封诸侯的册命金文赏赐斧钺是一个道理，只是此处明确了齐侯征伐权力施及的地域范围以及对象，即齐侯有征讨此范围内反叛外服的权力，通过此种方式拱卫周王朝，实现对王朝应尽的服。但据《史记·齐太公世家》载周成王分封师尚父于营丘时，东方尚未完全安定，师尚父就国曾遭遇东夷莱侯讨伐。所以周成王所颁布命令师尚父征伐的范围或许是命其为周王朝开拓和守卫东方疆土。文献上还保留了另一说法，即太公并未就封而是留相

---

① 李学勤：《论觉公簋年代及有关问题》，《庆祝何炳棣先生九十华诞论文集》，西安：三秦出版社，2008 年，又收入《通向文明之路》，北京：商务印书馆，2010 年。

第六章 周代服制的建立、发展、演变及其历史影响

王室,《史记·齐太公世家》集解载:"《礼记》曰:'太公封于营丘,比及五世,皆反葬于周。'郑玄曰:'太公受封,留为太师,死葬于周,五世之后乃葬齐。'"若此说可信,则齐始封与鲁相同,也是由长子就封。可能年富力强的长子吕伋正适应开疆拓土的政治需要,而富于政治经验的太师则继续留在周王朝辅佐周王治理天下。

5. 克罍、克盉与燕侯之服

关于燕国的分封,史书记载语焉不详,《史记·燕召公世家》云:"周武王之灭纣,封召公于北燕。其在成王时,召公为三公。"1986 年中国社会科学院考古研究所、北京市文物研究所琉璃河考古队发掘的琉璃河 1193 号燕国大墓,其中发现的克罍、克盉有铭青铜器为探讨燕国的分封提供了出土实物材料。两器发现二十多年,学界不断讨论,推动了燕国分封的研究。

克罍盖铭文:

> 王曰:大保,惟乃明(盟)乃鬯,享于乃辟,余大对乃享,令克侯于匽,旃(使)羌、马、叡、雩、驭、微。克宅匽,入(纳)土眔厥[有]司,用作宝尊彝。(《铭图》13831)

以往的研究中对此铭文争议颇多,集中于受王命者是大保还是克,"旃(使)羌、马、叡、雩、驭、微"的解读,详情可参考周宝宏《近出西周金文集释》中关于克罍、克盉铭文的集释。① 经过学界多年讨论,大体可以明确王为周成王,接受王命为燕侯的是召公奭的儿子克,"大保,惟乃明乃鬯,享于乃辟",是周成王册命克为燕侯的重要原因。周成王

克罍盖铭文拓片

---

① 周宝宏:《近出西周金文集释》,天津:天津古籍出版社,2005 年。

为了奖赏大保召公奭的功德而册封召公奭之子克为燕侯,而大保召公奭依然留在王朝辅佐周王。这与传统史家所云周召二公留相王室,长子就封侯,次子继任辅相王室是相符的。"羌、马、叡、雩、驭、微",学者多以为是分封给燕国的六个族名,这是正确的见解。此六族都是殷商的方国,与商王关系不密切,叛服无常。羌为羌方,乃西北少数民族,卜辞习见,殷商常以羌族人为祭祀的牺牲。马即马方,是商代的重要敌国之一。叡亦为商代重要方国,在卜辞中与羞方、羌方、缗方合称四邦方,雩可能即是盂方,卜辞有贞问征伐盂方的记载,但商代还存在沁阳田猎区中的盂,两盂应该非指一地。铭文之雩更可能是盂方,因与羌、马、叡在一起,当相距也不远。铭文中的驭也应该是族名,可能与御方有关。《逸周书·世俘》有"太公望命御方来"的记载,证明周初御方仍然存在。微,商代和西周都有微国,墙盘铭文有"武王既哉殷,微史烈祖来见武王",不知是否即此殷商微族。周王令克侯于匽,可以任使以上这六族首领,是以这六族首领为有司也。这六个部族当是被周征服者,可能就是大保受王命所征服的,如叡就是大保簋铭文中的反叛于周者。这些是周王命令燕侯管辖或节制的方国部族,藩屏周王朝东北边疆,此当为燕侯的重要职能。詹子庆先生指出:"周初东北北部边疆被少数族包围,这也是周封召公于燕的缘由。"①周王命燕侯统辖这几个少数族,正是基于这样的政治局面所作的安排。"克宰匽,入(纳)土眔厥[有]司",克居燕地,接受那里的土地及土地上原有的那些管事的官员。则克的另一项职能是治理燕地及其有司、民众。

6. 周王与分封的诸侯为君臣关系

周王朝通过分封方式所建立起来的外服诸侯与夏商时代的外服诸侯于形式上类似,但有实质的不同。文献举凡谈及商王朝与四方诸侯、方国的政治关系,常谓"莫敢不来享,莫敢不来王"(《诗经·商颂·殷武》),为松散的政治羁縻或臣属关系。而周王与外服诸侯的关系则更密切,外服诸侯称周王为天子,诸侯"莫不事王",周王与外服诸侯之间是明确肯定的

---

① 詹子庆:《有关燕国历史的两个问题》,《先秦史研究》,云南民族出版社,1987年,又见《古史拾零》卷二,第133页。

第六章 周代服制的建立、发展、演变及其历史影响

君臣关系。周代分封诸侯的原则是"封建亲戚"、广建宗子,即按照宗法关系进行分封建国,形成了远近不一的血缘关系网,作为周王与外服诸侯间关系脉络的是宗法。周代封建制度下的外服诸侯国与夏商时代的外服诸侯国的主要差别在于,周代的诸侯国大部分都处于宗法制度的网络之中,作为一个小宗的宗子而同时又是诸侯国君,而夏商时代的外服诸侯国未形成这种网络。西周时期周王与建立的外服诸侯是君臣关系,这在西周康王时期的邢侯簋铭文中有明确的记载:

> 惟三月,王令荣眔内史,曰:"菁井侯服。易臣三品:州人、重人、墉人。"拜稽首,鲁天子"𪓣厥濒福,克奔走上下,帝无冬令于有周"。追孝,对不敢坠,昭朕福盟,朕臣天子。用典王令,作周公彝。(《集成》4241)

据陈梦家先生句读铭文,铭分四句:第一句述王命,第二句井(邢)侯旅天子之命,第三句井侯自誓之辞,第四句作器的缘由。① 铭中菁字,前辈专家或以为假借为"更",意与班簋铭文"更虢城公服"相同。② 或以为假借为匄,训予也,服为命服。③ 或以为当读为匄,训与,谓与邢侯以职事。④ 或以为读害若割,训为分。⑤ 这些意见都有一定的根据,于此铭读为匄,训为予、与、分都能说得通。服,即职事。"菁(匄)井(邢)侯服",即予井(邢)侯以职事,并赐给臣三类:州人、重人、庸人。铭文以下内容对于理

邢侯簋铭文拓片

---

① 陈梦家:《西周铜器断代》,第82页。
② 郭沫若:《郭沫若全集·考古编》8,第95页。
③ 同①。
④ 杨树达:《积微居金文说》(增订本),第89页。
⑤ 马承源:《商周青铜器铭文选》(三),第45页。

解分封诸侯与周王的关系至关重要。邢侯受到任命职事和赏赐后,行拜和稽首之礼。鲁与旅相通,《说文·认部》解释旅字古文,云"古文以为鲁卫之鲁",即古文假借为鲁。《尚书·召诰》"拜手稽首,旅王若公",与本铭"拜稽首鲁天子"意思相同。《尚书序》"周公既得命禾,旅天子之命"。《史记·周本纪》改旅作"鲁",《鲁周公世家》改作"嘉",是鲁、旅、嘉意思相近。"鲁天子"即邢侯嘉美天子。而"舿厥濒福,克奔走上下,帝无冬令于有周",则是邢侯嘉美天子的语言,舿,陈梦家先生认为假作酬报之"酬",①郭沫若先生以为"造"字,《商周青铜器铭文选》以为"受"字。② 此字在铭文中作动词,以读"受"说较为有理,嘉美天子的原由是"受天子之多福",所以才要"为王奔走上下效力,希望帝不要终有周的天命"。"上下"与"帝"断开,采于省吾先生的句读。③"追孝,对不敢坠,昭朕福盟,朕臣天子",是邢侯的誓词,追孝即追孝于其祖考之义,"对不敢坠"即"述不敢坠"。追行孝道,不敢有失职命。邵朕,陈梦家先生读为超腾,④《铭文选》以为昭盈,⑤即显示福多而盛。"朕臣天子",颂鼎、追簋、克盨、梁其鼎均作"畯臣天子",梁其钟作"农臣天子",师俞簋作"臣天子",大意都是"臣天子","朕"、"畯"、"农"是意义相近的副词,《说文》:"畯,农夫也。"《广雅·释诂三》:"农,勉也。"臣,动词,臣服。"畯臣天子",即勤勉臣事天子。用典王命,以书王命之义。邢侯簋铭文反映了被封侯者与周王的关系,主要体现在邢侯鲁天子命和自誓之辞的内容。邢侯为王奔走上下,即是尽其职事,"帝无冬(终)令(命)于有周"即是助王度知天命,如卫康叔之职事。邢侯自誓不坠失王命,昭显盟誓,要勤勉地臣事天子。邢侯簋铭中邢侯之于周王是臣与天子的关系,已经表现得非常明确。

总而言之,西周成王时期分封诸侯时规定了它们的职事,首要的是镇守邦土以为周的藩屏,即帮助周王度知天命。然后治理各自统治下的民

---

① 陈梦家:《西周铜器断代》,第82页。
② 《商周青铜器铭文选》(三),第45页。
③ 于省吾:《邢侯簋考释》,《考古》(考古学社社刊)第4期,1936年,第25页。
④ 陈梦家:《西周铜器断代》,第83页。
⑤ 《商周青铜器铭文选》(三),第46页。

众,尤其是殷遗民问题,采取各自不同的策略,使其成为彻底服从周邦的臣民,即"保民"、"作新民"。被分封的诸侯纷纷表示要勤勉的臣事天子,为周王奔走尽其职事。周王以王命的形式分封诸侯,是以王命的形式建立了新的外服,这种外服与殷商时期的征服而形成的外服有根本的区别。周王朝以"选建明德"和"封建亲戚"的原则,将宗法制与分封制结合起来,在具有重要战略意义的地方,封赐一块征服地,分领若干族群和命以国号建立外服诸侯,从而实现了周王朝对地方社会的治理。周初分封的诸侯多与周有着血缘关系,周王利用血缘关系达到政治统治目的,同时分封诸侯又使宗族血缘关系政治化。

二、周成王册命王臣建立内服制

《左传·定公四年》曾述周武王时事:"武王之母弟八人,周公为大宰,康叔为司寇,聃季为司空。"周武王以兄弟为内服朝臣。《尚书·立政》记载周公在总结夏、商贤王设立各级行政长官的成功经验,以及夏桀、殷纣任人政策失败的教训之后,阐述了周文王、周武王设立行政长官的方法,最后告诫周成王设立行政长官的原则与方法。周公告诫成王设官分职的原则后,成王在周文王、周武王时期已设置的行政长官的基础上,系统地设官分职,建立了内服制。惜《周官》亡,不能见周初设置各级行政长官之全貌,然《尚书·立政》记载了周文王、周武王所设立官长的情况,可以窥见周成王时期所建立内服的大致情形。《尚书·立政》云"立政:任人、准夫、牧作三事;虎贲、缀衣、趣马、小尹,左右携仆、百司庶府;大都小伯、艺人、表臣、百司;太史、尹伯、庶常吉士;司徒、司马、司空、亚旅;夷微卢烝;三伯阪尹"。顾颉刚先生将周文王、周武王时期设立的官长大致分为五组:第一组是王的枢密官,"任人、准夫、牧作三事"即《诗经·雨无正》中的"三事大夫",都是机要大臣。第二组是王的近臣,"虎贲"护卫王的安全,"缀衣"即后世的"尚衣",掌管王的衣服。"趣马"是管马的,"小尹"是小臣之长,"左右携仆"是持王用的器物或御车的仆夫,"百司"是在内廷分管王的事务的,"庶府"是分管王的库藏的。第三组执行政务官,"大都"是管理诸侯和王子、王弟们的采邑的,"小伯"是管卿、大夫的采邑的,"艺人"是居官的技术人员，如卜、祝、乐师、工师之流，"表臣百司"是在外廷分管政务的，"太史"是记事和作册命的，"尹伯"是百官之长，"庶常吉士"是许多担任常务的士。第四组是处理诸侯国事务官，"司徒"、"司马"、"司空"可能是诸侯的三卿；"亚"是次于卿的大夫，"旅"是位次于亚的众大夫。第五组是处理边疆事务的官，"夷"、"微"、"卢"是当时的一些落后部族，"烝"是他们的君长而服属于周的；"三亳"是殷代先前的都城所在，"阪"是险要的地方，为了防止叛乱，在那里都设"尹"防守。①

周成王时期建立的内服制系统在此五类职事基础上有所补充，后来西周王朝逐渐形成了卿士寮和太史寮为首的两大中央官署。② 周成王通过册命中央各级行政长官的方式建立内服制，被册命者一般会被授予采邑，作为内服所在宗族的生产、生活资料来源，以及为周王朝服务的经济基础。内服宗族长世袭在王朝任职，并世袭领有此采邑，以官庇其族，这样实现了周王朝对该地方较长时期的社会治理。近几十年在陕西周原、丰镐都城、河南洛阳发现大量周代聚落遗址、墓葬群、窖藏青铜器、手工业作坊遗址等，说明在这三个地区有着丰富的西周采邑类聚落，西周王朝通过册命各级行政长官而赏赐采邑的方式，建立内服制实现对王畿地区的社会治理。③ 周初建立内服制时，将各方面的社会势力都纳入到周王朝行政系统之中，选士任官范围非常广泛，包括周多士、殷多士和外服诸侯之士。《诗经·大雅·文王》载："凡周之士，不显亦世。世之不显，厥犹翼翼。思皇多士，生此王国，王国克生，维周之桢。"周多士被视为周王朝的栋梁，主要应为周武王克商及平定武庚叛乱、征伐淮夷等战争中获立军功

---

① 参见顾颉刚《"周公制礼"的传说和周官一书的出现》，《文史》第六辑，北京：中华书局，1979年，第2页。
② 关于西周中央权力机构分为卿士寮、太史寮两大官署，参看杨宽《西周中央政权机构剖析》，《历史研究》1984年第1期。又收入其著《西周史》，上海：上海人民出版社，2003年，第315—335页。
③ 最近张天恩先生通过对近年考古发掘的陕西地区西周聚落遗址的考察，提出西周王畿地区"周天子基本是以采邑的形式，封赐给众多王公贵族进行经营管理，以获取各自家族的生产资料和生活需求"（《西周社会结构的考古学观察》，《考古与文物》2013年第5期，第60页）。

者。《尚书·多方》载周王说有方多士及殷多士将"迪简在王庭","有服在大僚"。即"用简阅于王庭也",①有职事在大官。说明殷多士与多方之士亦被委以职事,作周王朝的内服朝官。殷多士和外服诸侯之士能够被周王朝任用,主要因为他们"比事臣我宗多逊"(《尚书·多士》),即服事臣属周很顺从。如《诗经·大雅·文王》载:"穆穆文王,於缉熙敬止。假哉天命,有商孙子。商之孙子,其丽不亿。上帝既命,侯于周服。侯服于周,天命靡常。殷士肤敏,裸将于京。厥作裸将,常服黼冔。"商的子孙后代其数不只亿,上帝已命周文王之后,他们服从周而有职事,在周之服制内。② 此诗所述殷士服周在周文王受天命后,虽有诗人夸饰成分,但周文王时期确实有殷商内服臣子奔周之事,他们有助周王行裸祭的职事。周代的一些青铜器铭文反映殷人族氏在周王朝供职的情况,如担任史官的史墙,称其高祖于武王克商之后,来朝见武王,被周武王任命为史官,掌管礼容。③ 此后微氏家族首领世袭担任史官之职,其族氏铭文"木羊"之下增缀"册",以示其史官职事。

周王朝建立内服制希望达到天下一统、国家强盛的目标,并坚信贯彻建立内服制的原则,这一目标就能够实现。周公强调设立行政长官用人得当,能够达到"惟有司之牧夫,其克诘尔戎兵以陟禹之迹,方行天下,至于海表,罔有不服。以觐文王之耿光,以扬武王之大烈"。④ 周公要求把设立各级长官的原则与方法固定,并召太史记录下来,作为后世遵行的制度,告诫司寇苏公要敬狱慎罚,确保内服制的落实。

三、周成王时期征服四夷制定朝贡服制

周初征伐四夷的军事行动体现的是一种服属观念。这与商代外服与

---

① 参于省吾《双剑誃尚书新证》,《双剑誃群经新证双剑誃诸子新证》,第104页。
② "侯于周服",郑玄解释说"为君于周之九服之中"。郑玄释侯为动词,君也。他所说"九服",并非周代"服"制的真实情况。唐代大儒孔颖达《疏》把服训为臣服。清代学者马瑞臣亦把服训为臣服之服,可言"维于周服",亦可言"维服于周"。其实"周服"可理解为周之"服",即商的孙子皆服从周而有职事,在周之"服"制内。
③ 参考裘锡圭《史墙盘铭解释》,陕西周原考古队尹盛平主编《西周微氏家族青铜器群研究》,北京:文物出版社,1992年,第272—273页。
④ 《尚书·立政》。

商王的性质相近,即使之服从于己,尽一定的职贡,并不是完全征服使之灭亡。西周中期铜器墙盘追述周代列王功绩,说到成王"左右柔会刚鲦,用肇彻周邦"(《集成》10175),康王"方怀不廷,遂尹亿疆"。西周晚期铜器逑盘也记述了周初成王、康王的功绩,成王"用奠四国万邦"。《左传·昭公二十六年》王子朝追述周代历史述及周初者言"昔武王克商,成王靖四方,康王息民"。"方怀不廷"乃"怀不廷方"的倒文,怀者,安抚也。廷通庭,帝庭、王庭也。"怀不廷方"就是安抚不来王庭(朝觐)的方国。① 这几处材料表达的意思相近,都是说成王打败了不臣服、不献贡物的方国,始治理全国。康王的"怀不廷方"说得比较隐晦,实际上也是经过一些战事,使方国服从,才有可能"遂尹亿疆"的。成王、康王时期确实对不臣服和不享贡的方国进行征服驱除,其范围及于四方。

1. 征服东夷与"帛贿臣"地位的确立

西周中期铜器说淮夷旧我帛贿人,有为周王朝献贡的义务。东夷的臣服是以向周王朝献纳贡物为条件的。淮夷对于周王朝似乎时叛时服,说明其臣服是有限度的。其最早臣服周王朝,作为纳贡者当在周初已然。武王克商之后,集中有限兵力在东方占据了若干据点,东夷迫于武王克商的强势,表示对周服从。武王去世后,淮夷诸族怂恿武庚造反,《逸周书·作洛》云:"周公立,相天子,三叔及殷东徐奄及熊盈以略。"成王、周公在平定武庚管蔡之乱后,曾经东进征服东夷,迁其君蒲姑,伐奄,大伐熊盈诸族。

周召二公辅佐成王首先平定了武庚叛乱,近得见张光裕先生公布的西周成王器物何簋铭云:"唯八月公陕殷年,公赐何贝十朋,令何司三族,为何室。何执(扬)公休,作祖乙宝尊彝。"其指出铭中的公指周公,何与何尊中周王称为"宗小子"的何是一人。陕,平也。《逸周书·度邑》有"夷兹殷"即平殷,铭文即是以周公平定武庚叛乱事纪年。② 周公命令何掌管"三族","为何室",作为何的室家力量。成王时期铜器小臣单觯记载了成

---

① 参《商周青铜器铭文选》(三),第 317 页,注释 2。
② 张光裕:《何簋铭文与西周史事新证》,《文物》2009 年第 2 期。

第六章　周代服制的建立、发展、演变及其历史影响

王平定武庚叛乱,为践奄作准备。铭文云:"王后坖克商,在成自,周公易小臣单贝十朋,用作宝尊彝。"(《集成》6512)坖,陈梦家先生据《说文·土部》:"汝颍之间谓致力于地曰圣。从土从又,读若兔窟。"认为坖就是掘,假作屈、诎、绌、黜。王后绌克商,是成王第二次克商,即克武庚之叛。① 其说可取。《尔雅·释诂》训杀为克,"克商",直意就是杀死武庚。成自当是成地的师成。既克武庚之叛,周公在成自赏赐给小臣单贝,可能是小臣单有军功的缘故。成自无疑是周进一步东进的战略基地。据《史记·周本纪》载淮夷、蒲姑是武庚之乱的鼓动者,武庚之乱既定,征讨的目标指向东夷、奄侯。

《尚书序》云:"成王东伐淮夷,遂践奄,作《成王政》。成王既践奄,将迁其君蒲姑,周公告召公,作《将蒲姑》。"《成王政》、《将蒲姑》篇亡佚,《史记·周本纪》采此文云:"召公为保,周公为师,东伐淮夷,残奄,迁其君蒲姑。"是伐淮夷在先,而后践奄侯。西周早期器物保鼎簋铭文②记载周王伐东夷前先燎祭天,铭文有云:"惟王既燎,厥伐东夷。"《说文》:"尞,柴祭天也。"甲金文中都有此种祭礼,其对象是天地神灵,目的是求福佑。燎祭上天之后,举行大伐东夷的军事行动。时在十一月,遟公当也随王征讨,因战胜而回,公在此地对其下属保员进行了赏赐,保员记此荣耀而作此簋。塑鼎记载了周公往伐东夷之国,其中丰伯、薄古被践灭,周公归而行饮至之礼。铭文云:

惟周公于征伐东夷,丰伯、薄古(姑)咸弋。公归,飤于周庙。戊辰,酓(饮)秦酓(饮)。公赏塑贝百朋,用作尊鼎。(《集成》2739)

于,往也。《诗经·棫朴》"周王于迈"郑笺云:"于,往。"令簋铭文"惟王于伐楚伯",《尚书·大诰》:"予惟以尔庶邦于伐殷逋播臣。"士山盘铭"于入中侯",诸例中"于"字用法相同,皆为"往也"。文献说东伐淮夷,西周早期金文中不称淮夷只称东夷,那么周初东夷等于淮夷。张懋镕先生指出东夷乃泛称,淮夷指具体族氏,故东夷可包容淮夷,而淮夷是东夷集团中势力

---

① 陈梦家:《西周铜器断代》,第10页。
② 张光裕:《新见保鼎簋铭试释》,《考古》1991年第7期。

最强大的一支,它可以代表东夷集团,故伐东夷也可径呼之为伐淮夷。①东夷与丰伯、蒲姑不是并列关系,而是所属关系,丰伯、蒲姑乃东夷诸国中的强者。蒲姑为商末诸侯,其地甚为重要,《左传·昭公九年》:"及武王克商,蒲姑、商奄吾东土也。""咸戎,义为皆残灭之,《说文》咸,皆也。戎,伤也。"②馭,祭名,卜辞有之,大概与献牲于神的祭祀有关,具体含义未详。"酓(饮)秦酓(饮)"前一饮字读去声是动词,秦饮是一种酒名。③《左传·桓公二年》云:"凡公行,告于宗庙;反行,饮至、舍爵、策勋焉,礼也。"此铭所载是周公打败东夷,返归告周庙后,举行燕饮,是为饮至之礼也。东夷被周公征服即表示臣服,向周王朝有所贡纳,其贡纳的物品没有明确的材料,但是作为周的帛贿臣已经明确了。

2. 践奄伐楚与安定东南

成王时期东夷既服,还有些不属于东夷集团又不臣服于周的族属,他们也具有不小的势力,如奄侯等。禽簋、刚劫卣则记载了成王、周公、大祝禽伐奄侯之事。禽簋云:"王伐盖(奄)侯,周公某(谋),禽祓(禓)。禽又(有)敄禓,王易金百爰,禽用作宝彝。"(《集成》4041)刚劫尊记载王征伐盖,刚劫因为有功而受赏贝,而作了祭祀高祖的宝器。铭文中盖侯即是文献中所说的奄,两铭都反映伐盖侯是成王亲为之事,《清华简·系年》第三章第十四简亦称"成王伐商盖",周公仅出谋划策。禽为周公儿子伯禽,大祝禽方鼎(《集成》1937)的大祝禽,《尚书·金縢》所载周公自为质于神祷武王疾,说自己"多才多艺能事鬼神",无疑是有祝官的才能,可能当时确实担任大祝之职,而伯禽承其父早期职事任王朝大祝之职也是可能的。大祝禽举行禓祭,以驱除行军路上孤魂野鬼之不祥。王因此赏赐大祝禽金百爰,禽因之作宝器。商奄被征服,周成王"西迁商盖之民于朱圉,以御奴虘之戎,是秦之先,世作周幹"。④

---

① 张懋镕:《西周南淮夷称名与军事考》,《古文字与青铜器论集》,北京:科学出版社,2002年,第166页。
② 陈梦家:《西周铜器断代》,第19页。
③ 参谭戒甫《西周〈盠鼎铭〉研究》,《考古》1963年第12期,第673页。
④ 李学勤主编:《清华大学藏战国竹简》(贰),第十四至十五简。

第六章 周代服制的建立、发展、演变及其历史影响

《逸周书·作雒》记载周公成王凡所征熊、盈族17国,䚄鼎记载成王伐东夷击败了熊盈诸族,铭文云:"惟王伐东夷,溓公令䚄眔史旗曰:'以师氏眔有司后或(国)叟伐熊',䚄孚贝。䚄用作䚄公宝尊鼎。"(《集成》2741)王伐东夷之时,溓公命令䚄与史旗率领师氏(虎贲)及有司后国截伐熊盈,结果获胜,䚄孚贝,为其父亲䚄公作了祭器。王伐东夷,亲率"师氏",师氏很可能是王的护卫军即文献所说的虎贲之士,"有司后国"亦值得特别注意,有司为官员,后国是参加伐东夷的诸侯国,看来战事非常紧迫,周王把自己的王士也用于作战了。令簋则记载了周王征伐熊族之国"楚"的事实:

> 惟王于伐楚伯,才炎。惟九月既死霸丁丑,作册矢令尊宜于王姜,姜商(赏)令贝十朋、臣十家、鬲百人。公尹白丁父兄(贶)于戍,戍冀,司讫。令敢扬皇王休、丁公文报,用稽后人,享惟丁公报。令用奔扬于皇王,令敢扬皇王休,用作丁公宝簋,用尊事于皇宗,用享王逆造,用匄寮人、妇子,后人永宝。隽册。(《集成》4300)

关于令簋时代有成王时代与昭王时代两说,认为昭王时期者考虑到成王伐楚史无记载,昭王伐楚文献与金文皆有证。另外的依据是令方彝中康宫为康王之庙说,其为昭王时器,两器作器者为一人,断定令簋也属于昭王时器。解读令簋铭文的关键是炎地所在位置,楚伯是否就是荆楚国君。唐兰先生把"白"字属下读,说是"白懋父",但此器并没有提到白懋父其人,据目前所见还没有白懋父省称"白"的例子,"白"字宜属上读,王伐的是楚伯。炎地与召尊的炎师当属一地,唐兰先生认为即郯,《汉书·地理志》:"东海郡郯,故国,少昊后,盈姓。"在今山东省南部接近江苏省的地方。① 郭沫若先生曾言:"楚即淮夷,淮徐初本在淮水下游,为周人所迫,始溯江而上至于鄂赣。炎即春秋时郯国之故称,汉属东海郡。"②郭说应受到极大重视,上举《逸周书·作雒》、䚄鼎都明确载有成王伐东夷而征熊盈诸族,楚为熊族毫无争议,那么令簋所说伐楚伯应是东夷的熊族之国。

---

① 唐兰:《论周昭王时代的青铜器铭刻》,《古文字研究》第二辑,第74页。
② 郭沫若:《郭沫若全集·考古编》8,第24页。

另外昭王时器说有一困难,即承认铭文炎地既在山东,那么昭王南伐楚怎会来到山东？比较而言郭沫若先生的说法是有道理的。或有看出唐说的问题所在,而认为炎地是昭王往伐楚伯的中途驻地,当近南国。① 这一说用了模糊的表述不确定炎的位置的方法来回避问题。炎地实为周人控制的军事要地之一,青铜器铭文所说的殷八师即成周八师可能就是这种军事据点性质,其地驻扎有军队。铭文难于理解的是"尊宜(俎)"之义以及"公尹白丁父兄(贶)于戍,戍冀司气(迄)"的意思。或云尊宜于王姜是敬王姜酒肴。② 或云尊俎就是奠俎即奠祖,说铭文作册夨令"尊俎于王姜"是王姜为作册夨令祖道。③ 若依此说,作册夨令将有出行事,王姜代昭王为之祖道,饮酒之后,加以赏赐。那么为何作册夨令没有感谢王姜之辞,王姜为何要赏赐作册夨令也是不清楚的。仔细琢磨铭文,当是作册夨令尊宜于王姜,施动者是作册夨令,因此受到王姜的赏赐。关键是"尊宜"之义。"尊宜"还见于甲骨文和商周铜器铭文,都是动词,或动词性词组,宜,《尔雅·释言》释为肴,李学勤先生认为作为古文字的"宜"象俎上有肉之形,作为祭祀名的"宜",当为以肴奉神。作为用牲方式时,当即以牲为肴。④ 连劭名先生认为尊宜即文献中的"荐陈"。⑤"荐陈"就是献见,《左传·襄公三十一年》杜预注："荐陈,犹献见也。"则尊宜就是献见之礼,对于鬼神则是献祭祀牺牲,对于生人则是献礼,或为肴或为其他物品。令簋所载是作册夨令对王姜行献见之礼,也就是见面赠送礼物,是以王姜赏赐他。王姜对作册夨令的赏赐是通过公尹伯丁父转赐实现的。公是对伯丁父的尊称,尹是伯丁父的官名,郭沫若先生说伯丁父即丁公,实不可从,伯丁父乃是受王姜之命者,乃生人,而丁公是作册夨令报祭的对象,乃死去的人。二者非一人十分明显。冀为作册夨令的戍所地名。冀与炎地当相

---

① 《商周青铜器铭文选》(三),第66页。
② 同①。
③ 唐兰：《论周昭王时代的青铜器铭刻》,《古文字研究》第二辑,第77—78页。
④ 李学勤：《论宾组胛骨的几记事刻辞》,《英国所藏甲骨集》(下编上册)附论,北京：中华书局,1991年,第164页。
⑤ 连劭名：《商代礼制论丛》,《华学》第2辑,中山大学出版社,1996年,第28页。

第六章 周代服制的建立、发展、演变及其历史影响

去不远,司后一字,从郭沫若先生说读为讫止之讫,①司讫即完成使命。②铭文以下内容都是作册夨令的答谢周王和父辈丁公以及作器铭识的用语。作册夨令是周成王伐东夷熊族楚伯时的随军将领,奉命驻守在冀,与王师所在炎师相互配合,王姜来到军中,作册夨向王姜献礼而受赏。

由上文的分析知道周初伐楚并非史无记载,只是周初所伐之楚尚在东南部附于熊族之国,经过周初征伐迫于压力才逐渐溯江而上南迁,这与南淮夷的迁徙情况相近。

3. 周公南征与安定南邦

中国国家博物馆 2005 年征集入藏了一件西周晚期铜器柞伯鼎,其铭文有虢中(仲)追述周公的功绩,铭文云:

> 唯四月既死霸,虢中令柞伯曰:才(在)乃圣祖周公䚃又(有)共(功)于周邦,用昏无及,广伐南国。今汝其率蔡侯左至于昏邑。(下略)

虢中以周公的事迹勉励柞伯,是因为柞(胙)是周公之后。③ 周公"䚃又(有)共(功)于周邦,用昏无及,广伐南国"。朱凤瀚先生读共若功,即周公曾有功绩于周邦。"用昏无及",昏当读为暋,努力尽力之意,《尚书·盘庚》:"惰农自安,不昏作劳。"《经典释文》曰:"本或作暋,音敏。《尔雅》昏、暋皆训强。"即周公勤勉无人能及。④ "广伐南国",周公征战区域广阔。这里涉及周公南征之事,周公南征于西周文献没有明确的记载,东周文献《荀子·王制》言:"周公南征而北国怨,曰何独不来也。东征而西国怨,曰何独后我也。"如前文分析,《逸周书·作洛》所记周公所征熊盈即楚之氏应在东南部,即包括在柞伯鼎所说的南国范围内。关于西周时期周人所称的"南国"范围,朱凤瀚先生研究认为主要区域应东起今江苏北部,经今

---

① 郭沫若:《郭沫若全集·考古编》8,第 26 页。
② 马承源:《商周青铜器铭文选》(三),第 67 页有云:《说文·司部》:"司,臣司事于外者。"贶于成是王姜之令,执行此令的是伯丁父,在冀地完成了贶锡之命,所以说司讫。
③ 《左传·僖公二十四年》载"凡、蒋、邢、茅、胙、祭,周公之胤也"。杜预注:"胤,嗣也。"
④ 朱凤瀚:《柞伯鼎与周公南征》,《文物》2006 年第 5 期。

安徽北部、河南东南部（今信阳地区），西抵今河南西南部（今南阳地区），西南抵今湖北北部地区，大致即在淮水流域，南阳盆地与汉淮间平原一带。① 周公广伐南国未必到达如此广大的地域，但可以肯定的是到达了江苏北部、安徽北部，周康王时期的宜侯夨簋载徙侯于宜，器物发现于江苏丹徒，当是周公南征势力到达此地。南征的结果是南部邦国表示臣服，为巩固周公南征胜利的成果而有徙封之事。总之，柞伯鼎说明周公南征确属事实，文献所载成王时期伐东国实际上已经达到周人所说的南国范围内。

4. 北伐与安置北方

据《逸周书·作洛》所载成王、周公东征平定三监之乱，"殷大震溃，降辟三叔，王子禄父北奔"。成王即已平定东方，然后挥师北上拓展北部疆土。王子禄父为纣子，《逸周书·克殷》称"王子武庚"，《清华简·系年》称"录子耿"，日本学者白川静认为大保簋铭文中的录子𦔮即王子禄父。②大保簋记载成王伐录子圣，铭文云：

> 王伐录子𦔮（圣），𢿙厥反。王降征令于大保，大保克敬亡遣，王永大保，易休余土，用兹彝对令。（《集成》4140）

郭沫若先生云："亡遣，乃金文恒语，遣读为谴，犹古亡尤、亡咎。"③即大保受王命征伐录子圣与造反的𢿙国，顺利亡咎。𣏒字，郭沫若先生隶定为辰，读为俾使之俾。对比《说文》所录永字、辰字小篆形体，知铭文此字形实当为永字，永字此种形体在甲骨文里已经存在，在此铭文中用为动词，意为嘉美。④因大保执行王命顺利即打败反叛录子圣，于是王嘉美大保并赐给他余地之土。⑤"用兹彝对令"是作器物的原因，对者，扬也。即作器物以休扬王命。大保在征伐录子时可能到过燕地，周初铜器小臣𧊒鼎云：

---

① 朱凤瀚：《柞伯鼎与周公南征》，《文物》2006年第5期，第72页。
② 白川静：《金文通释》卷一上，白鹤美术馆，1964年，第60页。
③ 郭沫若《郭沫若全集·考古编》8，第72页。
④ 参《甲骨文字诂林》第3册，第2269页所引的刘钊观点。
⑤ 释余地之土，取自陈梦家的意见，见《西周铜器断代》，第47页。

第六章 周代服制的建立、发展、演变及其历史影响

召公□匽,休于小臣虞贝五朋,用作宝尊彝。

铭文中第三字,陈梦家先生认为是往,召公不在燕,而是往于燕。① 白川静认为此字像踏藉之状,应与农耕践土之礼仪有关。② 于省吾先生释为垦字。③ 裘锡圭先生释为"建"字,意为召公建燕。即召公亲自莅燕,安排建国大事。④ 陈恩林先生指出封燕是在召公平定了燕地之后随之发生的,是成王周公镇服北方的战略部署。⑤ 诸说都说明召公伐录子时曾到过燕。

分封燕侯任用殷人巩固北邦。北京琉璃河1193号大墓中的克罍、克盉,两器铸有相同长铭,学界一致认定琉璃河遗址为周初燕国所在。克罍、克盉铭文关涉分封燕侯的史事。克罍盖云:

王曰:大保,惟乃明(盟)乃鬯,享于乃辟,余大对乃享,令克侯于匽,旃(使)羌、马、䘌、雩、驭、微。克宅匽,入(纳)土眔厥[有]司,用作宝尊彝。(《铭图》13831)

铭文争议较大,王有武王、成王不同说法,以成王说为优。"乃明乃鬯"有"乃明乃心"、"乃盟乃鬯"不同读法。对字,或有读为封者。"令克侯于匽"争议最大,涉及谁为始封者的问题。关于鬯字与对字参照克罍腹铭文可以确定,陈平已言之。⑥ 明应读为盟,盟与鬯皆用为动词,"乃盟乃鬯"就是既盟既鬯,已行盟誓与饮过鬯酒。乃辟即指周成王,这里的享是针对生人的,而非用于已故者,因为大保享于乃辟,才有周王大对乃享。大对乃享的具体措施就是"令克侯于匽,旃(使)羌、马、䘌、雩、驭、微",令与侯皆为动词,克必为受令支配的名词,应为王命封侯的对象,即封为匽侯者。铭文不好理解的是周王既然嘉美大保,怎么封侯的是克,这种场景只有当事人才清楚,今天离分封的场景悬远,无法想象当时的情况。铭文是以第三者转述的形式铸于青铜器上,所以理解才会有这些分歧和困难。旃

---

① 陈梦家:《西周铜器断代》,第43页。
② (日)白川静:《金文通释》卷1下,第462页。
③ 于省吾:《从甲骨文看商代的农田垦殖》,《考古》1972年第4期。
④ 裘锡圭:《释"建"》,《古文字论集》,第353—356页。
⑤ 陈恩林:《鲁、齐、燕的始封及燕与邶的关系》,《历史研究》1996年第4期。
⑥ 陈平:《克罍、克盉铭文及其有关问题》,《考古》1991年第9期。

(使)应为动词,释为事①或使,意为任使。"羌、马、叡、雩、驭、微",学者多以为是分封给燕国的六个族名,如叡就是大保簋铭文中的反叛于周者。铭文以下内容都是作器者克就职的行为,克既受命而𪉖匽、入土及其有司,作了这件宝器。𪉖字的释读也很关键,其字从止为动词应无疑意,暂时阙如。"入土"学者多读为纳土,即接纳(王赐)土地。"厥有司",据陈平先生意见补足如是,即克至匽前该处旧有的政府机构及执事人员。② 克罍铭文中透露的关键信息是王令克任使的六个部族,这六个部族名义上归匽侯克任使职事,实际上是对这六族的控制与拉拢,以巩固周人的东北部边疆。这些殷人的旧方国确实在燕国的行政与建设及和周邦的交往中起了重要的作用。

匽器中值得注意的是伯矩诸器,有伯矩鬲记载匽侯赏赐给伯矩贝,伯矩因此作父戊的祭器。此外尚有见于《集成》3532、3533 伯矩簋,《集成》5228、5229、5230 伯矩卣,《集成》5818 矩尊,《集成》5846 伯矩尊,《集成》9398—9400 伯矩盉,《集成》9412 伯矩盉盖,《集成》9567、9568 伯矩壶,《集成》10060 矩盘,《集成》10073 伯矩盘等。如此众多礼器,反映燕侯与伯矩关系亲近,伯矩在燕国地位颇高,似为匽侯的行人之官,执掌迎周王的使者。伯矩鼎云:"伯矩作宝彝,用言(歆)王出内(入)使人。"(《集成》2456)据伯矩鬲知伯矩家以日为名,据癸伯矩盘铭知伯矩家以癸为族氏徽号,伯矩可能是殷人。"用歆王出入使人"的用语金文习见,如小子生尊"用飨出内(入)事(使)人"。(《集成》6001)伯□父鼎"伯□父作旅鼎,用飨王逆造事人"(《集成》2487)。都与对使者行礼有关。中鼎、亚盉、攸簋、复鼎等器铭表明周初燕国多以殷民为御事之臣,是周初巩固东北部边疆的重要策略。

值得注意的是周初有两个邶,上举金文之邶确在河北涞水流域,是自商以来存在的古国,经召公的北征,当归附于燕;另一邶在河内,乃武王分

---

① 《北京琉璃河出土有铭铜器座谈纪要》,《考古》1989 年第 10 期,李学勤、张亚初、刘雨等皆持此种意见。
② 陈平:《克罍、克盉铭文及其有关问题》,《考古》1991 年第 9 期。

第六章 周代服制的建立、发展、演变及其历史影响

割商王畿而封武庚者,后来分封卫侯并于卫国。①

5. 营建洛邑与制定朝贡服制

周武王克商之后,曾经大会各方诸侯,重申各方应尽的职事。《逸周书·度邑》载:"维王克殷国,君诸侯,及征厥献民,九牧之师,见王于殷郊。"《国语·鲁语下》云:"昔武王克商,通道于九夷百蛮,使各以其方贿来贡,使无忘职业。"也就是说在武王克商后已经重申了诸侯的服。但经过武庚叛乱,周公成王东征平叛,四方局势已经发生了变化,需要重新规定四方对周王朝应尽的服。《史记·周本纪》载"成王在丰,使召公复营洛邑,如武王之意。周公复卜申视,卒营筑,居九鼎焉。曰:'此天下之中,四方入贡道里均。'作《召诰》《洛诰》"。实际上主持营建洛邑的是周公,周公开始营建洛邑在其摄政的第五年,《尚书·康诰》《召诰》《洛诰》记载周公摄政的第七年,完成营建新邑的最后工程。②

周公营建洛邑时,邀请周成王率领内服臣子来新邑,外服诸侯、方国陆续来到洛邑朝见周成王,效事于周邦。据《尚书·召诰》所载周公始作新邑当从召公奭卜宅和定方位算起,即太保召公奭来到洛时,已有外服诸侯陆续到来,所以才有召公奭命庶殷攻位之事。王朝大臣、四方诸侯方国都来朝见成王,既已相宅后,周公命令庶殷侯、甸、男、邦伯率领他们的族众动工营建洛邑及其内部的相应建筑,如宫室、宗庙等。即《康诰》篇首所云:"周公初基,作新大邑于东国洛,四方民大和会,侯甸男邦采卫百工播民和,见士于周。""四方民大和会"就是"王会",即诸侯、方国来至周都朝见周王,礼书称之为"殷见"之礼。何尊载周成王迁宅于新建成的洛邑,此后称之为成周。周成王在成周举行了一系列的大礼,四方诸侯皆至朝见周王,并以各自所产或所有贡献于周王朝,于是周王规定了四方诸侯、方国在周班中的列位,颁布了他们应对周王朝尽的贡赋与职责。今本《竹书纪年》称:"七年,王如东都,诸侯来朝。"这与《尚书·洛诰》所载周公邀周

---

① 参考陈恩林《鲁、齐、燕的始封及燕与邶的关系》,《历史研究》1996 年第 4 期。
② 朱凤瀚先生认为《召诰》《洛诰》所载不是周公经营洛邑,此时洛邑已经建成,周公、召公所营建的是成王的王宫(见《〈召诰〉〈洛诰〉何尊与成周》,《历史研究》2006 年第 1 期)。但成王王宫亦属于洛邑的组成部分,此前所营建的当是洛邑的城墙、各种民用设施等。

成王率诸臣来洛邑，于时诸侯朝觐周成王为一事。这次成周朝觐会同的典礼见载于《逸周书·王会》，通过这次会同典礼基本确立了四方诸侯、方国的职贡，并作为周代的基本制度确定下来。①《逸周书·王会序》云："周室既宁，八方会同，各以其职来献，欲垂法厥后，作《王会》。"朱右曾云："职，职贡也。""垂法厥后"即以此次朝会的诸侯所献职贡作为周代的制度确定下来，后世遵照执行。《逸周书·王会》载成周会盟时，周公旦主东方诸侯、方国所贡，召公奭主西方诸侯、方国所贡。这次会盟确定的朝贡服制的具体形态宜如《国语·周语上》祭公谋父所说先王之"五服"制。《国语·周语上》云：

> 夫先王之制：邦内甸服，邦外侯服，侯、卫宾服，蛮、夷要服，戎、狄荒服。甸服者祭，侯服者祀，宾服者享，要服者贡，荒服者王。日祭、月祀、时享、岁贡、终王，先王之训也。有不祭则修意，有不祀则修言，有不享则修文，有不贡则修名，有不王则修德，序成而有不至则修刑。于是乎有刑不祭，伐不祀，征不享，让不贡，告不王。于是乎有刑罚之辟，有攻伐之兵，有征讨之备，有威让之令，有文告之辞。布令陈辞而又不至，则增修于德而无勤民于远，是以近无不听，远无不服。

此处的"先王之制"当指周成王时期确定的朝贡服制，②这则材料中"服"为"事"义，包含职事和贡赋两层含义。③"甸服"、"侯服"、"宾服"、"要服"、"荒服"是周成王时期确定的朝贡服制的服名，与商代和周初"侯、甸、男、卫、邦伯"为外服诸侯名号是不同的。要之，五种服表明西周王朝对地方

---

① 关于《逸周书·王会》的时代，古代学者信其为西周时代作品，用以研究西周地理方物，近代以来，因《王会》语言文字较为通俗而受到学界怀疑，如刘起釪先生认为《王会》是战国或西汉的作品。参其著《尚书学史》，北京：中华书局，1989 年，第 97 页。最近张怀通先生研究认为《王会》原本作于西周，是对成周之会的历史实录，但经过世代流传，到战国时代定型时已经被修改成在语言上与原作有较大距离的篇章。参其著《〈逸周书〉新研》，北京：中华书局，2013 年，第 350 页。
② 金景芳：《中国奴隶社会史》，第 124 页。
③ 关于周代文献、金文中的服有职事、贡赋两层含义，参考晁福林《从士山盘看周代"服"制》，《中国历史文物》2004 年第 6 期；董珊《谈士山盘铭文的"服"字义》，《故宫博物院院刊》2004 年第 1 期。

第六章 周代服制的建立、发展、演变及其历史影响

族氏、诸侯、方国的治理方法,即将不同地域、不同层次的诸侯、方国纳入周王朝的朝贡体系之中,使其更好地为周王朝服务。五服制具体内容是:邦内的族氏为甸服,向周王朝履行每日助祭祀的义务。邦外且为周王朝按照宗法关系分封的外服诸侯属于侯服,起到藩屏周邦的作用,向周王朝履行每月助祭祀的义务。侯、卫是臣服于周的原殷商外服诸侯侯甸男卫邦伯的省称,属于宾服,向周王朝履行四时以服贡宾见的义务。"东南只有要服而无荒服,西北只有荒服而无要服。这个说法就当时四裔民族来考察,是合适的。周秦以来西北是游牧之族,是行国,故说他是恍惚不定,是荒服;而东南则是农耕之族,可以要约羁縻,是要服。"①东部、南部的蛮夷被周王朝征服,纳入要服,向周王朝履行每年来朝贡的义务。西部、北部的戎狄属于荒服,向周王朝履行朝见嗣王及即位来朝贡的义务。五服制规定外服诸侯与方国纳入到五服之中,所尽职责皆与周代国家祭祀密切相关,②外服与方国朝王而参与国家祭祀,使得外服诸侯与方国成为周代国家的重要组成部分。周成王成周会盟天下四方诸侯、方国还确立了保障服制落实的措施,若邦内不执行甸服,那么周王朝先修志意自责。邦外诸侯不执行侯服,周王朝就修改对其的号令。外服侯、卫诸侯不执行宾服,周王朝就修改典法。蛮夷方国不纳贡,周王朝先修尊卑职贡的名号。戎、狄方国不执行荒服,周王朝则修文德使之归服。若周王朝如是做了之后,外服诸侯、边远方国仍不履行职责,那么周王朝将采取刑、伐、征、让(言语谴责)、告(通告天下)等措施对不执行服的诸侯、方国加以制裁,但在采取惩罚措施之前要"布令陈辞"以示警告,再不执行"服",则落实惩罚措施。周成王以会盟诸侯的礼仪形式确立了周代的朝贡服制,将一切服从于周的地方势力都纳入周王朝国家治理系统,构筑了周王朝的天下秩序,这一政治策略不仅对于周代历史发展影响深远,而且直接为后世对边

---

① 蒙文通:《略论〈山海经〉的写作时代与产生地域》,《古学甄微》,成都:巴蜀书社,1987年,第64页。
② 要服、荒服所献也与周代国家祭祀有关,如《左传·僖公四年》所述要服之列的荆楚有向周王献祭祀时缩酒用的菁茅的职贡,《国语·周语上》、伯唐父鼎铭文载荒服犬戎有贡献白鹿、白狼的义务,被用作周穆王祭祀的牺牲。

远部族政权的羁縻统治提供了政治经验。

四、周康王强化对内外服的管理

1. 周康王对内外服的训告

周康王时期,继续实行周公、成王创立的各项制度并加以完善,《尚书·康王之诰》载周康王即位后内外服朝见的情形,王与内外服皆出庙门,"王出在应门之内,太保率西方诸侯入应门左,毕公率东方诸侯入应门右,皆布乘黄朱。宾称奉圭兼币。曰:'一二臣卫,敢执壤奠。'皆再拜稽首。王义嗣德答拜。太保暨芮伯咸进相揖,皆再拜稽首曰:'敢敬告天子,皇天改大邦殷之命,惟周文武诞受羑若,克恤西土。惟新陟王毕协赏罚,戡定厥功,用敷遗后人休。今王敬之哉。张皇六师,无坏我高祖寡命。'王若曰:'庶邦侯甸男卫,惟予一人钊报诰,昔君文武丕平富,不务咎,底至齐,信用昭明于天下。则亦有熊罴之士、不二心之臣,保乂王家,用端命于上帝。皇天用训厥道,付畀四方。乃命建侯树屏,在我后之人。今予一二伯父尚胥暨顾,绥尔先公之臣服于先王。虽尔身在外,乃心罔不在王室。用奉恤厥若,无遗鞠子羞。'群公既皆听命,相揖,趋出"。毕公、太保分率东西方外服诸侯朝见于王,行礼之后,太保与芮伯向康王陈戒,讲周文王周武王受天佑大命,能抚恤西土。新逝之成王和悦其赏罚,能定文武之功业,因普遗休美于后人。希望康王以为敬,能够整齐王师,毋坏高祖文王所受大命也。周康王诰命对象仅称"庶邦侯甸男卫"而未言及群臣,伪孔《传》解释谓"不言群臣,以外见内"。① 从周康王诰命内容看,诰命对象确实包括内服群臣。周康王称文武受天命乃因优秀人才、不二之臣尽心辅佐;上天因顺厥道,给予周天下四方。这是在勉励内服朝臣继续尽心辅佐周康王。周康王又谓先王命建侯树屏,目的在于顾虑后世子孙的安危。希望同姓外服诸侯都能顾念王室,继承他们祖先臣服于先王的美德。他们虽在外为一方诸侯,其心无不惦念王室,以助收其善,予我休美。周康王此言主旨在于强调外服诸侯的重要,勉励、督责他们藩屏、拱卫王室的

---

① 《尚书正义》卷一九,《十三经注疏》,第244页。

第六章　周代服制的建立、发展、演变及其历史影响

职责。周康王还约束外服诸侯的政治行为，"晋侯筑宫而美，康王使让之"。① 外服晋侯建筑宫室过于奢华，周康王遣使责让之。周康王这样做的目的一是维护天子与外服之间的君臣等级关系不容僭越；一是防止地方外服常驻地方而忘却周王朝的政治教诲而趋于腐败。

2. 周康王加强对成周地区的治理与完善服制

《史记·周本纪》称周康王规划了成周附近城郊里制，"康王命作策毕公分居里，成周郊，作《毕命》"。孔传言"分别民之居里，异其善恶，成定东周郊境，使有保护也"。则周康王即位后对成周地区的政治区划进行了调整，对居住此区域的族众进行治理，强化了成周都城的守卫功能。周康王所作《毕命》不传，但很可能是以王命的方式规划了国野格局，初步制定国野之制。孔传所言分别民之居里，异其善恶，就是在区分国人和野人。《周礼》以"体国经野，设官分职"为主旨，周康王是在制定国野之制，"倘若我们把这种国野的布局同邦内甸服，邦外侯服，侯卫宾服，蛮夷要服，戎狄荒服的所谓服制合拢来一并观察，便是一套规模宏大严整无缺的建政方略"。②

3. 周康王册命贵族盂与强化内服义务

周康王时期进一步完善内服制度，将城郊规划与设官分职结合起来，更加强化作为内服的臣子的义务。这一点可以从周康王对贵族盂的册命中得到证实。大盂鼎（《集成》2837）记载了周康王臣子盂的职事，铭文的开首就交代了王降命于盂的情况，在周康王二十三年九月，在宗周，周康王降命于盂。接下来是史官转述王命的内容，主要是命盂以职事，首以"王若曰"后皆为"王曰"的格式，是一种常见的册命辞令，王命的内容至关重要，大致分为三个层次，"王若曰"至第一个"王曰"为王命的第一个层次。第二三个"王曰"相关内容属于第二个层次，最后一个"王曰"是王命的第三层内容。先来讨论第一层次王命内容：

> 不显玟王受天有（佑）大令（命），在珷王嗣乍（作）邦，闢（辟）氒

---

① 《北堂书钞》卷一八帝王部引《竹书纪年》，方诗铭、王修龄著《古本竹书纪年辑证》，上海：上海古籍出版社，1981年，第42页。

② 赵世超：《周代国野制度研究》，西安：陕西人民出版社，1993年，第2页。

(厥)匿(慝),匍有四方,眈(畯)正厥民。在雩御事,戲!酉(酒)无敢
酏(酣);甇夆(烝)祀无敢醿(扰)。古(故)天异(翼)临子,灋(废)保先
王,[匍]有四方。

我闻殷述(坠)令,隹殷边侯田雩(与)殷正百辟,率肄于酉(酒),
古丧𠂤(师)巳。

女(汝)妹辰又(有)大服,余隹即朕小学,女(汝)勿㚇余乃辟一
人。今我隹即井宧于玟王正德,若玟王令二三正。今余隹令女(汝)
盂䚄𢼒,敬雍德巠敏,朝夕入讕,享奔走,畏天畏(威)。

文王受到天佑之大命,这个大命的内容在《尚书·康诰》中表述为"天乃大命
文王,殪戎殷,诞受厥命,越厥邦厥民"。即天降给文王的大命是:兴兵伐
殷,受殷国命与殷邦、殷民。閛、辟古今字也,《铭文选》训为屏除、排除。①
匿读为慝,邪恶。《广雅·释诂三》:"慝,恶也。"匍读为敷,意为遍。畯读为
骏,大也。正,治理。但是这个天命文王并没有完成,武王继承文王之业,
建立周国,屏除其恶,遍有四方(天下),大大地治理其民。御事,即为王办
事者。酏字或读为酣,或读为酖,都有乐酒之意。但是比较而言以读酣为
优。②甇字即是柴字,《说文》云:"柴,烧柴尞祭天也。"夆,烝的本字,《尔雅·
释天》"冬祭曰烝",那么柴、烝都是祭祀名称。醿字右侧所从当读为柔,或扰。
见于番生簋、大克鼎之"柔远能迩"中读为柔字的形体与本铭此字右侧相近。
而文武王的御事之臣饮酒没有敢酣醉的,举行柴祭烝祭时,没有敢喝得迷乱
的。所以上天辅助并照临他的儿子,大大地保护先王。而殷纣的亡国是因为
边地的外服侯田和朝中执政百官都经常酗酒,所以失去了民心。

"妹辰"与下文"今"相对,指以前或为早。妹可能是语助词。大服,大
的职事。妹辰有大服即早就有大的职事。即,就也。㚇,逸字,放纵之义。
"余隹即朕小学,女(汝)勿㚇余乃辟一人"。我在小学时,你没有放纵我你

---

① 《商周青铜器铭文选》(三),第38页。
② 《说文·炎部》从炎舌声字,徐铉认为舌非声,当从甜省。疑酏字即从甜声,《说文》
"甜,美也,从甘从舌,舌知甘者"。唐兰先生据此认为甜即甘,是正确的,那么酏就是酣字,
可无疑义。

第六章　周代服制的建立、发展、演变及其历史影响

的君王,也就是盂早先的职事是任职于小学,教王室子弟。我将效法秉持文王之德,像文王任命执政们。现在我命你盂辅助荣"敬雍德巠敏,朝夕入谏,享奔走,畏天畏(威)"。这是康王命盂的第一项职事。"敬雍德",《诗经·周颂·清庙》毛传:"雍,和也。"雍德即和德。巠,常也。谏即谏字,享,献也。周王命令盂的第一项职事就是辅助荣恭敬和穆的德,经常敏疾,早晚来规谏,献出奔走之劳,畏惧天威。

王命的第二层次内容主要是王命盂职事和赏赐物品。王命盂的第二项职事是效法其祖南公,尽职事"乃盬(绍)夹死嗣戎。敏谏罚讼,夙夕盬我一人登(烝)四方,霅我其遹省先王受民、受疆土",你要辅佐我并掌管军队,勤勉且及时地处理刑狱司法之事,每天早晚都要辅弼我统治四方,为我视察先王从上天那里获得的民众与疆土。康王赏赐给盂"鬯一卣,冖衣、市、舄、车、马,易乃祖南公旗,用遒(狩)。易女(汝)邦嗣四白(伯),人鬲自驭至于庶人六百又五十又九夫。易尸嗣王臣十又三白(伯),人鬲千又五十夫,𢓊𡧚迁自氒土"。周王所赐秬鬯一卣,冖衣、市、舄、车、马等物,还有盂祖先南公的旗,用来巡狩。赏赐给盂周人官员四名,人鬲自驭至庶人六百五十九名;赏赐给盂蛮夷异族官员十三名,人鬲一千零五十名。这些人急速从他们原来的地方迁来。比这种赏赐规模稍大的是宜侯夨簋,只是彼处为徙封诸侯,而大盂鼎只是赏赐一位贵族,这位贵族盂的身世显赫,唐兰先生认为是文王之子聃季的孙子,①实属可能。贵族盂与康王是兄弟关系,所赐之土并非封侯性质,铭文也没有迹象表明是封侯,可能只是采邑。王命的第三个层次是要求盂,"若敬乃正,勿灋(废)朕令"。这与一般的册命结束语相近,即希望盂敬其职事、职位,不要荒废王对他的任命。

大盂鼎铭文所记王命的主要内容是周康王对贵族盂的任命,但是却不像西周中期的册命金文直接的行册命礼仪,命以职事。而是说到文武受命之事,这与任命盂似无直接联系,但仔细分析发现这非常重要。铭文中的"在于"至为关键,文武成就的取得"在于……",把文武王的成就归于好的御事之臣。把殷纣的亡国原因归为边地的诸侯们和朝中执政百官都经常酗酒,所以失去

---

① 唐兰:《西周青铜器铭文分代史征》,第 176—177 页。

了民心。在这里并没有直接提商王或文武王的德行,只是说他们的臣子,强调的是臣子应该如何行事,告诫盂恪尽职守的用意已经非常清楚。王命的第二层次还举盂祖南公,要盂效法祖先来尽自己的职事。最后一个王命又说要敬其职事,不要荒废天子的任命。从康王对大贵族盂的册命看,王是以命的形式要求臣子恪尽职守,并且如上文分析从不同的方面反复进行告诫。从这里看到周初臣子职事之服更加着眼于臣子的恪尽职守。

五、周康王徙封外服与加强对东南、西北边疆的经营

1. 周康王平定要服叛乱与徙封外服经营东南

《左传·昭公二十六年》说康王的主要功绩是"息民",实际上有溢美之嫌,只是相对于周初大的战争较少。东夷被周公征服后,于成王晚年及康王时期又有造反之事。旅鼎载:"惟公大保来伐反夷年,才(在)十又一月庚申,公才䉛师,公易旅贝十朋,旅用作父尊彝。"(《集成》2728)。此器一般认为是周康王时期的,在作器者看来,公大保伐反夷是重大事件,所以以此事纪年。䉛师当是公大保伐东夷的师旅驻扎地,可能是殷八师之一。作器者旅参加了伐反夷的军事行动,因有军功而受到公大保的赏赐。小臣谜簋载白(伯)懋父率领殷八师大规模地征伐东反夷,"叔东夷大反,白懋父以殷八师征东夷。惟十又一月,遣自䡉师,述东陕(滕),伐海眉。雩厥复归才牧师。白懋父承王令,易师率征自五齵贝。小臣谜蔑历眔易贝,用作宝尊彝"(《集成》4238)。此器铭文所记事件有成王时期、康王时期、昭王时期说,其中以伯懋父与康伯髦、王孙牟为一人,乃辅佐康王的重臣之一,断定为康王时期事较为合理。东夷大反,说明事态很严重,伯懋父调动殷八师讨伐东夷。遣,《说文》训为纵,引申为放、发。䡉师是殷八师驻地之一,是说伯懋父帅殷八师从䡉师出发。述,《说文》训为循也。东陕,指泰山山脉或崂山山脉北麓。海眉指海隅、海滨一片区域。① 伯懋父率领殷八师讨伐东夷,沿着山麓打到了海边,然后返回到牧师。牧师亦殷八师的驻军地之一,牧即牧野。伯懋父奉周王命把从五齵征来的

---

① 陈梦家:《西周铜器断代》,第20页。

贝分赐给八师将领。小臣谜被勉励夸奖受到赐贝,做此宝器。𪓐鼎则记载了康王命令趞征讨东反夷,铭文云:"王令趞𢆶(捷)东反夷,𪓐肇从趞征,攻𩰬无啻(敌),省于厥身,孚戈,用作宝尊彝,子子孙孙其永宝。"(《集成》2731)这个器物所载与上器所记相关,都是征伐东反夷,或为一次军事行动,由此器知趞是承王令攻伐东反夷的。𪓐始从趞征伐,攻城拔邑而无敌,自身在攻战中无所损伤,俘获戈以作宝器纪念功绩。此为事后追记之事,由一"肇"字知之矣。从这几件周康王时铜器铭文看,征伐东反夷的主将有公大保、伯懋父、趞,军事主力是殷八师,经过激烈的战斗,东夷诸国受到了重创,被周王朝征服了,只是没有全部灭国,还有一定的实力,他们向周王朝献纳贡物以示服从。西周晚期铜器兮甲盘记载"淮夷旧我帛贿人"(《集成》10174),"旧"可能即指周初被征服时而言,东夷被征服而朝王纳贡,重归要服系统,形成了与周王朝之间的服属关系。

东夷既服,其部分势力向南迁移,周王朝开拓了疆土,周康王适时作出徙封宜侯夨至江汉流域的决策,以拱卫东国疆土。宜侯夨簋铭文云:

> 唯四月辰才(在)丁未,王省武王、成王伐商图,遂省东或(国)图。王立(位)于宜,入土(社),南向。王令虞侯夨曰:"迁侯于宜。易矩鬯一卣、商瓒一□,彤弓一、彤矢百,旅弓十、旅矢千。易土:厥川三百□……厥宅邑三十又五,□厥百又四十。易在宜王人□(十)又七里,易奠(郑)七白(伯),厥庐□[百]又五十夫,易宜庶人六百又□六夫。"宜侯夨扬王休,作虞公父丁尊彝。(《集成》4320)

此器于1954年江苏丹徒县烟墩山出土,已有不少学者做过考释。省,《尔雅·释诂》训为察,《说文》训为视。"武王、成王伐商图",是军事地图,"东国图"是行政地图。① 立字或释为卜,细审字形,甲骨金文中卜从不作此形,应隶为立字,读为位。迁字,原字形右侧从邑,左上似西形,左下有一手形,李学勤先生比照大盂鼎铭文作如是读,此字残形与何尊"迁"字最相像,隶定为迁字甚为可取。宜应是较大城邑。周王赐给宜侯鬯及鬯具、弓

---

① 李学勤:《宜侯夨簋与吴国》,《文物》1985年第7期,第14页。

矢、土地、民众。这里涉及周王是否亲临宜地，如前文言周康王是因为征伐东反夷而到达东国，来到宜地，观察军事地图后又省视东国地图，作出徙封虞侯至宜地的决策。宜地应在东国的范围内，在周人可控制的疆域内。据《左传·昭公九年》"及武王克商，蒲姑、商奄，吾东土也"。大体反映武王克商后，蒲姑、商奄服从于周的事实。成王时期，"三叔及殷东徐奄及熊盈以略"，成王、周公东征，征伐熊盈族"十有七国，俘维九邑"。[1] 被征服者或被迁徙，或迫于压力自主向南迁徙。徐在今江苏泗洪，武王、成王伐商必已达到江苏省境内，康王征伐东反夷来到江苏也是可能的。那么宜侯矢簋出土于江苏丹徒也不足为怪。康王赐给宜侯宜地王人□（十）又七里，李学勤先生推测至少是六十七里，是有道理的。宜地王人以里为组织单位，当有里君，如令方彝铭文。宜地当有城邑，或即因宜这一城邑而得侯名。虞侯之地据宜地当不远，虞字从虍从矢，乃从吴省声，是虞字的异构。[2] 吴、虞字通在文献与金文都不乏其证。《史记·吴世家》把吴与虞的关系说得很清楚，据《吴世家》周武王克商后寻太伯仲雍之后得周章，周章已经即位为君，故封之为吴君，也就是虞君，其弟虞仲未有君位，被封为夏虚，是为北吴（虞）。唐兰先生以周章为虞侯矢，李学勤先生认为周章为虞侯矢的父亲虞公，周章之子熊遂为虞侯矢。实际上分析此问题应从太伯奔吴入手，太伯所奔荆蛮之地当在东国，所谓荆蛮就是东国熊盈诸族，太伯所建国即是虞侯矢所处的虞，武王所封周章当为虞侯矢之父丁公，康王徙封虞侯至江苏丹徒的宜地为侯，是考虑到东夷与熊盈诸族南徙江汉流域，在宜地建立侯国可以拱卫周的东南疆土。出土宜侯矢簋的烟墩山地理位置非常重要，此地"北临长江，西距丹徒县约三十公里，东有乌金山、圌山，南有横山。山顶有高约三公尺的土墩，相传是古代烽火台，山亦因此得名。古铜器出土的地点在朝南的山坡上，北距'烽火台'约五十公尺"。[3] 这更能说明周康王徙封虞侯矢于此的战略目的。

---

[1] 《逸周书·作洛》。
[2] 唐兰：《宜侯矢簋考释》，《考古学报》1956年第2期。
[3] 江苏省文物管理委员会：《江苏丹徒县烟墩山出土的古代青铜器》，《文物参考资料》1955年第5期，第58页。

第六章 周代服制的建立、发展、演变及其历史影响

2. 周康王北征与徙封外服经营西北荒服

周康王征伐东夷获胜后,又进行了北征,向北扩张了领土。师旂鼎铭"唯三月丁卯,师旂众仆不从王征于方雷,使厥友弘以告于伯懋父,在芳"。师旂的众仆不服从王征伐方雷的命令,师旂派他的属官弘把这件事报告了伯懋父。或将方雷分开来读,认为王征伐的是于方即殷卜辞中的盂方,雷为人名。但这不符合铭文人物关系,"使厥友弘以告于伯懋父"的主体应是师旂。方雷为国名,《国语·晋语四》:"黄帝之子二十五人,其同姓者二人而已,惟青阳与夷鼓皆为己姓。青阳,方雷氏之甥也;夷鼓,彤鱼氏之甥也。"《大戴礼记·帝系》称:"青阳降居泜水,昌意降居若水。"青阳与方雷氏有甥舅关系,相距当不远,青阳居于泜水,则方雷离此不会太远。"今天河北省元氏县一带的槐河就是古代的泜水,是青阳的故地,那么方雷氏当在其附近。由此可知,铭中'王征于方雷',属于康王北征泜水流域的北戎,方雷氏当是北戎的族氏之一"。① 由师旂鼎铭知周康王亲自北征方雷氏,伯懋父是北征的主要将领,吕行壶铭则记载了伯懋父于某年四月北征凯旋而还。周康王出于对成周北部战略局势的考虑,徙封周公庶子至河北邢台一带为邢侯。

麦方尊记载周王朝对邢侯的分封、邢侯簋载周王朝对邢侯服的规定。邢侯簋载"隹三月,王令荣眔内史曰害井侯服,易臣三品:州人、重人、庸人。拜稽首,鲁天子受厥濒福,克奔走上下帝无冬令于有周,追孝对,不敢遂,邵朕福盟,朕臣天子。用册王令,作周公彝"(《集成》4241)。周王命令荣与内史予邢侯服,赐民州人、重人、庸人。麦方尊载"王令辟井侯,出坯,侯于井。于若二月,侯见于周,亡尤。会王䵼镐京,祊祀。雩若翌日,才(在)辟雍,王乘于舟,为大礼,王射大龚(鸿),禽(擒)。侯乘于赤旗舟从,死咸。之日,王以侯内(入)于寝,侯易玄琱戈。王在岸,己夕,侯易者献臣二百家。剂用王乘车马。金□、冕衣、市舄。隹归。扬天子休,告亡尤。用龏义宁侯,显孝于刑侯。作册麦易金于辟侯,麦扬,用作宝尊彝。用䵼侯逆受,扬明令。隹天子休于麦辟侯之年,孙孙子子其永亡终,终用受德,妥(绥)多友,享奔走"(《集成》6015)。邢侯原来的封地在抃,王献唐先生

---

① 尹盛平:《周原文化与西周文明》,南京:江苏教育出版社,2005年,第272页。

称1929年邢侯簋于江苏扬州城北六十里的公道桥镇挖河出土,①知杫可能在江苏扬州附近。周康王某年三月赐予邢侯职事,邢侯在原来的封地作器纪念,次年二月以新任邢侯的身份至周朝见周康王,周康王举行祭祀和射礼、飨宴之礼招待邢侯。周康王时期的臣谏簋铭文云:"惟戎大出于軝,邢侯搏戎,遂令臣谏□□□亚旅处于軝。"(《集成》4237)河北之戎大肆进犯軝侯之地,即河北元氏县的泜水流域,周王命令邢侯搏击戎,邢侯命令臣谏率领师氏、亚旅军队驻扎在軝侯之地以抵御戎族进犯。从臣谏簋铭文所载邢侯与来侵犯的戎搏斗的情况看,邢侯徙封于邢地的一项重要职事应是藩屏周王朝北部地区,是防止戎族入侵的一道屏障。

周康王晚期对西北有一次大的战事,就是征伐鬼方。由《竹书纪年》武乙三十五年"周王季伐西落鬼戎,俘二十翟王",知鬼方亦被称为鬼戎,被商周王朝泛称为戎狄。按照周成王时期制定的朝贡服制,犬戎属于荒服体系,在周康王晚年发生了叛乱。小盂鼎(《集成》2839)记载了大贵族盂率领诸侯大伐鬼方,获胜后返回宗周行献俘饮至之礼的情况。参加讨伐鬼方的诸侯被称为"多君",当指附近的多个诸侯国,其中应有邢侯。小盂鼎所记"于古史、古礼极关重要,惜残泐过甚,苦难属读,而器亦不知去向。惟细审全文,乃盂受王命攻克咸方(即《易》之'鬼方'),归告成功于周庙而受庆赏之事。其战役前后凡两次,初次所俘虏至万三千八十一人之多,可见规模之大。前后均有'执兽(酋)',仅一二人,而叙在'只馘''俘人'之上,足见兽(酋)之重要"。②李学勤先生概括铭文要点如下:(1)在宗庙,向王和邦宾献酒;邦宾尊其旅服。(2)盂用旗负鬼方首级,进入南门,向王报告斩获数目。(3)盂将鬼方三酋带进大廷,王命荣审讯,斩杀三酋。(4)盂带俘虏和馘耳进门,进献于西方道上;在宗庙举行燎祀。(5)盂率其部属进入三门,依次向王报告战绩,向邦宾献酒;王命人向盂等献酒。(6)在宗庙禘祀先王;向邦宾献酒;王命人使盂送进所获取的各种玉。(7)次日在宗庙,向王和邦宾献酒;对盂进行赏赐。③李先生的概

---

① 转见陈梦家:《西周铜器断代》(上),第82页。
② 郭沫若:《郭沫若全集·考古编》8,第127页。
③ 李学勤:《小盂鼎与西周制度》,《中国史研究》1987年第5期。

第六章　周代服制的建立、发展、演变及其历史影响

括使得铭文反映的史事与礼仪大体得以廓清。文献记载对鬼方的地望有不同说法,学者研究亦有不同的观点,王国维《鬼方昆夷猃狁考》定于西北,唐兰《西周青铜器铭文分代史征》定在陕西洛水支流沮水北岸,张永山《梁伯戈铭文地理考》定在陕西清涧李家崖一带,①大体是可信的。鬼方在周的西北方向,以游牧和狩猎经济为主。鬼方本是服属于周的,因其反叛之故,奉周康王命盂征伐鬼方,并且取得了极大的胜利。一次征伐即抓获鬼方酋长两名,杀死鬼方四千八百一十二人,俘虏一万三千八十一人,马、车辆、牛羊等数目亦不小。第二次征伐执兽(酋)一人,获馘二百三十七馘,俘人若干,俘马四百匹,俘车上百辆。两次征伐所获数量说明鬼方势力之众,足以对周造成威胁。周王命令荣审讯鬼方首领为何叛周。鬼方首领回答:"越伯□□鬼䈰,鬼䈰虘(则)以亲□从。"周朝方面的越伯因故侵犯了鬼方之君,鬼方之君便率其族属与之交战。② 盂奉周王之命挞伐鬼方,共擒获其首领三人,杀死鬼方人众,俘获鬼方人众物资甚巨,可谓重创鬼方势力,使其短时间内无力再与周抗衡,西北部边疆大体安固。

3. 周康王会盟诸侯

周康王时期还派太保召公奭巡视南国诸侯,是周王朝巩固在南国统治的政治措施。太保玉戈铭云:"六月丙寅,王在丰,令太保省南国,帅(循)汉,遂殷南;令厉侯辟,用鼃(黾)走百人。"太保即召公奭,李学勤先生推断玉戈为成王前期,"令太保省南国",是命令召公省察周朝的南土,"帅(循)汉",是自丰京顺着汉水南下。"遂殷南",是周王殷见南部诸侯。则召公奭接受王命省南国,是为了召集当地诸侯来朝周王。③ 但召公奭不仅辅佐成王,据《尚书·顾命》召公奭是周成王临终的顾命大臣,受命辅佐康王。《左传·昭公四年》载椒举言于楚灵王"周武有孟津之誓,成有岐阳之蒐,康有酆宫之朝,穆有涂山之会"。周康王曾在酆宫朝见诸侯,而玉戈铭

---

① 张永山:《梁伯戈铭文地理考》,《九州》第三辑(先秦历史地理专号),北京:商务印书馆,2003年,第125页。
② 同①。
③ 参李学勤《太保玉戈与江汉的开发》,《楚文化研究论集》第2集,湖北人民出版社,1991年,又收入《李学勤文集》,上海辞书出版社,2005年。

文称"王在丰",则此王可能应为周康王,召公奭奉命省察南部诸侯,召集南国诸侯至丰京朝见周康王,此为"康有酆宫之朝"。

六、周昭王南征与巩固朝贡服制

《史记·周本纪》称周"昭王之时,王道微缺。昭王南巡狩不返,卒于江上"。史家对周昭王南征败亡于汉水之事颇有微词。相关金文反映,周昭王即位之后对于内政事务可能还是有所建树的,卻智簋记载了周昭王命卻智为司土的情况,铭文云:

> 惟元年三月丙寅,王各于大室。康公右(佑)卻智,易戠衣,赤雍市。曰:"用嗣乃祖考事,作司土(徒)。"(下略)(《集成》4197)

马承源先生主编《商周青铜器铭文选》断为昭王器,并谓铭文中的康公是康叔迁卫后受封于康地之君的后人。康公在这一册命礼仪中担任佑者,地位高于智是明确的。周王在大室册命智继承其祖考的职事,作周王朝的司土(徒)之职。司徒的执掌与管理土地有关,戠簋云:"惟正月乙巳,王各于大室,穆公入右戠,立中廷,北向。王曰:'戠,令女(汝)作司土(徒),官司藉田,易女(汝)戠衣、赤雍市、銮旗、楚走马,取征五乎(锊),用事。'(下略)"(《集成》4255)此铭记载王命令戠作司徒,掌管藉田之事。即督促和检察藉田事宜,藉田是一种古老的耕作方式,同时也是一种沿袭很久的礼仪。司徒戠既管理藉田的耕作,也掌管着藉田的礼仪。司徒也负责授田事宜,如卫盉(《集成》9456)记载裘卫与矩伯发生诉讼之事,裘卫将矩伯告到王朝执政伯邑父、荣伯、定伯、单伯处,伯邑父、荣伯、定伯、单伯命令"三有司:司徒微邑、司马单旟、司工邑人服罙授田","服",职事也。三有司所受的职事是授田给裘卫。西周中晚期铜器铭文中,凡涉及诉讼争田之事,都有司徒参加,也说明司徒职事与管理土地有关。

《国语·鲁语下》记载仲尼曰"昔武王克商,通道于九夷百蛮,使各以其方贿①来贡,使无忘职业。……古者分同姓以珍玉,展(重)亲也。分异

---

① 韦昭注:方贿,各以所居之方所出货贿为贡也。

第六章　周代服制的建立、发展、演变及其历史影响

姓以远方之职贡,使无忘服也"。据此说周武王时期就已经注重边地部族的贡赋之服。成王、康王时期对不臣服和不享献贡物的部族进行征服驱除,其范围达于四方。四方诸侯、方国无不宾服,成为周的帛贿臣,但并非心悦诚服,时有造反之事。周昭王时期为维护服制而进行的主要战事有伐会(员卣)、伐虎方(中方鼎、中甗、毃甗)以及影响最大的南征荆楚。周昭王伐楚是西周历史上的大事,《左传》《楚辞》《竹书纪年》《吕氏春秋》等古书皆有记载。据古本《竹书纪年》记载周昭王曾经两度讨伐楚荆:

(1) 周昭王十六年,伐楚荆,涉汉,遇大兕。(《初学记》卷七《地部下》)

(2) 周昭王十九年,天大曀,雉兔皆震,丧六师于汉。(《初学记》卷七《地部下》)

(3) 昭王末年,夜有五色光贯紫微。其年,王南巡不返。(《太平御览》卷八七四《咎微部》)

西周中期铜器墙盘记载"宖鲁昭王,广能荆楚,惟寏(贯)南行"(《集成》10175)。周昭王伐荆楚与南巡事迹在青铜器铭文中有明确的记载。周昭王伐楚并非无故,过伯簋、中方鼎铭记载荆楚、虎方造反,然后昭王征伐之。近年公布的一件流散青铜器京师畯尊记载了周昭王伐楚之事,铭文有云:"王涉汉伐楚,王有毁功,京师畯克斤功毃贝,用作日庚宝尊彝。冀"(《铭图》11784)专家称铜器与周昭王前后时期相当。① 铭文所记涉汉、伐楚之事,正与古本《竹书纪年》所载周昭王十六年伐荆楚、涉汉相合。周王朝伐叛乱的虎方在南征荆楚之前,周昭王一面命令南宫宗族首领帅西六师讨伐虎方,一面命令臣子中省视南国,勘察征伐荆楚可以畅通的行军路线(《集成》2751 中方鼎)以及令毃出使到繁地,安抚和拉拢荆楚附近的繁国,毃完成任务而受赏贝,毃作器物以为纪念。② 中在南部勘察行军路线在鄂地设置王居时,史儿至告,以王命中出使南部大小邦国,巡察各邦国对周王朝臣服的情况。于是中由鄂出发省视了方、邓,并驻扎在鄂师,伯

---

① 李学勤:《由新见青铜器看西周早期的鄂、曾、楚》,《文物》2010 年第 1 期。
② 孙庆伟:《从新出毃甗看昭王南征与晋侯燮父》,《文物》2007 年第 1 期。

买父帅其族众军队驻守汉中州。(《集成》949中甗)中勘察行军路线并检视了南部诸侯对周王朝的臣服情况,在鄙地设置王居,驻守鄂、控制汉水流域。中命归生将勘察行军路线和巡察南部诸侯情况汇报周昭王。周昭王以巡狩南山为名,开始南征。启卣载:"王出兽(狩)南山,伣逦山谷至于上侯巂川上。启从征,堇(谨)不瀪(扰)。作祖丁宝旅尊彝,用匄鲁福,用夙夜事。戉箙。"(《集成》5410)启尊载:"启从王南征,逑山谷,在洀水上,启作祖丁旅宝彝。戉箙。"(《集成》5893)两器铭文稍有差别,启卣称王巡狩南山,启从征。启尊直称南征,实为周昭王南征一事也。周昭王南巡狩经过山谷,到达上侯地区顺洀水而行。堇,读为谨。瀪,从火从燹,借为扰。启跟随王,谨慎不乱。昭王十六年的南征首先攻下会(郐)地(《集成》5387员卣),以郐为基地向南推进,取得了一定的胜利,铭文所载跟从昭王征伐反荆的将领都有所俘获而作器物纪念,如"过伯从王伐反荆,俘金,用作宗室宝尊彝"(《集成》3907过伯簋)。昭王南征驻扎在某地,命令小子生往治事于某公的宗庙,小子生受到赏赐而作器(《集成》6001小子生尊)。"䖍驭从王南征,伐楚荆。有得,用作父戊宝尊彝。吴"(《集成》3976䖍驭簋)。周昭王南征于八月班师凯旋,到达上侯王居,周昭王赏赐随征有功的丕栺饮美酒(《集成》2736丕栺方鼎),还赏赐了有功的师俞铜(《集成》5995师俞尊)。九月周昭王回到了成周(《集成》2615䧹鼎),在成周举行班师祝捷的振旅典礼,中觯载"王大省公族,于庚振旅。王锡中马自隝,侯四鷞,南宫贶。王曰:'用先'。中蓺王休,用作父乙宝尊彝"(《集成》6514)。中因先导勘察行军路线和视察诸侯臣服情况立有大功,周王赏赐他产自隝侯地的名马四匹,具体由南宫转赐。周昭王十九年再次南巡讨伐荆楚,在兴师伐楚前周昭王做了很多军事动员和政治分化工作。如昭王十八年十月甲子"王在宗周,令师中眔静省南国相,设居"。周昭王再次征楚前派遣师中和静至南国勘察行军路线,巡察了南国诸侯相(湘),[1]并

---

[1] 李学勤先生认为此相侯最大可能是鄂国以南的湘,也就是今湖南的湘水流域,表明西周早期周王朝势力已经进入湖南北部。参《论西周的南国湘侯》,《通向文明之路》,第178—179页。

第六章　周代服制的建立、发展、演变及其历史影响

设置王居（《铭图》2461 静方鼎）。十三月在寒师先后赏赐军事将领中以武王时归服的䙷土作为采邑（《集成》2785 中方鼎），①中方鼎出土于今湖北孝感一带，䙷土可能就在附近。昭王赏赐趞采邑趞（《集成》5402 趞卣、5992 趞尊）。周昭王可能曾在近于岐周的岸地停留，为南征荆楚颁布一些政治命令分化、孤立荆楚。如周昭王十九年五月，通过赐予望土拉拢与楚临近的相（湘）侯，孤立荆楚（《集成》6002 作册旂尊）。周昭王的后王姜也随行，周昭王驻扎在岸地，王姜命令作册䍙慰问姜姓的夷国君长，可能是联合夷国军队从东面夹击荆楚（《集成》5989 作册䍙尊）。周昭王十九年伐楚，也取得了军事胜利，只是班师返归渡汉水时出现了意外。《吕氏春秋·音初》："还反涉汉，梁败，王及蔡（祭）公抎于汉中。"《左传·僖公四年》正义引《音初》作"祭公"，蔡公可能是祭公之误。祭为周公之胤，世代为王朝卿士周公，而蔡在周初是有罪之国，未见有作王朝卿士者。《诗经·大雅·大明》"造舟为梁"，《方言》卷九"造舟谓之浮梁"，即将众多船只连接起来作为临时桥梁，梁败是说连接起来作为浮桥的船散了。至于梁败的原因，《吕氏春秋·音初》谓周昭王是以绳索连接船只作为浮桥的形式横渡汉水，结果绳索断开浮桥解体，周昭王与六师将士葬于汉水。值得注意的是古本《竹书纪年》提到"周昭王十九年，天大曀，雉兔皆震，丧六师于汉"（《初学记》卷七《地部下》）。可能是昭王渡汉水时遇到自然灾害，导致"梁败"、君臣葬身汉水。或认为可能是出于楚军的突然袭击，致使周昭王与六师所乘浮桥折断，周昭王与王朝大臣祭公及六师全部葬身于汉水之中。昭王虽死但伐楚是成功的，周王朝在南国的军事行动对当时及后世产生了很大影响。《国语·齐语》载管仲言："昔吾先王昭王、穆王，世法文、武远绩以成名，合群叟，比校民之有道者，设象以为民纪，式权以相应，比缀以度，薄本肇末，劝之以赏赐，纠之以刑罚，班序颠毛，以为民纪统。"春秋时期管仲认为周昭王是有道明君，效法文武之道，征服远方，成名天下。

---

① 尹盛平先生据陕西省长安县张家坡西周井叔家族墓地出土的达盨盖铭，考证䙷土在岐周附近。参《周原文化与西周文明》，第 284 页。

第二节　西周中期礼制的完备与服制

周昭王南征荆楚与六师皆丧命于汉水，这对周王朝造成了巨大的影响。周穆王以后王道更加衰微，《史记·周本纪》记载共懿孝夷三世四王事迹尤为简略，仅共王时期采《国语·周语》共王灭密之事，其他三王述及而已。后人所辑古本《竹书纪年》关于此四王事迹也仅有几条。在文献不足的情况下，本节探讨周穆王、共、懿、孝、夷时期的服制时，主要有赖于出土文献，并尽可能地结合仅有的传世文献。从西周金文看，周穆王、共、懿、孝、夷时期周王朝的册命庭礼已经完备，内服朝臣势力逐渐崛起并干预甚至决定王朝政治走向，番生簋铭文反映西周中期行政组织已经由前期的卿士寮发展至由公族寮、卿士寮、太史寮并列的"三分"结构。① 据文献所载，这四王时期周王室显现衰落迹象，周王朝的内外服及朝贡之服势力逐渐强大起来。

一、周穆王时期的内外服

1. 周穆王对内外服的政策

周昭王南征归途与六师俱葬身于汉水，周王朝军队损失将半，周王朝政权不稳，内外服不宁。《史记·周本纪》称："穆王即位，春秋已五十矣。王道衰微，穆王闵文武之道缺，乃命伯臩申诫太仆国之政，作《臩命》。复宁。"而《尚书序》谓："穆王命伯冏为周太仆正，作《冏命》。"《史记集解》引应劭曰："太仆，周穆王所设，盖太御众仆之长。"周穆王此举可能是调整内服朝臣秩序，专设太仆一职，总领朝中御事之臣和王室众仆，并且作《冏

---

① 据铭文确实是并列的三寮，日本学者木村秀海据此认为公族寮构成了与卿士寮和太史寮平行的西周政府中的一个独立部门，以宰官为最高长官。见木村秀海《西周官制的基本构造》，《史学杂志》第94编第1号，东京：山川出版社，1985年，第55—56页。但其他学者认为整个西周时期周王朝中央政府由卿士寮和太史寮两大部门组成。参见杨宽《西周中央政权机构剖析》，《历史研究》1984年第1期，又收入其著《西周史》，第315—335页。

第六章　周代服制的建立、发展、演变及其历史影响

命》告诫内服朝臣和王家臣仆勤勉职事，使周王朝统治秩序重归稳定。周穆王"十一年，命卿士祭公谋父"。《左传·昭公十二年》载卿士祭公谋父作《祈招》之诗以止王心。祭公致仕后，周穆王设有内服三公毕䣴、井利、毛班。清华简《祭公之顾命》则记载祭公临终前告诫前来探视的穆王，总结夏商败亡的历史教训和文王、武王成功的历史经验，以保守周王朝基业。对于执政的内服三公毕䣴、井利、毛班，则力嘱他们要尽心地辅保穆王。庄述祖称："及穆王即位，益衰，然犹能正百官、敬天命，周室复宁。祭公谋父是师保之，观兵荒服，矢《时迈》之颂，肆心靡止，誋《祈招》之诗。穆王克寿，岂无故哉！"①周穆王在位时期东征西讨，平定了异族的叛乱，复使周王朝政权稳固，史墙盘铭称颂周穆王为"重宁天子"（《集成》10175），即使天下重新安宁的天子。

　　周穆王即位后重建西六师，欲巡狩天下，目的是检核外服诸侯对周王朝尽义务的情况，并征讨不服从的周边方国。从西周金文所见内服职官系统的演变看，司马的属官师某在西周中期之后异常活跃，师某是率师出征者，征伐献捷，因功受赏往往铸于彝铭以为纪念，说明"师"在周王朝中期以后的政治生活中发挥着重要作用。周穆王时期王朝官员的册命赏赐的廷礼增多，虎簋盖②记载穆王三十年四月初吉甲戌日在周新宫的大室，命令内史对名虎者的册命，铭文曰："虢，乃祖考事先王司虎臣。今命汝曰：更乃祖考疋（胥）师戏司走马驭人眔五邑走马驭人。汝母（毋）敢不善于乃政。易汝……用事。"虎答谢王的册命曰："丕显朕剌（烈）祖考彝明克事先王，肆天子弗望（忘）厥孙子，付厥尚官，天子其万年申兹命。""更乃祖考疋师戏"与申簋"令申更乃祖考疋大祝"语法结构相同，疋有佐助之义。由铭文知虎的祖考臣事先王，其职事是辅佐师戏掌管虎臣即周王的护卫军。师戏之名，见于豆闭簋"王各于师戏大室"。走马，官名，元年师兑簋

---

①　转引自黄怀信、张懋镕、田旭东《逸周书汇校集注》（修订本），第923页。
②　张懋镕、周晓陆认为虎簋盖属共王时器，王辉、王占奎、吴镇烽认为属于穆王时器，虎与师虎簋的师虎是否为一人也存有争议，王辉、张懋镕、周晓陆、吴镇烽都认为虎与师虎为一人，王占奎认为尚不能完全肯定虎与师虎为一人。参《虎簋盖铭座谈纪要》，《考古与文物》1997年第3期。

有"左右走马"、"五邑走马",三年师兑簋有"左右走马"、"走马"。文献上有趣马,见于《诗·大雅·云汉》《诗·小雅·十月之交》。趣是急行,有走义,《诗·大雅·棫朴》"左右趣之"。《玉篇·走部》:"走,奔也。""趣,趋也,遽也。"是走马或为趣马。据《诗·大雅·云汉》《诗·小雅·十月之交》趣马在内史之后师氏之前,其地位当不低。① 驭人,或认为即驭夫②,或认为是御人。③ 此处当是掌驭车者,《周礼·夏官·驭夫》:"驭夫,掌驭贰车、从车、使车,分公马而驾治之。"周王告诫虎不能不善于这一职事。虎答谢周王,说因为自己的祖考贤勉地臣事先王,即位的天子没有忘记其子孙,给予了其子孙(虎)高官,天子其万年重申此命。

周穆王平定徐戎、淮夷的叛乱,稳固了周王朝的统治,使天下重归安宁。故周穆王多次在辟雍大池举行大礼,如遹簋载周穆王在荠京辟雍大池渔鱼,先行飨酒之礼,然后由臣子遹侍从渔鱼,无灾遣之咎,因此遹受到周穆王赏赐而作祭祀文考父乙祭器(《集成》4207)。静簋、静卣、小臣静卣诸器载周穆王命令静负责教贵族子弟射箭,两个月后周穆王举行大射礼宴请外服诸侯及其子弟,检验静教射成绩,结果静教射无误,受到周穆王赏赐静弓及带櫵和缮的刀。周穆王举行祭祀昭王的禘祭,臣子剌在旁侍从,而受到贝三十朋的赏赐(《集成》2776 剌鼎)。周穆王在大室行饔礼,吕犅侑助穆王行礼而受赏三卣香酒和贝三十朋(《集成》2754 吕方鼎)。周穆王举行飨礼,又主持井伯、大祝的射礼。穆王因长由完成劳井伯、视察井伯对王事大为敬诚,而受到赞美奖励(《集成》9455 长由盉)。周穆王在位时有圣人太公后裔师訇辅佐④,周共王追述师訇"克尽乃身,臣朕皇考穆王;用乃孔德,逊纯乃用心,引正乃辟安德"(《集成》2830 师訇鼎)。褒奖师訇能够尽心尽力辅佐穆王,能以真诚之心和美德引导匡正其君穆

---

① 参《商周青铜器铭文选》(三)"元年师兑簋"注释2,第200页。
② 王翰章、陈良和、李保林:《虎簋盖铭简释》,《考古与文物》1997年第3期,第80页。
③ 《虎簋盖铭座谈纪要》,《考古与文物》1997年第3期,第82页。
④ 师訇为周开国功臣师尚父的后裔,参见李学勤《论西周朝中的齐太公后裔》,《烟台大学学报》2010年第4期。

第六章　周代服制的建立、发展、演变及其历史影响

王,使其乐于德。

周穆王时期加强对内外服的管理,"诸侯有不睦者,甫侯言于王,作修刑辟"。① 周穆王接受吕侯的建议,制定刑法约束诸侯。《尚书·吕刑》载周穆王告诫内外服敬慎刑罚,首以蚩尤作乱,以刑虐民是以无后;黄帝至于尧舜皆能恭敬上天,勉励臣下,勤于德政,能明用中刑而配享天下,告诫诸侯当敬刑。然后告四方诸侯以伯夷为法,苗民为戒。王曰:"嗟!四方司政典狱,非尔惟作天牧?今尔何监?非时伯夷播刑之迪?其今尔何惩?惟时苗民匪察于狱之丽,罔择吉人,观于五刑之中;惟时庶威夺货,断制五刑,以乱无辜,上帝不蠲,降咎于苗,苗民无辞于罚,乃绝厥世。"(《尚书·吕刑》)周穆王呼四方诸侯而告之借鉴伯夷施刑治民之道,以苗民不审察于狱之施行,不择善人,利用权威掠夺财货,以五刑乱罚无罪,故绝其后嗣为戒。之后又告诫同姓贵族,王曰:"呜呼!念之哉。伯父、伯兄、仲叔、季弟、幼子、童孙,皆听朕言,庶有格命。今尔罔不由慰曰勤,尔罔或戒不勤。天齐于民,俾我一日,非终惟终,在人。尔尚敬逆天命,以奉我一人!虽畏勿畏,虽休勿休,惟敬五刑,以成三德。一人有庆,兆民赖之,其宁惟永。"(《尚书·吕刑》)周穆王告诫同姓的叔父兄弟子孙在位者要勤政慎刑。其后周穆王告内外服以"祥刑",即刑罚的条目和断狱的方法。又告诫内外服及同姓贵族,中刑即有德于民。王曰:"呜呼!敬之哉。官伯族姓,朕言多惧。朕敬于刑,有德惟刑。今天相民,作配在下。明清于单辞,民之乱,罔不中听狱之两辞,无或私家于狱之两辞!狱货非宝,惟府辜功,报以庶尤。永畏惟罚,非天不中,惟人在命。天罚不极,庶民罔有令政在于天下。"(《尚书·吕刑》)穆王再次告诫诸侯要敬慎刑罚,有德于民,中立不偏地听取诉讼双方的证辞,若贪贿赂而偏心则会受到重罪惩罚。最后告诫后嗣子孙,王曰:"呜呼!嗣孙,今往何监,非德?于民之中尚明听之哉!哲人惟刑,无疆之辞属于五极,咸中有庆。受王嘉师,监于兹祥刑。"告诫后嗣子孙如何治民,当以德化民,中立不偏明听百姓狱讼之辞。制人以刑,将无尽的狱讼之辞系于五刑标准,皆可公正处理而可庆。希望内外服

---

① 《史记》卷四《周本纪》,第138页。

既受王善众,治理民众当视此祥刑。

2. 军事长官与其下属关系密切

周穆王时期内服发生较大变化,内服军事长官与其下属联系密切,赏赐逐渐增多。从穆王时期戍守在古师,以御南淮夷的东征军事将领师雍父来考察,他对追随戍守的将领稆进行夸奖并赏赐贝三十孚(《集成》5411 稆卣)。周王命师雍父戍守古师的当年六月,他派遣追随其戍守的将领遇事于斁侯(《集成》948 遇甗),可能是出于军事上的联络需要。同年十一月,师雍父巡视通道到达斁国,下属敔追随而受到其父的赏赐(《集成》2721 敔鼎)。之后师雍父从斁到录垒驻守的古师,并嘉奖录,赏赐其紫铜。(《集成》3863 录簋)。十三月贤汇报了从师雍父戍守古师的功绩而受到仲竞父的赏赐(《集成》6008 贤尊)。周穆王命令伯遐父率领成周师氏即东,抵御南夷,在驻地伯遐父赞誉竞,并赏赐竞玉璋(《集成》5425 竞卣)。伯遐父还夸赞、勉励属官竞,并赏赐铜(《铭文选》187 竞簋)。从这些例子看,周穆王时期出征的军事主帅与其下属之间的关系较之以前更密切,军事主帅注意利用上下级的关系,通过勉励赞美属下的功绩,赏赐物品等方式,拉近彼此的关系。

3. 宗教性职官系统化

周穆王时期的长由盉铭文(《集成》9455)载周穆王举行宴享之礼,席间有王朝卿士井伯与太祝间的竞射礼。太祝之官已经见于周初大(太)祝禽鼎,周成王征伐盖侯时,周公曾训导其子大祝禽号祝辞致于鬼神,祈求鬼神佑助(《集成》4041 禽簋)。到了西周中期太祝似已有属官,多为宗周附近地方上的祝官。申簋盖(《集成》4267)载周王任命申为太祝的助手,作为"丰人"和"九戏"的祝官。迁簋盖载周王曾任命迁为渭河流域五邑的祝官(《集成》4296)。这两篇铭文中祝字皆在表示地点的名词后,有理由认为是指该地方的祝官。像这样王都附近地区的祝官不应为孤例,这些地方上的祝官构成了太祝的属官,形成了从中央到王都地方的宗教职官系统。智鼎记载了周懿王册命智司卜事的情况,"惟王元年六月既望乙亥,王才周穆王大室,王若曰:'智,令汝更乃祖考司卜事,易汝赤雍巿,用事。'"(《集成》2838)这是在懿王初年,王室的衰落尚未显现

第六章　周代服制的建立、发展、演变及其历史影响

出来,周懿王在穆王大室任命智继承其祖考职事掌管占卜之事,很可能就是大卜之官。周懿王在周穆王宗庙任命智继承祖考掌管占卜之事,则智的祖先可能在周穆王时代就已担任太卜之职。由于宗教类职官的特殊性,故多世代相袭,至迟在周穆王时代智的宗族已经出任周王朝太卜之职。

二、周穆王西巡狩与改革荒服

《国语·周语上》记载周穆王将要征伐犬戎,祭公劝谏穆王不要征伐犬戎时讲到周代的服制,按照祭公所说先王的服制,犬戎属于荒服,其二君大毕、伯士死后,犬戎氏嗣位之君以其职贡来朝见穆王,穆王以犬戎不以"宾服之礼"朝见为借口征讨之。《后汉书·西羌传》则说:"至穆王时,戎狄不贡,王乃西征犬戎,获其五王,又得四白鹿、四白狼。王遂迁戎于太原。"据韦昭注说白鹿、白狼为犬戎应贡献之物,则穆王所获四白鹿、四白狼象征着征服了犬戎。白鹿、白狼当属稀少品种,特别的珍贵。1983—1986年中国社会科学院考古研究所沣西发掘队在陕西长安县张家坡沣河西岸的鄠坞岭高岗上发掘了近四百座西周墓,发现了一些洞室墓,其中M183发现一件铜簋,作器者为伯唐父,其铭文对于探讨穆王时期与犬戎的关系将有一定的帮助。发掘报告根据M183所出陶器、青铜礼器、兵器的形制分析,墓葬的年代可能在西周穆王前期。① 其铭文云:

> 乙卯,王饔荼京,王章辟舟,临舟龙,咸萃。伯唐父告备。王各(格)乘辟舟临萃白旗,用射绤、犛、虎、貉、白鹿、白狼于辟池,咸萃。王蔑历,赐矩鬯一卣,贝二十朋,对扬王休,作安公宝尊彝。(《铭图》2449)

铭文中饔字对于理解铭文很关键,宋人或读为祭,近代以来认为是馆字初文,或以为居字,或以为祭名用字,或以为裸祭之字。饔是献肉之祭,该字表示在宗庙内人俯首而食祭器内肉的意思,会神降(或为尸)于宗庙享用

---

① 中国社会科学院考古研究所沣西发掘队:《长安张家坡M183西周洞室墓发掘简报》,《考古》1989年第6期。

祭祀之肉之意。① 铭文至"王蔑历"之前都是饔祭仪式的内容，射杀这几种动物正是献肉之饔祭所需要的。铭文中秦，即甲骨文中常见的祭名秦，与带示旁者为一字，学者多读为祓，禳除不祥的祭祀。"告备"，张政烺云：《说文》"俑，具也"。《礼记·月令》"季春之月命舟牧覆舟，五覆五反，乃告舟备，具于天子焉"。唐父或即舟牧。射缘，古代祭礼杀牲多用射，此物未必是当时田猎所获。勢，《说文》坼也。此有分置之义。② 铭文记在莽京举行饔祭礼，其下为此种祭礼的仪式，王先祓祭舟，伯唐父准备好舟，周王又登舟而祭白旗。于是乘舟射获猎物，有臣子随从助射，依据古代祭礼杀牲多用射而且多天子亲射的惯例，此铭所载周王亲自乘舟在辟雍大池射杀动物，正是用于饔祭这一献肉之祭的牺牲。铭文中的白鹿、白狼应该特别引起注意，据《周语》所说穆王征伐犬戎获四白鹿、四白狼而回，此铭说穆王在辟雍大池射白鹿、白狼，两者可能有一定联系。穆王举行此次射礼意义重大，特地准备专用舟船，还要对即将乘的舟和使用的白旗举行祓除不祥的祭祀。而且射的对象与以往金文中所见是不同的，都是大的动物，白鹿、白狼犬戎所贡，把白鹿、白狼作为犬戎的象征符合殷周时期的社会观念。《说文》在训解"侯"字时说："其祝曰毋若不宁侯，不朝于王所，故伉而射汝也。"此语有诅射意味，实为汉代所说的"厌胜"。穆王以犬戎不以宾服来朝见而征伐之，获得四白鹿、四白狼。又将白鹿、白狼置于辟雍用于射礼之侯，并乘舟为射礼，射获白鹿、白狼即如《说文》之义，因为犬戎不宁侯，不朝于王所，王则伉而射之。此次射礼的政治意义就是诅射犬戎，反映了古代"厌胜"的观念。

三、周穆王伐反夷维护要服

周穆王时期徐夷大反，《后汉书·东夷传》云："徐夷僭号，乃率九夷以伐宗周，西至河上。穆王畏其方炽，乃分东方诸侯，命徐偃王主之。"徐夷即徐淮夷，乃淮夷之大者。九夷据《后汉书·东夷传》，"夷有九种：曰畎

---

① 参王海、张利军《伯唐父鼎与周穆王治理荒服犬戎》，《东北师大学报》2014年第1期。
② 张政烺：《张政烺文史论集》，第785页。

第六章 周代服制的建立、发展、演变及其历史影响

夷、于夷、方夷、黄夷、白夷、赤夷、玄夷、风夷、阳夷"。徐夷僭号可能指其称王。穆王册命徐偃王做了东方诸侯首领,但并未安抚住徐夷,很快徐夷叛周。西周青铜器铭文记载周穆王派兵东征徐戎,班簋记载周穆王①在宗周命毛伯继承虢城公的职事为王朝卿士,掌管繁、蜀、巢三国军队。令其率领各诸侯国军队征伐东国反叛之徐戎,命吴伯、吕伯各帅其师众左右毛伯。铭文言:

> 王令毛公以邦冢君、土(徒)驭、戜人伐东国痟(偃)戎,咸。王令吴伯曰:"以乃师左比毛父。"王令吕伯曰:"以乃师右比毛父。"(《集成》4341)

王又命令趞帅本族武装跟从父亲出征,保卫父亲安全,即铭文"以乃族从父征,出城,卫父身"。经过三年的苦战,东国无不敬畏天威,臣服于周。战胜后毛公向穆王汇报:"惟民亡(㞢)才(哉),彝（悉）天令（命）,故亡允才(哉),显惟敬德,亡迣违。"此铭非当时所记乃是事后追记,将两次有关联的王命合记一铭。周王先命令毛伯继虢城公的职事,"屏王立,作四方亟,秉繁、蜀、巢",粤,假借为屏,义如藩屏、保卫。亟,郭沫若先生认为是殛字初文,乃望的异文,文意是作四方的表率。②《商周青铜器铭文选》以为亟通极,有则或效法的意思。③ 解释的思路虽然有别,但对于文意理解则是相近的,即以毛公作四方的表率。秉为动词,意为执掌,郭沫若先生认为繁、蜀、巢为南国国名,④毛伯还肩负职掌繁、蜀、巢三国军事指挥权,并赐给矜、勒物品,此命结束。另一命令是,命令毛伯率领"邦冢君、土(徒)驭戜人伐东国、痟戎,而以吴伯、吕伯左右毛公""三年静东国,亡不成敔天

---

① 此器断代有争议,郭沫若、陈梦家皆断为成王时器,唐兰《商周青铜器铭文选》以为穆王时器。此器断代有一关键之处是铭文中毛伯、毛公、毛父以及班这几个称谓的关系,毛伯、毛公、班是一人,乃册命前后的不同称呼。从班称颂其父的话语中,得知其父是文王的圣孙所育,即其父为文王的曾孙。以世系推之,班处于穆王时期可能性极大,以唐兰和《商周青铜器铭文选》断为穆王时期较为合理。铭文中毛公班或即是《穆天子传》中的毛班,由近出清华简《祭公之顾命》中有周穆王时期三公之一毛班,知班簋必为周穆王时器。
② 郭沫若:《班簋的再发现》,《郭沫若全集·考古编》6,北京:科学出版社,2002年。
③ 马承源主编:《商周青铜器铭文选》(三),第109页。
④ 郭沫若:《两周金文辞大系图录考释》,"班簋"考释。

畏(威),丕畁屯陟"。郭沫若,《铭文选》以为"三年安东国之乱,不许不成功而有损天威。天之不助将愈来愈甚"。可能正好理解反了,此句当是征伐东国的结果。三年安定了东国,没有不成服天威的。

淮夷响应徐夷叛周,沿着汝水西进,进犯汝南上蔡一带的𢧵侯,伯雍父奉命统领着成周师氏戍守在古师,以道(今河南汝南附近)和𢆶(安徽阜阳附近)①两个小国为前哨,伯雍父来往于此三地。追随伯雍父的将领有见于录𢧵诸器的录伯𢧵,驻守在堂师(《集成》4322 𢧵簋);见于贤尊的贤,见于遇甗的遇,稽卣的稽。录𢧵诸器具体记载了穆王时期征伐淮夷的战斗,在抵御淮夷战斗中,最为关键的一次战役是𢧵簋(《集成》4322)所载𢧵率领成周的军队追击淮夷,在棫林(今河南叶县东)②与戎激战,在𢆶地搏杀戎,获敌耳百,活捉敌两人,俘获兵器一百三十五件,夺回被戎所俘的一百一十四人。战斗结束,𢧵身体没有受到损伤。穆王时期讨伐淮夷的将领还有从成周移师向东戍守的伯遲父,竞卣铭文云:"惟伯遲父以成师即东,命戍南夷。正月既生霸辛丑,才㽙,伯遲父皇竞各于官。竞蔑历,赏竞章(璋)。对扬伯休,用作父乙宝尊彝,子孙永宝。"(《集成》5425)竞簋铭文所记竞受到伯遲父的嘉勉和赐金,大概也是因为其协助伯遲父抵御南夷有功而获赏。从竞卣铭文可知淮夷造反是从成周的东面、南面进攻成周的,所以有即东防御南夷之说。经过三年的激战,最终周王朝成功抵御了淮夷诸部的内侵,安定了东国,淮夷可能再次纳入周王朝要服之中朝王纳贡。

四、周共王时期的服制变化

关于周共王时期史料匮乏,仅能依据现有金文材料,了解周共王时期社会的大致情况,伍士谦先生通过研究微氏家族青铜器窖藏,指出周共王时期的社会特点:西周王朝的朝觐、封官、赐爵、策命、赏物等一套繁琐的

---

① 关于道和胡的地理位置,参见徐少华《周代南土历史地理与文化》,武汉:武汉大学出版社,1994 年,第 157、213 页。
② 关于棫林的地理位置,参见裘锡圭《论𢧵簋的两个地名——棫林和胡》,《古文字论集》,第 386—393 页。

第六章　周代服制的建立、发展、演变及其历史影响

仪式,在共王时候已经定型。周王赏赐臣下的东西,已和早期有所不同,只是一些代表身份的𢧜衣、赤市、銮旂、赤舄、攸勒之类,很少有赐金、贝、田、采邑的记载。王室大臣都各有私地,世代相传,他们的下面有管家小吏,农业生产由管家小吏管理。大臣相互之间可以用物品交换奴隶及田产,也可以进行私人转让、买卖、交换,周王没有过问。通过土地的转让、买卖、交换产生了一批新的贵族。贵族之间出现土地纠纷,有周王派大臣调解,大臣们集体协议,由双方当事人宣誓定案,案结之后,确定产权,订出田界,由这些大臣们监督划界定产。西周中叶王室的官僚机构更庞大了,臣僚等级制度也从铭文中体现出来。① 通过金文材料反映的周共王时期内外服的若干事件,可见此时周王朝内外服的大致情况。

(一) 内服职能的发展、分化

1. 卿士寮职能的发展

卿士寮见于西周早期同铭的令方彝和令方尊铭文,至西周中期、晚期则与太史寮并见于铭文。卿士寮中最为重要的官员是三有司:司土、司马、司工。西周前期周王朝对外征伐战争较多,青铜器铭文较多地反映军事征伐与赏赐的情况,关于三有司的情况不多。西周中期周王朝转向了王朝内部建设,民政事务逐渐增多,反映在铭文中三有司的职事活动也多了起来,对于考察他们的职能有了更多的材料。司土多见,甚至有某人被任命为司土的例子,周王朝册命时具体限定了被册命者的职责,在免簠中免被任命为司土,负责渭河流域西部的郑邑的林、虞、牧事务(《集成》4626免簠)。师颕簠载司土师颕被册命"官司汸阍"(《集成》4312),可能是负责一条河流的闸口②。𢧜簠载周王册命司土𢧜"官司籍田"(《集成》4255),负责籍田礼。综合这几个铭文中司土的职责,大致可以确定司土是掌管土地与民众的民事行政官。司工的职能见于扬簠铭文,周王册命扬"作司工,官司量田佃,眔司居、眔司刍、眔司寇、眔司工事"(《集成》4294),掌管

---

① 参伍士谦《微氏家族铜器群年代初探》,《古文字研究》第五辑,北京:中华书局,1981年,第126—127页。
② 李峰:《西周的政体:中国早期的官僚制度和国家》,第76页。

量地的农事、住宅、刍草、法律案件和建筑工程等事。共王时期的几个涉及土地转让的青铜器铭文记载了三有司一起执行卿事寮政务的情况,主要有卫盉、五祀卫鼎、永盂。卫盉载三有司接受王朝执政大臣的命令,执行土地由伯矩转到裘卫的命令。五祀卫鼎载裘卫与邦君厉的土地交换案例,三有司奉执政大臣们的命令协同内史重新划分土地疆界,实现土地由邦君厉转至裘卫。永盂则记载宗周附近地方的司土、司工等接受益公转达的周王的命令,执行赏赐师永田的任务。卫盉与五祀卫鼎作为同一王世相隔只有两年,但所载王朝官员三有司名字却完全不同,①李峰先生指出可能这几人同时分别担任三有司各司职务,并且是出于周王朝有意的计划安排。② 三有司在金文中的频繁出现,且存在于中央到地方的各个行政机构,表明西周王朝的民事行政功能在西周中期已经得到很大发展。

2. 军事行政的发展与师职兼具民事职能

西周主要军事力量由驻扎在渭河平原周都附近的"西六师"和驻扎于东部成周附近的"殷八师"或称"成周八师"组成。西六师是西周国家的常备军,经常被派遣到远离驻地的地方讨伐敌人,而王都地区的安危可能由左右戏之类的禁卫部队负责。左右戏见于周懿王时期的师虎簋(《集成》4316),又孝王时期的元年师旋簋铭中左戏被称作"大左"(《集成》4279),是师旋任职之所,即左右戏长官为师氏,按照六师八师建制,师氏所帅有车驭、步兵,左右戏的兵种也当包括车驭与步兵。值得注意的是似乎在宗周地区的五个重要城邑也有地方军事组织,如虎簋盖载虎曾受命协助师戏管理走马驭人及五邑走马驭人。③ 走马驭人是军事组织,五邑走马驭人当是五个城邑的军事组织。这些庞大的军事组织所需人力、物力、财力是通过怎样的途径获得,是值得思考的问题。李峰先生认为"在西周中期,八师和六师俨然已发展成很大的组织,不仅完成对外作战的军事任

---

① 伊藤道治指出裘卫诸器中的三有司是中央王朝政府的官僚,因为他们和王家人员都直接接受中央政府中以井伯为首的一组高官的命令。参见《中国古代国家の支配构造——西周封建制度と金文》,中央公论社,1987年,第236—241页。
② 李峰:《西周的政体:中国早期的官僚制度和国家》,第77页。
③ 《考古与文物》1997年第3期第79页图3。

第六章　周代服制的建立、发展、演变及其历史影响

务,而且自身还行使一些民事职能"。① 如周共王时期的吕服余盘记载周共王任命吕服"令汝更乃祖考事,疋备中(仲)司六师服,易汝赤芾、幽黄、攸勒、銮旂"。(《集成》10169)继承祖考职事,辅佐备仲"司六师服",李学勤先生释"服"为戎服,说周王命吕服余辅佐备中"司六师服",就是管理六军的戎服,即韦弁服。② 又如同铭的盨方彝与盨方尊铭文:

> 唯八月初吉,王各于周庙,穆公右盨,立于中廷,北向。王册令尹易盨赤芾、幽亢、攸勒。曰:"用司六师、王行、参有司:司土、司马、司工。"王令盨曰:"赞司六师眔八师艺。"盨拜稽首,敢对扬王休,用作朕文祖益公宝尊彝。盨曰:"天子丕遐丕基,万年保我万邦。"(《集成》9899、6013)

周王册命盨的职司内容,过去研究意见颇有分歧,如郭沫若先生认为管理"王行"和三有司是盨的职责中两个并列的部分。③ 伊藤道治则将六师、王行、三有司作为三个独立的单位。④ 二者皆视三有司为中央政府的官员,对此木村秀海认为王行和三有司都是六师的内部组织。⑤ 依据后者的解释三有司不但存在于中央政府卿事寮中,还存在于六师的军事组织之中。从三有司发挥的民事行政功能看,六师的军事组织也具有一些民事行政的功能。后一王命也值得关注,"赞司六师眔八师艺"是辅助掌管六师与八师的农事,似乎六师与八师也有土地耕种。又曶壶铭文记载周王册命曶"更乃祖考,作冢司土于成周八师"(《集成》9728),即曶被任命为成周八师的冢司土。这个冢司土当属于成周八师内部组织的民事行政官职。趞簋载周王册命"趞,命汝作豳师冢司马,啻(嫡)官仆射士,讯小大又隣"(《集成》4266)。趞受命作豳地驻军的冢司马,掌管驻地附庸、射士,并监

---

① 李峰:《西周的政体:中国早期的官僚制度和国家》,第84页。
② 李学勤:《李学勤文集》,第219页。
③ 《盨器铭考释》,《考古学报》1957年第2期,后收入《郭沫若全集·考古编》6,科学出版社,2002年。
④ 参见《中国古代国家の支配构造——西周封建制度と金文》,第236—241页。
⑤ 参考(日)木村秀海《六师の官构成について——盨方尊铭文を中心にして》,京都大学人文科学研究所编《东方学》69期,1985年,第1—13页。

管驻军临近地区的居民。再联系盠方彝铭文盠受命管理六师和八师的农事，或许说明军事驻扎地区的土地、居住地，及居住人口皆归军事部门的官员进行行政管理。西周晚期的南宫柳鼎铭文载柳受命监管六师的牧、场、泽，甚至是农务（《集成》2805），也充分说明了军事行政的发展与民事行政功能的增强，这反映了西周中期以后军事部门势力的强大，不仅掌控国家军队，而且有独立的土地财产、人口，还设立与中央政府卿事寮相似的三有司民事行政职官。西周共王时期大量的师某作器也反映此时期军事行政的大发展，如师酉簋载周王册命师酉："嗣乃祖啻官邑人、虎臣、西门夷、䰩夷、秦夷、京夷、㫃身夷，新易汝赤市朱黄中绹、攸勒，敬夙夜勿废朕令。"（《集成》4289）周共王在吴的宗庙，大夫𧽻鳌侑助师酉见王，周共王命令史墙册命师酉承嗣先祖袭官邑人的军事组织以及虎臣、诸夷等武装的守卫组织，并初次受赐命服。如师遽（师遽簋盖、师遽方彝）、师望（望簋、师望鼎）、师汤父（师汤父诸器）、师询（师询簋、询簋）、师㝬（师㝬鼎），多因受到周王赏赐或册命职事而作器，反映周共王时期对曾有军事长官经历人员的重视。师遽方彝载周王举行飨醴，师遽祐助周王而受赏赐珥圭一、璓璋四。师𡙁父鼎载周王册命师𡙁父："易帏市冋黄、玄衣黹纯、戈琱咸、㫃，用嗣乃父官友。"太师小子师望受命进入王家行政系统"死司毕王家"（望簋），"出入王命"（师望鼎），毛叔后裔师汤父曾被周共王赏赐弓、矢、盾牌（师汤父鼎）。师询被周王任命管辖邑人以及虎臣直至最低的诸庸（询簋）。师㝬鼎记载了周共王与师㝬间的关系，其铭文云：

> 唯王八祀正月，辰在丁卯，王曰："师㝬，汝克尽乃身，臣朕皇考穆王，用乃孔德（逊）屯（纯），乃用引正乃辟安德。叀（唯）余小子肇盇（淑）先王德，易汝玄衣黹屯（纯）、赤市、朱黄、銮旗、大师金膺、攸勒，用井（型）乃圣祖考，邻明绔（令）辟前王，事余一人。"㝬拜稽首，休伯大师肩湛㝬臣朕皇辟，天子亦弗忘公上父歔（胡）德，㝬蔑历伯大师不自乍（诈）。（下略）（《集成》2830）

这是周共王时代的标准器，铭中时王称其皇考（父亲）为穆王，则时王必为共王无疑。铭文中共王所说的内容主要是赏赐师𩛥的原因,师𩛥答谢的内容则揭示了其与伯大师、共王的关系。周共王认为师𩛥能够鞠躬尽瘁臣事其父穆王,能用其美德引正其父穆王的"安德",所以共王善先王(穆王)之德赏赐师𩛥,并告诫师𩛥要效法先祖"邻明令辟前王"的精神,来臣事我(共王)。师𩛥本为伯大师的臣属,经伯大师的推荐而调转作了穆王的臣子,师𩛥把自己能够事王归结为伯大师不自乍(诈),以及穆王没有忘记其先祖公上父的大德。周共王特别强调师𩛥父子有"德",以有德者得福禄,使臣子师𩛥恪尽职守。

3. 史官职能的分化

陈梦家先生将《尚书》与西周金文结合,探讨了西周成康前后史官的变化,指出"西周初期的史官以作册史为主,中期以内史为主,而尹氏至晚期始盛"。[①] 这一论断对于研究西周中期史官职能的分化具有指导意义。西周早期金文中史官有太史、史、作册、内史、中史,史在不同的行政部门中负责文字记载和保存工作,作册可能是起草和撰写官方文书,如王命以及其他中央政府颁布的诰令。内史见于友鼎和井侯簋,其职为宣禄命。中史仅见于师旂鼎,职责不明。太史通常由被称为"公"的高级贵族担任,可能统领史官。西周中期金文中出现了大量的人名史某,而作册某虽于西周早期频频出现,至此却很少见,仅有吴方彝中的作册吴(《集成》9898),此外大概有十篇铭文提到宣读王命的作册尹职官,如学者指出作册尹于"周夷王时期又称内史尹、内史尹氏、尹氏,即内史之长"。[②] 如此作册尹可能就是内史尹。西周中期金文中增多了作册内史、册命内史、作册尹、内史尹等职官称谓,内史见于师毛父簋(《集成》4196)、豆闭簋(《集成》4276)、师俞簋盖(《集成》4277),并且多带有人名,比较多见的是内史吴,见于师虎簋(《集成》4316)、师𤼈簋盖(《集成》4284)、牧簋(《集成》4343),任职于周共王后期至孝王早期。在这三篇铭文中,在周王册命臣子的仪式上,内史吴是宣布王命的官员。年代稍晚的扬簋

---

① 《尚书通论》(增订本),北京:中华书局,1985年,第147页。
② 吴镇烽:《金文人名汇编》(修订本),北京:中华书局,2006年,第150页。

(《集成》4294)、谏簋(《集成》4285)、王臣簋(《集成》4268)中有内史年在周王册命扬、谏、王臣的仪式上,代宣王命。此外还有内史音(《铭图》5305、5306 殷簋)、内史驹(《集成》2813 师奎父鼎)、内史尹(《集成》4243 救簋盖、《集成》4274 元年师兑簋、《集成》4318 三年师兑簋)、内史尹仲(《铭图》5376、5377 宰兽簋)等,皆为周王册命臣子礼仪上宣布王命的职官。西周中期番生簋铭文明确记录了与卿事寮并列的太史寮这一行政机构的存在,可能是诸史所属的机构。而内史尹及其属下诸内史可能是另一套职官系统,或认为内史职官的出现是制度改革,内史尹氏的出现,则象征内廷制度化的程度已有长官僚属的分化了。① 此中的内史尹一般认为是诸内史之长,内史与内史尹的等级差别被最近的研究认为是内史制度的阶梯化,内史与史官相分离。② 作册内史、册命内史、作册尹等职官称谓表明内史与作册融合一体,成为王家行政的组成部分,而与王朝行政系统的史官相分离,且垄断了撰写和宣读行政命令的权力。

(二) 周共王时期与外服的关系

周共王时期曾灭外服密国,《国语·周语上》载:"恭王游于泾上,密康公从,有三女奔之。其母曰:'必致之于王。夫兽三为群,人三为众,女三为粲。王田不取群,公行下众,王御不参一族。夫粲,美之物也。众以美物归女,而何德以堪之? 王犹不堪,况尔小丑乎? 小丑备物,终必亡。'康公不献,一年,王灭密。"据韦昭注,康公,姬姓,为密国君主。"密,今安定阴密县是也,近泾。"③周共王畋游于泾水流域,附近的外服密国君主康公侍从畋游。时有同姓三女不由媒妁而私奔康公,康公母劝其奉献于周共王,但康公不肯,最后被周共王灭国。密康公同时拥有同姓三女,属于僭越行为,故被周共王灭国。

共王时期,眉敖与周王朝臣属关系得见于彝铭。九年卫鼎记载共王九年正月既死霸庚辰日,"王在周驹宫,各庙。眉敖者(诸)肤(虏)卓使见

---

① 许倬云:《西周史》(增补本),第 225 页。
② 参见李峰《西周的政体:中国早期的官僚制度和国家》,第 80 页。
③ 《国语》,第 8 页。

(覲)于王,王大黼(致)"(《集成》2831)。是共王九年正月,周共王在岐周的驹宫,王来到宗庙,眉敖国君遣使来朝见,周共王穿着有刺绣纹饰的盛装接见眉敖使者。但此后眉敖没有亲自朝见周王,于是当年九月周共王派遣益公去催促眉敖朝觐周王。乖伯簋有云:

> 唯王九年九月甲寅,王命益公征眉敖,益公至告。二月眉敖至见,献帛。已未,王命仲致馈乖伯貈裘。王若曰:乖伯,朕丕显祖文武膺受大命,乃祖克弼先王翼自它邦,有㽙于大命,我亦弗宎(深)享邦,赐汝貈裘。乖伯拜手稽首,天子休,弗忘小裔邦,归夆敢对扬天子丕丕鲁休,用作朕皇考武乖几王尊簋,用好宗庙享夙夕,好朋友与百诸婚媾,用祈纯禄永命,鲁寿子孙,归夆其万年日用享于宗室。(《集成》4331)

此器铭文载共王九年九月,共王命令与楚有婚姻关系的益公①到眉敖国征取贡赋,次年二月眉敖国君亲自来觐共王,并献贡帛。合这两器,知周共王时期曾经有眉敖国的使臣朝见周王,周王派益公出使眉敖国,于是眉敖国君带着其应献的币帛财物,亲自来朝见周王。周共王命令臣子仲转赐给眉敖国君乖伯貈裘,以及转达表示友好的祝辞,使眉敖国君乖伯悦服于周。周共王提到周的先祖文王、武王受天命伐商,得到了乖伯的祖先的辅助,使周得有大命。乖伯感谢周共王,赞美天子没有忘记小裔邦。乖伯作他父亲武乖几王的祭器,用于宗庙朝夕享礼,用来宴享好朋友和百诸婚媾,用来祈求长寿子孙永长,乖伯归夆用享孝于宗庙。眉、微可通假,微是周初武王伐纣时的重要与国,一直追随着周,周初分封诸侯,微国必定也有其重要地位。微处于江汉一带,他的臣服纳贡标志着周王朝在南方有了更广泛的影响。史墙盘所颂周共王时期"方蛮无不献见"(《集成》10175)确非虚言。

五、周懿王时期王室衰微与加强对内外服的管理

1. 周懿王加强对内服的管理

周懿王初继位尚能驾驭内服朝臣,册命军事长官,加强都城的守卫力

---

① 据益公钟"益公为楚氏作龢钟"知,益公与楚有婚姻关系。

量。师虎簋①记载周懿王对师虎册命职事的情况,"虎,载(载)先王既令乃祖考事,啻官司左右戏繁荆,今余唯帅井(型)先王令,令汝更乃祖考,啻官司左右戏繁荆,敬夙夜勿废朕令,易汝赤舄,用事"(《集成》4316)。载字从食哉声,意为始或昔。与下文今字相对,表从前之义。帅型与《诗·大雅·文王》中"仪型"相近,意为遵循。从前先王已命师虎的祖考掌管左右戏繁荆,现在懿王遵循先王的命令,命令师虎继承其祖考的职事,管理左右戏繁荆,并告诫师虎要其恪尽职守。啻,《说文》云:"一曰啻,谛也。""谛,理也。"戏,《说文》云:"三军之偏也。"郭沫若先生云:"繁,当即马饰繁缨之繁,荆盖假为旌,《左传·哀公二十三年》'有不腆先人之产马,使求荐诸夫人之宰,其可以称旌繁乎!'繁荆与荆繁殆是一事。'啻官司左右戏繁荆'即管理两偏卒之马政也。"②《商周青铜器铭文选》认为繁荆读为繁缨,此指左右军高级御马之官。③ 师虎及其祖考的职事是为王管理左右两偏军队的马政。周懿王册命内服臣子管理守卫王都军队的马政,意在加强都城的防卫能力。

《史记·周本纪》记载西周懿王时期"王室遂衰",王室衰微的表现是周王权威的下降,王臣不施行先王的法度,多施威虐于庶民,可谓百官懈怠、政事废弛。师询簋反映了周懿王④时期王室衰落,王臣不恪用事的情况:

> 王若曰:"师询,丕显文、武,膺受天令(命)。亦则于汝乃圣祖考,克尃(辅)右(佑)先王,乍(作)厥厷(肱)䏍(股),用夹召(绍)厥辟,奠大令(命),盩龢于政。肆皇帝亡致,临保我有周,雩四方民亡不康静(靖)。王曰:师询,哀才(哉),今日天疾畏(威)降丧,首德不克画,古

---

① 吴镇烽:《金文人名汇编》(修订本)(北京:中华书局,2006年,第200—201页),认为与《虎簋盖》中的虎为一人,断定为穆王时器。
② 郭沫若:《郭沫若全集·考古编》8,第165页。
③ 马承源主编:《商周青铜器铭文选》(三),第168页。
④ 关于师询簋的时代,郭沫若在《两周金文辞大系考释》中定为周宣王元年器,陈梦家《西周铜器断代》定为厉王元年器,唐兰《西周铜器铭文分代史征》列为孝王元年,马承源主编《商周青铜器铭文选》(三)认为是周懿王元年器,李学勤先生认为是恭王元年器(《西周青铜器研究的坚实基础》,《文物》2000年第5期),比较而言本文采纳周懿王元年的意见。

第六章 周代服制的建立、发展、演变及其历史影响

(故)亡承于先王。向汝彶屯(纯)恤周邦,妥(绥)立余小子,甉(载)乃事,唯王身厚眉,今余唯申就乃令(命),令汝惠拥(雍)我邦小大猷(谋),邦弘(有)潢辥(义),敬明乃心,率以乃友干(捍)吾(御)王身,谷(欲)汝弗以乃辟函(陷)于艰,易汝矩鬯一卣、圭瓒、夷允(讯)三百人。询稽首,敢对扬天子休,用作朕烈祖乙伯、同益姬宝簋,询其万斯年,子子孙孙永宝,用作州宫宝,唯元年二月既望庚寅,王各于大室,荣入右询。"(《集成》4342)

铭文开首周王强调文王、武王受有天命,师询的圣祖考能够辅佐佑助周先王,作周先王的股肱之臣辅佐其君,尊大命致和于政。上帝没有降灾害,而是下临保佑我周邦,在四方的臣民没有不康宁的。接着周王说到今日王朝的情况"天疾畏(威)降丧,首德不克画,古(故)亡(无)承于先王",把王室的衰落说得很隐晦,将周室衰落的责任归于天降丧。师询曾"彶屯(纯)恤周邦,妥(绥)立余小子,甉(载)乃事,唯王身厚眉",于是王重申以往的命令,命师询要保护周邦和王身的安全,不要使周王处于艰难的境地。载乃事,就是行乃事,践行职事。由此铭文可知,时王以前周王朝是繁盛的,"四方民亡不康静(靖)",这与周共王以前的国情相符,而此时的周王朝确实遇到了困难,天降丧,使时王没有继承先王,与《史记·周本纪》所云懿王时期周室衰落是相符合的。周王朝衰落的一个突出表现是臣子不能很好地尽其职事,为此周懿王设置司士职官,确定对内服王臣践行职事新的检核方法。

牧簋记载的周王册命牧之后的谆谆告诫之辞,反映了这方面的情况。王命的内容如下:

牧,昔先王既令汝作司士。今余唯或䎽改,令汝辟百寮。有同事包,乃多乱不用先王作井(型),亦多虐庶民。厥讯庶右邻,不型不中,乃侯之糌以今陶司匋厥罪厥故(辜)。王曰:牧,汝母(毋)敢[不帅]先王乍明井(型)用,于乃讯庶右邻,母(毋)敢不明不中不井(型),乃甫(敷)政事,母(毋)敢不尹,其不中不井(型)。今余申就乃命,易汝

矩爯一卣……敬夙夕,勿废朕令。(《集成》4343)

此器铭宋人著录摹本,摹刻有失真处,铭中字有未识者,但大体文意是清楚的。周王更改先王对牧作司士的命令,命令牧辟百寮(僚)。《尔雅·释诂下》:"士,察也。"郭璞注:"士,理官亦主听察。"郝懿行《尔雅义疏》:"《书》'汝作士',《正义》引郑注'士,察也,主察狱讼之事。'"① 则司士,当是理狱之官。辟,《说文》《尔雅·释诂上》俱训为"法",《释诂上》又训为"罪",《尔雅·释言》训为"歷",歷有治义。② 则辟是动词,法或治之义。周王改动先王对牧的册命,在于牧原为司士主要负责狱讼之事,也兼有听察的职责。现在周王让牧治理听察百僚的行政情况,可谓扩大了牧的权限,即牧职事的对象和职责范围扩大了,这只是临时的职事。铭文以下的告诫之辞反映了周王朝臣子践行职事的现状不容乐观,可谓百官懈怠,政事废弛。这与《周本纪》载懿王时期"王室遂衰"的记载相合。百僚若"有问(回)事包",谓(百僚中)有不以苞苴为事者。③ 百僚"乃多乱"不施行先王的法度,多施威虐于庶民。其审讯庶民友邻不遵循法度、不公正。《一切经音义》引《字林》云:"伺,候也、察也。"《释名·释姿容》:"匎,伏也,伏地行也。"④ "故"通"辜"。"乃侯之糩以今匋司匎厥罪厥故(辜)",大体句意为察其糩,以今之匋治伏其罪,昭示其罪行。把诸上百僚的懈怠政事废弛归于这一点,又告诫牧履行职事时应该注意的事项。你必须遵循先王所规定的贤明法度而加以施行,你审讯"庶友邻"不敢不明智、不公正、不循法。你布行政事,不敢不治,不敢有不公正、不循法的情况。

周懿王时期,王室衰微,内服官员多不遵法度,所以专设司士以察百官。在此以前周王朝采取的措施是自王以下层层核查属下尽职事的情况,如前文所述及的周王亲自考核小臣静教射的情况。闻尊载师多父考核闻尽职事的情况。牧簋所载司士之职,恰反映了周代检核内服职事方

---

① 郝懿行:《尔雅义疏》,《汉小学四种》,第971页。
② 郝懿行:《尔雅义疏》,《汉小学四种》,第898页。
③ 郭沫若:《郭沫若全集·考古编》8,第169页。
④ 王先谦:《释名疏证补》,《汉小学四种》,第1491页。

式的新情况、新方法。

2. 周懿王对要服、荒服的管理

周懿王时期王朝衰落的另一表现是外患严重,如淮夷再次反叛与猃狁入侵。《汉书·匈奴传》载:"懿王时王室遂衰,戎狄交侵,暴虐中国。中国被其苦,诗人始作,疾而歌之,曰:'靡室靡家,猃狁之故。''岂不曰戒,猃狁孔棘。'"今本《竹书纪年》载周懿王七年西戎侵镐。十三年翟人侵岐。十五年王自宗周迁于槐里。二十一年,虢公帅师北伐犬戎败逋。周懿王时期要服中的淮夷诸部叛周,进犯周王朝东部疆土。史密簋载:

> 惟十又二月,王命师俗、史密曰:东征。敆南夷卢、虎、会杞夷、舟夷讙不圻,广伐东国。齐师、族土(徒)、述(遂)人,乃执鄙宽亚。师俗率齐师、遂人左,[周]伐长必;史密右率族人、釐伯、僰尾,周伐长必,获百人。对扬天子休,用作朕文考乙伯尊簋,子子孙孙其永宝用。(《近出》489)

周懿王命令师俗和史密率师东征反叛的淮夷诸部,具体是南夷中的卢方、虎方会合杞夷、舟夷、观国叛周,进犯东部外服诸侯。周王朝分兵两路,夹击侵入的淮夷,结果史密俘获一百人。为彰显王对他的夸奖,为其父乙伯作祭器,将此事铸于其上。敆,《说文》:"会合也。"诸家释读分歧迭出,张懋镕先生认为此字为会意字,"即用手(或持物)敲击,使器皿与盖严合,这是它的本义。本铭'敆'字正用其本义,即合而击之,或曰围而合之。联系上文王师俗、史密二人挂帅东征,下文又谈及师俗率齐师、史密率族人分兵包抄,合而击之,'敆'字本义昭然若揭"。① 齐师、族土(徒)、述(遂)人都是齐国的军事武装,乃,《经传释词》"异之之词也",杨树达认为当训"却"。② 在此铭中这个意思最合适。"执鄙宽亚"是当时的军事用语,相当

---

① 张懋镕、赵荣、邹东涛:《安康出土的史密簋及其意义》,《文物》1989年第7期,第64页。
② 王引之:《经传释词》卷六,第124页。

于后世所谓的内驰外张。① 实际上铭文是说齐国作为东部诸侯之长不出击来犯淮夷,却谋求自保。师俗作为王朝师官率领诸侯国齐国的军队;史密率领自己的族人以及釐伯的军队、莱国的军队,在淮夷叛军驻地长必一带,合围展开激战,获得战役的胜利。器主为史密,所以只记载了他个人的战功。今本《竹书纪年》称:"懿王之世,兴起无节,号令不时,挈壶氏不能共其职,于是诸侯携德。"

六、周孝王时期强化服制的举措

《史记·周本纪》载:"懿王崩,共王弟辟方立,是为孝王。"是周懿王死后,王位并未按照父死子继的方式传承由懿王太子即位,而是落到了周穆王的儿子周共王的弟弟,也就是周孝王以叔父继承侄子懿王之后为王,周孝王获得王位可能通过非正常方式,这个历史背景缺乏相关材料的说明,但结果扰乱了周初制定的宗法制度父死子继且以嫡长子优先继承的原则,这可能进一步加剧了周王室的衰落。周孝王即位后加强对王朝官员和公族的控制,番生簋铭文记载了番生被周孝王擢升委任高官的情形,②铭文云:

> 丕显皇祖考穆穆克哲厥德,严才上,广启厥孙子于下,勴(擢)于大服。番生不敢弗帅型皇祖考丕丕元德,用醽(申)圉(恪)大令,屏王位,虔夙夜溥求不晳德,用谏四方,柔远能迩。王令嗣司公族、卿事、大史寮。取征廿寽,易朱市恩黄……(《集成》4326)

此铭开始交待作器者番生以祖考能善德,祖考之神在天上保佑着下土的子孙而擢升高的职官。周王命令番生的职事是"嗣司公族、卿事、大史寮"。番生既能掌管卿事寮、大史寮及公族,说明其权势之重,地位之高,俨然仅在周王之下。对比周共王时期五年裘卫鼎、卫盉、永盂铭文中尚有

---

① 张懋镕:《史密簋与西周乡遂制度——附论"周礼在齐"》,《文物》1991年第1期,第26页。

② 番生簋的时代过去研究有不同意见,郭沫若认为番生与《诗经·十月之交》中的番为一人,而定器物为西周晚期厉王器,马承源认为番生与番菊生壶的番菊生为一人,而定为西周中期器物,具体到周孝王时期。

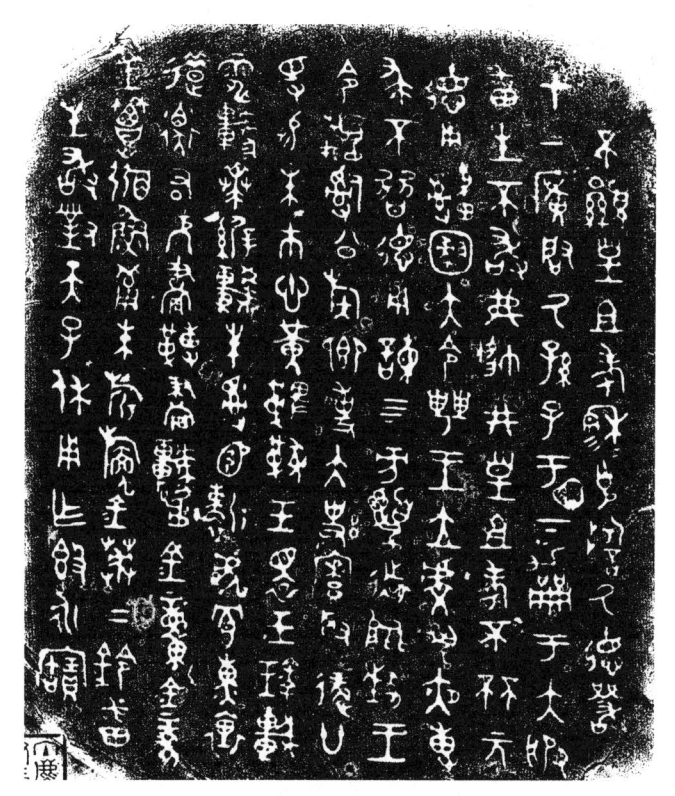

第六章 周代服制的建立、发展、演变及其历史影响

番生簋铭文拓片

多位王朝重臣决策朝政,而周孝王任命番生掌管卿士寮、太史寮以及公族,以一位王朝卿士总领内服朝臣和王室贵族,实质上是强化中央集权,加强周孝王个人权力的表现。

周孝王面对王室日衰的局面,注重王室或王家势力的培养,聚敛财富,这表现在为周王服务的内侍之官的发展,具体表现在以宰官为首的王家行政的完善。宰官在西周早期只是为周王室服务的职事,随着政治运作的变化,宰的职权逐渐放大,并且属官增多形成一定规模的行政系统。在西周早期已经出现王家财产与西周中央政府控制和管辖的国家财产相区别的观念,如宜侯夨簋铭文中周王册命宜侯的人众中包括"在宜王人"共计七个宗族与受赐的其他族属明显不同,应属于王家。传世蔡簋铭文

309

记载了周孝王册命蔡为王家行政长官"宰"的情况①,蔡簋铭文:

> 惟元年既望丁亥,王在雍居,旦,王各庙,即位,宰䚄入右蔡,立中廷,王呼史年册命蔡。王若曰:蔡,昔先王既命汝作宰,司王家,今余唯申就乃命,命汝眔䚄䚇足对各,从司王家外内,毋敢有不闻,司百工,出入姜氏令,厥有见有即命,厥非先告蔡,毋敢侯有入告,汝毋弗善,效姜氏人,勿使敢有侯止从(纵)狱,易汝玄衮衣,赤舄。敬夙夕,勿废朕命。蔡拜手稽首,敢对扬天子丕显鲁休,用作宝尊簋,蔡其万年眉寿,子子孙永宝用。(《集成》4340)

册命蔡的文诰表明,蔡在周懿王时期已被任命为王家宰官,周孝王重申任命蔡为宰官,并对其职责界定得非常清楚,其职责包括对王家内外事务的总体管理,掌管王家手工业作坊的百工,出入王后姜氏的命令,觐见和受命于王后者都需先经过蔡的转告。考效王后的臣仆,不使其纵狱。此铭还有宰䚄,在周懿王朝曾被任命司卜事,"惟王元年六月既望乙亥,王才周穆王大室,王若曰:'䚄,令汝更乃祖考司卜事,易汝赤雍市,用事。'"(《集成》2838)后可能又被擢升为宰官,故在周孝王即位后仍然出任宰官之职,并且地位可能在宰蔡之上。也就是说在周孝王即位后,同时有两人出任王家行政长官宰。此后王家宰官作器逐渐增多,如周夷王时期的宰兽簋②载宰兽曾受命于先王(孝王)为王家臣,时王重申先王册命而命其继承祖考职事,受命掌管"康宫王家臣妾附庸,外内毋敢无闻之"(《近出》490),即康宫的王家仆庸,总管王家内外事务。伊簋载周王册命伊"眔官司康宫王臣妾、百工"(《集成》4287),管理王家康宫的臣妾和手工作坊的百工。望簋载册命望的礼仪中担任佑者是宰倗,望受命"死司毕王家"(《集成》4272),掌管镐京东南毕邑的王家财产。从以上材料看,王家已经成为隶属于周王的私有财产系统,并且这些财产由周王任命的宰官等职官管理和经营,说明王家的管理已经从周王朝的行政系统中脱离出来,有

---

① 蔡簋铭文中有内史年和宰䚄,时代为西周中期无疑,马承源先生认定为周孝王时器。

② 关于宰兽簋时代,参考罗西章:《宰兽簋铭文略考》,《文物》1998年第8期。

其独立的以宰官为首,下属各地方王家财产管理者(册命铭文并未显示其具体的官职)构成的职司系统,臣妾仆庸、手工业者、周王侍从构成的运行制度。

由于王家财产与西周国家财产的分离,以及王家行政脱离周王朝内服官制的独立发展,造成了周王朝内服朝臣与周王关系的进一步疏远,王权观念发生了深刻的变革。李峰先生指出:"该区分可能使得很多西周官员尤其是那些不隶属于王家的官员认识到他们的作用,即他们并不是作为周王的私人属臣(因为有另一些人被明确称之为'王臣'),而是作为体现在文王和武王神圣地位中的西周国家的职能者。"①王家财产与王家行政的独立,在西周中晚期逐渐衍生出内服朝臣与王家行政管理者的竞争,内服朝臣利益与王家利益的矛盾。

周孝王的王位可能出于篡夺,所以他即位后加强近卫力量,调集有军事经历者为近卫,保护王家苑囿。周孝王时期的元年师旋簋云:

> 唯王元年四月既生霸,王在减应(居)。甲寅,王各庙,即立(位)。遟公入佑师旋,即立中廷,王呼作册尹克册命师旋,曰:備于大左,官司丰还左右师氏,易汝赤市、冋黄、丽鞶(肇),敬夙夕,用事。旋拜稽首,敢对扬天子丕显鲁休命,用作朕文祖益仲尊簋,其万年子子孙孙永宝用。(《集成》4279)

孝王册命师旋的职事是"備于大左,官司丰还左右师氏",備,服也。備、服古音相同,亦有通用情况。服于大左,就是服政事于大左,职司是掌管丰还的左右师氏。《周礼·地官》师氏"居虎门之左",郑玄注:"虎门,路寝门也。王日视朝于路寝门外。"师氏守卫在路寝之门左,而铭文言大左职官掌管保卫丰京王苑的左右师氏。师旋所任官职是大左,掌管着保卫丰京王苑的师氏,实际上师旋的职责是以师氏保卫丰京王苑。

七、周夷王时期服制的衰落

《史记·周本纪》载:"孝王崩,诸侯复立懿王太子燮,是为夷王。"王位

---

① 李峰:《西周的政体——中国早期的官僚制度和国家》,第74页。

能够重新回到周懿王这一宗支,是由于外服诸侯的拥护,说明西周中期后段外服诸侯势力强大,可以左右周王继统。另一方面也说明西周王室内部斗争激烈,内服朝臣分成不同派系,已经不能解决王位继承的纷争,需要借助外服诸侯势力来争夺王位。

故周夷王即位后对外服诸侯礼遇有加,诸侯觐见时,夷王"下堂而见诸侯"(《礼记·郊特牲》),即便这样周夷王在当时还是很有威信的,当周夷王生病时,"诸侯莫不并走其望,以祈王身"。① 望为祭名,指祭祀境内的名山大川。周夷王生病,外服诸侯皆遍祀其国的山川,为之祈祷。周夷王尚能号令外服诸侯朝王纳贡,《古本竹书纪年》记载:"夷王二年,蜀人、吕人来献琼,置于河,用介圭。"②周夷王对外服诸侯恩威并施,齐哀公"荒淫田游"③,纪侯告之于周,"(夷王)三年,王致诸侯,烹齐哀公于鼎"。④

《史记·齐太公世家》称齐"哀公时,纪侯谮之周,周烹哀公而立其弟静,是为胡公。胡公徙都薄姑,而当周夷王之时"。⑤ 周夷王干涉了齐君之位的继承,并派遣王朝大臣接管了齐国军队的指挥权。山东高青陈庄墓葬群新出引簋铭文记载周王任命引管理齐国军队,对于说明周王朝与外服齐国关系至为重要。引簋铭文:

> 惟正月壬申,王格于龏大室,王若曰:"引,余既命汝更乃祖䍙司齐师,余唯申命汝,锡汝彤弓

新见引簋铭文拓片

---

① 《左传·昭公二十六年》王子朝语。
② 《太平御览》卷八五皇王部引,第402页。
③ 司马贞《史记索隐》引宋忠言,见《史记》卷三二《齐太公世家》,第1481页。
④ 《太平御览》卷八五皇王部引《竹书纪年》,见《太平御览》,第402页。
⑤ 《公羊传·庄公四年》"哀公亨(烹)乎周,纪侯谮之。"徐彦疏:"郑氏云懿始受谮而亨(烹)齐哀公是也。"是说周懿王烹杀齐哀公而干预齐国政事。

第六章　周代服制的建立、发展、演变及其历史影响

一、彤矢百、马四匹,敬乃御,毋败绩。"引拜稽首,对扬王休,同随追,俘兵,用作幽公宝簋,子子孙孙宝用。①

由周王命辞看,引的祖父曾经任职管理齐国军队,引亦曾受命继承祖父管理齐国军队,此铭是周王重申前命命引管理齐国军队。由赐物"彤弓一、彤矢百"相当于赏赐诸侯的规格,②引可能属于周代的"监"。③ 引受命后,指挥齐国军队作战,俘获了兵器,但铭文并未交待引率领齐师与谁作战。

周夷王对荒服、要服也加强管理,"荒服不朝,乃命虢公率六师,伐太原之戎,至于俞泉,获马千匹"。④ 周夷王时期南淮夷再次叛周,一度攻伐到周王朝都城成周腹地"阴阳洛",敔簋铭文记载:"惟王十月,王在成周。南淮夷遷、叚,内伐淲、昂、参泉、裕敏、阴阳洛,王令敔追御于上洛、焂谷,至于伊、班。长榜载首百,执讯四十,夺俘人四百,鄱于荣伯之所,于焂卒肁,复付厥君。"(《集成》4323)敔成功抵御了南淮夷两个部族的进犯,获得大胜,并夺回被俘的周人。但并没有征服南淮夷,周夷王亲征南淮夷,鄂侯驭方鼎⑤载:

王南征,伐角、鄱,唯还自征,在坏。鄂侯驭方内豊于王,乃祼之,驭方友(侑)王。王休宴,乃射,驭方会王射,驭方休闌。王宴,咸饮。王亲易驭方玉五斛,马四匹,矢五[束]。驭方拜手稽首,敢对扬天子丕显休贲,用作尊鼎,其迈(万)年子孙永宝用。(《集成》2810)

---

① 引簋铭文释文参考李学勤《高青陈庄引簋铭文及其历史背景》,《文史哲》2011年第3期。器物铭文照片、拓片见《铭图》5299、5300。
② 这个赏赐规格见于宜侯夨簋铭文载周康王赏赐宜侯夨,《尚书·文侯之命》周平王对晋文侯的赏赐,《左传·僖公二十八年》周襄王对晋文公的赏赐,受赏者皆为诸侯身份。
③ 由前文的讨论知,整个西周时期周王朝在地方设有诸"监",西周中晚期仲几父簋云:"仲几父事(使)几事于诸侯、诸监,用厥宾作丁宝簋。"(《集成》3954)诸侯与诸监并列,诸侯是一国的国君,而诸监身份地位近于邦君,负有监视、监察其邦国的任务,可能也包括指挥诸侯国军队,是直接听命于周王的官员。
④ 《后汉书·西羌传》注称见《竹书纪年》。
⑤ 关于鄂侯驭方鼎的时代有争议,《两周金文辞大系图录考释》定为周夷王时,《西周铜器断代》定为周孝王时,《西周青铜器铭文分代史征》定为周穆王时,《商周青铜器铭文选》定为周厉王时。本书取周夷王时代说。

伐角、鄱,即蓼生盨中伐角、鄱、津、相的简称,此四国皆淮夷邦国。坼地非常重要,是伐淮夷的重要基地。鄂地所在亦有三说,未知孰是。①"内豊"即纳礼,是驭方献给王礼物。王"乃祼之,驭方友(侑)王",如王国维谓王祼驭方也。驭方酢王也。② 周王南征归还在坼地,大概近于鄂侯的管辖地,鄂侯来朝见周王,并献上"礼",王设宴招待鄂侯,中间休宴王举行射礼,鄂侯参与射礼。此器铭中的鄂侯与禹鼎中率领南淮夷反叛周王的鄂侯为同一人。可能此时鄂侯与周的关系已经紧张,鄂侯驭方受到周夷王南征的军事威慑,暂时采取了朝见于王并纳贡礼的措施。周王设宴招待鄂侯并举行射礼,由鄂侯驭方赞射。从这篇铭文记载的朝觐礼、飨燕之礼、射礼得到这样一些认识:鄂侯迫于军事压力主动来见王献贡礼,目的是求好缓和双方关系;周王设宴招待鄂侯,举行射礼令鄂侯赞射,并且亲赐玉、马匹、矢等物,是对鄂侯驭方求好行为的认可,并在行礼中进一步巩固双方关系。周夷王曾身患恶疾,继位八年后死于疾病。③ 周夷王死后南国也随之动荡起来,周厉王继位后鄂侯驭方率领东夷、南夷反叛周。

第三节 西周后期的社会变革与服制的衰落

至周厉王时期,周王朝政治开始衰败,厉王的一些政策失当,激化了早已存在的社会矛盾,酿成国人暴动,几使周王朝濒临灭顶之灾。周王朝进入二王并立的时代,共伯和居王位十四年后,周厉王死于彘,于是共伯和令诸侯拥立厉王太子静为宣王。宣王在位期间极力塑造周王权威,加强对内服朝臣的管理,讨伐北方和西北的猃狁,维护荒服秩序。南方的荆

---

① 陈梦家:《西周铜器断代》,第 217 页。
② 王国维:《观堂别集·释宥》,《观堂集林》,第 1330 页。
③ 周夷王身患恶疾见于《左传·昭公二十六年》王子朝语,今本《竹书纪年》称周夷王"八年,王有疾,诸侯祈于山川。王陟"。似周夷王继位八年因身患恶疾不治而死。

第六章　周代服制的建立、发展、演变及其历史影响

楚、淮夷、徐方于厉王末年和共和时期,试图摆脱周王朝的统治,不再尽要服义务。周宣王通过军事征伐,希望维护周初确立的要服秩序。周宣王对内外服及要服、荒服的治理,使得周王朝大有中兴景象。但周宣王已无力阻止外服诸侯和内服贵族势力的崛起,晚年王师败绩于讨伐荒服诸戎战役,随着他的逝去,未能挽救周王朝的颓败。周幽王即位后,周王畿附近的泾、渭、洛水地区发生强烈的地震,给民众生活带了巨大灾难。周幽王未能组织有效的社会救济,反而任用"佞巧善谀好利"的虢石父为卿士,造成更大的人祸。外服诸侯不仅要摆脱周王朝控制,甚至要入居王室干预王朝政治运行。

一、周厉王时期的社会变革与服制演变

《国语·周语下》载周王太子晋言"自我先王厉、宣、幽、平而贪天祸,至于今未弭"。"自后稷以来宁乱,及文、武、成、康而仅克安民。自后稷之始基靖民,十五王而文始平之,十八王而康克安之,其难也如是。厉始革典,十四王矣"。太子晋将周王朝的衰落归于厉、宣、幽、平四王行政有失,导致天祸至于春秋未止,且自周厉王开始变革周制,是符合历史实际的。周厉王即位后面对王室衰微,因夷王时期对外讨伐要服、荒服反叛而致财力匮乏的局面,试图改革增加财政收入,强化王权。

《国语·周语上》载周厉王重用荣夷公,因其好专利可以增加财政收入。内服大臣芮良夫劝谏周厉王专利之害,"夫利,百物之所生也,天地之所载也,而或专之,其害多矣。天地百物,皆将取焉,胡可专也? 所怒甚多,而不备大难,以是教王,王能久乎? 夫王人者,将导利而布之上下者也,使神人百物无不得其极,犹日怵惕,惧怨之来也。故《颂》曰:'思文后稷,克配彼天。立我蒸民,莫匪尔极。'《大雅》曰:'陈锡载周。'是不布利而惧难乎? 故能载周,以至于今。今王学专利,其可乎? 匹夫专利,犹谓之盗。王而行之,其归鲜矣。荣公若用,周必败。"周厉王不听,卒用荣公为卿士,结果"诸侯不享,王流于彘"。从芮良夫所说看,周厉王的专利似乎是专山泽之利,将公用的山泽资源管制起来,由王室专营。但是西周王朝"专利"的情况早已有之,如周共王时代的同簋铭文中虞大父为虞官掌管

着场、林、虞、牧(《集成》4271),说明此时已经在专营山泽之利。南宫柳鼎载南宫柳受命掌管场(《集成》2805),微栾鼎载微栾受命掌管"九陂"即水利工程(《集成》2790)。周厉王任用荣夷公专利,符合共王以来时代发展趋势,是周厉王增加王室收入的重要措施。这样就触犯了无偿使用山泽和向山泽扩大私产的内服权臣利益,引起朝臣、贵族不满和批评。周厉王对此采取了极端措施,"王怒,得卫巫,使监谤者,以告,则杀之。国人莫敢言,道路以目"(《国语·周语上》)。

周厉王统治时期还多次征伐淮夷,消耗了国力。《后汉书·东夷传》称:"厉王无道,淮夷入寇,王命虢仲征之,不克。"虢仲盨铭文有云:"虢仲以王南征,伐南淮夷,在成周作旅盨,兹盨友(有)十又二。"(《集成》4435)周厉王三十三年曾亲自巡察东国、南国,周厉王在巡狩途中发现"南国服子敢陷处我土",于是王"敦伐其至,翦①伐厥都",并命令外服晋侯稣帅其军队讨伐进犯的夙夷等东夷、南夷诸部,取得几次战役的胜利。② 最后"服子乃遣间来逆昭王,南尸(夷)东尸(夷)俱见二十又六邦"(《集成》260宗周钟)。铭文中"昭",据《尔雅·释诂下》训为见。"服子"是周王朝对臣服的部族、方国的称呼,服子不是具体的一个方国,据伯咉父簋铭文知服子主要有斛、桐、遹,③很可能会有更多方国。此时鄂侯也反叛了周王朝,鄂侯驭方率南淮夷、东夷诸部广伐南国、东国,至于历内。周厉王命令西六师、殷八师扑伐鄂侯驭方老幼无遗,最后由武公下属禹帅武公兵力并联合西六师、殷八师打败了反叛联军,擒获了反叛的鄂侯驭方(《集成》2833禹鼎)。

周厉王时期西北的戎狄荒服也叛周,《后汉书·西羌传》注引《竹书纪年》:"厉王无道,戎狄寇掠,乃入犬丘,杀秦仲之族。王命伐戎,不克。"多友鼎(《集成》2835)载周厉王时期狁大举侵犯京师,周王命令臣子率师

---

① 翦字释读参见刘钊《利用郭店楚简字形考释金文一例》,《古文字研究》第二十四辑,北京:中华书局,2002年。
② 马承源:《晋侯稣编钟》,《上海博物馆集刊》第七期,上海书画出版社,1996年。
③ 李学勤:《谈西周厉王时器伯咉父簋》,《安作璋先生史学研究六十周年纪念文集》,第86—89页。

第六章 周代服制的建立、发展、演变及其历史影响

抗击的经过。① 厉王命令武公、多友率师讨伐获胜,铭文记载这一年的十月份,狁狁诸部族集结起来造反,大举侵犯京师。京师向王报告追寇。周王命令武公派遣其元士追击狁狁于京师。武公派遣多友率官战车大逐于京师。癸未日,戎侵犯筍邑,终获俘虏。多友西追戎,于次日早晨,搏戎于郗邑,多友有折首、俘虏之功。用公车折首二百余人,俘虏二十三人,俘获戎车一百十七乘,夺回筍邑被戎俘者。又搏戎于共邑,斩首三十六人,俘虏二人,俘获车十乘。急至追搏戎于世地,多友又有斩首、俘虏之功。继续追戎至于杨冢。公折首一百十五人,俘虏三人,所俘之车不能带回,卒焚之,而以马驱载伤者。② 又夺回京师被俘者。多友向公献了俘虏和左耳。于是武公献之于王,王对武公说"你有静东国之功,给你降福和赐田",丁酉日武公召见了多友,因其有功而给予赏赐。多友于是作器以为纪念。③ 这可能是周厉王讨伐狁狁获胜的一次战役,但周王朝并未平定荒服叛乱。

周厉王统治时期可谓内外交困,国家面临全面危机。《左传·昭公二十六年》:"至于厉王,王心戾虐,万民弗忍,居王于彘,诸侯释位,以间王政。"顾炎武《日知录》卷二五"共伯和"条认为"诸侯释位"即指共伯和干王位事。④ 新近公布的《清华大学藏战国竹简·系年》第二至三简载:"至于厉王,厉王大疟于周,卿士、诸正、万民弗忍于厥心,乃归厉王于彻,龚伯和立十有四年。"外服诸侯不但不救周王,反而有诸侯践位为王,内服朝臣及其宗族势力为"国人暴动"的主要力量,而周宣王时期的一件簋铭载参加暴动的还有"邦人、正人、师氏人"(《集成》4469),师氏是周王朝军队的长官单称师某,师氏人即军人,说明周厉王并没有得到军事长官师某及其所掌军队的援助,以镇压暴动,反而军队势力也参加了此项暴动。这次暴动

---

① 关于多友鼎的时代,参考李学勤《论多友鼎的时代及意义》,《新出青铜器研究》,第126—133页。
② 铭文中有蠹字,又见于作册益卣,依《说文》训为"伤痛"。
③ 对于铭文的理解多参照李学勤《论多友鼎的时代及意义》,《新出青铜器研究》,第126—133页。
④ 顾炎武著、黄汝成集释:《日知录集释》卷二五,上海:上海古籍出版社,2006年,第1409页。

波及甚广,有广泛的社会阶层参与,是对周厉王暴政的致命打击,周厉王逃往晋境的彘邑避难,至死未能复王位。

二、"共和行政"与社会观念变革

内服朝臣的暴动赶走了周厉王,厉王太子静藏匿于召公家不敢出,国人包围召公家,召公出己子代太子,才使太子幸免。此时的周王朝处于无王状态,政权不稳随时可能倾覆。《史记·周本纪》称:"召公、周公二相行政,号曰'共和'。"将挽救周王朝者归于周、召二公。《史记索隐》引古本《竹书纪年》则持另一说,谓:"若《汲冢纪年》则云'共伯和干王位。'共音恭,共,国,伯,爵,和其名。干,篡也。言共伯摄王政,故云干王位也。"即共伯和行王政。《晋书·束晳传》:"《纪年》:厉王既亡,有共伯和者摄行天子事。"亦称周厉王逃亡后,由共伯和行王政,主持周王朝大局。

《史记正义》两说并存,云:"韦昭云:'彘之乱,公卿相与和而修政事,号曰共和也。'《鲁连子》云:'卫州共城县,本周共伯之国也。共伯名和,好行仁义,诸侯贤之。周厉王无道,国人作难,王奔于彘。诸侯奉和以行天子事,号曰共和元年。十四年厉王死于彘,共伯使诸侯奉王子靖为宣王。而共伯复归国于卫也。'"而《左传·昭公二十六年》称:"至于厉王,王心戾虐,万民弗忍,居王于彘,诸侯释位,以间王政。"则厉王居于彘后,治王之事者是诸侯而不是周、召二公这样的王朝大臣,相比之下,《鲁连子》《竹书纪年》说更有据。关于"共和行政",前辈专家已有较多研究,取得不少重要成果。其中可以肯定的是周厉王逃亡后,行王政的是诸侯共伯和,共伯和即卫武公,也即金文中的伯龢父、师龢父、司马共。[①] 关于共伯和行王政称王之事,学者或据2003年公布的周宣王时代的逨盘铭文没有共和纪年,而断定共伯和未曾称王。但从周宣王继位后积极树立周王权威、宣扬

---

① 金文中的伯龢父、师龢父、司马共为一人即共伯和的意见,最早由郭沫若先生提出,见其所著《两周金文辞大系图录考释》,而卫武公即共伯和、伯龢父的论证,参见晁福林《伯龢父诸器与"共和行政"》,《古文字研究》第21辑,中华书局,2001年,第174—190页。以及《上博简孔子〈诗论〉"仲氏"与〈诗·仲氏〉探论——兼论"共和行政"的若干问题》,《孔子研究》2003年第3期。

第六章　周代服制的建立、发展、演变及其历史影响

周文王、周武王受天命而有天下的时代思潮来看,作于周宣王时代的逨盘铭文主要歌颂历代周王功绩,定然不会提及共伯和之事,况且共伯和行王政并没有否定周厉王之王位,综合这几个方面因素考虑,逨盘铭文未提及共伯和是可以解释通的。共伯和由诸侯身份入周王朝任职可能先担任师职,称"师龢父",之后升任司马,称"司马共",在周王朝册命军事长官师某时担任佑者,又由三有司的司马升任王朝卿士,称"武公"(《集成》2835 多友鼎)。相关金文反映,共伯和行王政且已被臣下称之为王。共伯和摄王政时期注重经营王家财产,师㝨鼎载共伯和时期的一些情况,铭文云:

> 惟王元年正月初吉丁亥,伯龢父若曰:师㝨,乃祖考有爵于我家,汝又佳小子,余命汝死我家,䚯司我西偏、东偏、仆驭、百工、牧臣妾,东栽内外,毋敢否善,易汝……敬乃夙夜用事。㝨拜稽首,对扬皇君休,用作朕文考乙仲将簋,㝨其万年子子孙孙永宝用享。(《集成》4311)

师㝨鼎铭文摹本

师獸俨然成了伯龢父的家臣,此铭与孝王命令蔡为宰官,管理王家事务如出一辙。铭文开头纪时用语出自内史,此册命并非伯龢父亲命,而是由内史一类的人员起草并宣读册命,很显然内史职官已视伯龢父之命为王命,并且称"惟王元年",伯龢父显然是王。再考察西周时期的师官并没有第二个如伯龢父一样拥有东西两偏仆驭、手工业作坊工人、臣妾奴隶的家产,并且设有如同周王宰官一样的家臣管理其家产,伯龢父俨然周王。据师虎簋(《集成》4316)东西两偏即王之近卫左右戏,进一步说明伯龢父为王。从金文习用语看,称"若曰"者多为王,亦可说明伯龢父可能为实际的王。

共伯和行王政时期非常注意与军事长官的关系,周厉王在位时期,共伯和担任军事长官,称师龢父,后又升任王朝司马主持军事,在多位军事长官的册命典礼上担任佑者,说明其下属有多位军事长官,且与其关系密切,拥有非常可观的军事力量,这可能是他践行王政的坚实军事基础。共伯和还主持籍田礼仪,奖掖农耕,发展农业生产,挽救危机四伏的王朝经济,消除周厉王时期"专利"政策的恶劣影响。师釐簋铭云:

师龢父乍,釐菽蒂巩,告于王。唯十又一年九月初吉丁亥,王在周,格于大室,即位。宰琱生入右师釐,王呼尹氏册命师釐。王若曰:师釐,在昔先王小学,汝敏可使,既令汝更乃祖考司小辅,今余惟申就乃命,命汝司乃祖旧官小辅眔鼓钟,赐汝菽蒂、金黄(衡)、赤舄、攸勒,用事敬夙夜勿废朕命。师釐拜手稽首,敢对扬天子休,用作朕皇考辅伯尊簋,釐其万年子子孙孙永宝用。(《集成》4325·2)

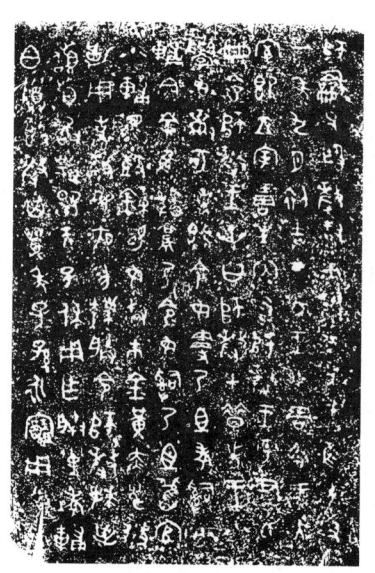

师釐簋铭文拓片

铭文的关键在于乍字释读,晁福林先生举文献和金文证据,认为读为籍,铭文是说师龢父举行籍田之礼,师釐参加了此礼并在其中担任了重要角色,倍感荣

第六章 周代服制的建立、发展、演变及其历史影响

幸而作器纪念。釐菽芾，是指师釐穿着绘有五彩的蔽膝参加了籍田礼。巩，有攻、治之意，参加籍田礼者一般要亲推耒耜，师釐穿着菽芾参加籍田礼并亲推耒耜。"告于王"与辅师釐的职掌有关，据《国语·周语上》载在举行籍田礼的当天，"瞽师、音官以风土"，韦昭注释瞽为乐太师、音官为乐官，"以音律省风土"，指瞽师、音官向天子、卿大夫报告阴阳、风雨、土地等方面的情况。此与本铭的辅师釐作为乐队指挥官的职能相近，辅师釐既参加了籍田礼，"告于王"很可能是指在籍田礼上将风雨、土地情况报告给王。① 师釐簋铭文"在昔先王小学，汝敏可使，既令汝更乃祖考司小辅"，此处"先王"当指周厉王，表明在周厉王时期师釐受命继承祖考掌管小辅，此事见于辅师釐簋铭文，但辅师釐簋铭文有些特殊地方，可能作于共伯和行王政时期。辅师釐簋铭文：

> 唯王九月既生霸甲寅，王在周康宫，各大室，即位。荣伯入佑辅师釐，王呼作册尹册命釐，曰：更乃祖考司辅，我（哉）赐汝载芾、素黄（衡）、銮旂。今余曾（增）乃命，赐汝玄衣、黼屯（纯）、赤市、朱黄（衡）、戈彤沙（蘇）珊戬、旂五日，用事。釐拜稽首，敢对扬王休命，用作宝尊簋，釐其万年子子孙孙永宝用事。（《集成》4286）

此铭中既称"辅师釐"表明此前师釐已经受命掌管小辅，故有此称。铭文比较关键的地方是王册命辅师釐的内容，"更乃祖考司辅，我（哉）赐汝载芾、素黄（衡）、銮旂。今余曾（增）乃命，赐汝玄衣、黼屯（纯）、赤市、朱黄（衡）、戈彤沙（蘇）珊戬、旂五日，用事"。据师釐簋铭

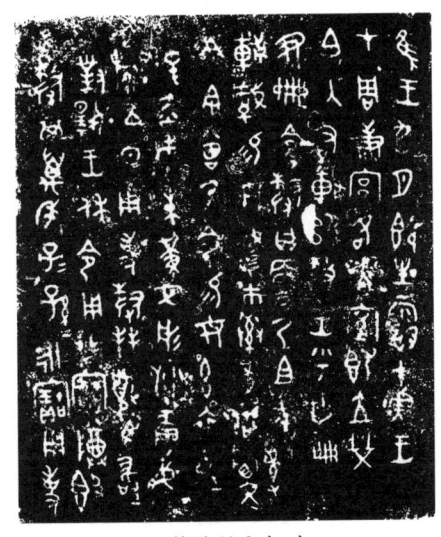

辅师釐簋铭文拓片

---

① 详细考证参考晁福林《先秦社会形态研究》，第472—473页。

文知,周厉王时已经任命师釐掌管小辅,而此铭"更乃祖考司辅,栽(哉)赐汝载市、素黄(衡)、銮旂"。当即周厉王对师釐的册命,栽,"乃哉声字,义为初始。《尔雅·释诂》哉:'始也。'经传或作载。此处用'载'是说明过去,与下文用'今'相对为言"。① 册命金文中对同一人的册命,如果是不同的王册命一般会先提及"先王"的册命,然后称"今余",如果是同一王对某人的前后两次册命,一般前后都会有王的自称"余"。但是此铭很特殊,辅师釐已经司辅,而王命又说"更乃祖考司辅",应是对周厉王命的认可,"哉"与"今余"的对应表明是不同王对师釐的册命,此处讳称及周厉王。而命文"今余曾(增)乃命,赐汝玄衣、黹屯(纯)、赤市、朱黄(衡)、戈彤沙(緌)琱㦸、旂五日,用事"。才是共伯和对师釐新增加的册命,即共伯和承认周厉王对师釐的任命,又增加了一些新的任命。晁福林先生据张培瑜先生所作《中国先秦史历表》推断此器为共和七年所作,是很有道理的意见。上举两篇册命师釐的铭文中,在册命廷礼上担任佑者的是荣伯和宰琱生,郭沫若先生认为荣伯当即周厉王时期王朝卿士荣夷公,"荣公之或称荣伯,犹召公之或称召伯"。② 由此知,周厉王时期的王朝卿士荣夷公并未随厉王逃往彘邑避难,亦未受到惩罚,反而被共伯和重用,依然在朝中担任要职。宰琱生即琱生簋中的琱生,"用作朕烈祖召公尝簋"表明琱生出于召公宗族,共伯和任命琱生为宰官且在册命师釐典礼中担任佑者,表明共伯和对召公一派势力的团结与重用。这两个例子表明,共伯和摄王政期间对于内服各派宗族势力采取了平衡、笼络的策略。共伯和摄王政期间注意拉拢外服诸侯,《史记·周本纪》正义引《鲁连子》云:"共伯名和,好行仁义,诸侯贤之。"《庄子·让王》:"共伯得乎共首。"司马彪注:"共伯名和,修其行,好贤人,诸侯皆以为贤。周厉王之难,天子旷绝,诸侯皆请以为天子,共伯不听,即干王位。"外服诸侯拥戴共伯和代周王为天子,但共伯和拒绝以天子身份凌驾于诸侯之上,而以摄政王形式践行王政,主持大局。

共伯和行王政的十四年团结拉拢内服中的召公、荣公等大家族的势

---

① 马承源主编:《商周青铜器铭文选》(三),第266页。
② 郭沫若:《辅师釐簋考释》,《郭沫若全集·考古编》6,第209页。

第六章　周代服制的建立、发展、演变及其历史影响

力,利用其曾经担任军事长官和王朝司马的经历,拉拢军队作为其统治的军事支柱。对于外服诸侯行仁义,颇予礼遇,深得外服诸侯支持。重视发展农业,兴籍田之礼,鼓励农耕,扭转周厉王时期的"专利"政策。共伯和在周厉王死后审时度势,致政于周宣王。《鲁连子》称:"十四年厉王死于彘,共伯使诸侯奉王子靖为宣王。而共伯复归国于卫也。"清华简《系年》称致政之后的共伯和"归于宗"。归国后的共伯和已经不再任卫侯,《庄子·让王》称其逍遥于共山之首。

"国人暴动"以及共和行政反映了西周后期社会观念的变化,并对周王朝以后的发展产生了巨大影响。"国人暴动"是周王朝的内服臣子发动的驱逐周厉王的政治革命,作为王朝支柱的军队不但没有镇压暴动,反而参与了此次暴动。但内服朝臣并不是要废除王政,而是出于对周王权威抱以很高的期望,从而对现实中暴虐的周厉王极度不满,最终目的是希望周王之位的稳固。外服诸侯本有勤王义务,但也没有出兵救助周厉王,反映此时周厉王尽失民心,王权威望扫地。共伯和以诸侯身份入朝为官,并于国人暴动后力挽狂澜执政称王达十四年之久,而周厉王只能避居彘邑不敢轻举妄动,直至死去。从内服朝臣暴动驱逐周厉王,以及外服诸侯入朝摄政称王的事实,反映全社会对周王权威的不信任、不认同,并且加剧了这一观念的蔓延。西周王朝自周懿王时期已经出现诗人作刺诗的情况,但周王威望尚存,如周夷王生病了,"诸侯莫不并走其望,以祈王身"。(《左传·昭公二十六年》)但是到了周厉王以后,周王成为全社会舆论抨击的对象,如周厉王时期国人谤王,厉王止谤。《诗经》中的《小雅》自《六月》以后的58篇,《大雅》自《民劳》以后的12篇,被郑玄称为"变雅",依据《诗序》所说多为刺厉王或幽王之作。说明周厉王以后周王的权威大大下降,人们对周王的天命权威信仰发生了动摇,王权观念由以前的尊崇、敬畏到讽刺、批判,人们的舆论开始转向对贵族大臣如共伯和、申伯、甫侯等的赞美,反映西周晚期王权衰落,内服权臣与地方诸侯势力崛起的社会现实。

三、周宣王整顿内服重构王权

《史记·周本纪》载:"宣王即位,二相辅之,修政,法文、武、成、康之遗

风,诸侯复宗周。十二年,鲁武公来朝。"周宣王即位后整顿内外服,外攘夷狄,重构王权。周宣王注意吸取厉王的教训,整饬内服秩序。㝬盨铭文载:"有进退与邦人、正人、师氏人,有罪有故(辜),乃协俪即汝,乃䜌宕,卑(俾)复虐逐厥君厥师,乃作余一人咎。王曰:㝬,敬明乃心,用辟我一人,善效乃友内(入)辟,勿使暴虐纵狱,爰夺㱃行道,厥非正命,乃敢疾讯人,则唯辅天降丧,不[盄]唯死。赐汝矩鬯一卣……敬夙夕,勿废朕命。㝬拜稽首,对扬天子丕显鲁休,用作宝盨,叔邦父、叔姞万年,子子孙孙永宝用。"(《集成》4469)这是宋代发现的一件盨,传世仅有此铭摹本载于《考古图》,从铭文内容看,似是铭文的后半部分,可能是与盨盖连铭,因盨盖丢失铭文前半部分语境不明,大体上是讲不希望再次发生"国人暴动"逐王之事。随后周宣王告诫臣子㝬要约束僚属,不要使其暴虐纵狱。要敢于拘讯人,执行天罚。做不到这一点,只有去死。周宣王任命毛公厝为卿士总领王朝、王家事务,通过宣扬文武受命,告诫和劝勉内服尽职尽责,重构王权威信。毛公鼎铭文云:

> 王若曰:"父厝,丕显文、武,皇天引厌厥德,配我有周,膺受大命,率怀不廷方,亡不闬于文、武耿光,唯天壮集厥命,亦唯先正严辥厥辟,勴勤大命,肆皇天亡𢦏,临保我有周,丕巩先王配命。敃(旻)天疾威,司余小子弗及,邦将害(曷)吉,䚃䚃四方,大纵不静。呜呼,遑余小子圂湛于艰,永巩先王。"王曰:"父厝,今余唯肇经先王命,命汝乂我邦、我家内外,憃于小大政,屏朕立(位),虩许上下若否于四方,死毋童余一人在位,引唯乃智,余非墉(庸)又闻(昏),汝毋敢妄(荒)宁,虔夙夕叀(惠)我一人,拥我邦小大猷,毋折缄,告余先王若德,用卬(仰)昭皇天,申恪大命,康能四国,俗(欲)我弗作先王忧。"王曰:"父厝,于之庶出入事于外,敷命敷政,蓺小大楚(胥)赋,无唯正闻(昏),引其唯王智,乃唯是丧我国,历自今出入敷命于外,厥非先告父厝,父厝舍命,毋有敢憃敷命于外。"王曰:"父厝,今余唯申先王命,命汝亟(极)一方,函我邦我家,汝推于政,勿雍违庶人,毋敢龏(拱)苞,拱苞乃侮鳏寡。善效(教)乃有正,毋敢湛于酒,汝毋敢坠在乃服,恪夙夕敬念王威不易,汝毋弗帅用先王作明刑(型),欲汝弗以乃辟陷于

第六章 周代服制的建立、发展、演变及其历史影响

艰。"王曰:"父厝,已曰:炊兹卿士寮、太史寮于父即尹,命汝缵司公族与三有司、小子、师氏、虎臣与朕亵事,以乃族扞御王身,取徵卅爰(捋),赐汝矩鬯一卣,祼圭瓒宝,朱芾、葱黄(衡)、玉环……赐汝兹夯,用岁用政(征),毛公厝对扬天子皇休,用作尊鼎,子子孙孙永宝用。"(《集成》2841)

铭文共分六段,首段以"王若曰"开始,次四段以"王曰"冠首,最后为毛公的答谢语。铭文第一段主要谈周文王、周武王受命,四方来朝臣服,宣扬周王的权力来自上天,具有权威性。及至宣王时"四方大纵不静",使宣王处于艰难境地。在这种形势下,周宣王对毛公予以册命,上引即册命的内容。册命内容以四个"王曰"分为四个层次,第一层主要是宣王继承先王的命令命毛公职权的范围,中心意思是要毛公尽职事保王位和周邦稳定和谐,敬天命康能四国。这与周初命贵族盂、卫侯封、邢侯时的内容相近,即保王位、屏周邦、度知天命。第二层册命是命以外事,主要涉及方国的服从与纳贡之事。第三层王命是宣王重申先王对毛公的命令,主要是告诫其为政注意事项,尤其提到不要沉湎于酒,不要坠失职守,不要使王陷于艰难境地。第四层王命毛公掌管卿事寮、大史寮,兼司公族与三有司、小子、师氏、虎臣,参与宣王朝政事,以毛公宗族势力捍卫王身。最后是王赐给毛公物品,毛公感谢之辞。显然毛公受命总领内服朝臣和王家行政以及公族事务、方国贡赋事务等,仅对周宣王一人负责。此一册命反映了周宣王重塑王权的正统性,天命周文王、周武王敷有天下,周宣王继承了文武受命所获得的天下。册命毛公总领国家内外和王家内外、公族事务,将周王权力高度集中,似乎周宣王只要驾驭好毛公,整个国家、王家、公族都会纲举目张,处于周宣王控制之下。

周宣王即位后顺应已经变革的社会经济思潮,着手发展经济,开始"不籍千亩"(《国语·周语上》),废止了籍田礼,"即废除了借民力以耕公田的助法,改行实物地租"。① 宣王的做法遭到了维护旧制大臣的反对,但王弗听,废止了籍田礼。周宣王还采取"料民"的方式增加赋役,《国

---

① 徐中舒:《先秦史论稿》,成都:巴蜀书社,1992年,第174页。

语·周语上》"宣王既丧南国之师,乃料民于太原"。"料民"即统计民数,直接目的是增补军事力量,也可能与废止籍田制后征收新的赋税有关。周宣王派遣王朝重臣采取多种方式聚敛财富,增加王朝收入。如周宣王命令"于之庶出入事于外,敷命敷政,蓺小大楚(胥)赋",派遣兮甲"政(征)成周四方积"(《集成》10174 兮甲盘),派遣仲山甫"赋政于外,四方爰发"(《诗经·大雅·烝民》)。面对王室经济的衰退,周宣王派遣重臣巡视四方的目的也转向聚敛财物。周宣王加强对要服的剥削,来增加王室收入。兮甲盘载:"唯五年三月既死霸庚寅,王初各(格)伐猃狁于䓊驫。兮甲从王,折首执讯,休,亡敃。王易兮甲马四匹、驹、车。王命甲政司成周四方积,至于南淮夷,淮夷旧我帛贿人,无敢不出其帛、其积、其进人,其积,无敢不即次、即市,敢不用命,则即井(刑)扑伐,其唯我诸侯百姓,厥贾,毋不即市,毋敢或入蛮宄贾,则亦刑。兮伯吉父作盘,其眉寿万年无疆,子子孙孙永宝用。"(《集成》10174)周宣王五年打败西北猃狁,兮甲从王征伐有战功而获赐马四匹和驹、车。周宣王命令兮甲掌管征收成周四方应献的贡物,兮甲巡视到了南淮夷地域宣布王命。淮夷在周初被征服纳入周王朝的要服之中,有献纳布帛之服的义务。当地淮夷诸部都拿出应献的布帛、粮草物资、①服役人员。淮夷的商贾要到规定的市场上交易,如果敢有违背,就进行军事讨伐。周王朝的诸侯、百官的商人,不到规定的市场或乱入市场交易,也要受到惩罚。周宣王规定,如果淮夷不贡纳布帛以及粮草、人众,或者淮夷的商贾不遵守交易规则,就要进行军事征伐和法律惩罚。周宣王对淮夷的盘剥无疑成为周宣王后期与淮夷征战的一个重要诱因。

四、周宣王征伐猃狁、淮夷巩固朝贡服制

周穆王为了控制犬戎,将其一部分迁居到固原、平凉、庆阳一带古所谓"太原"地区,被称为"太原之戎"、"猃狁",但到了西周中晚期周王室衰

---

① 李学勤先生认为此处的"积"为狭义,即古书中的"委积",禾米薪刍之属。参《兮甲盘与驹父盨》,《西周史研究》人文杂志丛刊第二辑,又《新出青铜器研究》,第 139 页。

第六章 周代服制的建立、发展、演变及其历史影响

微,他们不仅不朝王纳贡,而且还经常寇掠周王朝边境地区甚至侵犯京师,周夷王时期虽取得了抵抗侵入京师猃狁的胜利,但并未从根本上解除西北边患。周宣王即位不久,猃狁趁周国势衰微,有侵犯周邦之事。古本《竹书纪年》载周宣王四年,"使秦仲伐西戎,为戎所杀"(《后汉书·西羌传》引)。周宣王五年三月亲征西戎,"唯五年三月既死霸庚寅,王初各(格)伐猃狁于䗊盧","兮甲从王,折首执噽,休,亡敃"(《集成》10174 兮甲盘)。此役是周宣王初伐猃狁,兮甲随王征伐,有折首俘获之功,亡敃犹如亡尤,很顺利,战役取得了一些胜利。为了大规模的出征猃狁,肃清门前的敌人,周宣王命令兮甲征取四方应献贡物,特别加重对南淮夷地区的盘剥。周宣王"召秦仲子庄公,与兵七千人,伐戎,破之"(《后汉书·西羌传》引《竹书纪年》)。秦庄公名其,即不其簋的作器者,①不其簋盖铭文有云:"唯九月初吉戊申,伯氏曰:'不其,驭方、猃狁广伐西俞(隃),王令我羞追于西,余来归献禽(擒)。余命汝御(驭)追于䇂,汝以我车宕伐猃狁于高陵,汝多折首执讯。戎大同从追汝,汝及戎大敦搏。汝休,弗以我车陷于艰。汝多擒,折首执讯。'伯氏曰:'不其,汝小子,汝肇诲(敏)于戎工(功)。易汝弓一、矢束,臣五家,田十田,用从乃事。'"(《集成》4328)上引此铭只是伯氏所道部分,伯氏奉王命向西追击驭方、猃狁于西俞,伯氏获胜回来献擒。李学勤先生认为伯氏为秦庄公的昆弟,"不其的'皇祖公伯'就是《本纪》所载庄公昆弟的祖父公伯"。②伯氏回来向王献俘,又命令不其以伯氏战车追击猃狁,不其在高陵与猃狁大战,斩首和俘虏很多。猃狁大合会以追击不其,不其与戎大战,多有擒获。不其在两次战役中均有折首执讯之功,伯氏赏赐不其弓、矢、臣、田。经周宣王初年的几次讨伐,猃狁暂时臣服于周,向周朝王纳贡。到了周宣王十二年猃狁再次入侵,由北洛水流域攻入。虢季子伯盘载:"惟十有二年正月初吉丁亥,虢季子伯作宝盘。丕显子伯壮武戎功,经维四方,薄伐猃狁于洛之阳,折首五百,执讯五十,是以先行。桓桓子伯,献馘于王。"参与周宣王十二年征伐猃狁战争的军事长官不止虢季子伯,虢季子伯率领的军队在北洛水东岸某地与猃狁大

---

①② 李学勤:《秦国文物的新认识》,《文物》1980 年第 9 期。

战,获"折首五百,执讯五十"大功而先行班师"献馘于王",其他军队随后班师回朝献功,说明此次征伐狁周王朝军队大获全胜。由于是虢季子自作器,只记述了自己的功绩。而《诗·小雅·六月》记载了尹吉甫率师抵御进犯宗周镐京、方京的狁。诗文云:

> 六月栖栖,戎车既饬。四牡骙骙,载是常服。狁孔炽,我是用急。王于出征,以匡王国。
> 比物四骊,闲之维则。维此六月,既成我服。我服既成,于三十里。王于出征,以佐天子。
> 四牡修广,其大有颙。薄伐狁,以奏肤公。有严有翼,共武之服。共武之服,以定王国。
> 狁匪茹,整居焦获。侵镐及方,至于泾阳。织文鸟章,白旆央央。元戎十乘,以先启行。
> 戎车既安,如轾如轩。四牡既佶,既佶且闲。薄伐狁,至于大原。文武吉甫,万邦为宪。
> 吉甫燕喜,既多受祉。来归自镐,我行永久。饮御诸友,炰鳖脍鲤。侯谁在矣,张仲孝友。

诗共六章,首章言尹吉甫受宣王命急出兵抵御来犯的狁,二章出征军行整齐,日行三十里,出征狁,辅佐周宣王作天子。三章言军容之严整,四章言狁入侵之深达镐京、方京,尹吉甫驱敌之疾。五章言王师获胜,打到了狁的老家大原。六章言尹吉甫伐狁大胜而归,周天子以饮至之礼燕飨之,并厚赐之。此诗表明尹吉甫统帅的王朝军队驱逐狁,一直追击到狁的居地大原,几路大军联合讨伐狁,重创了狁的势力,暂时解除了西北的边境危机。

经过厉王时期大举征伐,淮夷暂时安静下来,当周宣王全力征伐狁时,淮夷、荆蛮等要服势力不堪周王朝的盘剥压榨趁机反叛。周宣王安定西北之后,转向东南开始讨伐淮夷。师寰簋铭记载周宣王征伐淮夷之事,"王若曰:'师寰,叟淮夷旧我帛晦臣,今敢博(薄)厥众叚,反工事,弗(蹟)我东国,今余肇命汝率齐师、纪、莱、僰,屍(殿)左右虎臣,征淮夷,即

第六章 周代服制的建立、发展、演变及其历史影响

訊厥邦兽(酋):曰艮、曰莽、曰铃、曰达。'师寰虔不坠,夙夜恤厥将事,休既又工(功),折首执讯,无諆徒驭,殴俘士女、牛羊,俘吉金,今余弗叚组(徂),余用作朕后男巤尊簋,其万年孙孙子子永宝用享"(《集成》4314)。淮夷本是向周邦献纳布帛贡赋的臣子,这在周初成康征伐淮夷之后就已经确立为要服秩序。这个认识与兮甲盘、驹父盨盖铭文一致。宣王征伐淮夷的原因是其聚众反对向周王朝交纳布帛等贡物,不到周王朝指定的东国之地与东方诸侯进行商品交易。齐师、纪、莱、夔等诸侯俱在东方,有助王征伐叛乱,藩屏周邦的义务。周宣王命令师寰率领齐国军队、纪国、莱国军队与左右两偏王师精锐虎臣,攻伐淮夷,惩罚淮夷方国酋长艮、莽、铃、达四人。师寰率领五国军队与王朝精锐之师讨伐淮夷,敬而不坠失王命,夙夜尽其职事终有大功,"折首执讯"以及俘获士女牛羊和铜,取得了一定战役的胜利,但并未征服淮夷。宣王征伐淮夷经营江汉流域见载于《诗·大雅·江汉》,诗云:

江汉浮浮,武夫滔滔。匪安匪游,淮夷来求。既出我车,既设我旟。匪安匪舒,淮夷来铺。

江汉汤汤,武夫洸洸。经营四方,告成于王。四方既平,王国庶定。时靡有争,王心载宁。

江汉之浒,王命召虎。式辟四方,彻我疆土。匪疚匪棘,王国来极。于疆于理,至于南海。

王命召虎,来旬来宣。文武受命,召公维翰。无曰予小子,召公是似。肇敏戎公,用锡尔祉。

釐尔圭瓒,秬鬯一卣。告于文人,锡山土田。于周受命,自召祖命。虎拜稽首,天子万年。

虎拜稽首,对扬王休。作召公考,天子万寿。明明天子,令闻不已。矢其文德,洽此四国。

诗句很像是因征伐淮夷有功而作的一篇铜器铭文。首章言淮夷侵犯,周整师往伐。二章言淮夷患除,周邦安定。三章、四章具体言王命召虎打败淮夷后应做之事。五章、六章记周王的赏赐和召虎的答拜、感谢之意。征

服淮夷之后,周宣王还顺势讨伐了荆蛮,《诗·小雅·采芑》记载了此事,诗云:

> 薄言采芑,于彼新田,于此菑亩。方叔莅止,其车三千,师干之试。方叔率止,乘其四骐,四骐翼翼。路车有奭,簟茀鱼服,钩膺鞗革。
>
> 薄言采芑,于彼新田,于此中乡。方叔莅止,其车三千,旂旐央央。方叔率止,约軧错衡,八鸾玱玱。服其命服,朱芾斯皇,有玱葱珩。
>
> 鴥彼飞隼,其飞戾天,亦集爰止。方叔莅止,其车三千,师干之试。方叔率止,钲人伐鼓,陈师鞠旅。显允方叔,伐鼓渊渊,振旅阗阗。
>
> 蠢尔蛮荆,大邦为雠。方叔元老,克壮其犹。方叔率止,执讯获丑。戎车啴啴,啴啴焞焞,如霆如雷。显允方叔,征伐猃狁,蛮荆来威。

此诗记述了周宣王时期方叔讨伐蛮荆的一次大战,用战车多达三千乘。蛮荆即荆蛮,是活动于荆山地区的蛮族。由诗文"显允方叔,征伐猃狁,蛮荆来威"知,方叔在从尹吉甫征伐猃狁时,荆蛮反叛了周王朝。于是方叔率师南下征伐荆蛮。从"方叔率止,执讯获丑"看,此战取得了胜利。为了巩固经营江汉地区的战果,周宣王将申伯徙封到这一地区为诸侯。《诗·大雅·崧高》云:

> 崧高维岳,骏极与天。维岳降神,生甫及申。维申及甫,维周之翰。四国于蕃,四方于宣。
>
> 亹亹申伯,王缵之事。于邑于谢,南国是式。王命召伯,定申伯之宅。登是南邦,世执其功。
>
> 王命申伯,式是南邦。因是谢人,以作尔庸。王命召伯,彻申伯土田。王命傅御,迁其私人。
>
> 申伯之功,召伯是营。有俶其城,寝庙既成。既成藐藐,王锡申伯。四牡蹻蹻,钩膺濯濯。

第六章　周代服制的建立、发展、演变及其历史影响

　　王遣申伯,路车乘马。我图尔居,莫如南土。锡尔介圭,以作尔宝。往迊王舅,南土是保。

　　申伯信迈,王饯于郿。申伯还南,谢于诚归。王命召伯,彻申伯土疆。以峙其粻,式遄其行。

　　申伯番番,既入于谢。徒御啴啴,周邦咸喜。戎有良翰,不显申伯。王之元舅,文武是宪。

　　申伯之德,柔惠且直,揉此万邦,闻于四国。吉甫作诵,其诗孔硕。其风肆好,以赠申伯。

毛传:"尧之时,姜氏为四伯,掌四岳之祀,述诸侯之职,于周则有甫、有申、有齐、有许也。"则此申伯、甫侯皆为姜姓,四岳之后。甫侯即吕侯,曾于周穆王时期作《吕刑》,整饬诸侯。甫侯之地在今河南南阳市西南。申原为周初开国功臣师尚父的采邑,地在今陕西周至、眉县交界一带。诗中所述"申伯信迈,王饯于郿"。申伯由原封地赶赴新封地谢,王在其原封地郿为其饯行。申伯被徙封到河南南阳东北的谢邑,宣王命令召伯虎去为申伯经营,驱使当地被征服的谢人筑造城邑、宗庙宫寝,治理大片土地作为申伯的封地。还派近臣傅御为申伯迁其"私人",即将申伯的家臣、仆庸迁往谢邑。申伯临行前,周宣王赐以车马、介圭,还亲自到郿地为之饯行,可见周宣王对徙封申伯至南国谢邑非常重视,将其视为扼守周王朝南国的咽喉要地。1981年在河南南阳出土的西周晚期彝器载有"南申伯"铭文,证明徙封后的申伯之国称"南申"(《集成》4189.1仲再父簋)。

　　周宣王打败了侵入江汉地区的淮夷和当地反叛的荆蛮后,又命南仲等率师沿着淮水而下东伐徐方,《诗·大雅·常武》记载了周宣王命卿士南仲、太师皇父讨伐徐方之事。诗云:

　　赫赫明明,王命卿士。南仲大祖,大师皇父。整我六师,以修我戎。既敬既戒,惠此南国。

　　王谓尹氏,命程伯休父。左右陈行,戒我师旅。率彼淮浦,省此徐土。不留不处,三事就绪。

　　赫赫业业,有严天子。王舒保作,匪绍匪游。徐方绎骚,震惊徐

方。如雷如霆,徐方震惊。

王奋厥武,如震如怒。进厥虎臣,阚如虓虎。铺敦淮濆,仍执丑虏。截彼淮浦,王师之所。

王旅啴啴,如飞如翰。如江如汉,如山之苞。如川之流,绵绵翼翼。不测不克,濯征徐国。

王犹允塞,徐方既来。徐方既同,天子之功。四方既平,徐方来庭。徐方不回,王曰还归。

据《诗·小雅·出车》载周宣王讨伐猃狁时,曾派南仲邦父"城彼朔方"、"薄伐西戎",故《常武》所述南仲邦父讨伐徐夷当在征伐猃狁之后,即是虢季子伯盘载周宣王十二年大胜猃狁之后的事情。《常武》载周王亲自征伐徐淮夷的记载,首章、二章命征伐的将领南仲邦父、太师皇父、程伯林父,宣告敬戒。三章以下言周王的赫赫武功,徐方大败,表示服从周王朝,前来朝见周王,参加会同之礼,表示不复叛也,周王乃率师归还。经过此次大的战役,淮夷四位首领被杀,彻底服从了周王朝。恢复了"淮夷旧我帛贿人"的秩序,重建周王朝在南国的统治秩序。于是周王朝派臣子到淮夷之地检查征验其应尽贡赋的活动。驹父盨盖铭文记载了这一史事:"唯王十又八年正月,南仲邦父命驹父㡭南诸侯,率高父见(视)南淮夷,厥取厥服,堇(谨)夷俗。遂不敢不敬畏王命,逆见我,厥献厥服。我乃至于淮,小大邦无敢不述(坠),具(俱)逆王命。四月,还至于蔡,作旅盨,驹父其万年,永用多休。"(《集成》4464)南仲邦父是周宣王朝卿士,讨伐徐夷将领之一。铭文"㡭"字,李学勤先生读为"鸠",意为"安集(辑)",①淮夷之乱刚刚平定,周王朝派使者前往安抚,命驹父去落实南淮夷应献的"服",命令由王朝卿士南仲邦父下达给驹父,命令驹父到达南国诸侯之地,与南国诸侯高父一起巡视南淮夷,并征取南淮夷诸部应献贡物,整饬南淮夷的礼俗。南淮夷诸部不敢不敬畏周王命,来迎见驹父,献上应献贡物。然后驹父沿着淮水流域返回,此地大小邦国都表示臣服,皆受王命。四月,驹父返回到了外服诸侯蔡国,作此盨。到了周宣王二十三年,南方已经稳定,

---

① 李学勤:《兮甲盘与驹父盨》,《新出青铜器研究》,第142页。

第六章 周代服制的建立、发展、演变及其历史影响

周宣王又派王朝大臣到南国安排南部诸侯邦君集体朝王的礼仪。张光裕先生公布周宣王时代的文盨记载了此事,文盨铭文云:"唯王廿又三年八月,王命士智父殷南邦君诸侯,乃易马,王命文曰:'率道于小南。'唯五月初吉,还至于成周,作旅盨,用对王休。"①士智父即克钟、克镈的士智,于周宣王二十三年八月,被任命召集南国的诸侯国君前来朝见周宣王。据《周礼·秋官·大行人》载大行人的掌管之一是"殷同以施天下之政",大行人隶属于大司寇,是"以大司寇掌佐王刑邦国、诘四方,故以义类属之"。②李学勤先生据此认为士智父是周王朝的司寇,位列六卿,而作器者文当是士智父的僚属。③周宣王赐予文马匹,用于引导南国诸侯朝王。文的工作持续了大约九个月,至二十四年五月初,才回到成周。之后即可能在成周举行南国诸侯朝见周宣王的盛大典礼,这次南国诸侯集体朝见周宣王的典礼表明,周宣王中兴达于鼎盛。

周宣王早期改革内政,稳固了周王室的统治地位,南征北伐,巩固了边疆,维护了周代确立的要服、荒服制度,国势复兴,取得了显著的成果。但到了他统治的晚年,国内和周边局势都发生了巨大的变化。内服权臣宗族日益强大,周宣王已不能掌控局势。周宣王干涉鲁国君位继承废嫡立庶,自毁周王朝根本制度——宗法制度,亦造成与外服关系恶化。《国语·周语上》载:"三十二年春,宣王伐鲁,立孝公,诸侯从是而不睦。"《国语·周语上》载内史过言周"其衰也,杜伯射王于鄗"。韦昭注:"杜国,伯爵,陶唐氏之后也。《周春秋》曰:'宣王杀杜伯而不辜,后三年,宣王会诸侯田于圃,日中,杜伯起于道左,衣朱衣,冠朱冠,操朱弓朱矢射宣王,中心折脊而死也。'"④周宣王诛杀无罪诸侯杜伯,也是其与诸侯不睦的一个重要原因。周边部族势力崛起,王师不断败北于戎族。《后汉书·西羌传》:"二

---

① 参见张光裕《西周士百父盨铭所见史事试释》,《古文字与古代史》第 1 辑,台湾中研院历史语言研究所,2007 年。后黄锡全先生考释确定器主为"文",定器物名"文盨",见《西周"文盨"补释》,张光裕、黄德宽主编《古文字学论稿》,合肥:安徽大学出版社,2008 年。
② 孙诒让:《周礼正义》,第 2735 页。
③ 参李学勤《文盨与周宣王中兴》,《通向文明之路》,第 150—151 页。
④ 《国语》,第 32 页。

十七年,王遣兵伐太原戎,不克。后五年,王伐条戎、奔戎,王师败绩。后二年,晋人败北戎于汾隰,戎人灭姜侯之邑。明年,王征申戎,破之。"《国语·周语上》:"三十九年,战于千亩,王师败绩于姜氏之戎。""宣王既丧南国之师,乃料民于太原。"千亩之战,周宣王调集戍守在南国的军队讨伐姜氏之戎,不幸战败溃不成军,于是为重建军队而料民征发兵员。宣王晚年,武力征伐已成强弩之末,频频败绩于诸戎,内部政治矛盾日益彰显,短暂的中兴局面一去不复。周宣王死于与诸侯的田猎活动中,一般都记述为被宣王杀死的诸侯杜伯的鬼神所杀,实际上给人的暗示是周宣王可能为诸侯谋划所杀。

五、周幽王乱政与"二王并立"

周幽王继位,承袭宣王晚年衰败之局,国势大为削弱。《史记·周本纪》载幽王二年,渭、泾、洛三川地区发生了强烈的地震。《诗·十月之交》"烨烨震电,不宁不令。百川沸腾,山冢崒崩。高岸为谷,深谷为陵",地震导致山崩川竭,给民众生活带来极大灾害。与天灾相比,周幽王时期的人祸影响更甚。他任命善于阿谀奉迎的虢石父为卿士主持朝政,加重对臣民的盘剥,更加导致民心离散。周幽王时期的函皇父卿士,亦是一位权势极重的人物,也可能是王朝卿士,《诗·小雅·十月之交》等篇抨击的皇父卿士与此可能是一人,函皇父能够一次为周(琱)妘作很多器物,如函皇父盘云:"函皇父作琱妘盘盉尊器鼎簋一具,自豕鼎降十又一、簋八、两罍、两壶,琱妘其万年子子孙孙永宝用。"(《集成》10164)如此大的权势与财力,非周王朝卿士莫属。面对地震灾害,周幽王并没有采取有效的措施救灾,反而加重对内服朝臣和民众的盘剥、控制,《诗·大雅·瞻卬》云:"人有土田,女反有之。人有民人,女覆夺之。此宜无罪,女反收之。彼宜有罪,女覆说之。"周幽王削夺诸侯、卿大夫土地和民众,刑罚不公,无罪者反被拘押,有罪者却被赦免。周幽王对褒姒的宠幸使贵族和民众普遍不满,对此诗人作刺,"妇有长舌,维厉之阶,乱匪降自天,生自妇人",①《国语·晋语

---

① 《诗·大雅·瞻卬》。

第六章　周代服制的建立、发展、演变及其历史影响

一》:"褒姒有宠,生伯服。于是乎与虢石父比,逐太子宜臼而立伯服。太子出奔申,申人、鄫人召西戎以伐周,周于是乎亡。"《史记·周本纪》载幽王"又废申后,去太子也。申侯怒,与缯、西夷犬戎攻幽王。幽王举烽火征兵,兵莫至。遂杀幽王骊山下,虏褒姒,尽取周赂而去。于是诸侯乃即申侯而共立故幽王太子宜臼,是为平王,以奉周祀"。《史记·秦本纪》:"周幽王用褒姒废太子,立褒姒子为适,数欺诸侯,诸侯叛之。西戎犬戎与申侯伐周,杀幽王骊山下。"以上记载都说明周幽王宠幸褒姒,废太子宜臼,改立褒姒子伯服为太子,愚弄诸侯,导致诸侯干预王政,联合犬戎杀死幽王和伯服,捣毁宗周的恶果。

但期间史事尚需梳理清楚,周幽王八年,郑桓公为周王朝司徒,鉴于周王朝矛盾重重、前途茫然的形势,向周太史史伯请教郑迁往何处才有出路。史伯之言揭示了西周末年的政治形势,《国语·郑语》载:"当成周者,南有荆蛮、申、吕、应、邓、陈、蔡、随、唐;北有卫、燕、狄、鲜虞、潞、洛、泉、徐、蒲;西有虞、虢、晋、隗、霍、杨、魏、芮;东有齐、鲁、曹、宋、滕、薛、邹、莒;是非王之支子母弟甥舅也,则皆蛮、荆、戎、狄之人也。""其济、洛、河、颍之间乎! 是其子男之国,虢、郐为大,虢叔恃势,郐仲恃险,是皆有骄侈怠慢之心,而加之以贪冒。""夫虢石父谗谄巧从之人也,而立以为卿士,与剸同也;弃聘后而立内妾,好穷固也;侏儒戚施,实御在侧,近顽童也;周法不昭,而妇言是行,用谗慝也;不建立卿士,而妖试幸措,行暗昧也。是物也,不可以久。""申、缯、西戎方强,王室方骚,将以纵欲,不亦难乎? 王欲杀太子以成伯服,必求之申,申人弗畀,必伐之。若伐申,缯与西戎会以伐周,周不守矣! 缯与西戎方将德申,申、吕方强,其隩爱太子亦必可知也,王师若在,其救之亦必然矣。王心怒矣,虢公从矣,凡周存亡,不三稔矣。""公曰:'若周衰,诸姬其孰兴?'对曰:'臣闻之,武实昭文之功,文之祚尽,武其嗣乎! 武王之子,应、韩不在,其在晋乎! 距险而邻于小,若加之以德,可以大启。'公曰:'姜、嬴其孰兴?'对曰:'夫国大而有德者近兴,秦仲、齐侯,姜、嬴之隽也,且大,其将兴乎?'"

史伯关于西周末年政治形势的论述极为重要,主要反映了这样几方面信息:第一,揭示了周王朝东方为诸侯、方国所控制,周幽王任用虢石

父和内妾褒姒混乱朝政的史实,并认为周将亡;第二,由"王欲杀太子以成伯服,必求之申",知周幽王八年的时候,太子宜臼已经逃奔了申国。第三,支持太子宜臼的外服诸侯有申、吕、缯、西戎等,他们与周王朝的矛盾已处于一触即发的境地。第四,推测周王向申求太子宜臼,必然引起支持太子的外服诸侯与周王的战争,周必败,不出三年,周的存亡将有结果。第五,周王室衰落后,晋、齐、秦将兴成为侯伯。

关于幽王八年太子宜臼已逃亡申国,以及此后历史的发展走向,古本《竹书纪年》有相当宝贵的记载。《太平御览》卷一四七皇亲部引《纪年》曰:"幽王八年,立褒姒之子曰伯服,为太子。"《太平御览》卷八五皇王部引《纪年》曰:"幽王立褒姒之子伯盘,以为太子。"《左传·昭公二十六年》正义引《汲冢纪年》云:"平王奔西申,而立伯盘以为太子。"周幽王废黜太子宜臼及其母申后,而以褒姒为后,以褒姒之子伯服为太子。太子宜臼遂逃往外祖申国。史伯与郑桓公的对话就是在这样的背景下进行的。由《竹书纪年》的记载提示,太子宜臼逃往的申国是处于宗周以西的申侯之国。《史记·秦本纪》载周孝王时期申侯言于王"申骆重婚,西戎皆服,所以为王",申侯在周孝王时期在戎狄及周王朝已经具有举足轻重的影响。周幽王时期,申侯之女为幽王后,"申、缯、西戎方强"、"缯与西戎方将德申"等情况表明,申侯势力有增无减,申侯与缯、戎族诸国关系密切。太子宜臼被废黜后逃到外祖父申侯之国寻求援助,于是"申侯、鲁侯、许文公立平王于申,以本大子,故称天王"。① 在外服诸侯干预王朝继统的情况下,周王朝出现了"二王并立"的局面。周幽王尚在王位,而其子宜臼与父对抗称王,在周代宗法制度下不但没有受到朝臣和诸侯的批判、讨伐,反而被鲁国等诸侯视为理所当然之举。晁福林先生认为"其真正的理由应当是周幽王做了越乎常规的事情而授人以柄。以情势度之,宜臼称王的最大口实当是周幽王为博得褒姒欢心而允许伯服称王"。② 伯服在周幽王在位时曾称王有如下两条材料支持:春秋后期王子朝告诸侯之语曾言"至于幽王,天不

---

① 《左传·昭公二十六年》孔颖达疏引《汲冢书纪年》,《十三经注疏》,第2114页。
② 晁福林:《春秋战国的社会变迁》上册,北京:商务印书馆,2011年,第47—48页。

第六章 周代服制的建立、发展、演变及其历史影响

吊周,王昏不若,用愆厥位。携王奸命,诸侯替之,而建王嗣,用迁郏鄏"。①携王,杜预注:"幽王少子伯服也。"②西晋束皙据《汲冢竹书》称"伯服立为王,积年,诸侯始废之而立平王"。③束皙虽然否定携王为伯服,但仍肯定伯服曾称王,并且是称王多年。太子宜臼被部分诸侯拥立称王威胁到周幽王和伯服的王位,周幽王可能先命伯士讨伐西戎,《后汉书·西羌传》:"后十年,幽王命伯士伐六济之戎,军败,伯士死焉。"(亦见《竹书纪年》)之后周幽王与伯服起兵征讨申侯、西戎等诸侯,与诸侯为大室之盟。④ 结果"(伯服)与幽王俱死于戏"。"幽王既死,而虢公翰又立王子余臣于携。周二王并立"。⑤ 据此西周末年出现了两次"二王并立"、一段"三王并立"的现象,即周幽王与其子伯服,伯服立为王大概在周幽王五年,称"丰王",⑥此二王并立局面持续到周幽王八年。周幽王八年,前太子宜臼被申侯、鲁文公等诸侯拥立称"天王",而出现周幽王、"丰王"、"天王"的三王并立局面,这一局势持续到周幽王与伯服俱死骊山之下。周幽王死后,虢公翰拥立王子余臣为携王与天王形成二王并立局面,直到公元前760年携王被晋文侯所杀,结束了长达17年的"二王并立"局面。

最近公布的《清华大学藏战国竹简》(贰)第二章有与古本《竹书纪年》相类似的关于两周之际史事的珍贵资料,既可印证古本《竹书纪年》相关记载较为可信,又可以对两周之际史事及服制演变作出新的认识。现引清华简《系年》相关内容于下:

> 周幽王取妻于西申,生平王,王或(又)取褒人之女,是褒姒,生伯盘。褒姒嬖于王,王(以上第五简)与伯盘逐平王,平王走西申。幽王起师,回(围)平王于西申,申人弗畀。曾(缯)人乃降西戎,以(以上第六简)攻幽王,幽王及伯盘乃灭,周乃亡。邦君诸正乃立幽王之弟余

---

① 《左传·昭公二十六年》。
② 《十三经注疏》,第2114页。
③ 《左传·昭公二十六年》孔疏引束皙语,《十三经注疏》,第2114页。
④ 《左传·昭公四年》:"周幽为大室之盟,戎狄叛之。"
⑤ 《左传·昭公二十六年》正义引《汲冢竹书纪年》。
⑥ 参晁福林《春秋战国的社会变迁》,第49—50页。

臣于虢,是携惠王。(以上第七简)立二十又一年,晋文侯仇乃杀惠王于虢。周亡(无)王九年,邦君诸侯焉始不朝于周,(以上第八简)晋文侯乃逆平王于少鄂,立之于京师。三年,乃东徙,止于成周,晋人焉始启(以上第九简)于京师,郑武公亦正东方之诸侯。(以上第十简)

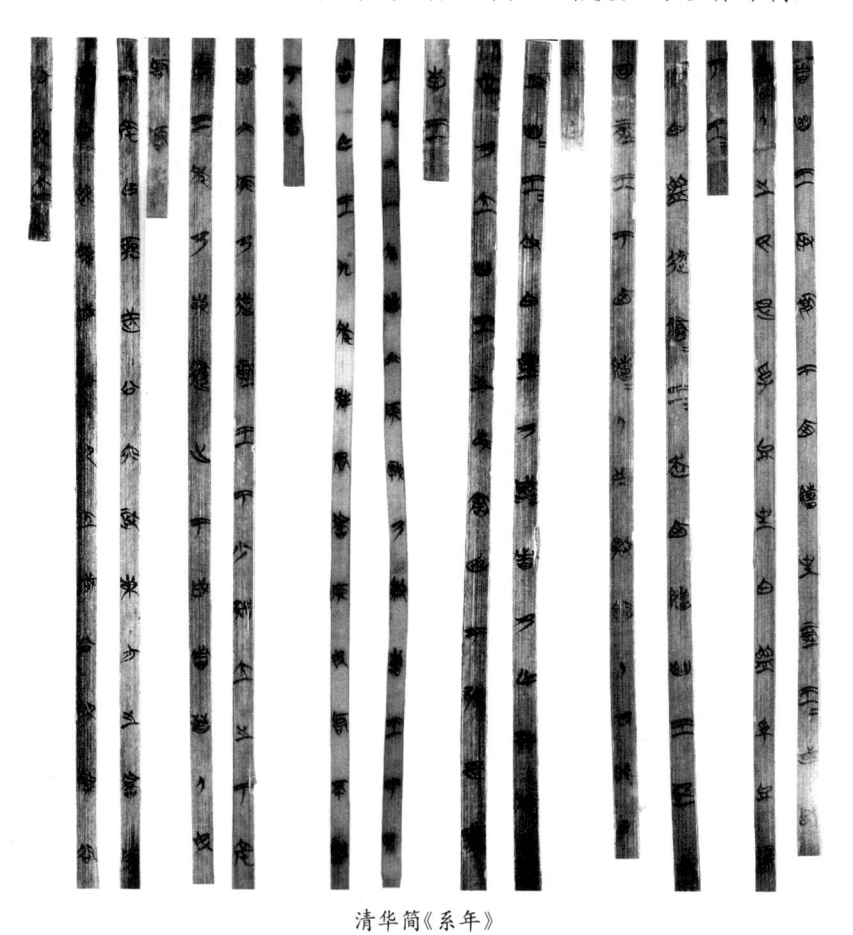

清华简《系年》

晁福林先生解读清华简《系年》材料,为廓清两周之际史事作出重要贡献。①

---

① 晁福林:《清华简〈系年〉与两周之际史事的重构》,《历史研究》2013年第6期。

此处探讨服制演变涉及两周之际史事多取其说。简文"周幽王取妻于西申"可以与古本《竹书纪年》"平王奔西申"相互印证，确定周幽王的申后娶自西申。据《国语·晋语一》载周幽王与褒姒、虢石父逐太子宜臼，而简文称"王与伯盘逐平王，平王走西申"。《国语·郑语》载史伯根据当时形势推测"申、缯、西戎方强，王室方骚，将以纵欲，不亦难乎？王欲杀太子以成伯服，必求之申，申人弗畀，必伐之。若伐申，缯与西戎会以伐周，周不守矣"。周幽王伐申事除史伯推测外，传世文献无载。而简文"幽王起师，回(围)平王于西申，申人弗畀。曾(缯)人乃降西戎，以攻幽王"印证史伯推断的情况成为史实。简文"幽王及伯盘乃灭，周乃亡"与古本《竹书纪年》载伯服"与幽王俱死于戏"相近，皆谓伯服与周幽王俱死于骊山之难，对于《史记·周本纪》仅述"遂杀幽王骊山下，虏褒姒，尽取周赂而去"不提伯服下落，是史事的重要补充。简文"邦君诸正乃立幽王之弟余臣于虢，是携惠王"述携王之拥立者为"邦君诸正"，而古本《竹书纪年》称"幽王既死，而虢公翰又立王子余臣于携"，以立携王者为虢公翰。实际上两者并不矛盾，邦君诸正亦是以虢公翰为首的诸侯和王朝大臣，携地当是虢公翰诸侯封地内的地名，因简文以下称"晋文侯仇乃杀惠王于虢"，显然携王所在即虢公翰封地内。古本《竹书纪年》仅言拥立携王的主导者是虢公翰，而未称名其他支持者。

清华简《系年》简文"周亡(无)王九年，邦君诸侯焉始不朝于周"，对认识周幽王死后"二王并立"时期服制情况提供了宝贵的资料。由此记载知，《系年》作者是不承认周幽王死后的"携王"与"天王"长达九年"二王并立"的王室继统，称之为"周亡王"，即认为这期间没有周王室正统，此期间外服诸侯无所适从，皆不朝周尽服。简文载晋文侯杀死携王后，"晋文侯乃逆平王于少鄂，立之于京师"，反映《系年》作者视被晋文侯拥立于京师的平王为周室正统，而此前平王虽称"天王"，但与"携王"一样不是正统。携王与天王二王并立局面也对周王朝内服造成了极大的影响，"二王并立"造成内服朝臣的矛盾与分裂，多数内服朝臣无所适从，惶惶不可终日。《诗·小雅·雨无正》谓："周宗既灭，靡所止戾。正大夫离居，莫知我勚。三事大夫，莫肯夙夜。邦君诸侯，莫肯朝夕。庶曰式臧,覆出为恶。"此诗当是周幽王被杀后所作,①反映了"周二王并立"时期周王朝内服大臣和外服诸侯的状态。"周宗既灭,靡所止戾"当指周幽王被杀,周王位在携王与天王之间不能确定的情况。正大夫、三事大夫指内服朝臣,奔散而去,不肯早晚勤劳政事尽服;邦君诸侯之外服,亦不肯朝夕尽职尽服。

第四节 东周时期的服制

东周时期的服制主要从春秋和战国两个大的时段考察,春秋时期的周王朝,依其政治发展情况而言,可以分为三个阶段。大致说来,周惠王之前为第一阶段;周惠王至周简王为第二个阶段;周简王以后为第三个阶段。② 春秋时期周王朝的服制逐渐走向巩固国家政权的反面。本节关于战国时期的服制则主要讨论了战国后期出现的服制理论及其对后世的影响。

一、周平王东迁与东周社会秩序重构

周平王迁居洛邑,标志着西周王朝的覆灭和东周王朝的开始,对于整个先秦历史的发展都产生了重大影响。关于周平王东迁史事,晁福林先生已有较好的研究,此处论述多参考其研究成果。③ 由前文所引王子朝告诸侯之语知,周平王东迁郏鄏应当是携王被诸侯杀死后的事情。古本《竹书纪年》称"二十一年携王为晋文侯所杀"④,此"二十一年",朱右曾认

---

① 郑玄谓此诗是刺周厉王之作,将背景放在周厉王流于彘后。但厉王流于彘而周宗未灭,所以郑玄说不可取。《诗序》谓"大夫刺幽王",但作此诗时周幽王已死,诗文描述的是周幽王死后,周王朝二王并立无有正统时,王朝出现的混乱局面。
② 参晁福林《春秋战国的社会变迁》,第 61 页。
③ 晁福林:《论平王东迁》,《历史研究》1991 年第 6 期及《清华简〈系年〉与两周之际史事的重构》,《历史研究》2013 年第 6 期。
④ 《左传·昭公二十六年》疏引。

为是周平王二十一年,当晋文侯三十一年;王国维认为为晋文侯二十一年。①"晋文侯于是乎定天子",韦昭注:"定,谓迎平王,定之于洛邑。"②结合古本《竹书纪年》、《国语》相关记载,晋文侯杀死携王即拥立天王定为周王,而韦昭注认为是迎立平王,定王于洛邑。新见清华简《系年》相关记载补充了平王东迁的具体经过的史料,《系年》第二章第八至十简载:"立二十又一年,晋文侯仇乃杀惠王于虢。周亡王九年,邦君诸侯焉始不朝于周,晋文侯乃逆平王于少鄂,立之于京师。三年,乃东徙,止于成周,晋人焉始启于京师,郑武公亦正东方之诸侯。"简文揭示:晋文侯二十一年携王被杀,此时平王居于少鄂,晋文侯迎接平王由少鄂回到京师镐京,晋、郑为首的诸侯认可宜臼的王位,使其重新接续王统而立为平王。平王立三年,方东迁成周。即公元前758年,周平王在诸侯护卫下东迁居成周。

周平王即位后,审时度势东迁洛邑,因丰镐等宗周之地已遭破坏,前有幽王时期的地震影响,后有戎族侵扰破坏,内服权臣经济、军事实力盘踞此地,周王室在此的政治、经济优势已失。而洛邑靠近与周关系密切的晋、郑、许诸国,可得诸侯藩屏,又居于天下之中,本即是西周政治中心之一,经济发达。周平王是在哪些诸侯护卫下东迁洛邑,史书有不同记载。《史记·周本纪》仅称诸侯拥立平王,平王东迁洛邑,而未言具体有哪些诸侯。《左传·隐公六年》载周桓公言"我周之东迁,晋、郑焉依"。《国语·周语中》载周大夫富辰谏周襄王以狄伐郑时言,"我周之东迁,晋、郑是依",《国语·晋语四》载叔詹谏郑文公不礼重耳,言"晋、郑兄弟也,吾先君武公与晋文侯戮力一心,股肱周室,夹辅平王"。根据这几处记载,大体可以确认周平王主要是在晋文侯、郑武公等诸侯帮助下东迁洛邑。《史记·秦本纪》则说秦襄公曾将兵救周幽王骊山之难,又以兵送周平王,平王封其为诸侯。秦襄公既然支持周幽王与伯服,又何以在周幽王死后转而支持他的敌人平王,这两事看似矛盾,实则是秦襄公审时度势所采取的策略,目的都是要借助周王室的传统威望,来使自己发展壮大。这两件事都有戎

---

① 范祥雍:《古本竹书纪年辑校订补》,上海:上海古籍出版社,2011年,第41页。
② 《国语》,第525页。

族参与,骊山之难,秦襄公救周,实为托庇于周而与戎族作战。周幽王死后,秦襄公根据携王托庇于戎族的情况,选择了申、鲁、许等诸侯拥立并与戎族较少联系的天王,作为其心目中周王室的代表,故当晋郑拥护平王东迁时,秦襄公亦出兵护卫。故周平王册命秦襄公为诸侯,"戎无道,侵夺我岐、丰之地,秦能攻逐戎,即有其地"。① 平王东迁后,今关中地区西部为秦控制,中部的岐、丰地区为戎族盘踞;东部为平王管辖。

据《史记·周本纪》载周平王在位长达 51 年,并说:"平王之时,周室衰微,诸侯强并弱,齐楚秦晋始大,政由方伯。"似乎进入春秋之世,东周王朝就式微不振。事实并非如此,周平王迁居洛邑后,重新构建王权秩序。洛邑附近由周平王直接控制的地区尚有方圆六百里的土地,集中于今洛阳及其周围的济源、修武、登封、鲁山、汝阳、宜阳、新安等地。清代学者顾栋高曾论及平王东迁所据地理形势:

> 周自平王东迁,尚有太华外方之间方六百里之地。其时西有虢,据桃林之险,通西京之道;南有申、吕,扼天下之衿,屏东南之固;而南阳肩背泽潞,富甲天下;辕轩、伊阙,披山带河,地方虽小,亦足以王也。②

洛邑周围地形、地势险要,经济富庶,使得东迁的周王朝势力并不太弱,尚可以彰显王权。周平王在位的 51 年及周桓王、庄王、僖王,共约百年时间,周王朝尚有不可小觑的经济和军事力量。略举几事,即为明证。如周平王曾经派军队远戍申、甫、许等地,③《左传》载鲁隐公元年,担任周王朝卿士的郑庄公曾率周王朝的军队及虢国和郑国的军队讨伐卫国。鲁隐公五年,晋国大宗与小宗矛盾激化,曲沃庄伯联合郑、邢两国讨伐翼。周桓王派尹氏、武氏帮助曲沃庄伯。但是曲沃庄伯恩将仇报,不久即背叛周王室,周派虢公率军讨伐曲沃,并且在翼地封立晋哀侯。周僖王的时候,曲

---

① 《史记》卷五《秦本纪》,第 179 页。
② 顾栋高:《春秋大事表》,北京:中华书局,1993 年,第 501—502 页。
③ 《诗·扬之水》载军队远戍之事,《诗序》谓:"刺平王也,不抚其民而远屯戍于母家,周人怨焉。"诗文有"戍申"、"戍甫"、"戍许"之语。

第六章　周代服制的建立、发展、演变及其历史影响

沃武公以宝器赂献于周,周僖王便使虢公命曲沃武公为晋侯,"命曲沃伯以一军为晋侯",①使晋国得以列为诸侯。周王朝对于晋国大小宗争夺正统之事的政策变化无常,但是能够出兵干预晋国内政,表明周王室尚有较强实力。周桓王时期,为维护孝道而干预芮国政事。芮国君主芮伯万因与其母矛盾而被逐居于魏,"(晋武公)八年,周师、虢师围魏,取芮伯万而东之"。②

周东迁后重构王权,除以军事力量干预诸侯国事外,还有建构内服朝臣秩序。《左传·襄公十年》载周灵王时期,卿士王叔陈生与伯舆争权,晋侯命士匄调和二人争讼,王叔派家宰与伯舆大夫瑕禽对讼,瑕禽述及"昔平王东迁,吾七姓从王,牲用备具,王赖之,而赐之骍旄之盟,曰:'世世无失职。'"杜预注:"平王徙时,大臣从者有七姓,伯舆之祖皆在其中,主为王备牺牲,共祭祀。王恃其用,故与之盟,使世守其职。"孔疏谓:"平王初迁,国家未定,故与大臣结盟,令使世掌其职。"③据此平王东迁时,追随的王朝大臣仅有七个宗族。这可能与周幽王死后,"二王并立"局面出现,内服大臣分裂为两派,另有部分内服大臣躲避王室政治斗争而纷纷逃离隐退有关。《诗·小雅·雨无正》载"谓尔迁于王都,曰予未有室家。鼠思泣血,无言不疾。昔尔出居,谁从尔作室"。也反映了周平王东迁时,一些西周内服贵族"未有室家"的忧虑。周平王与内服大臣盟誓,承诺内服大臣可以世代掌管各自职事,重建采邑庇其宗族室家,从而建立起东周王朝的内服行政系统。周平王迁都于洛邑,继承西周的王统,同时也继承了西周与东方分封诸侯的关系,在政治体制上,以洛邑为中心的东方诸侯仍为东周王朝的外服,周平王与东方诸侯在名义上还都承认这层关系。周平王册命郑武公为王朝卿士,统领内服群臣,亦可向外服诸侯宣告王命。清华简《系年》第十简云:"郑武公亦正东方之诸侯",即郑武公统领东方之诸侯,郑武公作为周王朝卿士,所行政令自当是周王朝的政令。这似可说明周

---

① 《左传·庄公十六年》。
② 古本《竹书纪年》,《水经·河水注》引。
③ 《春秋左传正义》卷三一,《十三经注疏》,第1949页。

平王迁都洛邑后重构王权秩序,依然以西周时期的内外服制为治理国家的模式。

随着周平王东迁洛邑,内服朝臣、贵族宗族也陆续东迁,原来东方诸侯的分布政治格局被改变了。东周王朝形成了以洛邑周围方圆六百多里王畿为统治中心,王畿之内有周王私产和王朝大臣采邑居处。王畿之外在史伯所述成周四方诸侯分布状况之外,部分随周平王迁居而来的诸侯重建在东部平原上,如郑国和虢国。重新构建的东周王朝,改变了西周以来东部诸侯为主体的政治格局,在有限的政治地理空间内,政治势力更加复杂,加剧了内服权贵之间以及内服权贵与诸侯间政治与经济资源的竞争。

二、春秋时期周王朝内外服演变

春秋初期,晋、楚等国尚未勃兴,西戎、北狄被秦、虢、晋等国牵制,尚未对东周王朝构成威胁。东周王朝不仅承袭西周而有天下共主之名,且一定程度上也有共主之实。东周王朝特别重视保持传统的威严,尚能维护外服体制。《诗经·何彼秾矣》载齐桓公迎娶周庄王之女的情况,谓"何彼秾矣,华如桃李。平王之孙,齐侯之子"。"平王之孙"为诗人盛赞,表明在一般人的心目中,周平王还是颇有威信的,周王室仍是社会上普遍艳羡的目标之一。周王尚能号令外服诸侯,对于不按时朝见的诸侯给予惩罚。《左传》鲁隐公九年(前 714 年),因宋殇公不按时朝见周王,所以郑庄公以周王朝卿士身份率军伐宋,并将周王伐宋的命令通告于其他诸侯国,齐、鲁两国还为王命伐宋之事会见于防,商议伐宋之事。翌年,鲁隐公、齐僖公、郑庄公两次集会谋伐宋,皆起因于周王的威信尚存。各诸侯国虽然以维护周王威望而行动,但反映出诸侯国应按时朝见周王并且服从王命,仍为一般社会舆论所承认。周王尚有对诸侯和卿大夫封邑进行干涉的权威,《左传》鲁隐公十一年载,周桓王取郑国的邬、刘、苏、邗四邑归己,而将已叛王的苏氏的十二个邑赐予郑。周桓王如此支配诸侯封邑,若在西周时期是合乎礼制的,但在春秋时期王室衰微的前提下,周王仍能如此,显示其尚有权威。春秋时期,王室虽衰,但仍为天下宗主,周王有权贬黜诸

第六章　周代服制的建立、发展、演变及其历史影响

侯爵等,如《春秋》鲁隐公十一年称滕侯,到了鲁桓公二年则称"滕子来朝",杜预注、孔颖达疏、杨士勋《穀梁传》疏都称这种变化是周桓王贬黜的结果。周王通过维护觐见、献俘等礼仪,争取王室的尊严。《左传》鲁成公二年(前589年)载,齐晋鞌之战中获胜的晋国派臣子巩朔为使献捷于周,周定王拒绝接见晋使,理由是齐非蛮夷,虽晋获胜,但不当献捷于周。巩朔并非周王命卿,级别不够,不能由周王正式接见。但周王朝要依靠晋国霸主维护王的尊严,所以"以巩朔宴,而私贿之"。① 周定王宴享巩朔,并赠送其礼物,以求讨好晋国,周定王实际是以舍财方式守住表示周王室尊严的礼数。在西周时期,新继位的外服诸侯都要朝见周王,得到周天子的承认后,其诸侯地位才具有合法性。这种观念在春秋时期依然有着重要影响,《左传·隐公四年》载,周桓王元年,卫公子州吁弑君自立,询问其君位安定的良策,卫国的大臣石碏建议"王觐为可",即朝觐周天子,得到周天子的承认和接见才行。弑君篡位者可以通过朝觐周王,获得天子认可即可取得威信稳固君位。纪国与齐国早在周懿王时期结下仇怨,《左传·桓公六年》载纪国试图靠鲁国引荐求见周桓王,取得周桓王之命而与齐国和解,但被鲁国拒绝。纪侯又谋纳王后以自固,《春秋·桓公八年》经、传俱载"祭公来,遂逆王后于纪"。纪侯嫁女于周桓王以自保。这两个事例表明在春秋前期周王权威尚有绝对的社会影响力。

春秋前期,周王朝内服比较稳固,大规模的王室庶孽之乱尚未出现,周王尚有左右王朝卿士和周王室贵族的能力。周庄王时期曾有内乱迹象,周公"欲弑庄王而立王子克,辛伯告王,遂与王杀周公黑肩。王子克奔燕"。② 周平王东迁,郑国为王朝主要依靠的诸侯之一,故平王任郑伯为王朝卿士而职掌朝政大权,经常帅王师征讨不廷。周平王晚年试图分散郑伯在王朝中的权力,让虢公也任王朝卿士。此事引起郑庄公的不满,由此开始了周、郑关系的恶化。《左传·隐公三年》载:

郑武公、庄公为平王卿士。王贰于虢。郑伯怨王。王曰:"无之。"故

---

① 《左传·成公二年》。
② 《左传·桓公十八年》。

> 周、郑交质。王子狐为质于郑，郑公子忽为质于周。王崩，周人将畀虢公政。四月，郑祭足帅师取温之麦。秋，又取成周之禾。周、郑交恶。

周桓王并没有畏惧郑庄公的恫吓，郑庄公权衡利弊，作出退让姿态，《左传·隐公六年》载"郑伯如周，始朝桓王也。王不礼焉"，郑伯朝见周桓王，但周桓王不给郑庄公应有的礼遇。反而于鲁隐公八年（前715年）正式任命虢公为周王朝卿士，对此郑庄公没有作出反抗举动，而是与齐僖公一起朝见周桓王，表示服从周桓王的决定。但周桓王并未收手，反而于鲁桓公五年（前707年）剥夺了郑庄公王朝卿士的权位，并于次年亲自率师联合蔡、卫、陈等国一起讨伐郑。郑庄公出兵抵抗，发生了对于东周王朝影响极大的繻葛之战。《左传·桓公五年》载：

> 战于繻葛。命二拒曰："旝动而鼓！"蔡、卫、陈皆奔，王卒乱，郑师合以攻之，王卒大败。祝聃射中王肩，王亦能军。祝聃请从之。公曰："君子不欲多上人，况敢陵天子乎？苟自救也，社稷无陨，多矣。"夜，郑伯使祭足劳王，且问左右。

繻葛之战周王与蔡、卫、陈组成的联军大败，周桓王还被郑国将领祝聃射中肩部而受伤。周天子的威风尽失，但郑庄公不仅不让军队追击，而且派人前去慰问周桓王及其左右人员。这个事例表明周天子余威尚存，以至于敢同势力强大的郑庄公开战。从周郑交恶事件过程来看，春秋初期的周王尚能左右王朝卿士，决定王朝卿士的任免，驾驭内服朝臣。

自周惠王至周简王共百余年的时间，为春秋时期周王朝的第二个阶段。在这个时期里，由于王室的庶孽之乱，内服大臣叛乱以及卿士贵族大臣间争权而矛盾激化，使得东周王朝国势急剧下跌。东周王朝力求保持自己在诸国中的特殊地位，稳坐天下共主的宝座。但是面对日益强大的诸侯国，周王朝通过赐予更多礼数方式，拉拢强大的诸侯国，帮助稳固周王室和周天子威望。此期周王室先后发生两次庶孽之乱，周惠王时期发生了子颓之乱，周襄王时期发生了子带之乱。据《左传·庄公十九年》载，子颓为周庄王庶子，有宠而无权力继承王位，周惠王为庄王之孙，周僖王

第六章 周代服制的建立、发展、演变及其历史影响

嫡子。周惠王继位后,打击、削弱子颓势力,先是夺取了子颓之师名芮国者的园圃和边伯、子禽、詹父等贵族的宫室或田产。芮国、边伯、石速、子禽四个贵族联合被周桓王夺取封邑的贵族苏氏,于公元前675年秋"奉子颓以伐王",发动叛乱。但是没有得逞,遂逃往苏氏的温邑,之后又赴卫国寻求支持,联合卫、燕两国军队伐周。当年冬季,又拥立子颓为王。第二年郑厉公出面调解王室之乱,无果,遂迎周惠王到郑国的栎邑(河南禹县)居住,不久又入成周。《左传·庄公二十一年》载,郑、虢两国军队同伐居于王城的子颓,杀死子颓及其党羽,送周惠王返归。周惠王为感谢郑、虢的支持,将周所控制的虎牢(今河南荥阳汜水镇)以东地区赐予郑国,将周邑酒泉赐予虢。《左传》载,鲁庄公二十七年周惠王派召伯廖赐命齐桓公,请齐桓公伐卫,惩罚帮助子颓的卫国。从子颓之乱开始,周王朝已经无力解决内乱问题,而寻求大国帮助成为东周王朝稳定政权的主要手段。而为了感谢诸侯的帮助,往往将其控制的土地赐予诸侯,并且赐予诸侯享有更多的礼数。周惠王死于鲁僖公七年(前653年),太子郑畏惧周惠王、惠后宠幸的子带夺权,采取秘不发丧,而先求助于齐桓公支持其保住王位。翌年,齐桓公召集宋、卫、许、鲁、曹、陈等会盟于洮,先让太子郑继位,然后才发丧。太子郑为保王位寻求诸侯支持,说明子带在周王朝内部势力强大。周襄王出于感谢齐拥立之功,于鲁僖公九年诸侯葵丘会盟上,派宰孔赐胙肉给齐桓公,以示荣宠。子带不甘示弱,于鲁僖公十一年召集成周周围诸戎部族讨伐京师,攻入王城,焚毁王城东门。秦、晋出兵讨伐诸戎救周,子带逃奔到齐国。鲁僖公十二年,齐桓公派管仲至周,调和诸戎族与周。鲁僖公二十二年,在周大臣富辰劝谏下,周襄王召回子带。两年后子带又联合狄人军队攻周,打败周军,俘获周公忌父、原伯、毛伯、富辰等王室贵族,周襄王逃至郑国的汜地,派使者向鲁国、晋国、秦国乞求援助。晋文公为争得勤王之功以号令诸侯,于鲁僖公二十五年(前635年)分兵两路,右师围攻子带所居的温邑,杀死子带;左师迎接周襄王返归王城。为了酬谢晋文公的帮助,周襄王将阳樊、温、原等地赐予晋国。东周王朝控制的地域进一步缩小了。子带之乱持续的时间更长,对东周王朝的破坏力更大,使得东周王朝愈加依赖诸侯霸主。为了抵御戎族的侵扰,东周王朝不得不

请诸侯国军队戍卫成周王城。《左传·僖公二十八年》载为了讨好晋文公,周襄王应召亲往践土,庆贺晋楚城濮之战晋国的大胜,并赐命晋文公为侯伯。子带之乱平息不久,东周王朝王朝卿士和高级贵族政治活动频繁,势力日益强大,擅行王权。如鲁文公三年(前624年)周卿王子虎卒,诸侯国派臣子前往以诸侯之礼吊唁,以示对于周王朝卿士的重视。《左传·成公元年》载,周卿士擅自决定偷袭茅戎,而被打败。周王朝内部的王朝卿士与其他高级贵族势力的矛盾尖锐,引发王室混乱,不得已请诸侯国出面调和。如鲁宣公十五年(前594年)周卿士王孙苏与召氏、毛氏争夺权位,王孙苏不敌而逃往晋国,寻求晋国的援助,晋景公派人护送王孙苏返周,并前往调和周王朝卿士间的矛盾。说明此时的周王已无力掌控王朝卿士,就连卿士间的矛盾都要到晋国争讼才能解决。

自周灵王至周贞定王共百余年时间,为春秋时期周王朝的第三阶段。在这段时间里,周王室庶孽之乱与卿士贵族间的激烈斗争错综复杂,这些更加剧了周王朝的衰弱,更加依赖诸侯大国。《左传》所载"王子朝之乱"颇详。周景王末年,太子寿早死,到了鲁昭公二十二年(前520年)周景王一死,作为长庶子的王子朝与王子猛开始争夺王位。周王朝卿士单穆公、刘文公等支持王子猛,立之为王,即周悼王。王子朝则纠集一些旧官、百工和王室贵族作乱。周悼王出居于皇(今河南巩县南),后来在晋国军队的帮助下才得以返回王城。周悼王死后,晋国又立其弟王子匄为王,即周敬王。王子朝及其党羽先后盘踞于京、郊、鄩、尹等地。鲁昭公二十三年(前519年),王子朝攻入王城,周敬王避居于王城以东的狄泉。鲁昭公二十五年(前517年),晋、宋、卫、郑等九国会盟于黄父(今山西沁水县西北),决定援助周敬王以粮食和兵力。经过多次交战,周敬王兵败奔滑(今河南偃师南)。次年,周敬王在晋军的帮助下进入成周,王子朝及其党羽携带周的典籍逃奔于楚。历经五年的子朝之乱,最后在晋军的帮助下才得以平定。子朝之乱及其平定,表明春秋后期周王朝的卿士贵族和诸侯大国对周王的废立都拥有很大的权力,周王室已经衰落到任人摆布的境地。

从东周王朝在春秋时期的政治发展情况看,春秋初年,周政由郑、虢之君把持,但周王尚可发号施令于内服朝臣和诸侯,也敢于对抗强势的郑

第六章　周代服制的建立、发展、演变及其历史影响

国,天子威严尚有较大影响力。春秋中后期,周王权威跌落,政由出身王族的周公、王子虎、王孙苏、召伯、毛伯历任王朝卿士掌控,从周定王末年开始,单、刘世代执政,以单氏为强。这一现象与春秋中后期列国卿权强盛的局面是一致的。在卿士贵族把持朝政的背景下,王室内部不断发生争夺王位的战争,导致内服朝臣系统的分裂、矛盾冲突加剧,更加剧了周王朝的衰弱。春秋中后期,周王已经不能驾驭内服朝臣,王室内乱、卿大夫内部矛盾往往需要借助诸侯霸主的援助方得以平定,周王需要依靠强大诸侯的支持来维护其可怜的威严,有时不惜以土地、礼仪来换取诸侯的帮助。诸侯所谓的尊王也只是口号,实际上并不把周王放在心上,甚至召唤周王莅临霸主会盟诸侯,为其霸业增加威信力而已。如齐桓公征伐楚国,打着夹辅周室,为周王朝征收楚国应尽贡赋之服的旗号,"尔贡苞茅不入,王祭不供,无以缩酒,寡人是征"(《左传·僖公四年》)。实际是为齐桓公的霸业树立威信。

在春秋时期,商代侯、甸、男、卫的职事称号与西周中期以后兴起的爵称渐相混淆,原来的职事称号又有变为服区名的倾向。杨向奎先生认为五等爵和五服说是由内服、外服诸职演变而来。以诸侯为爵,更立"公、侯、伯、子、男"五等爵,是春秋及以后的安排。① 其说五等爵、五服说由内外服诸职事演变而来是有道理的,爵位晚于服也是可信的,但是以诸侯为爵及所谓的"公、侯、伯、子、男"五等爵是否为春秋及以后的安排,还有待进一步的考察。爵位的开始实行与宗法制、分封制的实行是同步的,其滥觞于西周时期的册命制度。册命制度中以"命"表示秩次等级,应该是以爵位表示等级的雏形。② 见于《孟子》公、侯、伯、子、男五种的"侯、伯、男"本是商和周初对外服职事的称呼,并无等级的区别,而在孟子那里则变为爵位的称呼,有了等级的意味。周初《尚书》诸诰称"侯、甸、男、卫、邦伯","侯、甸、男、邦、采、卫","侯、甸、男"等,在《酒诰》中把克商后归附于周的殷人称如"汝劼毖殷献臣:侯、甸、男、卫"。于《召诰》中称殷遗民为"命庶

---

① 杨向奎:《宗周社会与礼乐文明》(修订本),第140—141页。
② 晁福林:《先秦时期爵制的起源与发展》,《河北学刊》1997年第3期。

殷：侯、甸、男、邦伯"。周人说到自己的制度如《康诰》："周公初基，作新大邑于东国洛，四方民大和会，侯、甸、男、邦、采、卫、百工播民和，见士于周。"《康王之诰》："王若曰：庶邦侯、甸、男、卫，惟予一人钊报诰。"于《小盂鼎》称"侯、甸、男"。这时仍然是以不同职事称呼诸侯，只是这些泛称都是被纳入到周人的宗法分封制之中，其称谓并没有区别等级的意味。

春秋时期人依然沿用商代外服职事的称谓称呼诸侯，但认为不同的称呼是有等级差别的。如《左传·昭公十三年》云："及盟，子产争承，曰：昔天子班贡，轻重以列，列尊贡重，周之制也。卑而贡重者，甸服也。郑伯，男也，①而使从公侯之贡，惧弗给也，敢以为请。"杜预注："承，贡赋之次。"孔疏："争贡赋之次。言所出贡赋多少之次，当承何国之下，故言争承也。"②据子产说诸侯在周王朝列尊应该缴纳的贡赋应该重，贡赋的轻重与列位的尊卑成正比。只有甸服列位卑而应缴纳的贡赋重，郑不如公、侯列尊，又不是列卑而贡重的甸服，而是属于男，据《尚书·酒诰》《康诰》《周礼·大行人》等记载男都在侯、甸之后，则郑的男地位亦在侯、甸之后，但所纳贡赋与公、侯相同，显然过重不符周制。子产请求减轻郑国贡赋以适应其在周朝中的列位。从子产语言中知道，春秋时期男要比公、侯列位低。在子产那里公、侯、男成了爵位等级的称号。商代的外服称号已经变为爵位等级的称呼，但原来的外服职事"甸"依然作为职事称谓，服称与爵称似已相混用。而《左传·桓公十年》的相关记载也说明郑国在"周班"中地位不高，其云："初，北戎病齐，诸侯救之。郑公子忽有功焉。齐人饩诸侯，使鲁次之。鲁以周班后郑。郑人怒，请师于齐。齐人以卫师助之。故不称侵伐。先书齐、卫，王爵也。"饩，本为气，据《聘礼》《中庸》郑注"古文既为饩"与"既读为饩"，则饩亦为既。《说文》："气，馈客刍米也。"段玉裁注："饩有牛羊豕黍粱稻稷禾薪刍等，不言牛羊豕者，以其字从米也，不言

---

① 此处断句和解释参考吴静安《春秋左氏传旧注疏证续》，长春：东北师范大学出版社，2005年，第1183—1185页。
② 杜注、孔疏见《十三经注疏》，第2072页。

第六章　周代服制的建立、发展、演变及其历史影响

禾者,举凶米可以该禾也。"①次,动词,安排受饩的次序,鲁国按照周班即于受周王封爵的等次,"王爵齐、卫为侯,尊于郑伯"。② 孔颖达也理解为郑国国君受封的爵位低于齐、卫之君,即周代封爵是有等级的。

《左传》所记君子曰语谈到"周行"问题。《左传·襄公十五年》于记楚国的任官情况后,载君子谓:"楚于是乎能官人。官人,国之急也。能官人,则民无觊心。《诗》云,'嗟我怀人,寘彼周行',能官人也。王及公、侯、伯、子、男、甸、采、卫、大夫,各居其列,所谓周行也。"这里谈到的"周行"见于《诗经·召南·卷耳》,毛传谓:"行,列也。思君子官贤人置周之列位。"郑笺云:"周之列位谓朝廷臣也。"观诗文原意当指妇女思念丈夫远出之诗,谓卷耳之菜,采之又采,仍然不满一筐,因心叹所思之人,无心再采,于是将筐置于大道。《左传》中"君子"则将"周行"解释为周朝中的列位,可见毛郑之说俱受到《左传》用诗的影响,而作出如上的解释。杜预注解《左传》云:"言自王以下,诸侯大夫各任其职,则是诗人周行之志也。甸、采、卫,五服之名也。天子所居,千里曰圻,其外曰侯服,次曰甸服,次曰男服,次曰采服,次曰卫服,五百里为一服。不言侯、男,略举也。"③据《左传》的作者及毛传、郑笺、杜注意见知,周朝中是存在列位的。杜预说甸、采、卫是服名,不仅如此,侯、男也是服的称谓,只是在《左传·襄公十五年》这段材料中不能完全理解为服名,而应兼有列位之意,这些列位是存在等级差别的。

从上举诸例得知,春秋时人既以殷商以来外服职事称谓称呼诸侯,又以为这些对诸侯的称呼是有等级的。似乎这些称呼本身带有了等级的意味,实际上是因为诸侯本身存在等级,而用这些称号称呼有等级的诸侯,遂使这些称号也有了表示等级的因素,这就是五等爵由服名转变来的重要原因。由原来的服名或职事名号而变为有等级因素的称号,使得在春秋社会出现职事名与爵称相互混用而难以区别的现象。

---

① 段玉裁:《说文解字注》,第333页。
② 《十三经注疏》,第1755页。
③ 《十三经注疏》,第1959页。

三、战国学者对天下秩序的重构及其影响

战国时期诸侯相互攻伐,七国兼并的结果是趋于统一。当时的士无不为济世而努力,对于趋于一统的未来国家提出各种治国方案。这种情形如同《庄子·天下》篇所云"道术将为天下裂"。《尚书·禹贡》与《周礼》所载服制规划就是在道术为天下裂的时代背景下产生的,并且是处于天下趋于统一的形势已经很明显的时代。

1.《尚书·禹贡》"五服"辨析

《禹贡》曾被认为是时代晚至战国的篇章,是战国时人把当时的地域做一整理而托之于禹迹,原无原始意义可寻。①《禹贡》所载"五服"亦曾经被视为儒家的虚造,但实际上《禹贡》所载"五服"有虞夏与西周时代服制的影子,只是在形式上有着战国后期学者对未来一统王朝职贡的规划与设想,其设想职贡的根据是西周的服制。《禹贡》成篇于战国甚至更早是有依据的,《禹贡》通篇是讲大禹受命于舜而治水的经过和成就,治水成功后制定远近所献贡赋。《尚书·禹贡》记载:

> 禹敷土,随山刊木,奠高山大川。……九州攸同,四隩既宅。九山刊旅,九川涤源,九泽既陂。四海会同,六府孔修。庶土交正,厎慎财赋。咸则三壤成赋,中邦锡土姓。祗台德先,不距朕行。五百里甸服,百里赋纳总,二百里纳铚,三百里纳秸服,四百里粟,五百里米。五百里侯服,百里采,二百里男邦,三百里诸侯。五百里绥服,三百里揆文教,二百里奋武卫。五百里要服,三百里夷,二百里蔡。五百里荒服,三百里蛮,二百里流。东渐于海,西被于流沙,朔南暨声教,讫于四海。禹锡玄圭,告厥成功。

新近公布的西周中期铜器豳(燹)公盨铭文记载了禹治水的事迹,其云:"天令禹敷土,堕山,濬川,乃差象埶(设)征。"敷土与堕山、濬川很明确是《禹贡》所云"禹敷土,随山刊木,奠高山大川"的治水方法。而"差象埶

---

① 详见顾颉刚《论禹治水故事书》,《古史辨》第一册下编,上海古籍出版社,1983年,第210页。

第六章　周代服制的建立、发展、演变及其历史影响

(设)征"的意义需要仔细分析。㱃字,李学勤先生认为从"丛",读为"差",据《尔雅·释诂》训为"择"。① 裘锡圭先生认为字从奉得声,在铭文中读为畴方。② 朱凤瀚先生读为奏方,理解为进送食物于四方庶民。③ 李零先生读为别方,说与"禹别九州"含义相似。④ 饶宗颐先生仍读为来,周凤五先生读为厘⑤,方字诸家读为"方",查《金文编》"方"字没有与之字形相近者。宜如李学勤先生隶为"彖",读为"地"。"墬"为《说文》"地"字籀文,朱骏声说墬从彖声,"彖"《说文》读若"弛","彖"、"也"一声之转。⑥ 为"艺"字初文,读为"设"。⑦ 或读为埶通作迹,"来方迹征"有如"近者悦治(怡),而远者自至"的意思,可解为远方者来,而近者则征其赋以至贡。⑧ 诸家理解虽有差异,要之皆将禹治水的功绩与征收贡赋之事相联系。试举《禹贡》中讲到禹治理三江的情况,"三江既入,震泽底定,篠簜既敷,厥草惟夭,厥木惟乔,厥土惟涂泥,厥田惟下下,厥赋下上,上错;厥贡惟金三品"。三江入海、太湖安定,于是其地竹子遍布、草木盛美,其地土壤涂泥,田地为下下等,所出赋为下上等,亦时出中下等。其贡是三色铜。禹根据当地土壤情况而制定其赋为下上等,即为"差(择)地设征"之义。直到战国时期关于禹的功绩也不离治水而使天下得以尽贡赋之事。上博简《容成氏》第十八至二十简述禹之事云:

　　禹乃因山陵平隰之可邦邑者而繁实之。乃因迹以知远,去苛而行简,会天地之利,夫是以近者悦治(怡)而远者自至。四海之内及四

---

① 李学勤:《论燹公盨及其重要意义》,《中国历史文物》2002年第6期,第8页。
② 裘锡圭:《燹公盨铭文考释》,《中国历史文物》2002年第6期,第16页。
③ 朱凤瀚:《燹公盨铭文初释》,《中国历史文物》2002年第6期,第29页。
④ 李零:《论燹公盨发现的意义》,《中国历史文物》2002年第6期,第37页。
⑤ 饶宗颐:《燹公盨与夏书佚篇〈禹之总德〉》,周凤五:《遂公盨铭初探》俱见《华学》第六辑,紫荆城出版社,2003年。
⑥ 参李学勤:《论燹公盨及其重要意义》,《中国历史文物》2002年第6期,第5页。朱骏声说见《说文通训定声》,中华书局,1984年,第527页。
⑦ 埶与设古音相近,在甲骨文、西周金文、战国竹简、汉代简帛及古文献中皆有埶用为设的例子,参裘锡圭:《燹公盨铭文考释》,《中国历史文物》2002年第6期,第16页。
⑧ 饶宗颐:《燹公盨与夏书佚篇〈禹之总德〉》,《华学》第六辑,紫荆城出版社,2003年。

海之外,皆请贡。①

《容成氏》所记虽为战国的传说,但也是说禹的功绩在于治水后天下诸侯来贡。关于禹的事迹基本没有脱离西周中晚期豳公盨铭文所载大禹治水成功而制定征收贡赋的情况。所别者,《禹贡》把制定贡赋的依据说成是根据道路的远近,而且以平均五百里为一种服,规定每种服献纳贡赋的品类。豳公盨铭文只是概言据各方土地情况征收贡赋,与虞夏时期的情况相近。《禹贡》《容成氏》中这种征收贡赋的观念,当受西周时期五服制度的影响。周成王成周会盟天下诸侯、方国,根据各地所献确定了四方的贡赋制度,即《国语·周语上》所谓的"五服"制度。此五服确立的是"周人对华夏族和四夷分别治之的国家管理制度"。② 根据与王朝关系的亲疏程度,将为王朝尽职、尽服的政治势力人为地划定了大致的区域,如邦内甸服即限于周王朝王畿之内,而邦外侯服是指周初新分封建立的诸侯,他们尽每月祭祀的义务。侯卫宾服,这是殷商遗留下来的外服侯甸、男、卫、邦伯,对于周人来说是客,所以将其向周王朝履行四时以服贡宾见的义务称宾服,但并非是在侯服之外,而是与周人分封的诸侯杂居相处。南部、东部的蛮夷被周王朝征服,纳入要服,向周王朝履行每年来朝贡的义务。西部、北部的戎狄属于荒服,向周王朝履行朝见嗣王及己即位来朝贡的义务。《禹贡》所载根据各地土地物产确定贡物以及以五百里为一服征收贡赋的情况,是杂糅了虞夏商时期根据各地物产确定贡赋的制度与周人确定的有服名、服区的五服制度,结合战国时期的地理情况所作出的一种政治蓝图,《荀子·王制》篇谓王者之法"相地而衰政,理道之远近而致贡"当是这种设想的高度概括。但按区域划分缴纳贡赋的情况也是有依据的,其据就是西周中期以后诸侯、方国缴纳贡赋已经成为定制,在事实上形成了缴纳贡赋的一定区域,而《禹贡》作者是把西周中晚期的这种情况变为了制定缴纳贡赋的依据。

---

① 马承源主编:《上海博物馆藏战国楚竹书》(二),第263—265页。
② 谢乃和:《古代社会与政治——周代的政体及其变迁》,哈尔滨:黑龙江人民出版社,2011年,第298页。

总之,《尚书·禹贡》所载服制既有大禹治水后根据各地土地物产制定贡赋的虞夏服制,又受到周代五服制在交纳贡赋时形成一定服区的影响,根据战国地理形势,设计了以传统的王畿为中心,按照距离王畿远近不等划定服区而构建的统一国家管理天下的制度。

2.《周礼》所载服制说

《周礼》集中论述服制的有《夏官·职方氏》《夏官·大司马》《秋官·大行人》等处,虽未必是周代服制的实际情况,但其中皆有周代服制的历史因素。《周礼·夏官·职方氏》记载:"职方氏掌天下之图,以掌天下之地,辨其邦国、都鄙、四夷、八蛮、七闽、九貉、五戎、六狄之人民与其财用、九谷、六畜之数要,周知其利害。""乃辨九服之邦国,方千里曰王畿,其外方五百里曰侯服,又其外方五百里曰甸服,又其外方五百里曰男服,又其外方五百里曰采服,又其外方五百里曰卫服,又其外方五百里曰蛮服,又其外方五百里曰夷服,又其外方五百里曰镇服,又其外方五百里曰藩服。""凡邦国,小大相维。王设其牧,制其职,各以其所能,制其贡,各以其所有。王将巡守,则戒于四方,曰:'各修平乃守,考乃职事,无敢不敬戒,国有大刑。'及王之所行,先道,帅其属而巡戒令。王殷国,亦如之。"《职方氏》载王畿之外有九服:侯服、甸服、男服、采服、卫服、蛮服、夷服、镇服、蕃服。这九服是以区域来划分的,并且以均等的五百里为一服,并未言及各服的具体职责,各服大小邦国根据其能力向王朝服政事,根据各自所产向王朝献贡物。王以巡守和殷见方式检查地方各服内邦国的职守和尽服情况。《逸周书·职方》篇所记与此相近,唯末段有所差异,其云:"凡国,公侯伯子男,以周知天下。凡邦国,大小相维,王设其牧。制其职,各以其所能;制其贡,各以其所有。王将巡狩,则戒于四方曰:'各修平乃守,考其职事,无敢不敬戒!国有大刑。'及王者之所行道,率其属而巡戒命。王殷国,亦如之。"《周礼·夏官·大司马》与此近同,仅将服换成畿,即以国畿之外又有九畿的区划。

《周礼·秋官·大行人》记载大行人职责时亦谈到服制,其云:"邦畿方千里,其外方五百里谓之侯服,岁壹见,其贡祀物。又其外方五百里谓之甸服,二岁壹见,其贡嫔物。又其外方五百里谓之男服,三岁壹见,其贡器物。又其外方五百里谓之采服,四岁壹见,其贡服物。又其外方五百里谓之卫服，五岁壹见，其贡材物。又其外方五百里谓之要服，六岁壹见，其贡货物。九州之外谓之藩国，世壹见，各以其所贵宝为挚。"《大行人》载邦畿之外有六服和藩国，即侯服、甸服、男服、采服、卫服、要服、蕃国。此处也是说邦畿千里之外，每五百里为一服，有侯服、甸服、男服、采服、卫服、要服六个服，侯服每年朝见王一次，贡祭祀牺牲之物；甸服两年一朝王，贡献丝麻；①男服三年一朝王，贡献尊彝之器；采服四年一朝王，贡献黑绛色的细葛布和新丝绵；②卫服五年一朝王，贡献八材之物；③要服六年一朝王，贡献龟贝。④而九州之外为藩国，一代新君即位来朝王一次，并以其贵宝为挚朝王。各服所贡物品各不相同，是否以其所有为贡物尚不能明确。此与《职方氏》相较多出要服，缺少蛮服、夷服、荒服，又将藩服归入九州之外不属于"服"，具体规定各服的贡献之物。

《周礼》所载服制有所出入，侯、甸、男、采、卫服是三处记载共有的，这可能是受到《尚书・康诰》"周公初基，作新大邑于东国洛，四方民大和会，侯、甸、男、邦、采、卫、百工、播民和，见事于周" 的影响，侯、甸、男、邦、采、卫是对周诸侯的称呼，《酒诰》中周公讲到商代的外服有侯、甸、男、卫、邦伯。而《周礼》一书把《尚书》中对外服侯、甸、男、卫、邦伯的称呼，以及《国语・周语上》祭公谋父所述周初确定的甸服、侯服、宾服、要服、荒服的五服制以及五服贡献之物多与祭祀相关的情况杂糅在一起，制定出以邦畿为中心，其外部按不同区域向王朝进贡的九服制。

周代服制中的朝贡五服制以及战国学者根据周代服制规划的九服制，是对夏商周三代治理国家模式服制的系统总结和再创造。商周时期国家建构的政治模式内外服及朝贡服制，是中国上古时代国家形成和发展的特色，为战国以后中国古代政治理论提供思想素材和政治实践依据。朝贡服

① 郑玄注："古书嫔作频，郑司农云：'嫔物，妇人所为物也。'《尔雅》曰：'嫔，妇也。'玄谓嫔物，丝枲也。"参《周礼注疏》卷三七，《十三经注疏》，第 892 页。

② 郑玄注："服物，玄纁絺纩也。"纁，《说文》："浅绛也。"絺，《说文》："细葛也。"纩，《说文》："絮也。"《礼记・丧大记》"属纩以俟绝气"，郑玄注："纩，今之新绵。"

③ 《周礼・大宰》"饬化八材也"，郑玄注引郑司农谓八材为珠、象、玉、石、木、金、革、羽。参《周礼注疏》卷二，《十三经注疏》，第 647 页。

④ 郑玄注："货物，龟贝也。"见《周礼注疏》卷三七，《十三经注疏》，第 892 页。

第六章　周代服制的建立、发展、演变及其历史影响

制以王朝为天下之中,四方臣服者朝王纳贡的模式,成为秦以后古代中国王朝对边疆地区少数民族政权的治理方式,而到了宋元及以后朝贡制不仅限于对边疆民族政权的羁縻管理方式,还扩展到对亚洲地区的其他政权的政治藩属体制。通过朝贡制的实施,中原王朝与边地少数民族政权之间进行经济、文化交流,在相当长一段历史时期内中原文化占据着优势地位,不断向周边扩散并影响着周边文化的发展,甚至扩展到带动整个古代亚洲地区政治模式与文化发展方向。从朝贡服制的流变看,或许可以说周代服制与三代文化是留给后世古代中国王朝甚至亚洲地区最大的政治遗产。

本 章 小 结

本章主要讨论了周代服制的建立、发展演变及历史影响问题,按照西周早期、中期、晚期、东周四个时段展开论述。西周早期包括周武王、周成王、周康王、周昭王在位时期,这个时段里周王朝从巩固新政权、建立一系列制度,社会秩序重新建构起来,各种典章制度、礼仪刑罚都逐渐完备,使周由蕞尔小邦成为泱泱大国,形成周王主导天下的政治局面。西周中期包括周穆王、共王、懿王、孝王、夷王,周王朝在国力昌盛基础上不断向外扩展自己的势力和影响,如周穆王时期征讨犬戎维护周初确立的荒服制度。穆王以后,朝臣活动逐渐增多,周王对于臣子的册命之礼尤为显著,以册命礼仪的形式规定了臣子应尽的职事和应得的采邑等权利。并且这种职事和采邑一般都是世袭的,一般需要周王的重新册命而合法化。周共王、懿王逐渐转向王朝礼制建设,逐渐形成内服等级制度。在社会平稳发展的同时也孕育着各种新的社会矛盾。周懿王时期王道开始衰微,王臣懈怠政事的情况比较明显,于是有专门掌管监察和刑事案件的司士职官的设置。但直到周夷王时社会矛盾尚未激化,周夷王尚能掌控外服诸侯,甚至干预诸侯国君位继承和掌控诸侯军队。西周晚期包括周厉王、共和、周宣王、周幽王在位时期,周厉王时的"国人暴动"是各种社会矛盾激化的结果,共伯和摄王政称王,力挽狂澜挽救了濒临灭亡的周王朝,但周

王朝的衰落已成定局，统治者已回天乏术，王朝颓废大势不可逆转。西周中期以后王朝征服边地四夷的战争不断，率领师众的师官势力逐渐发展壮大，左右着王朝政局的发展，"国人暴动"、"共和行政"等事件与"师"的势力发展有很大的关系，所以周宣王以后率领师众的职官"师"很少见于彝铭。西周晚期原来为王室服务的职事逐渐向外延伸到朝中职事，宰官系统逐渐推向外庭。如毛公、番生、函皇父等都掌管周王朝内外政事，管理卿事寮、大史寮等官署，俨然成为只对周王负责的权臣。周王虽然在册命时一再强调效法文武之德而受有天命，要求被册命者效法其祖先的美德，尽其职事为周王朝效命。然臣子势力的膨胀已成为必然，周王的威信在"国人暴动"之后更加降低，宣王虽有"中兴"之举，然陷于对南淮夷、猃狁的讨伐中消耗了国力。至于周幽王因其不善于政，臣子亦不复尊之，权臣跋扈如函皇父等更加剧了王朝的倾覆进程。在内外交困的局面下，西周王朝走到了尽头。

西周末年经历了一段时间"二王并立"政治局面后，周平王在晋、郑为首的诸侯支持下确立了王统，并在诸侯护卫下东迁洛邑，重新构建了东周王朝的秩序。东周王朝继承了西周天下共主的名号，特别重视保持传统的威严，于春秋早期尚能维护服制形式。东周王朝内服比较稳固，大规模的庶孽之乱尚未出现，周王尚有左右王朝卿士和王室贵族的能力。春秋中后期，周王已经不能驾驭内服朝臣，王室内乱、卿大夫内部矛盾往往需要借助诸侯霸主的援助方得以平定，周王需要依靠强大诸侯的支持来维护其可怜的威严，有时不惜以土地、礼仪来换取诸侯的帮助。诸侯所谓的尊王也只是政治口号，实际上是为其霸业增加威信力而已。春秋时人既以殷商以来外服职事称谓称呼诸侯，又认为这些对诸侯是有等级的，使得在春秋社会出现职事名与爵称相互混用而难以区别的现象。战国晚期天下趋于统一的形势明朗，出现了根据夏商周服制而构建的"五服制"、"九服制"，如《尚书·禹贡》与《周礼·职方氏》所载"服制"规划就是在这一时代背景下产生的。三代的服制及战国学者的服制理论为后世古代中国王朝治理边地部族政权提供了政治理论依据，后又衍化为盛行于古代亚洲地区以朝贡制度为核心的政治藩属体制。

结　　语

　　服制是夏商周三代特有的政治制度，反映的是三代国家的结构与国家管理模式。由于材料所限，本书对于夏代的服制内容没有系统研究，但认为商周服制承袭夏代服制而来又有所损益。本书的研究初步对商周服制的内容作了系统探讨，但也未涵盖商周服制的全部内容。通过本书的尝试研究，希望把服制的研究引向深入，今后将会探讨服制的起源与夏代的服制，并挖掘三代服制中蕴含的国家认同内涵与社会治理功能等问题。现归纳本书的主要观点，并借由前文探讨商周服制的情况，比较商周服制的异同。

一、商周服制形态

　　由《尚书·酒诰》所载周公听闻之语知，商代的国家结构形态为内外服，即内服：百寮、庶尹、惟亚、惟服、宗工与百姓、里君；外服：侯、甸、男、卫、邦伯。通过分析《酒诰》政治文诰的性质知，周公听闻之语所据为商代历史典册。又证以商周甲骨文、金文有关内外服的资料进一步确认周公所述商代国家结构为内外服是可信的。商代的外服在商代前期主要由早已存在的臣服于商的诸侯构成，到商王武丁及其以后多被征服不少已经纳入商王朝直接控制区域，经商王朝直接册命的外服逐渐超过原生部族的数量，到商代晚期只有伯是由商王朝征服的方国首领而受命为外服，侯、甸、男、卫皆由商王直接任命臣属势力构成。

　　从西周金文看，王朝臣子的职事、诸侯的职事、诸侯方国应纳的贡赋都被称作"服"，与《尚书》《诗经》等文献所载一致。金文中有对于诸侯、方国执行服的检核的记载，与文献有关服制的记载恰能相合，说明周代服制确实存在。金文中关于周王朝臣子职事称服以及周王对于臣子践行服的情况的检核，补充了文献所载服制的不足。周初周武王沿袭商代内外服的制度建构国家结构与管理模式，周公、成王平定叛乱稳定社会秩序后，通过册命朝臣和诸侯以及会盟诸侯建立朝贡服制等措施重新建构起周代国家结构和国家的管理模式。

二、商代内外服的建立、发展、演变

　　夏商之际的社会秩序发生了重大变化,夏桀的昏乱,引起了夏民众的不满,朝臣与外服诸侯都产生了离心倾向。商汤抓住了有利时机,积极准备最终灭夏,建立了内外服制度,重新构建了社会秩序。商代前期历经太甲、大庚有作为的商王的经营,使得商代前期国势强盛,内外服制度逐步完善。至大庚三子小甲、大戊、雍己相继为王的王位之争引发了内服势力的分裂,外服亦不稳定,尤其是外服中的邦方势力叛离商王朝的情况出现,商王朝出现了建国以来的首次衰败迹象。

　　商代中期共有九位商王先后即位,自前期大庚之子小甲、大戊、雍己兄弟三人相继为王后,为中期时后世子孙争夺王位提供了机会和理由。大戊为商王朝盛君,深得内服臣子与外服诸侯的拥护,这为其子中丁从雍己手中夺得王位打下很好的政治基础。中丁从其叔手中夺得王位,开启了商朝中期争夺王位的先河。商代中期九世之中,王位不仅在亲兄弟间传承,而且发展到在从兄弟及叔侄间传承。由于王位的纷争,出现王都的频繁迁徙,导致商王室几经分裂,内服朝臣的宗族势力也随着王位争夺而受到极大损耗,商王朝赖以统治的基础内服势力被削弱了。这也导致商王朝国势日衰,本为商王朝统治重要依靠力量和屏障的外服尤其是其中的被征服的邦方势力趁机脱离商王朝或内侵,这又加剧了商王朝的衰落。

　　商代后期盘庚迁殷,扭转了商代中期王位纷争造成的九世之乱的衰亡局面,商王武丁继位改革内外服制,注意拉拢和驾驭内外服宗族武装势力开疆拓土,收复商中期失去的势力范围,采取将新征服地区设立外服军事据点和册命被征服者为外服的策略拓展疆域,武丁时期商王朝发展到鼎盛阶段。祖甲继位以后,对王朝祭祀典制进行了改革,对历代先王进行有选择地祭祀,具体是以五种祭祀方式对选定的商先王进行周而复始的祭祀,主要政治目的是团结商王室的政治核心——王族,祖甲改制缩小了权力核心的贵族数量,实际上是加强王权的表现。祖甲以后商王朝由盛转衰。廪辛短祚而亡,其时内外服情况不明。康丁继位后,通过祭祀以及飨礼团结内服群臣,通过征讨共同的敌人以及在作战中的相互配合,来巩固商王朝与内外服的关系。康丁时期近侍小臣用事颇多,内外服见诸卜辞的情况锐减,可能已经设立监督外服的机制。武乙时期外服发生了较大变化,商王武乙册命迁居岐山附近的周族首领古公亶父为公,以岐邑为其领地,承认周族作为独立邦伯的地位及新的领地的合法性。周族以周原为基地,以商王朝册命外服邦伯的名号,征讨周围不服从的小国,逐渐扩大了属地和影响。随着周族势力的发展壮大,还营造程邑,将其势力向东推进。周族逐渐成为西部强大外服诸侯,这使得商王文丁感到恐慌,所以有文丁杀季历之事。商王文丁杀死外服周的首领季历,激化了商周间的矛盾。商王帝乙时期,商王朝出现外服叛离、四夷交困之局面。商王朝内政也出现了严重的问题,帝乙在立王位继承人时,废长贤而立少嫡,为帝辛亡国埋下了隐患。至于纣王,因其恃才傲物丧失民心,内外服都产生了异志。而位于商西部的周族逐渐发展壮大,经过三代人的经营,终于在牧野一战大败商军,占据了商的国都,取代了商王朝。

三、殷礼所见商王与外服的君臣关系

商王与外服的关系备受学界关注,讨论者较多,但都以商王与诸侯的关系来代替这一对关系。问题的症结在于学者误解周人对商代外服的追述,周人称述商代外服侯、甸、男、卫、邦伯时,从未称其为诸侯,只有称周的情况时才称诸侯侯、甸、男。所以不能将商代的外服视如周代的诸侯,在讨论商王与外服关系时,简单的划为商王与诸侯的关系是不妥当的。以往研究多从卜辞中王"令"、"呼"臣子与对待外服的用辞相同的现象出发,认为外服与商王朝内服官员一样都是商王的臣。还有从交纳龟甲、粮食、提供劳役等方面考察,认为外服是商王朝的臣,进而认为外服就是商王朝的在外之官。而从殷礼角度讨论商王与外服关系者尚未见。本书从商王举行礼仪角度考察外服与商王的关系,一方面商王让外服参加各种礼,通过行礼来参与政治,以便拉拢外服。这些礼主要有殷见助祭、飨燕礼、射礼、婚媾制度。礼实质上就是一种文化认同,外服参加商王举行的这些礼,就是认同商王朝的统治地位。另一方面商王也时常以武力威慑外服来巩固二者间的关系,这主要表现在商王频繁的田猎和巡狩,以及对不服从者的武力征讨。

商王让外服来朝来见,行觐礼,通过行礼考察外服对于商王朝的服属程度。外服来朝见商王献纳表示自己诚意的贡物,商王先举行射礼,让外服参加射礼,通过射礼选拔参加祭祀的人选。商王每贞问以某一外服所献纳的牛、羌人祭祀商先王,即是外服助王祭祀的行为,有时商王也命令某一外服参加对于祖先的祭祀,在祭祀典礼中服务。祭祀祖先典礼之后,商王根据军事形势对外服有所册命,或令其率众联合其他外服讨伐敌对方国,或是执行其他王事。外服退出执行王事,是为朝见之礼的结束。商代亦有诸侯同来见王的会同、殷见之礼,联系卜辞商王贞问多侯、多伯、多田等为王办事的情况,正是众多外服前来朝王的殷见之礼的反映。外服诸侯除亲自朝见商王外,还要遣使前往殷都代表外服诸侯聘问商王。商王也会向外服地区派遣使者,有慰问安抚、巡察职守、武装增援、结成联姻等政治目的与作用。

商王令外服参加飨礼,通过行飨礼团结拉拢外服。商代的飨礼表现为对于神鬼的祭祀与对于生者的宴飨。通常情况是王朝有重大典礼,四方来会、内外臣工俱来见王的情况下行此大典。飨就是献食礼,商王向祖神行献食祭礼,多在宗庙庭院等开阔之地,能够容纳商王朝内外职事的活动。商王还贞问由哪些人参加飨礼,在什么地方举行飨礼,要摆放什么样的礼器等。祭祀祖神之后,商王又举行对参加祭祀者的飨食礼。这些复杂的程序说明,商代已经存在献食于鬼神和飨食于生人的飨礼。由外服有献贡物助祭商王祖先的义务,在商王以飨祭方式祭祀祖先时,外服也前来献贡物,可能参加飨祭典礼。由商王卜问在开阔之地举行飨礼、摆放何种礼器、祭品等,如后世的"庭实旅百"既包括王陈设国之礼器、祭品,也包括诸侯所献,说明飨礼亦有外服参加。在祭礼结束后,商王设宴款待参加祭祀者,外服亦当列于其中。

关于商代射礼,已经有宋镇豪、韩江苏等学者结合花东卜辞与作册般鼋、文献上射礼的记载,证实确曾实行过。但对于商代外服参加射礼的情况以及花东卜辞公布之前出土甲骨中射礼的记载,以及商代射礼的政治

结　语

功用缺乏研究,本书从这三个方面对商代射礼进行了补充,认为商代外服也参加商王举行的射礼,卜辞有令外服射的贞问。商王举行的射礼有不同的名目,有在外服侯之地进行的新射。射礼的功用是通过行射礼,王与外服习礼乐拉拢团结外服,同时以射礼的形式对于外服寓以震慑之义,从而达到"养诸侯而兵不用,诸侯自为正之具"的效果。射礼主要体现了王联合、团结服从者以及对不朝王、不服从者的惩罚的一种厌胜巫术。

商代的政治婚姻已经成为实施国家统治的重要政治手段。具体分析商代政治婚姻的作用,主要体现了商王朝与外服的通婚,以联姻的方式拉拢团结外服。文献所载商汤、盘庚都非常重视婚媾关系的政治作用。从甲骨刻辞中妇某之某的考察,可知这些妇某之某多与外服之名或一些族名相同,这绝非巧合,如攸侯、杞侯、先侯、龙方、侯光、侯贯、宾侯、羊方等就是外服名号,这些与商王朝有联姻关系的外服都服属于商王朝,为商王办事、献贡物,参加商王举行的祭祀大典,向商王汇报所守之地的局势,参加讨伐敌对方国等义务。商王朝通过政治联姻的方式使外服服属于己,尽臣子义务,形成稳固的臣属关系。

商代的礼也带有"刑"的意味,商王举行大蒐之礼,或在外服之地,或呼令外服参与,皆有政治意蕴存焉。商王有权力到外服的属地进行田猎,商王还可以命令外服参加田猎。商王通过让外服参加田猎之礼的方式,使外服纳入商王朝的政治运作当中。由田猎的检阅军队训练军事等目的,可知商王于某一外服之地行大蒐之军礼,一方面以军事威力震慑外服,使其服属于商王朝而不发生叛离事件。另一方面,令外服参加大蒐之礼,从外服对于王令的贯彻落实等情况,来检查外服对于商王朝服属程度。商王举行的田猎之礼实为商王对于外服的统驭之道。商王省廪或令内服臣工省廪的活动,也是带有武装巡视的性质,说明商王朝对于以王都为中心的农业区域收成的极度重视。商王不仅巡查王都附近的粮仓,而且巡视外服之地的粮仓。卜辞记载商王派臣子省察处于外服控制区阤地的粮仓,途经商王朝几个重要外服之地,实有巡查外服农业区的作用,也有检查外服服属的作用。商王省某地或循某地,或为商王重要的军事地点,或为重要的矿产地,或为重要的田猎区、农垦区。商王所巡查者无不

363

关乎国家的政治安定、各地方族氏的服属情况、为王做事的情况、农业生产等大事。商王及臣属进行的巡查性质的军事行动,目的是巡查地方族氏对于商王朝的服属情况,与巡守礼的政治意蕴相近。《逸周书·职方》云:"王将巡狩,则戒于四方曰各修平乃守,考乃职事,无敢不敬戒,国有大刑。及王者之所行道,率其属而巡戒命。""戒于四方之语"把王巡狩的目的说得很清楚,检查为王守的情况,考察为王朝尽的职事,对王要怀有敬畏。商王的循行和省察也是带着武装巡狩,其目的与《逸周书·职方》所言颇为接近。

从外服参加的商王举行的几种礼仪来看,商王朝与外服之间并非完全的君臣关系,在实际上外服是一个政治实体邦,他只是在政治上服属于王朝,服属于王朝就要为王朝尽职事,其活动性较之内服势力要大得多,商王朝极尽拉拢控制之能事,说明外服势力的强大和对于王朝发展的重要性。在名义上的所属关系下,外服尽一些象征性有政治意义的义务。

四、商代内服的来源、族属结构及其与商王的关系

商代内服的最初来源是《逸周书·度邑》所载帮助商汤建国的三百六十夫即三百六十族,这三百六十族繁衍直至商末也没有灭亡。甲骨文中统称的王族、多子族、多生应是内服的主要来源。商代内服的具体组成,亦有外服入朝供职的情况。外服入朝供职的情况较为复杂,大体是表示其臣服于商王朝的一种方式,为商王朝服政事。但某一外服的首领世为商王朝的臣子,可以视为其邦国并入了商王朝的直接控制范围。

商代的内服族属"生既聚族而居,死亦聚族而葬",从殷墟区发现的墓葬组合和出土族氏铭文情况看,殷商内服族属主要居住在卜辞中"大邑商"即后世所称的王畿范围内。内服族氏内部结构大体上以姓族之下分为若干宗族("宗氏"),宗族之下又分为若干分族,势力强大的内服族氏可能在分族之下还有更小的分族。

商代的内服是商王朝一切活动的支柱性依靠力量,因此历代商王尤其重视与内服诸家族的关系。在商代前期内服在拥立商王即位,巩固国家政权方面作出了卓越的贡献。至于商代中期商王朝出现"比九世乱"的

混乱局面,而在王位纷争中内服族氏起到了重要作用,每一位即位的商王都要拉拢内服支持者,所以在商代前期、中期内服族氏有着尊崇的政治地位。商代后期武丁开始改革内服制度,团结外服诸侯而征伐四方,使得四方"莫敢不来享,莫敢不来王",加强了中央集权特别是商王的权力。此后的商王也采取各种措施不断强化王权,商王加强个人权力是以削弱限制内服臣子的政治权力为前提的,故王权的增强与旧臣政治之间产生了矛盾。这一矛盾在商纣王废弃用旧家大族为政政策以后而全面爆发,导致内服族氏逃亡或叛商投周,造成了商纣王赖以统治基础的丧失。

由于内服多与商王有或远或近的血缘关系,故商王以祭祖礼仪方式拉近其与内服的关系。商王举行祭祖礼仪时,内服或献祭祀所用物品,或在祭礼中辅助商王。商王祭祀祖先,内服的祖先也同样可以享用到祭品得到祭祀。因为商先王有降祸于内服臣子的权能,故卜辞有商王祭祀祖先以祓除内服的灾祸的记载。内服的祖先即旧臣也可以降祸给时王,故卜辞有时王对于旧臣祭祀极度重视的记载。内服也贡纳牺牲用于祭祀商代先王,或是受到商王的命令去祭祀商王的祖先。内服的祭祀商先王有祓除灾祸与祈求福祉的目的。在祭祀祖先礼仪方面,内服家族与商王形成了牢固的臣属关系,商王以祭祀祖先方式增强了内服与商王的凝聚力和内服家族的归属感。内服族氏武装既起到自卫作用又是商王朝军队的主要兵源,还是商王朝边境地区抵御敌方进犯和讨伐敌方的主要军事力量。

五、商末周初服制的变革

在商朝末年商王与内服之间的凝聚力逐渐减弱,内服势力的强大与商王用人政策的变化都是促使商王与内服诸家族关系疏远的原因。以往多认为商代在纣王时期,统治才出现全面的危机。实际上商王朝的衰落可能会更早,《逸周书·度邑》载周武王克商后有如下话语:"维天不享于殷,发之未生,至于今六十年,夷羊在牧,飞鸿满野。天自幽不享于殷,乃今有成。"前贤推算六十年皆从商王帝乙初年算起,则帝乙时期天已不享于殷。夷羊或释为土神,或以为神兽,飞鸿,各书所引不同,盖为虫属。这六十年间,"天示妖祥,冥冥中已不享殷,至今乃有成命也"。① 商王朝内外服制的破坏表现为外服脱离了商王朝而转事于周或独立于这两方之外成为方国;内服势力形成强宗大族与西周末年的情形相近,纣王任官政策的变化和不认真祭祀的行为,进一步激化了内服对于商王朝的离心倾向,发生内服弃商奔周的现象。在外部,岐周不断征伐周围方国部族,形成了以周为中心的新的外服体制,周武王于牧野之战一日之内占据了商都,取代了商王朝。

  周武王克商之后,曾试图采取商代的国家管理模式内外服,对于原来服属于殷商的外服的政策是,只要其服从周尽一定职贡,周就不再攻伐它,并且给予一定的礼遇。对于殷遗民周也尽力拉拢之,吸收其能者为周尽职事。周初对内外服的措施表现在:对于外服诸侯周王以礼遇拉拢,对于商内服吸收其到周的官制系统,以王命的形式对其办事给予奖励,劝勉内服以尽臣子职守。周人也注意到殷商外服体制存在的问题,设立监国对于殷商外服起到牵制作用。但仍没有奏效,在武庚之乱的冲击下,周王朝重新调整了战略部署,重构周代国家结构和管理模式。

  周代宗法分封制度的实行就是吸取商代外服体制的经验教训的结果,周代的宗法制强调"德"的重要性,强调效法祖先的德,只有有德才能有尊贵的地位爵禄。周代把天子、诸侯、卿大夫、士、庶人都纳入了宗法的道德体系之内,一改商王以力迫使其他部族服从的情况。周人强调要把从上帝那里得到的天命永远地保持下去,保持的方法就是自上至下逐层地推行这种德,使每一阶层的人都获得利益,就是所说的"封建",通过封建的形式来确保周邦的稳固长久。这与商王让诸侯来服属听命的情况是不同的。同时周人又辅以服制,把诸侯与方国纳入到职事与贡赋的系统中,使之更好地为周邦的稳固服务。

六、周代服制的建立、发展、演变及其历史影响

  西周早期周王朝从巩固新政权、建立一系列制度,使得社会秩序重新

---

① 朱右曾:《逸周书集训校释》,第70页。

结　语

建构起来,各种典章制度、礼仪刑罚都逐渐完备,使周由蕞尔小邦成为泱泱大国,形成周王主导天下格局：朝臣列入甸服；血缘姻亲分封建侯列为侯服；夏商以来的诸侯于周为客,列入宾服；南部、东部的蛮夷诸族被周公、成王征服后纳入要服系统,西部、北部的戎狄诸部族被纳入荒服加以管理。

西周中期周王朝在国力昌盛基础上不断向外扩展自己的势力和影响,如周穆王时期征讨犬戎维护周初确立的荒服制度。穆王以后,王臣职事逐渐增多,周王对于臣子的册命之礼尤为显著,以册命礼仪的形式规定了臣子应尽的职事,和应得的采邑等权利,并且这种职事和采邑一般都是世袭的,一般需要周王的重新册命而合法化。周共王、懿王逐渐转向王朝礼制建设,逐渐形成内服等级制度。卿士寮职能得到充分发展,王朝民事行政功能得到大的发展。军事行政也充分发展,且具有民事职能。史官职能发生分化。在社会平稳发展的同时也孕育着各种新的社会矛盾。周懿王时期王道开始衰微,王臣懈怠政事的情况比较明显,于是有专门掌管监察和刑事案件的司士职官的设置。但直到周夷王时社会矛盾尚未激化,周夷王尚能掌控外服诸侯,甚至干预诸侯国君位继承和掌控诸侯军队。

西周晚期包括周厉王、共和、周宣王、周幽王在位时期,周厉王时的"国人暴动"是各种社会矛盾激化的结果,共伯和摄王政称王,力挽狂澜挽救了濒临灭亡的周王朝,但周王朝的衰落已成定局,统治者已回天乏术,王朝颓废大势不可逆转。西周中期以后王朝征服边地四夷的战争不断,率领师众的师逐渐发展壮大,左右着王朝政局的发展,"国人暴动"、"共和行政"等事件与"师"的势力发展有很大的关系,所以宣王以后率领师众的职官"师"很少见于彝铭。西周晚期原来为王室服务的职事逐渐向外延伸到朝中职事,宰官系统逐渐推向外庭。如毛公、番生、函皇父等都掌管周王朝内外政事,管理卿事寮、大史寮等官署,俨然成为只对周王负责的权臣。周王虽然在册命时一再强调效法文武之德而受有天命,要求被册命者效法其祖先的美德,尽其职事为周王朝效命。然臣子势力的膨胀已成为必然,周王的威信在"国人暴动"之后更加降低,宣王虽有"中兴"之举,然陷于对南淮夷、猃狁的讨伐中消耗了国力。至于周幽王因其不善于政,臣子亦不复尊之,权臣跋扈如函皇父等更加剧了王朝的倾覆进程。在内外交困的局面下,西周王朝走到了尽头。

西周末年经历了一段时间"二王并立"政治局面后,周平王在晋、郑为首的诸侯支持下确立了王统,并在诸侯护卫下东迁洛邑,重新构建了东周王朝的秩序。东周王朝继承了西周天下共主的名号,特别重视保持传统的威严,于春秋早期尚能维护服制形式。东周王朝内服比较稳固,大规模的庶孽之乱尚未出现,周王尚有左右王朝卿士和周王室贵族的能力。春秋中后期,周王已经不能驾驭内服朝臣,王室内乱、卿大夫内部矛盾往往需要借助诸侯霸主的援助方得以平定,周王需要依靠强大诸侯的支持来维护其可怜的威严,有时不惜以土地、礼仪来换取诸侯的帮助。诸侯所谓的尊王也只是政治口号,实际上并不把周王放在心上,甚至召唤周王莅临霸主会盟诸侯,为其霸业增加威信力而已。

春秋时人既以殷商以来外服职事称谓称呼诸侯,又以为这些对诸侯的称呼是有等级的,使得在春秋社会出现职事名与爵称相互混用而难以区别的现象。战国时期各种政治学说纷纷出现,尤其到了战国晚期天下趋于统一的形势已经很明显的时代,出现了根据夏商周服制而构建的"五服制"、"九服制",如《尚书·禹贡》与《周礼·职方氏》所载"服制"规划就是在这一时代背景下产生的。三代的服制及战国学者的服制理论为后世古代中国王朝治理边地部族政权提供了政治理论依据,后又衍化为盛行于古代亚洲地区以朝贡制度为核心的政治藩属体制。

七、商周服制的异同

从商周服制形态看,商代的内服相当于周人的甸服,商代的侯、甸、男、卫由与商王室关系亲密的王室宗亲、同姓贵族以及主动归附的诸侯构成,在商王朝发展不同阶段外服侯、甸、男、卫具体组成有所区别,大体是商代后期由于武丁的征伐,外服中的王室贵胄增多,异姓势力逐渐减少。外服邦伯则是商王朝征服的方国,由商王朝册封为伯。而周代的侯服由周王朝分封建立的有血缘姻亲关系的诸侯构成,以藩屏周邦。宾服由夏

结　语

商以来延续下来而臣服于周的诸侯,对于周来说属于客,故称宾服。南部、东部的蛮夷方国被征服后,纳入要服系统,尽朝王纳贡义务。西北部的戎狄部族被征服后,纳入荒服系统,尽朝王纳贡义务。周代将征服的方国排除在外服体系之外,另立要服、荒服加以管理。而商代多将征服的方国纳入外服"伯"系统中,与周制有别。周王朝重构国家结构后逐渐淡化内外之别,转而强调甸服、侯服、宾服组成的诸夏与周边蛮夷戎狄方国的区别,建立了有华夷之别的天下秩序。周人新建的五服制系统完整地反映了周代国家结构和国家管理模式。

商周时期内服职事所作的事情都出自王命,只是王命的体现与传达方式不同,商代以占卜决疑的宗教形式命令某人去服政事;西周是以册命礼仪的形式命某人去作某事。商王通过占卜所命都是十分具体的事情,且从现有的卜辞来看多是临时召唤某人以其族属来为商王朝服政事,并且有些事情是由一部分固定的族属来作的。周代是以册命的形式命某人以常职,是命—职事称谓,这一职事称谓的执掌在周代一般情况下是明确的,并且多在命书中有具体的规定,有时周王册命臣子职官而追加所服政事内容,在命书中也会具体说明。商周时期朝臣完成王命政事的方式稍有差别,商代经常是以臣子宗族武装为基础,或与王朝军队,或与外服武装共同完成任务。而周代臣子完成王命多是率领王朝的武装或与诸侯军队共同完成任务,而以本宗族武装完成任务的例子相较商代要少些。

商周时代内服完成王事往往都受到王的赏赐,以示对其工作成果的勉励与嘉奖,其中反映的赏赐之礼也有些差别。商代一般是在王命某人为王做某件事情后有所赏赐,并且有嘉勉的用语"蔑历"。而周代除此外还有更为重要的是在册命某人以职事的同时赏赐代表身份地位的服饰等礼仪性物品,并且有命语曰"用事","敬夙夕无废朕命"、"敬夙夕用事",即告诫臣子以所赏之物为王朝恪尽职守。

商周时代内服臣子完成王命的方式是相近的,都是以其族属为王朝尽职事或纳贡。由此得见商周时期军事组织的构成亦相近,都具有家族武装的性质,以家族或宗族的方式组建军队。商代甲骨文中言命某征伐某方或其他与军事有关的活动,都是令其帅族众并指挥王朝军队或外服军队来完成王命。如商王常令臣子率领其族众并联合某一或某几个外服为王朝办事。周初明公簋记载明公遣三族伐东国之事亦如此。周代王命某执行与军事有关的活动,受命者多帅其族众和国家的军队来执行王命。如师衮簋中的师衮能够率领齐等国的军队征伐猃狁,都属于此种情况。

商周时期的外服都要为王朝服政事和贡献物品,来表示对于王朝的臣服。商代的外服听令于商王,主要见于占卜的结果,可能商代外服主要的以听从商王占卜结果的形式来执行王命的;其实判断占卜结果的权力在商王,外服听命于占卜结果实际上仍是听从于商王的命令,即商王对外服的命令笼罩着神意。周代的诸侯是听从王的册命形式,为王朝恪尽职事和献纳贡赋,则去除了这种神意代之人世间的准则——礼。商代的外服执行王命都是有事占卜的临时性举措为多,而周代诸侯为王做事和贡纳多为常职,有一定的制度规定。

商周时期外服诸侯为王所献贡纳多与祭祀有关,在商早中期和西周早中期这种情况尤为明显。在王朝的末年,情况都有所改变,如商纣王时,嗜酒之风极盛,商代的鬯酒本来是用于祭祀的,商纣王大肆掠夺天下财物,供其享乐。周厉王、周宣王时期增加臣子、诸侯的贡赋,作为王朝应付讨伐淮夷、猃狁所耗费的国力。诸侯献纳贡物多关于祭祀之物,其用意是表示诸侯对于王朝的臣服,是通过助祭的形式在神的面前巩固二者间的臣属关系。

商周时期王对待外服的策略稍有不同,商周时期王都以礼维护王与外服的关系,用礼把外服纳入国家的政治统治轨道中,来充分实现王对于天下的统治。商代的礼更多体现"力"的因素,以武力维护其统治,如商王举行大蒐礼、巡守礼、射礼等,都以军事力量为后盾。周代的礼更多强调"德"的政治力量,周因德而受天命,治理天下,故周人创建的宗法分封制中特别突出德,以德维护天命和天下稳固。

商周的衰落有着相似的情况,商代帝乙、帝辛时期对东夷的多次征伐消耗了国力,同时内服诸强家大族势力崛起,商王改变任人唯旧、为亲的策略,导致内服宗族与商王的关系疏远。周王朝在厉宣时期讨伐淮夷、猃狁的战争中,大大的消耗了国力,同时国内权卿势力、大家族势力膨胀,严

结　语

重威胁到周王朝的统治。商周王朝的末年都面临着内外交困的政治局面，在外部强力的攻击下政权迅速地灭亡。商周王朝对外征服都是为了维护原来的服制系统即故有的统治秩序，但最终在这一目的下走向了灭亡，可以说商周国家兴盛巩固得益于服制，又为了维护服制所确立的秩序而衰落至于灭亡。

主要参考文献

基本典籍：

班固：《汉书》，北京：中华书局，1962年。

范晔：《后汉书》，北京：中华书局，1965年。

李昉等：《太平御览》，北京：中华书局，1960年。

郦道元：《水经注》，杨守敬、熊会贞疏《水经注疏》本，南京：江苏古籍出版社，1989年。

秦嘉谟等：《世本八种》，北京：中华书局，2008年。

阮元：《十三经注疏》，北京：中华书局，1980年影印本。

司马迁：《史记》，北京：中华书局，1982年，第2版。

韦昭注：《国语》，上海：上海古籍出版社，1998年。

《逸周书》，黄怀信、张懋镕、田旭东《逸周书汇校集注》（修订本），上海：上海古籍出版社，2007年。

《竹书纪年》，方诗铭、王修龄《古本竹书纪年辑证》（内附王国维《今本竹书纪年疏证》），上海：上海古籍出版社，1981年。

甲骨文、金文、竹简著录书：

蔡哲茂：《甲骨缀合集》，台北：文渊阁文化事业有限公司印制，1999年9月。

蔡哲茂：《甲骨缀合续集》，台湾文津出版有限公司，2004年。

曹玮：《周原甲骨文》，北京：世界图书出版公司，2002年。

郭沫若主编，胡厚宣总编辑：《甲骨文合集》，北京：中华书局，1979—1982年。

李学勤、齐文心、艾兰编：《瑞典斯德哥尔摩远东古物博物馆藏甲骨文字》，北京：中华书局，1999年。

李学勤、齐文心、艾兰编：《英国所藏甲骨集》，北京：中华书局，1985年。

李学勤主编：《清华大学藏战国竹简》（壹），上海：中西书局，2010年。

李学勤主编：《清华大学藏战国竹简》（贰），上海：中西书局，2011年。

李学勤主编：《清华大学藏战国竹简》（叁），上海：中西书局，2012年。

刘雨、卢岩：《近出殷周金文集录》，北京：中华书局，2002年。

刘雨、严志斌：《近出殷周金文集录二编》，北京：中华书局，2010年。

马承源主编：《上海博物馆藏战国楚竹书》（一），上海：上海古籍出版社，2001年。

马承源主编:《上海博物馆藏战国楚竹书》(二),上海:上海古籍出版社,2002年。
彭邦炯、谢济、马季凡:《甲骨文合集补编》,北京:语文出版社,1999年。
松丸道雄:《东京大学东洋文化研究所藏甲骨文字》(图版篇),东京大学东洋文化研究所发行,1983年。
宋镇豪、玛丽娅主编:《俄罗斯爱米塔什博物馆藏殷墟甲骨》,上海:上海古籍出版社,2013年。
吴镇烽编著:《商周青铜器铭文暨图像集成》,上海:上海古籍出版社,2012年。
许进雄:《怀特氏等收藏甲骨文集》,加拿大皇家安大略博物馆,1979年。
于省吾:《商周金文录遗》,北京:中华书局,1993年。
中国社会科学院考古研究所:《小屯南地甲骨》,北京:中华书局,1980—1982年。
中国社会科学院考古研究所:《殷墟花园庄东地甲骨》,昆明:云南人民出版社,2002年。
中国社会科学院考古研究所:《殷墟小屯村中村南甲骨》,昆明:云南人民出版社,2012年。
中国社会科学院考古研究所:《殷周金文集成》(修订增补本),北京:中华书局,2007年。
中国社会科学院考古研究所:《殷周金文集成释文》,香港中文大学,2001年。

工具书:

曹锦炎、沈建华编著:《甲骨文校释总集》,上海:上海辞书出版社,2006年。
董莲池:《新金文编》,北京:作家出版社,2011年。
段玉裁:《说文解字注》,上海:上海古籍出版社,1981年。
桂馥:《说文解字义证》,北京:中华书局,1987年。
胡厚宣主编:《甲骨文合集释文》,北京:中国社会科学出版社,1999年。
华东师范大学中国文字研究与应用中心编:《金文引得》(殷商西周卷),广西教育出版社,2001年。
李孝定:《甲骨文字集释》,中央研究院历史语言研究所专刊之五,1965年。
李宗焜:《甲骨文字编》,北京:中华书局,2012年。
容庚编著,张振林、马国权摹补:《金文编》,北京:中华书局,2004年。
宋镇豪:《百年甲骨学论著目》,北京:语文出版社,1999年。
王辉:《古文字通假字典》,北京:中华书局,2008年。
王念孙:《广雅疏证》,南京:江苏古籍出版社,1984年。

王引之：《经传释词》，长沙：岳麓书社，1985年。
吴镇烽：《金文人名汇编》（修订本），北京：中华书局，2006年。
徐中舒主编：《甲骨文字典》，成都：四川辞书出版社，1988年。
姚孝遂主编：《殷墟甲骨刻辞类纂》，北京：中华书局，1989年。
姚孝遂主编：《殷墟甲骨刻辞摹释总集》，北京：中华书局，1989年。
于省吾主编：《甲骨文字诂林》，北京：中华书局，1996年。
张亚初：《殷周金文集成引得》，北京：中华书局，2001年。
中国社会科学院考古研究所编辑：《甲骨文编》，北京：中华书局，1965年。
周法高、张日昇等：《金文诂林》，香港中文大学出版社，1974年。
周法高：《金文诂林补》，台北中央研究院历史语言研究所，1982年。
朱骏声：《说文通训定声》，北京：中华书局，1984年。

专著与研究文集：

（日）白川静：《西周史略》（袁林译，徐喜辰校），西安：三秦出版社，1992年。
（日）贝塚茂树：《中国古代の社会制度》，《贝塚茂树著作集》第二卷，中央公论社，1978年。
（日）岛邦男：《殷墟卜辞研究》（濮茅左、顾伟良译），上海：上海古籍出版社，2006年。
（日）泷川资言考证，水泽利忠校补：《史记会注考证附校补》，上海：上海古籍出版社，1986年。
（日）伊藤道治：《中国古代王朝的形成——以出土资料为主的殷周史研究》（江蓝生译），北京：中华书局，2002年。
（日）竹添光鸿：《左氏会笺》，成都：巴蜀书社，2008年。
曹定云：《殷墟妇好墓铭文研究》，昆明：云南人民出版社，2007年。
常玉芝：《商代周祭制度》，北京：线装书局，2009年。
晁福林：《春秋战国的社会变迁》，北京：商务印书馆，2011年。
晁福林：《天玄地黄——中国上古文化溯源》，成都：巴蜀书社，1989年。
晁福林：《夏商西周的社会变迁》，北京：北京师范大学出版社，1996年。
晁福林：《先秦社会思想研究》，北京：商务印书馆，2008年。
晁福林：《先秦社会形态研究》，北京：北京师范大学出版社，2003年。
陈邦怀：《殷代社会史料征存》，天津人民出版社，1959年。
陈恩林：《逸斋先秦史论文集》，长春：吉林大学出版社，2010年。
陈汉平：《西周册命制度研究》，上海：学林出版社，1986年。

主要参考文献

陈絜:《商周姓氏制度研究》,北京:商务印书馆,2007年。
陈梦家:《西周铜器断代》,北京:中华书局,2004年。
陈梦家:《殷虚卜辞综述》,北京:中华书局,2004年。
陈奇猷:《吕氏春秋校释》,上海:学林出版社,1984年。
陈戍国:《中国礼制史先秦卷》,长沙:湖南教育出版社,2002年第2版。
崔述著,顾颉刚编订:《崔东壁遗书》,上海:上海古籍出版社,1983年。
丁山:《甲骨文所见氏族及其制度》,北京:中华书局,1988年新1版。
丁山:《商周史料考证》,北京:中华书局,1988年新1版。
董增龄:《国语正义》,成都:巴蜀书社,1985年。
杜勇:《〈尚书〉周初八诰研究》,北京:中国社会科学出版社,1998年。
杜勇:《中国早期国家的形成与国家结构》,北京:中国社会科学出版社,2013年。
段志洪:《周代卿大夫研究》,台北:文津出版社,1994年。
葛志毅:《先秦两汉的制度与文化》,哈尔滨:黑龙江教育出版社,1998年。
葛志毅:《周代分封制度研究》,哈尔滨:黑龙江人民出版社,1992年。
顾栋高:《春秋大事表》,北京:中华书局,1993年。
顾颉刚、刘起釪:《尚书校释译论》,北京:中华书局,2004年。
顾颉刚:《浪口村随笔》,沈阳:辽宁教育出版社,1998年。
顾颉刚:《史林杂识初编》,北京:中华书局,1963年。
郭沫若:《郭沫若全集·考古编》,北京:科学出版社,2002年。
郭沫若:《中国古代社会研究》,北京:人民出版社,1954年。
韩江苏:《殷墟花东H3卜辞主人"子"研究》,北京:线装书局,2008年。
侯志义:《采邑考》,西安:西北大学出版社,1989年。
胡厚宣:《甲骨学商史论丛初集》(外一种),石家庄:河北教育出版社,2002年。
胡厚宣等著:《甲骨探史录》,北京:生活·读书·新知三联书店,1982年。
胡厚宣主编:《甲骨文与殷商史》,上海:上海古籍出版社,1983年。
胡培翚:《仪礼正义》,南京:江苏古籍出版社,1993年。
黄然伟:《殷周史料论集》,三联书店(香港)有限公司,1995年。
黄天树:《黄天树古文字论集》,北京:学苑出版社,2006年。
黄天树:《殷墟王卜辞的分类与断代》,北京:科学出版社,2007年。
黄以周:《礼书通故》,北京:中华书局,2007年。
雷学淇:《竹书纪年义证》,台北:艺文印书馆,1977年。
李峰著,吴敏娜等译:《西周的政体:中国早期的官僚制度和国家》,北京:生活·读书·新知三联书店,2010年。
李峰著,徐峰译,汤惠生校:《西周的灭亡:中国早期国家的地理和政治危机》,上海:上海古籍出版社,2007年。
李学勤:《李学勤文集》,上海:上海辞书出版社,2005年。
李学勤:《李学勤自选集》,合肥:安徽教育出版社,1995年。
李学勤:《新出青铜器研究》,北京:文物出版社,1990年。
李学勤:《殷代地理简论》,北京:科学出版社,1959年。
李学勤:《中国古代文明研究》,上海:华东师范大学出版社,2005年。
李学勤主编:《中国古代文明与国家形成研究》,昆明:云南人民出版社,1997年。
李云泉:《万邦来朝:朝贡制度史论》(修订本),北京:新华出版社,2014年。
林沄:《林沄学术文集》,北京:中国大百科全书出版社,1998年。
刘家和:《古代中国与世界——一个古史研究者的思考》,武汉:武汉出版社,1995年。
刘家和:《史学经学与思想——在世界史背景下对于中国古代历史文化的思考》,北京:北京师范大学出版社,2005年。
刘启益:《西周纪年》,广州:广东教育出版社,2002年。
刘文淇:《春秋左氏传旧注疏证》,北京:科学出版社,1959年。
刘雨:《金文论集》,北京:紫禁城出版社,2008年。
刘源:《商周祭祖礼研究》,北京:商务印书馆,2004年。
罗振玉:《殷虚书契考释三种》,北京:中华书局,2006年。
吕思勉:《吕思勉读史札记》(增订本),上海:上海古籍出版社,2005年。
吕文郁:《周代的采邑制度》(增订版),北京:社会科学文献出版社,2006年。
马承源主编:《商周青铜器铭文选》,北京:文物出版社,1988年。
马瑞辰:《毛诗传笺通释》,北京:中华书局,1989年。
彭裕商:《西周青铜器年代综合研究》,成都:巴蜀书社,2003年。
钱杭:《周代宗法制度史研究》,上海:学林出版社,1991年。
钱玄:《三礼通论》,南京:南京师范大学出版社,1996年。
钱宗范:《周代宗法制度研究》,广西师范大学出版社,1989年。
裘锡圭:《裘锡圭学术文集》,上海:复旦大学出版社,2012年。
饶宗颐:《殷代贞卜人物通考》,香港大学出版社,1959年。
任伟:《西周封国考疑》,北京:社会科学文献出版社,2004年。
日知主编:《古代城邦史研究》,北京:人民出版社,1989年。

宋镇豪:《夏商社会生活史》,北京:中国社会科学出版社,2005年。
宋镇豪主编:《商代史》,中国社会科学出版社,2011年。
孙星衍:《尚书今古文注疏》,北京:中华书局,1986年。
孙诒让:《大戴礼记斠补》(附《周书斠补》),济南:齐鲁书社,1988年。
孙诒让:《古籀拾遗古籀馀论》,北京:中华书局,1989年。
孙诒让:《契文举例》,济南:齐鲁书社,1993年。
孙诒让:《周礼正义》,北京:中华书局,1987年。
唐兰:《唐兰先生金文论集》(故宫博物院编),北京:紫荆城出版社,1995年。
唐兰:《西周青铜器铭文分代史征》,北京:中华书局,1986年。
唐兰:《殷虚文字记》,北京:中华书局,1981年。
田昌五、臧知非:《周秦社会结构研究》,西安:西北大学出版社,1996年。
童书业:《春秋左传研究》(校订本),北京:中华书局,2006年。
王贵民:《商周制度考信》,台北:明文书局,1989年。
王国维:《古史新证》,北京:清华大学出版社,1994年。
王国维:《王国维遗书》,上海:上海古籍书店,1983年。
王和:《历史的轨迹——基于夏商周三代的考察》,北京:商务印书馆,2013年。
王晖:《古文字与商周史新证》,北京:中华书局,2004年。
王晖:《商周文化比较研究》,北京:人民出版社,2000年。
王世民、陈公柔、张长寿:《西周青铜器分期断代研究》,北京:文物出版社,1999年。
王叔岷:《史记斠证》,北京:中华书局,2007年。
王先谦:《尚书孔传参正》,北京:中华书局,2011年。
王引之:《经义述闻》,南京:江苏古籍出版社,1985年。
王宇信、杨升南主编:《甲骨学一百年》,北京:社会科学文献出版社,1999年。
王宇信、宋镇豪主编:《纪念甲骨文发现一百周年国际学术研讨会论文集》,北京:社会科学文献出版社,2003年。
王宇信、杨升南主编:《中国政治制度通史》第二卷先秦,北京:人民出版社,1996年。
王宇信:《西周甲骨探论》,北京:中国社会科学出版社,1984年。
王玉哲:《中华远古史》,上海:上海人民出版社,2000年。
王震中:《中国古代国家的起源与王权的形成》,北京:中国社会科学出版社,2013年。
王震中:《中国古代文明的探索》,昆明:云南人民出版社,2005年。
吴静安:《春秋左氏传旧注疏证续》,长春:东北师范大学出版社,2005年。

吴其昌：《殷虚书契解诂》，武汉：武汉大学出版社，2008 年。
谢乃和：《古代社会与政治——周代的政体及其变迁》，哈尔滨：黑龙江人民出版社，2011 年。
徐中舒：《徐中舒历史论文选辑》，北京：中华书局，1998 年。
许倬云：《西周史》（增订本），三联书店，1994 年。
严志斌：《商代青铜器铭文研究》，上海：上海古籍出版社，2013 年。
杨筠如：《尚书核诂》，西安：陕西人民出版社，2005 年。
杨宽：《西周史》，上海：上海人民出版社，2003 年。
杨升南：《甲骨文商史丛考》，北京：线装书局，2008 年。
杨升南：《商代经济史》，贵阳：贵州人民出版社，1992 年。
杨树达：《积微居甲文说》，上海：上海古籍出版社，1986 年。
杨树达：《积微居金文说》（增订本），北京：中华书局，1997 年。
杨树达：《积微居小学述林》，北京：中华书局，1983 年。
杨向奎：《宗周社会与礼乐文明》（修订本），北京：人民出版社，1997 年。
姚孝遂、肖丁：《小屯南地甲骨考释》，北京：中华书局，1985 年。
尹盛平：《周原文化与西周文明》，南京：江苏教育出版社，2005 年。
于省吾：《甲骨文字释林》，北京：中华书局，1979 年。
于省吾：《双剑誃吉金文选》，北京：中华书局，1998 年。
于省吾：《双剑誃群经新证　双剑誃诸子新证》，上海：上海书店，1999 年。
曾运乾：《尚书正读》，北京：中华书局，1964 年。
詹子庆：《古史拾零》，长春：东北师范大学出版社，2005 年。
詹子庆：《走近夏代文明》，长春：东北师范大学出版社，2006 年。
张光直：《中国青铜时代》，生活、读书、新知三联书店，1999 年。
张怀通：《〈逸周书〉新研》，北京：中华书局，2013 年。
张亚初、刘雨：《西周金文官制研究》，北京：中华书局，1986 年。
张政烺：《张政烺文史论集》，北京：中华书局，2004 年。
赵伯雄：《周代国家形态研究》，长沙：湖南教育出版社，1990 年。
赵诚：《甲骨文简明词典——卜辞分类读本》，北京：中华书局，1988 年。
赵诚：《甲骨文与商代文化》，沈阳：辽宁人民出版社，2000 年。
赵光贤：《古史考辨》，北京：北京师范大学出版社，1987 年。
赵光贤：《周代社会辨析》，北京：人民出版社，1980 年。
赵世超：《周代国野制度研究》，西安：陕西人民出版社，1993 年。

中国社会科学院考古研究所：《殷墟的发现与研究》，北京：方志出版社，2007年。
中国社会科学院考古研究所：《中国考古学(两周卷)》，北京：中国社会科学出版社，2004年。
中国社会科学院考古研究所：《中国考古学(夏商卷)》，北京：中国社会科学出版社，2003年。
钟柏生：《殷卜辞地理论丛》，台北：艺文印书馆，1989年。
周秉钧：《尚书易解》，上海：华东师范大学出版社，2010年。
朱凤瀚：《商周家族形态研究》(增订本)，天津：天津古籍出版社，2004年。
朱熹：《诗集传》，上海：上海古籍出版社，1980年。
朱右曾：《逸周书集训校释》，商务印书馆，1937年。
邹衡：《夏商周考古学论文集》，北京：文物出版社，1980年。

论文：

晁福林：《论平王东迁》，《历史研究》1991年第6期。
晁福林：《试释甲骨文"堂"字并论商代祭祀制度的若干问题》，《北京师范大学学报》1995年第1期。
晁福林：《从士山盘看周代"服"制》，《中国历史文物》2004年第6期。
晁福林：《清华简〈系年〉与两周之际史事的重构》，《历史研究》2013年第6期。
陈恩林：《先秦两汉文献中所见周代诸侯五等爵》，《历史研究》1994年第6期。
董珊：《谈士山盘铭文的"服"字义》，《故宫博物院院刊》2004年第1期。
段渝：《论殷代外服制和西周分封制》，四川联合大学历史系编：《徐中舒先生百年诞辰纪念文集》，成都：巴蜀书社，1998年10月。
范毓周：《试论灭商以前的商周关系》，《史学月刊》1981年第1期。
葛志毅：《分封制与元初政体》，《谭史斋论稿三编》，哈尔滨：黑龙江人民出版社，2006年，第62—116页。
宫长为、孙力楠：《论西周初年的商周关系》，《东北师大学报》2000年第6期。
韩江苏：《释甲骨文中的"新"字》，《殷都学刊》2006年第2期。
韩江苏：《甲骨文中的沚馘》，《殷都学刊》2003年第3期。
韩江苏：《沚馘参加商王朝的军事活动浅论》，《殷都学刊》2004年第3期。
韩江苏：《从殷墟花东H3卜辞排谱看商代弹侯礼》，《殷都学刊》2009年第1期。
胡志祥：《西周对淮夷政策初探》，《华东师范大学学报》1989年第1期。
黄盛璋：《驹父盨盖铭文研究》，《考古与文物》1983年第4期。

商周服制与早期国家管理模式

（日）吉本道雅：《先秦时期国制史》（刁小龙译），佐竹靖彦主编：《殷周秦汉史学的基本问题》，北京：中华书局，2008年。

李济：《跪坐蹲居与箕踞（殷虚石刻研究之一）》，《"中研院"历史语言研究所集刊》（第24辑），1953年。

李零：《西周金文中的职官系统》，《李零自选集》，桂林：广西师范大学出版社，1998年，第112—123页。

李零：《论燹公盨发现的意义》，《中国历史文物》2002年第6期。

李学勤：《论卿史寮、太史寮》，《吉林大学学报》1989年第3期。

李学勤：《论燹公盨及其重要意义》，《中国历史文物》2002年第6期。

李民：《尚书所见殷人入周后之境遇》，《人文杂志》1984年第5期。

李西兴：《卿事（士）考——兼论西周政体的演变》，《人文杂志》1987年第3期。

李云泉：《五服制与先秦朝贡制度的起源》，《山东师范大学学报》2004年第1期。

连劭名：《殷墟卜辞所见商代王畿》，《考古与文物》1995年第5期。

林沄：《甲骨文中的商代方国联盟》，《古文字研究》第六辑，北京：中华书局，1981年。

林沄：《从武丁时期的几种"子卜辞"试论商代的家族形态》，《古文字研究》第一辑，北京：中华书局，1979年。

刘起釪：《周初的"三监"与邶、鄘、卫三国及卫康叔封地的问题》，《历史地理》第二辑，1982年。

罗志田：《先秦的五服制与古代的天下中国观》，陈平原、王守堂、汪晖主编《学人》第十辑，南京：江苏文艺出版社，1996年，第367—400页。

（日）松井嘉德：《周的国制——以封建制与官制为中心》（刁小龙译），佐竹靖彦主编《殷周秦汉史学的基本问题》，北京：中华书局，2008年。

齐文心：《关于商代称王的封国君长的探讨》，《历史研究》1985年第2期。

裘锡圭：《甲骨卜辞所见的"田""牧""卫"等职官的研究（兼论"侯""甸""男""卫"等几种诸侯的起源）》，《文史》第十九辑，北京：中华书局，1983年。

裘锡圭：《甲骨文中所见的商代农业》，《全国商史学术讨论会论文集》（《殷都学刊》增刊），1985年2月。

裘锡圭：《说殷墟卜辞中的"奠"——试论商人处置服属者的一种方法》，《历史语言研究所集刊》第64本第3分，1993年。

裘锡圭：《燹公盨铭文考释》，《中国历史文物》2002年第6期。

饶宗颐：《燹公盨与夏书佚篇〈禹之总德〉》，《华学》第六辑，紫荆城出版社，2003年。

沈文倬：《叚与藉》，《考古》1977年第5期。

沈之瑜：《试论卜辞中的使者》，《中原文物》1990年第3期。

宋镇豪：《论商代的政治地理架构》，《中国社会科学院历史研究所学刊》第一集，北京：社会科学文献出版社，2001年10月。

宋镇豪：《从新出甲骨金文考述晚商射礼》，《中国历史文物》2006年第1期。

束世澂：《畿服辨》，《史学季刊》第1卷第1期，1940年1月。

宋新潮：《再论灭商前的商周关系》，《西北大学学报》（哲社版）1988年第3期。

沈长云：《说殷墟卜辞中的"王族"》，《殷都学刊》1998年第1期。

田昌五：《周原出土甲骨中反映的商周关系》，《文物》1989年第10期。

王贵民：《"卫服"的起源和古代社会的守卫制度》，《中华文史论丛》（第二十三辑），上海：上海古籍出版社，1982年。

王贵民：《商朝官制及其历史特点》，《历史研究》1986年第4期。

王和：《关于理论更新对于先秦史研究意义的思考——从解读〈牧誓〉的启示谈起》，《史学月刊》2003年第4期。

王世民：《西周春秋金文中的诸侯爵称》，《历史研究》1983年第3期。

王冠英：《殷周的外服及其演变》，《历史研究》1984年第5期。

王贻梁：《概论西周内服职官的爵位判断》，《中华文史论丛》1989年1期。

王震中：《商代的都鄙邑落结构与商王的统治方式》，《中国社会科学》2007年第4期。

吴镇烽：《新出秦公钟铭考释与有关问题》，《考古与文物》1980年第1期。

肖楠：《试论卜辞中的"工"与"百工"》，《考古》1981年第3期。

徐锡台：《商周关系的探讨》，《考古与文物丛刊》1983年第3号。

杨善群：《西周对待殷民的政策缕析》，《人文杂志》1984年第5期。

杨升南：《甲骨文中所见商代的贡纳制度》，《殷都学刊》1999年增刊。

袁俊杰、江涛等：《新发现的柞伯簋及其铭文考释》，《文物》1998年第9期。

查昌国：《友与西周君臣关系的演变》，《历史研究》1998年第5期。

赵世超：《指定服役制度略述》，《陕西师大学报》1999年第3期。

赵世超：《巡守制度试探》，《历史研究》1995年第3期。

张亚初：《商代职官研究》，《古文字研究》第十三辑，北京：中华书局，1986年。

张杰：《试论方国臣服于商的主要表现及其特点》，《殷都学刊》2002年第2期。

张铮：《论周代五等爵制与五服制》，《求索》2007年第12期。

郑若葵：《殷墟"大邑商"族、邑布局初探》，《中原文物》1995年第3期。

朱凤瀚：《士山盘铭文初释》，《中国历史文物》，2002年第1期。

朱凤瀚：《关于殷墟卜辞中的周侯》，《考古与文物》1986年第4期。

朱凤瀚:《作册般鼋探析》,《中国历史文物》2005年第1期。
朱凤瀚:《柞伯鼎与周公南征》,《文物》2006年第5期。
朱凤瀚:《商人诸神之权能与其类型》,吴荣曾主编《尽心集——张政烺先生八十庆寿论文集》,北京:中国社会科学出版社,1996年。
朱凤瀚:《㱃公簋与唐伯侯于晋》,《考古》2007年第3期。
朱凤瀚:《燹公盨铭文初释》,《中国历史文物》2002年第6期。
钟柏生:《卜辞中所见殷代的军礼之二——殷代的大蒐礼》,《中国文字》(新16期),中国文字社,1992年。

学位论文:

蒋玉斌:《殷墟子卜辞的整理与研究》(博士论文),吉林大学,2006年。
沈丽霞:《夏商周内外服制度研究》(硕士论文),河北师范大学,2006年。
郭旭东:《卜辞与殷礼研究》(博士论文),陕西师范大学,2010年。

后 记

呈现在您面前的这本小书,是在我 2009 年完成的博士学位论文《商周服制研究》基础上作了较大的增补和修改而成的。主要在四个方面作了改动:一、增加了一些新章节,具体是增加了《商代内外服制的建立及其发展演变》一章,把"殷礼所见商王与外服关系"一节内容扩充为一章。关于商代内服的研究增加了"商王与内服的政治关系"、"商王与内服的军事关系",扩充了"商王与内服宗教祭祀关系"。增加了每章的小结。二、删改了一些章节,将一些自认为不太成熟的或尚未完成的部分抽取出来作为以后进一步研究的内容。如关于商代外服命名方式的考察,甲骨文所见商代外服考等。三、吸收了新的材料和研究成果,并根据个人学习心得,调整了研究思路,对原来的某些观点进行了修改。2009 年参加工作以来曾讲授中国思想史、中国经学史、中国文化史等课程,拓展了知识基础,开拓了学术视野,学习和吸收了新公布的甲骨文、金文、战国竹简材料,对以往研究有了更加深入的思考。如将商代内外服分开来研究,关于周代服制从思路到内容全部改写,将原来以周代成康前后为界进行研讨,改为从西周前期、中期、后期,春秋、战国几个时段探讨周代服制的建立、发展、演变问题。改变原来的单纯商周服制研究,将商周服制问题提升到中国早期国家的结构与管理模式理论高度进行思考与研究。四、文字、注释统一规范及修改润色。

自 2006 年攻读博士学位确定以"商周服制"为研究题目以来,至今已有近十年的时间,在读博三年中集中精力思考和研究这一题目,博士毕业时粗略完成初稿。许多问题只是初步的判断尚未有深入论证,虽经这几年的增补修改完善,渐成系统,但研究还是较为疏浅,很多观点不够成熟。在此恳请专家学者不吝赐教,帮助我改正谬误。此次出版权作对以往学习和研究的阶段总结,希望今后通过对服制起源与国家起源关系、服制反映的国家认同内涵和社会治理功能等问题的思考与研究,使中国早期国家时期的服制研究臻于完善。

小书完稿,回想起自己成长的道路上,曾得到很多前辈和亲朋好友的教诲、鼓励和帮助,甚或改变了自己人生的命运。我出生于黑龙江省中部的农村,黑土地养育了我,20世纪八九十年代农村的生活虽艰苦但也快乐。我本不是个爱学习的学生,让父母操了不少心。感谢我的父母含辛茹苦地把我养大,供我读书,教我做人,即便在我学习不好的童年、少年时代,也从未放弃我。记得在我遇到困难感到迷茫的时候,父亲总会对我说"车到山前必有路",鼓励我继续努力奋斗。要感谢我复读初二时教我俄语课的刘影老师,她对我的影响很大,多次在课堂上表扬我的进步,使我从此对学习有了信心与兴趣。还要感谢我的恩人表叔、表婶一家,在我们家最困难的时候,我面临着辍学,是住在县城的表叔、表婶收留了我,吃住在他们家里,使我有机会读完高中考上大学。表叔、表婶是我一辈子的恩人,你们的恩情我永生难忘。在考研的时候有幸得到了詹子庆先生的推荐,至今我还保留着晁师给詹先生的回信。詹先生的道德文章令人敬佩,对后辈的爱护和帮助,至今令我感动不已。在北师大读书期间有幸得到罗新慧老师、晁福林老师的指导,两位恩师不仅引导我走向学术道路,他们从为人到治学言传身教,教诲我成长。在我生活困难的时候都给予帮助和资助,使我得以顺利完成学业。罗老师对我读书的肯定与赞许,使我获得了学习和研究先秦史的自信,当时罗老师授课侧重于训练学生对经典的解读,通过师生共同研读《论语》,利用《说文》《尔雅》《广雅》等训练训诂方法和尊重学术史的理念,使我打下较好的文献考证和研读古书的基础。晁老师以具体研究实例讲授先秦史研究方法,涉及的范围很广,如甲骨文、金文、战国竹简、先秦诸子等,激发了我对甲骨文与商周史学习和研究的兴趣。博士论文《商周服制研究》更是凝聚着恩师的心血,从选题、框架设计到材料搜集整理、撰写思路、创新方向都倾注了恩师的指导和智慧。因两位恩师的提携,小书有幸列入"商周文明探索丛书"。两位导师的恩情令我终生难忘,永记于心。感谢在北师大学习期间的同门师兄、师姐、师弟、师妹,大家生活中互相帮助,学习上相互讨论,在我博士论文中很多观点是在与他们相互探讨中,逐渐深入思考,得到的认识。博士学位论文答辩有幸得到刘家和先生、王冠英先生、王和先生、易宁先生、蒋重跃

后　记

先生的指点，提出了很多宝贵的修改意见，对于这本小书的增补修改帮助极大。在此一并致以敬意和谢意。

2009年工作以来，得到东师史苑各位师长的关心和帮助，感谢你们给予的无私帮助和指点。在史苑中国古代史青年学术团队中与各位师长共同研讨学术问题，促进了小书的修改完善，在此向团队中的各位师长致以诚挚的感谢。

特别感谢我的妻子高婧聪，一直陪我走过困难的生活，在我遇到困难挫折时，宽慰我、帮助我走出困境。在岳母罹患重病和我手术住院的那段日子里，她扛起了家里所有的事情，承受着身心的巨大压力。在小书修改过程中，给了我很多鼓励和建议，促使小书完善。感谢岳母生前为提高我们的生活而付出的辛劳，谨以此书出版作为纪念。

拙著得以付梓，离不开我的师弟黄国辉的帮助，才得以联系到上海古籍出版社出版。还要感谢上海古籍出版社的毛承慈女士的帮助以及其他编辑为此书出版所付出的辛勤劳动，感谢教育部人文社会科学研究青年基金项目、东北师范大学青年学者出版基金的资助，使得本书能够顺利出版。谨以此书献给关心、鼓励、帮助我成长的师长、亲人、好友，祝你们幸福安康！

张利军谨记于东师史苑中国史系
2014年12月12日